中华人民共和国
司法行政规章汇编

（2022）

中华人民共和国司法部　编

法律出版社
——北京——

图书在版编目(CIP)数据

中华人民共和国司法行政规章汇编. 2022 / 中华人民共和国司法部编. -- 北京 : 法律出版社, 2023

ISBN 978 - 7 - 5197 - 8425 - 6

Ⅰ. ①中… Ⅱ. ①中… Ⅲ. ①司法机关 - 行政管理 - 规章制度 - 汇编 - 中国 - 2022 Ⅳ. ①D926.1

中国国家版本馆 CIP 数据核字(2023)第 190322 号

中华人民共和国司法行政规章汇编(2022)
ZHONGHUA RENMIN GONGHEGUO SIFA XINGZHENG GUIZHANG HUIBIAN (2022)

中华人民共和国司法部　编

策划编辑 沈小英
责任编辑 沈小英
任　娜
装帧设计 李　瞻

出版发行 法律出版社
编辑统筹 法治与经济出版分社
责任校对 王　丰
责任印制 吕亚莉
经　　销 新华书店

开本 850 毫米 ×1168 毫米　1/32
印张 24.125　**字数** 677 千
版本 2023 年 12 月第 1 版
印次 2023 年 12 月第 1 次印刷
印刷 北京中科印刷有限公司

地址:北京市丰台区莲花池西里 7 号(100073)
网址:www.lawpress.com.cn
投稿邮箱:info@lawpress.com.cn
举报盗版邮箱:jbwq@lawpress.com.cn

销售电话:010 - 83938349
客服电话:010 - 83938350
咨询电话:010 - 63939796

书号:ISBN 978 - 7 - 5197 - 8425 - 6　　**定价**:158.00 元

凡购买本社图书,如有印装错误,我社负责退换。电话:010 - 83938349

说　　明

一、为推进各级司法行政机关依法行政，我部按年度编辑出版《中华人民共和国司法行政规章汇编》，本书为2022年度汇编本。

二、本汇编收录了司法部发布及与有关部门联合发布的规章、规范性文件。

三、本汇编收录的规章、规范性文件按业务性质分类，同类规章、规范性文件的排列以发布时间先后为序。

四、本汇编发至县级以上司法行政机关。

五、本汇编具体编辑事宜由司法部立法一局负责。

中华人民共和国司法部

2023年11月

目　　录

一、综　合　类

司法部办公厅关于印发《防范和惩治司法行政业务统计造假　弄虚作假责任规定》的通知
（2022年3月9日　司办通〔2022〕32号）…………………（3）

二、刑罚执行工作类

最高人民法院　最高人民检察院　公安部　司法部关于印发《关于未成年人犯罪记录封存的实施办法》的通知
（2022年5月24日　高检发办字〔2022〕71号）…………（9）
社区矫正基础业务系统技术规范
（2021年12月29日　SF/T 0015—2021）…………………（16）
社区矫正定位管理系统技术规范
（2021年12月29日　SF/T 0016—2021）…………………（451）

三、普法宣传工作类

司法部　全国普法办公室关于开展"全国守法普法示范市（县、区）"创建活动的通知
（2022年11月1日　司发通〔2022〕50号）………………（471）

四、公共法律服务工作类

司法部办公厅关于印发《现代公共法律服务体系建设评价验收标准》的通知
(2022年6月29日 司办通〔2022〕78号) ……………… (479)
国家知识产权局等17部门关于加快推动知识产权服务业高质量发展的意见
(2022年12月27日 国知发运字〔2022〕47号) ………… (503)

五、公证工作类

司法部办公厅关于推进海外远程视频公证试点工作的通知
(2022年5月5日 司办通〔2022〕57号) …………………… (515)

六、司法鉴定工作类

关于印发《生态环境损害赔偿管理规定》的通知
(2022年4月26日 环法规〔2022〕31号) ……………… (527)
司法部办公厅关于组建全国司法鉴定专家库的通知
(2022年5月19日 司办通〔2022〕65号) ……………… (537)
司法部办公厅关于印发《司法鉴定专家库管理办法(试行)》的通知
(2022年5月19日 司办通〔2022〕66号) ……………… (541)
司法部关于印发《司法鉴定机构内部复核工作规定(试行)》的通知
(2022年12月2日 司规〔2022〕3号) …………………… (545)

七、律师工作类

最高人民法院　最高人民检察院　公安部　司法部关于进一步深化刑事案件律师辩护全覆盖试点工作的意见
（2022 年 10 月 12 日　司发通〔2022〕49 号）……………… （553）
全国律师综合管理信息系统技术规范
（2021 年 12 月 29 日　SF/T 0022—2021）……………… （561）

八、国家统一法律职业资格考试工作类

中共中央组织部　最高人民法院　最高人民检察院　司法部印发《关于建立法律职业人员统一职前培训制度的指导意见》的通知
（2022 年 2 月 28 日　司发〔2022〕1 号）……………… （743）

九、人事管理工作类

司法部关于加强和改进司法行政系统表彰奖励工作的意见
（2022 年 1 月 30 日　司发通〔2022〕5 号）……………… （753）
司法部办公厅关于开展中国人民警察节庆祝活动的通知
（2022 年 12 月 30 日　司办通〔2022〕116 号）……………… （759）

一、综　合　类

司法部办公厅关于印发《防范和惩治司法行政业务统计造假弄虚作假责任规定》的通知

（2022 年 3 月 9 日　司办通〔2022〕32 号）

各省、自治区、直辖市司法厅（局），新疆生产建设兵团司法局、监狱管理局，部机关各厅局，各直属单位：

为贯彻落实中办、国办《关于深化统计管理体制改革提高统计数据真实性的意见》，全面防范和严肃惩治统计造假、弄虚作假，健全落实各级司法行政部门统计工作责任制，司法部办公厅制定了《防范和惩治司法行政业务统计造假、弄虚作假责任规定》，现印发给你们，请认真贯彻执行。

防范和惩治司法行政业务统计造假、弄虚作假责任规定

第一条　为深入贯彻落实中共中央办公厅、国务院办公厅《关于深化统计管理体制改革提高统计数据真实性的意见》，防范和严肃惩治统计造假、弄虚作假，健全落实统计工作责任制，保障司法行政业务统计数据质量，根据《中华人民共和国统计法》《中华人民共

和国统计法实施条例》和《统计违纪违法责任人处分处理建议办法》等有关法律法规和政策规定,制定本规定。

第二条 本规定适用于各级司法行政部门负责管理和从事司法行政业务统计的工作人员。

第三条 健全防范和惩治统计造假、弄虚作假责任制,应当坚持标本兼治、综合治理、惩防并举、注重预防的原则,严惩统计违纪违法行为,严肃追究统计造假、弄虚作假责任人责任,努力形成不敢、不能、不想统计造假、弄虚作假的工作氛围,为提高司法行政业务统计数据真实性、准确性、完整性和及时性提供有力的体制机制保障。

第四条 防范和惩治统计造假、弄虚作假,应当在部党组的统一领导下,坚持集体领导与个人分工负责相结合,根据统计工作各业务流程环节的工作内容和质量要求,建立谁主管、谁负责,谁统计、谁负责,一级抓一级、层层抓落实的工作责任体系。

第五条 各级司法行政部门主要负责人对防范统计造假、弄虚作假工作负主要领导责任,其责任是:组织贯彻落实党中央、国务院关于统计工作的决策部署;带头遵守执行统计法律法规规章;推动建立防范统计造假、弄虚作假责任机制;主持研究制定防范统计造假、弄虚作假工作计划和措施;健全统计工作机制,加强统计人员队伍建设。

第六条 各级司法行政部门分管负责人对防范统计造假、弄虚作假工作负直接领导责任,其责任是:带头遵守执行统计法律法规规章;研究落实防范统计造假、弄虚作假的具体任务和措施;督促指导分管业务部门切实履行防范和惩治统计造假、弄虚作假责任。

第七条 各级司法行政部门开展统计工作的处(科)室负责人对防范统计造假、弄虚作假工作负第一责任,其责任是:遵守执行统计法律法规规章;组织推动学习贯彻实施统计有关法律法规;制定落实防范统计造假、弄虚作假的具体任务和措施;按规定履行统计调查项目审批备案手续,严格依照统计法律法规规章和统计调查制度开展统计调查;组织修订统计报表制度,健全统计数据采集、处理、核查、报送和发布等环节的数据质量控制制度;组织对下级司法行政部门统计工作进行指导和监督检查;开展对业务统计数据质量的核查。

第八条 各级司法行政部门统计人员对防范统计造假、弄虚作假工作负直接责任,其责任是:遵守执行统计法律法规规章;依法履行职责,如实采集、处理、汇总、报送、发布统计资料,不得伪造、篡改统计资料,不得以任何方式要求任何单位和个人提供不真实的统计资料;对其负责采集、审核、录入、汇总的统计资料与统计调查对象报送的统计资料的一致性负责。

第九条 各级司法行政部门中承担统计工作相关信息技术支持的工作人员责任是:遵守执行统计法律法规规章;推进统计信息化建设,建立健全统计网络安全保障体系,维护统计网络信息安全;按照统计调查制度进行数据处理,确保统计工作的信息技术支持和数据处理不受外界因素干扰;对违规干预信息技术支持和数据处理的,进行全面记录、全程留痕、保留完整档案。

第十条 各级司法行政部门及其工作人员不得自行修改统计人员依法搜集、整理的统计资料,不得以任何方式要求统计人员伪造、篡改统计资料,不得对依法履行职责或者拒绝、抵制统计违法行为的统计人员打击报复。

第十一条 对违反统计法律法规规章及本规定的,依规依纪依法追究责任。

第十二条 本规定由司法部负责解释,自发布之日起施行。

二、刑罚执行工作类

最高人民法院　最高人民检察院　公安部　司法部关于印发《关于未成年人犯罪记录封存的实施办法》的通知

（2022年5月24日　高检发办字〔2022〕71号）

各省、自治区、直辖市高级人民法院、人民检察院、公安厅(局)、司法厅(局)，解放军军事法院、解放军军事检察院，新疆维吾尔自治区高级人民法院生产建设兵团分院，新疆生产建设兵团人民检察院、公安局、司法局：

为全面贯彻习近平法治思想，进一步规范未成年人犯罪记录封存工作，根据《中华人民共和国刑事诉讼法》等相关规定，最高人民法院、最高人民检察院、公安部、司法部联合制定了《关于未成年人犯罪记录封存的实施办法》，现印发你们，请认真贯彻执行。

最高人民法院　最高人民检察院　公安部　司法部　关于未成年人犯罪记录封存的实施办法

第一条　为了贯彻对违法犯罪未成年人教育、感化、挽救的方针，加强对未成年人的特殊、优先保护，坚持最有利于未成年人原则，根据刑法、刑事诉讼法、未成年人保护法、预防未成年人犯罪法等有关法律规定，结合司法工作实际，制定本办法。

第二条 本办法所称未成年人犯罪记录，是指国家专门机关对未成年犯罪人员情况的客观记载。应当封存的未成年人犯罪记录，包括侦查、起诉、审判及刑事执行过程中形成的有关未成年人犯罪或者涉嫌犯罪的全部案卷材料与电子档案信息。

第三条 不予刑事处罚、不追究刑事责任、不起诉、采取刑事强制措施的记录，以及对涉罪未成年人进行社会调查、帮教考察、心理疏导、司法救助等工作的记录，按照本办法规定的内容和程序进行封存。

第四条 犯罪的时候不满十八周岁，被判处五年有期徒刑以下刑罚以及免予刑事处罚的未成年人犯罪记录，应当依法予以封存。

对在年满十八周岁前后实施数个行为，构成一罪或者一并处理的数罪，主要犯罪行为是在年满十八岁周岁前实施的，被判处或者决定执行五年有期徒刑以下刑罚以及免予刑事处罚的未成年人犯罪记录，应当对全案依法予以封存。

第五条 对于分案办理的未成年人与成年人共同犯罪案件，在封存未成年人案卷材料和信息的同时，应当在未封存的成年人卷宗封面标注“含犯罪记录封存信息”等明显标识，并对相关信息采取必要保密措施。对于未分案办理的未成年人与成年人共同犯罪案件，应当在全案卷宗封面标注“含犯罪记录封存信息”等明显标识，并对相关信息采取必要保密措施。

第六条 其他刑事、民事、行政及公益诉讼案件，因办案需要使用了被封存的未成年人犯罪记录信息的，应当在相关卷宗封面标明“含犯罪记录封存信息”，并对相关信息采取必要保密措施。

第七条 未成年人因事实不清、证据不足被宣告无罪的案件，应当对涉罪记录予以封存；但未成年被告人及其法定代理人申请不予封存或者解除封存的，经人民法院同意，可以不予封存或者解除封存。

第八条 犯罪记录封存决定机关在作出案件处理决定时，应当同时向案件被告人或犯罪嫌疑人及其法定代理人或近亲属释明未成年人犯罪记录封存制度，并告知其相关权利义务。

第九条 未成年人犯罪记录封存应当贯彻及时、有效的原则。对于犯罪记录被封存的未成年人，在入伍、就业时免除犯罪记录的报告义务。

被封存犯罪记录的未成年人因涉嫌再次犯罪接受司法机关调查时，应当主动、如实地供述其犯罪记录情况，不得回避、隐瞒。

第十条 对于需要封存的未成年人犯罪记录，应当遵循《中华人民共和国个人信息保护法》不予公开，并建立专门的未成年人犯罪档案库，执行严格的保管制度。

对于电子信息系统中需要封存的未成年人犯罪记录数据，应当加设封存标记，未经法定查询程序，不得进行信息查询、共享及复用。

封存的未成年人犯罪记录数据不得向外部平台提供或对接。

第十一条 人民法院依法对犯罪时不满十八周岁的被告人判处五年有期徒刑以下刑罚以及免予刑事处罚的，判决生效后，应当将刑事裁判文书、《犯罪记录封存通知书》及时送达被告人，并同时送达同级人民检察院、公安机关，同级人民检察院、公安机关在收到上述文书后应当在三日内统筹相关各级检察机关、公安机关将涉案未成年人的犯罪记录整体封存。

第十二条 人民检察院依法对犯罪时不满十八周岁的犯罪嫌疑人决定不起诉后，应当将《不起诉决定书》、《犯罪记录封存通知书》及时送达被不起诉人，并同时送达同级公安机关，同级公安机关收到上述文书后应当在三日内将涉案未成年人的犯罪记录封存。

第十三条 对于被判处管制、宣告缓刑、假释或者暂予监外执行的未成年罪犯，依法实行社区矫正，执行地社区矫正机构应当在刑事执行完毕后三日内将涉案未成年人的犯罪记录封存。

第十四条 公安机关、人民检察院、人民法院和司法行政机关分别负责受理、审核和处理各自职权范围内有关犯罪记录的封存、查询工作。

第十五条 被封存犯罪记录的未成年人本人或者其法定代理人申请为其出具无犯罪记录证明的，受理单位应当在三个工作日内出具无犯罪记录的证明。

第十六条 司法机关为办案需要或者有关单位根据国家规定查询犯罪记录的，应当向封存犯罪记录的司法机关提出书面申请，列明查询理由、依据和使用范围等，查询人员应当出示单位公函和身份证明等材料。

经审核符合查询条件的，受理单位应当在三个工作日内开具有/无犯罪记录证明。许可查询的，查询后，档案管理部门应当登记相关查询情况，并按照档案管理规定将有关申请、审批材料、保密承诺书等一同存入卷宗归档保存。依法不许可查询的，应当在三个工作日内向查询单位出具不许可查询决定书，并说明理由。

对司法机关为办理案件、开展重新犯罪预防工作需要申请查询的，封存机关可以依法允许其查阅、摘抄、复制相关案卷材料和电子信息。对司法机关以外的单位根据国家规定申请查询的，可以根据查询的用途、目的与实际需要告知被查询对象是否受过刑事处罚、被判处的罪名、刑期等信息，必要时，可以提供相关法律文书复印件。

第十七条 对于许可查询被封存的未成年人犯罪记录的，应当告知查询犯罪记录的单位及相关人员严格按照查询目的和使用范围使用有关信息，严格遵守保密义务，并要求其签署保密承诺书。不按规定使用所查询的犯罪记录或者违反规定泄露相关信息，情节严重或者造成严重后果的，应当依法追究相关人员的责任。

因工作原因获知未成年人封存信息的司法机关、教育行政部门、未成年人所在学校、社区等单位组织及其工作人员、诉讼参与人、社会调查员、合适成年人等，应当做好保密工作，不得泄露被封存的犯罪记录，不得向外界披露该未成年人的姓名、住所、照片，以及可能推断出该未成年人身份的其他资料。违反法律规定披露被封存信息的单位或个人,应当依法追究其法律责任。

第十八条 对被封存犯罪记录的未成年人,符合下列条件之一的,封存机关应当对其犯罪记录解除封存:

(一)在未成年时实施新的犯罪,且新罪与封存记录之罪数罪并罚后被决定执行刑罚超过五年有期徒刑的;

(二)发现未成年时实施的漏罪,且漏罪与封存记录之罪数罪并罚后被决定执行刑罚超过五年有期徒刑的;

(三)经审判监督程序改判五年有期徒刑以上刑罚的;

被封存犯罪记录的未成年人,成年后又故意犯罪的,人民法院应当在裁判文书中载明其之前的犯罪记录。

第十九条 符合解除封存条件的案件,自解除封存条件成立之日起,不再受未成年人犯罪记录封存相关规定的限制。

第二十条 承担犯罪记录封存、保护未成年人隐私、信息工作的公职人员,不当泄露未成年人犯罪记录或者隐私、信息的,应当予以处分;造成严重后果,给国家、个人造成重大损失或者恶劣影响的,依法追究刑事责任。

第二十一条 涉案未成年人应当封存的信息被不当公开,造成未成年人在就学、就业、生活保障等方面未受到同等待遇的,未成年人及其法定代理人可以向相关机关、单位提出封存申请,或者向人民检察院申请监督。

第二十二条 人民检察院对犯罪记录封存工作进行法律监督。对犯罪记录应当封存而未封存,或者封存不当,或者未成年人及其法定代理人提出异议的,人民检察院应当进行审查,对确实存在错误的,应当及时通知有关单位予以纠正。

有关单位应当自收到人民检察院的纠正意见后及时审查处理。经审查无误的,应当向人民检察院说明理由;经审查确实有误的,应当及时纠正,并将纠正措施与结果告知人民检察院。

第二十三条 对于 2012 年 12 月 31 日以前办结的案件符合犯罪记录封存条件的,应当按照本办法的规定予以封存。

第二十四条 本办法所称“五年有期徒刑以下”含本数。

第二十五条 本办法由最高人民法院、最高人民检察院、公安部、司法部共同负责解释。

第二十六条 本办法自2022年5月30日起施行。

附件：1. 无犯罪记录证明

2. 保密承诺书

附件1

无犯罪记录证明

×公/检/法/司(×)证字【 】××号

经查，被查询人：　　　　，国籍　　　　，证件名称：　　　　，证件号码：　　　　　　　　，(在××××年××月××日至××××年××月××日期间)，未发现有犯罪记录。

业务编号 及二维码

单位(盖章)

××××年××月××日

注：1. 此证明书只反映出具证明时信息查询平台内的犯罪记录信息情况。

2. 如未注明查询时间范围，即查询全时段信息。

3. 此证明书自开具之日起3个月内有效。

附件2

保密承诺书
____________： 为了____________（目的），根据________________________，我（我们）受____________委派，查询贵单位____________卷宗。为保证该案未成年人犯罪记录不被泄露，特作出以下承诺： 1. 查询获得的未成年人犯罪信息仅用于以上事由，不超越范围使用。 2. 严格控制知情人范围，除必需接触的人员外，不向任何个人和单位披露。 3. 对获取的信息，采取严格的保密措施，谨防信息泄露。 违背以上承诺，造成后果的，愿意承担相应责任。 承诺人：　　　单位： 年　　月　　日

社区矫正基础业务系统技术规范

（2021 年 12 月 29 日　SF/T 0015—2021）

ICS　35.240.01
CCS　L67

SF

中 华 人 民 共 和 国 司 法 行 政 行 业 标 准

SF/T 0015—2021
代替 SF/T 0015—2017

社区矫正基础业务系统技术规范

Technical specification for community-corrections basic business system

2021－12－29 发布　　　　2022－01－07 实施

中华人民共和国司法部　　发 布

目　次

前　言
1　范围
2　规范性引用文件
3　术语和定义
4　总体要求
5　基本功能
5.1　业务管理
5.2　业务协同
5.3　业务辅助
5.4　系统支撑
6　业务管理流程
6.1　基本要求
6.2　调查评估
6.3　社区矫正对象接收
6.4　会客审批
6.5　暂予监外执行社区矫正对象报告身体情况/提交病情复查情况调整期限审批
6.6　外出审批
6.7　迁居审批
6.8　经常性跨市、县活动审批
6.9　变更执行地审批
6.10　进入特定区域或者场所审批
6.11　表扬审批
6.12　提请减刑
6.13　训诫审批
6.14　警告审批

6.15 使用电子定位装置审批
6.16 提请治安管理处罚
6.17 提请撤销缓刑
6.18 提请撤销假释
6.19 提请收监执行
6.20 提请逮捕
6.21 突发事件处置
6.22 社区矫正解除
6.23 社区矫正终止
7 业务协同流程
7.1 基本要求
7.2 调查评估
7.3 社区矫正对象交付执行
7.4 变更执行地
7.5 社区矫正对象奖惩
7.6 协助查找
7.7 进入特定区域或者场所
7.8 社区矫正对象被限制人身自由的通知
7.9 撤销缓刑(逮捕)
7.10 撤销假释(逮捕)
7.11 暂予监外执行社区矫正对象的收监执行
7.12 减刑
7.13 治安管理处罚
7.14 社区矫正解除
7.15 社区矫正终止(死亡)
8 数据采集结构描述
8.1 基本描述属性
8.2 数据类型和格式
8.3 约束/条件

9　数据资源
9.1　业务管理数据资源
9.2　业务协同数据资源
10　数据交换
10.1　数据交换内容
10.2　数据交换策略
10.3　数据交换接口
11　编码规则和代码表
11.1　编码规则
11.2　代码表
12　系统安全
附录A(规范性)　社区矫正对象信息采集
A.1　基本要求
A.2　社区矫正对象信息采集表
A.3　社区矫正对象信息采集表填写要求

前　言

本文件按照GB/T 1.1—2020《标准化工作导则　第1部分:标准化文件的结构和起草规则》的规定起草。

本文件代替SF/T 0015—2017《全国社区矫正管理信息系统技术规范》,与SF/T 0015—2017相比,除结构调整和编辑性改动外,主要技术变化如下:

——将标准名称更改为《社区矫正基础业务系统技术规范》;

——删除了“社区矫正”、“社区矫正人员”、“矫正类别”、“矫正衔接”、“矫正解除”和“矫正终止”术语和定义(见2017年版的第3章);

——将“系统建设总体要求”更改为“总体要求”,并更改了内容(见第4章,2017年版的第5章);

——将“系统基本功能要求”更改为“基本功能”,并更改了内容(见第5章,2017年版的第6章);
——将“业务流程要求”更改为“业务管理流程”(见第6章,2017年版的第7章);
——增加了“会客审批”、“暂予监外执行社区矫正对象报告身体情况/提交病情复查情况调整期限审批”、“迁居审批”、“经常性跨市、县活动审批”、“表扬审批”、“训诫审批”、“使用电子定位装置审批”、“提请撤销缓刑审批”、“提请撤销假释审批”、“提请逮捕”和“突发事件处置”流程(见6.4、6.5、6.7、6.8、6.11、6.13、6.15、6.17、6.18、6.20和6.21);
——删除了“提请撤销缓刑(假释)审核流程”(见2017年版6.8);
——更改了“调查评估”、“外出审批”、“进入特定区域或者场所审批”、“提请减刑审批”、“警告审批”、“提请治安处罚审批”、“提请收监执行审批”、“社区矫正解除”和社区矫正终止”流程(见6.1、6.6、6.10、6.12、6.14、6.16、6.19、6.22、6.23,2017年版的7.1、7.4、7.3、7.10、7.6、7.7、7.9、7.11和7.12);
——增加了“业务协同流程”(见第7章);
——将第9章更改为“数据资源”(见第9章,2017年版的第8章);
——对数据资源进行了分类,将“数据采集结构要求”更改为“基础数据库”,并对内容进行了更改(见9.1.1,2017年版的第8章);
——增加了外部共享数据库、生物特征库、专题库和设备管理库(见9.1.2、9.1.3、9.1.4和9.1.5);
——更改了“数据共享交换”的内容(见10.3,2017年版的10.3);
——将“人员编制”、“拟适用社区矫正人员类型”、“社区矫正人员接收方式”、“管理级别”、“前科类型”、“电子定位方式”、“完成社区服务情况”、“遵守请销假制度情况”和“矫正惩戒情况”分别更改为“工作人员编制”、“拟适用社区矫正对象类型”、“社区矫正对象接收方式”、“管理类别”、“前科劣迹类型”、“定位(信息化核查)方式”、“完成公益活动情况”、“遵守外出管理制度情况”和“奖惩原因”(见11.2.4、11.2.5、11.2.12、11.2.49、11.2.52、11.2.55、11.2.68、11.2.67和11.2.78,2017年版的9.6、9.8、9.15、9.54、9.57、9.60、9.73、9.72和9.76)。

请注意本文件的某些内容可能涉及专利。本文件的发布机构不承担识别专利的责任。

本文件由司法部社区矫正管理局提出。

本文件由司法部信息中心归口。

本文件起草单位:司法部社区矫正管理局、安徽省司法厅、天津市司法局、云南省司法厅、河南省司法厅、江西省司法厅、贵州省司法厅、合肥信息技术服务有限公司、中国电子科技集团公司第十五研究所。

本文件主要起草人:姜爱东、刘晔、陈培勇、肖运出、江铁生、张锡旺、周逸璇、乔彬、李国栋、赵晓林、李欣、王峻、汪奇志、魏淑燕、韩俊、周正、郭彦义、焦小欣、李雪亮、王力贞、马庆。

本文件及其所代替文件的历次版本发布情况为:

——2013年首次发布为SF 05001—2013,2017年第一次修订;

——本次为第二次修订。

社区矫正基础业务系统技术规范

1 范围

本文件规定了社区矫正基础业务系统的总体要求、基本功能、业务管理流程、业务协同流程、数据资源、数据交换、编码规则和代码表以及系统安全的要求。

本文件适用于全国社区矫正基础业务系统的建设与应用。

2 规范性引用文件

下列文件中的内容通过文中的规范性引用而构成本文件必不可少的条款。其中，注日期的引用文件，仅该日期对应的版本适用于本文件；不注日期的引用文件，其最新版本（包括所有的修改单）适用于本文件。

GB/T 2260　中华人民共和国行政区划代码

GB/T 2261.1　个人基本信息分类与代码　第 1 部分：人的性别代码

GB/T 2659　世界各国和地区名称代码

GB/T 4762　政治面貌代码

GB/T 7408　数据元和交换格式　信息交换　日期和时间表示法

GB/T 10114　县级以下行政区划代码编制规则

GB 32100　法人和其他组织统一社会信用代码编码规则

GB/T 33190　电子文件存储与交换格式　版式文档

SF/T 0055　社区矫正术语

SF/T 0081　智慧矫正　总体技术规范

司发通〔2018〕28 号　司法部关于印发《司法行政工作主要评价

指标》和《司法行政业务统计报表》的通知

司办通〔2019〕101 号　最高人民法院办公厅　司法部办公厅印发《关于全面开展人民法院与司法行政机关　社区矫正信息化联网工作的意见》的通知

司办通〔2021〕13 号　司法部办公厅关于开展"智慧矫正中心"创建工作的通知

司法部《关于印发和使用〈社区矫正法执法文书格式(试行)〉的通知》,2020 年 7 月 1 日起实施

3　术语和定义

SF/T 0055 界定的术语和定义适用于本文件。

4　总体要求

4.1　应按照 SF/T 0081 的规定,将社区矫正基础业务系统作为社区矫正一体化平台中的基础业务模块进行建设。

4.2　社区矫正基础业务系统应由省级主导设计和建设,供省、市、县、乡四级进行使用,并与司法部社区矫正一体化平台实现数据对接。

5　基本功能

5.1　业务管理

5.1.1　监督管理

实现对社区矫正工作从调查评估、接收入矫、分类管理、个别化矫正、业务审批、日常管理、考核奖惩、解除矫正和终止矫正等全流程的网上办理和智能监管,应符合以下要求:

a)调查评估:包括但不限于接受委托、组织调查、出具意见和意见反馈功能;

b)接收入矫:包括但不限于接收并核对法律文书、核实身份、办理接收登记、建立档案和入矫宣告功能;

c)分类管理:包括但不限于综合评估、划分类别和调整类别功能;

d)个别化矫正:包括但不限于矫正小组确立,矫正方案制定、落实和调整功能;

e）业务审批：包括但不限于禁止令执行、会客、迁居、执行地变更、外出、经常性跨市县活动和病情复查延期功能；

f）日常管理：包括但不限于报告、通信联络、实地查访、信息化核查、病情复查和脱管功能；

g）考核奖惩：包括但不限于表扬、提请减刑、训诫、警告、使用电子定位装置、提请治安管理处罚、提请撤销缓刑、提请撤销假释、提请收监执行和逮捕功能；

h）解除矫正：包括矫正期满和赦免功能；

i）终止矫正：包括被撤销缓刑、被撤销假释、被收监执行和死亡功能。

5.1.2　教育帮扶

实现对社区矫正对象教育学习、心理辅导、公益活动和社会适应性帮扶工作的智能管理，应符合以下要求：

a）教育学习：具备社区矫正对象的集体教育和个别教育学习登记和记录导出功能，支持将在矫通和自助矫正终端等相关软硬件中的社区矫正对象集体教育和个别教育记录同步至业务系统；

b）心理辅导：具备社区矫正对象的心理辅导登记和记录导出功能，支持将在矫通和自助矫正终端等相关软硬件中的社区矫正对象心理辅导记录同步至业务系统；

c）公益活动：具备社区矫正对象的公益活动登记和记录导出功能，支持将在矫通和自助矫正终端等相关软硬件中的社区矫正对象公益活动记录同步至业务系统；

d）社会适应性帮扶：具备社区矫正对象职业技能培训、就业指导、社会救助、社会保险和法律援助申请等的社会适应性帮扶登记和记录导出功能，支持将在矫通和自助矫正终端等相关软硬件中的社区矫正对象职业技能培训、就业指导、社会救助、社会保险和法律援助申请等记录同步至业务系统。

5.2　业务协同

应实现与人民法院、人民检察院和公安机关等相关部门及监狱管理机关的联网运行,包括数据共享和业务协同办理。与人民法院联网应符合司办通〔2019〕101 号的相关要求。

5.3 业务辅助

5.3.1 质效评价

应按照司发通〔2018〕28 号和司办通〔2021〕13 号文件的相关要求,建立社区矫正统计分析体系和工作考核评价体系,具体应包括以下 15 项评价指标,实现对社区矫正工作的统计分析、考核评价和综合查询等功能。

a)社区矫正机构工作人员配比率;

b)社区矫正用警配比率;

c)社会工作者配比率;

d)社会志愿者配比率;

e)社区矫正中心建设率;

f)调查评估率;

g)信息化核查率;

h)电子定位率;

i)警告率;

j)收监率;

k)脱管率;

l)再犯罪率;

m)矫正小组配比率;

n)教育人次;

o)帮扶人次。

5.3.2 业务督办

应具备业务办理和审批事项提醒催办等业务督办功能。

5.4 系统支撑

按照 SF/T 0081 的规定,应具备基础服务、人工智能服务和大数据服务支撑。

6 业务管理流程

6.1 基本要求

业务管理流程是指社区矫正机构内部业务的流程，以下用“《》”表述的是流程中生成的文书，应符合“司法部《关于印发和使用〈社区矫正法执法文书格式(试行)〉的通知》(2020 年 7 月 1 日起实施)”的规定，业务管理流程应包括以下流程：

a)调查评估；

b)社区矫正对象接收；

c)会客审批；

d)暂予监外执行社区矫正对象报告身体情况/提交病情复查情况调整期限审批；

e)外出审批；

f)迁居审批；

g)经常性跨市、县活动审批；

h)变更执行地审批；

i)进入特定区域或者场所审批；

j)表扬审批；

k)提请减刑；

l)训诫审批；

m)警告审批；

n)使用电子定位装置审批；

o)提请治安管理处罚；

p)提请撤销缓刑；

q)提请撤销假释；

r)提请收监执行；

s)提请逮捕；

t)突发事件处置；

u)社区矫正解除；

v)社区矫正终止。

6.2 调查评估

调查评估流程涉及的角色应包括调查评估委托机关、受委托的社区矫正机构和县级人民检察院，并生成《调查评估意见书》，图1规定了调查评估流程。

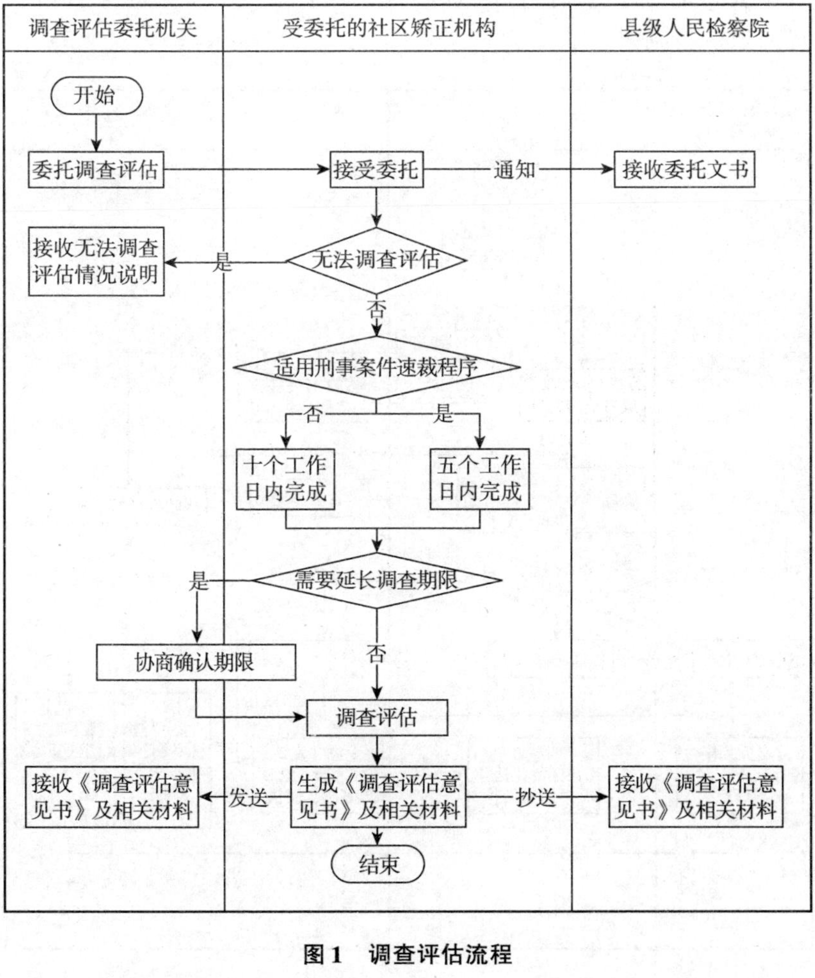

图1 调查评估流程

6.3 社区矫正对象接收

社区矫正对象接收流程涉及的角色应包括执行地人民检察院/公安机关、社区矫正决定机关和执行地县级社区矫正机构，并生成《社区矫正对象基本信息表》《社区矫正法律文书补齐通知书》《社区矫正法律文书送达回执》和《社区矫正宣告书》，图2规定了社区矫正对象接收流程。

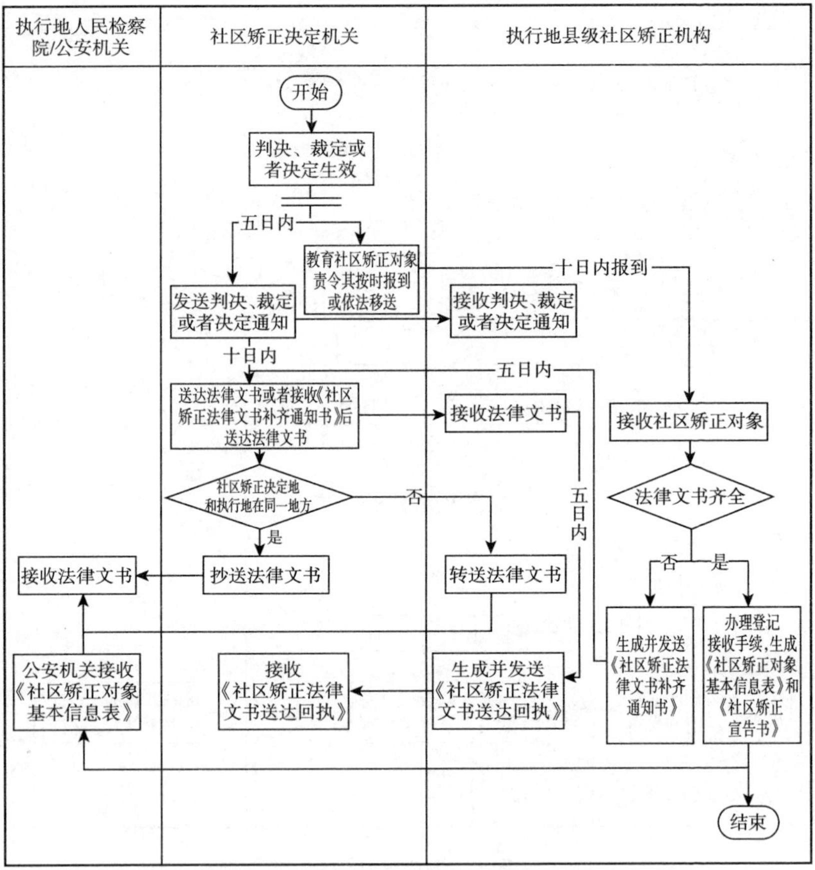

图2 社区矫正对象接收流程

6.4　会客审批

会客审批流程涉及的角色应包括社区矫正对象、受委托的司法所和执行地县级社区矫正机构，并生成《社区矫正对象会客审批表》和《社区矫正事项审批告知书》，图 3 规定了会客审批流程。

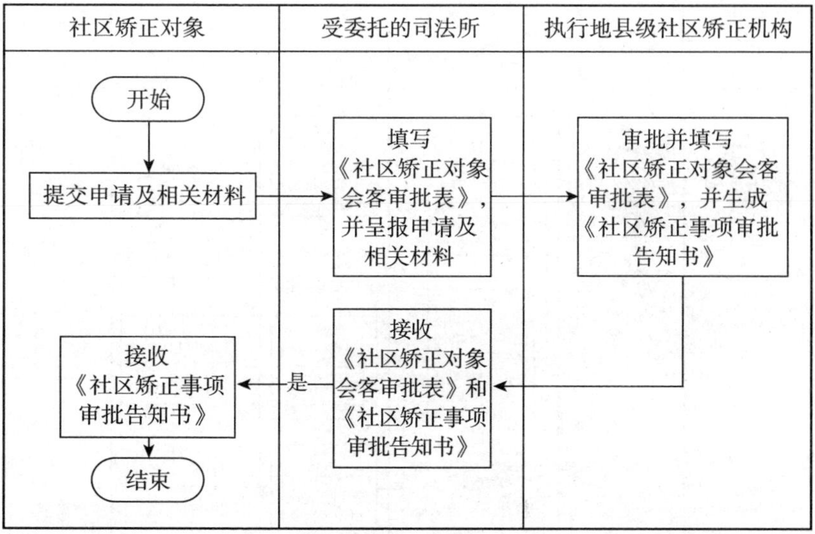

图 3　会客审批流程

6.5　暂予监外执行社区矫正对象报告身体情况/提交病情复查情况调整期限审批

暂予监外执行社区矫正对象报告身体情况/提交病情复查情况调整期限审批流程涉及的角色应包括社区矫正对象、受委托的司法所、执行地县级社区矫正机构、地（市）级社区矫正机构、省级社区矫正机构和执行地人民检察院，并生成《社区矫正对象暂予监外执行事项审批表》和《社区矫正事项审批告知书》，图 4 规定了暂予监外执行社区矫正对象报告身体情况/提交病情复查情况调整期限审批流程。

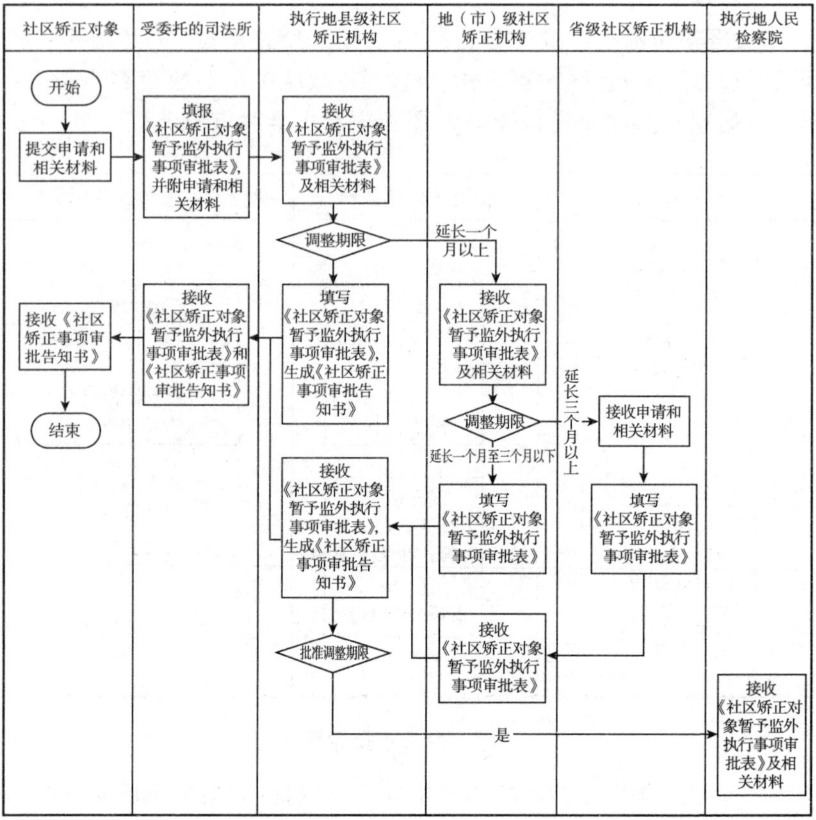

图4　暂予监外执行社区矫正对象报告身体情况/提交病情复查情况调整期限审批流程

6.6　外出审批

外出审批流程涉及的角色应包括社区矫正对象、受委托的司法所、执行地县级社区矫正机构、地(市)级社区矫正机构和执行地人民检察院,并生成《社区矫正对象外出审批表》和《社区矫正事项审批告知书》,图5规定了外出审批流程。

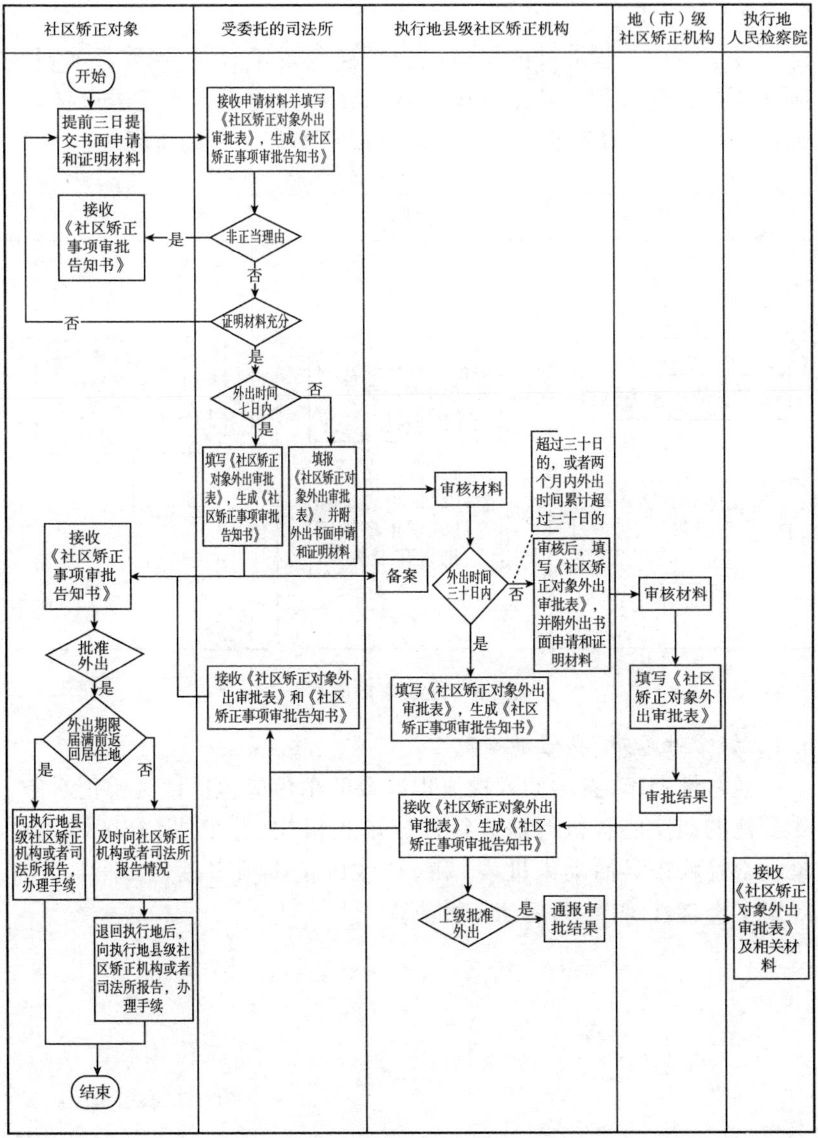
社区矫正对象
受委托的司法所
执行地县级社区矫正机构
地（市）级
社区矫正机构
执行地
人民检察院
开始
提前三日提交书面申请和证明材料
接收申请材料并填写《社区矫正对象外出审批表》，生成《社区矫正事项审批告知书》
接收《社区矫正事项审批告知书》
是
非正当理由
否
否
证明材料充分
是
外出时间七日内
否
是
填写《社区矫正对象外出审批表》，生成《社区矫正事项审批告知书》
填报《社区矫正对象外出审批表》，并附外出书面申请和证明材料
审核材料
超过三十日的，或者两个月内外出时间累计超过三十日的
接收《社区矫正事项审批告知书》
备案
外出时间三十日内
否
审核后，填写《社区矫正对象外出审批表》，并附外出书面申请和证明材料
审核材料
批准外出
是
是
接收《社区矫正对象外出审批表》和《社区矫正事项审批告知书》
填写《社区矫正对象外出审批表》，生成《社区矫正事项审批告知书》
填写《社区矫正对象外出审批表》
外出期限届满前返回居住地
是
否
审批结果
接收《社区矫正对象外出审批表》，生成《社区矫正事项审批告知书》
向执行地县级社区矫正机构或者司法所报告，办理手续
及时向社区矫正机构或者司法所报告情况
接收《社区矫正对象外出审批表》及相关材料
上级批准外出
是
通报审批结果
退回执行地后，向执行地县级社区矫正机构或者司法所报告，办理手续
结束

图 5　外出审批流程

6.7 迁居审批

迁居审批流程涉及的角色应包括社区矫正对象、受委托的司法所和执行地县级社区矫正机构,并生成《社区矫正对象迁居审批表》和《社区矫正事项审批告知书》,图6规定了迁居审批流程。

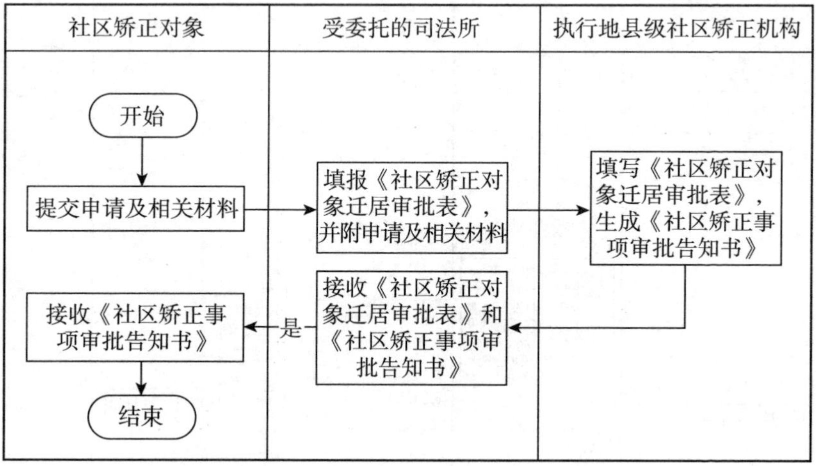

图6 迁居审批流程

6.8 经常性跨市、县活动审批

经常性跨市、县活动审批流程涉及的角色应包括社区矫正对象、受委托的司法所和执行地县级社区矫正机构,并生成《社区矫正对象经常性跨市县活动审批表》和《社区矫正事项审批告知书》,图7规定了经常性跨市、县活动审批流程。

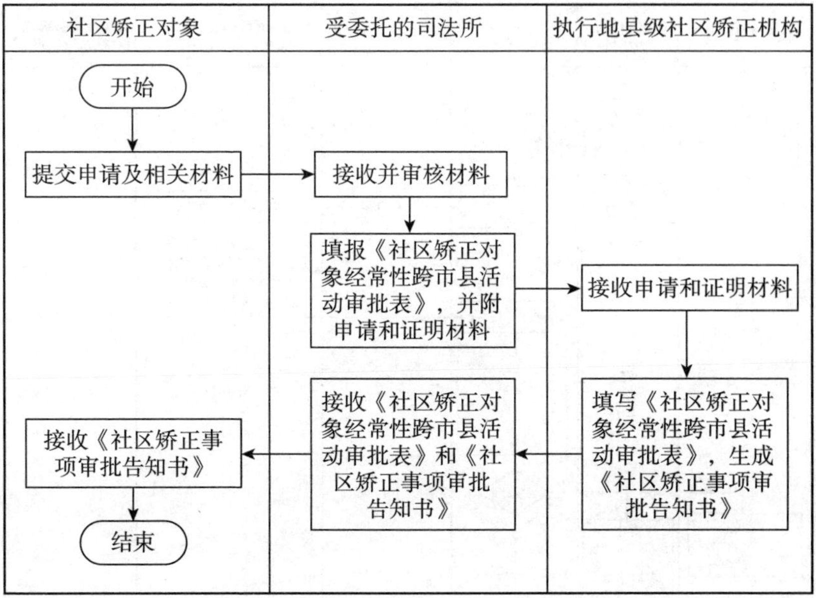

图7　经常性跨市、县活动审批流程

6.9　变更执行地审批

变更执行地审批流程涉及的角色应包括社区矫正对象、受委托的司法所、原执行地县级社区矫正机构、社区矫正决定机关、原执行地县级人民检察院和公安机关、新执行地县级社区矫正机构、新执行地县级人民检察院和公安机关，并生成《社区矫正对象执行地变更审批表》《社区矫正事项审批告知书》和《社区矫正法律文书送达回执》，图8规定了变更执行地审批流程。

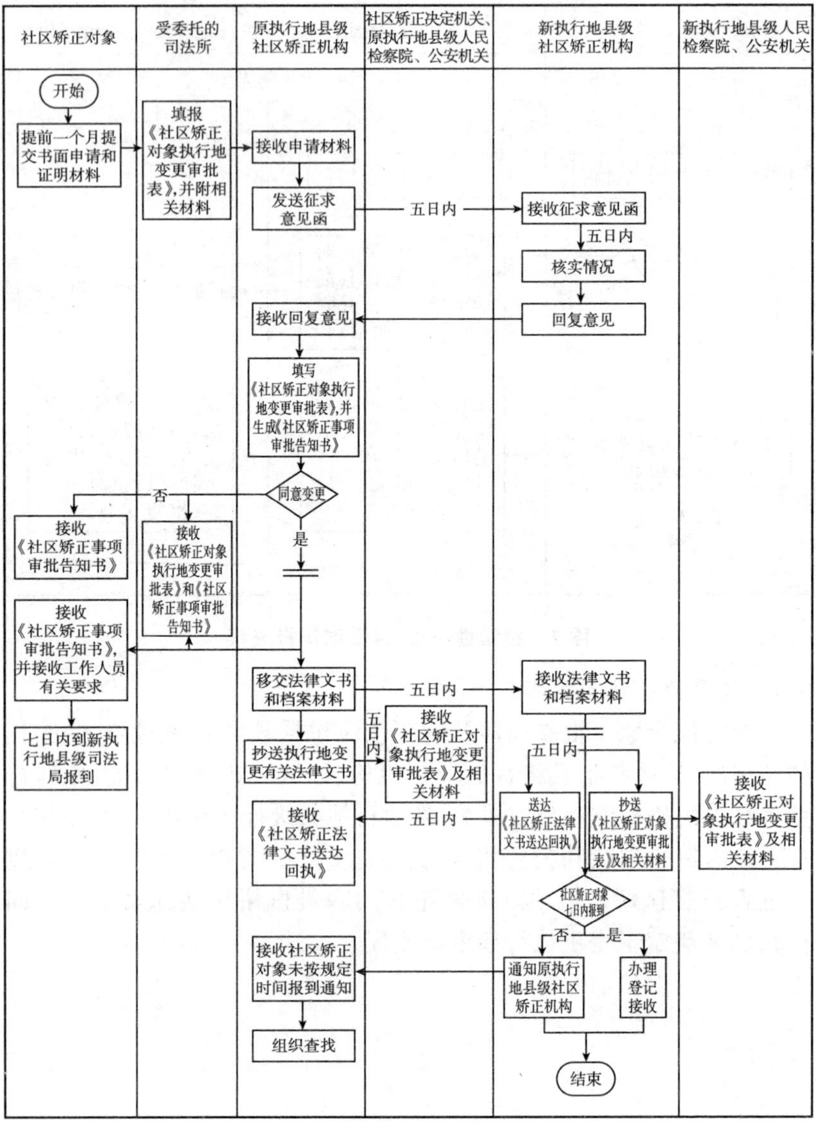

图 8　变更执行地审批流程

6.10 进入特定区域或者场所审批

进入特定区域或者场所审批流程涉及的角色应包括社区矫正对象、受委托的司法所、执行地县级社区矫正机构、原审人民法院和执行地县级人民检察院，并生成《社区矫正对象进入特定区域场所审批表》和《社区矫正事项审批告知书》，图9规定了进入特定区域或者场所审批流程。

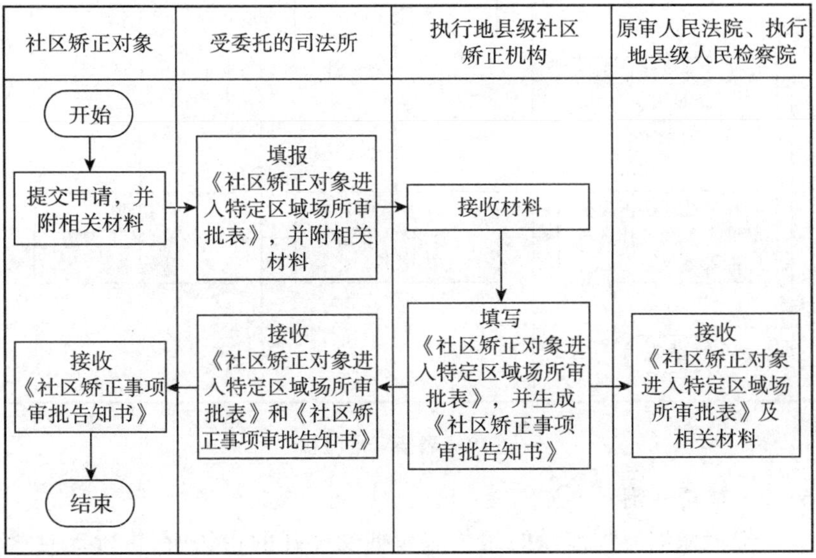

图9 进入特定区域或者场所审批流程

6.11 表扬审批

表扬审批流程涉及的角色应包括受委托的司法所、执行地县级社区矫正机构和执行地人民检察院，并生成《社区矫正表扬审批表》和《社区矫正表扬决定书》，图10规定了表扬审批流程。

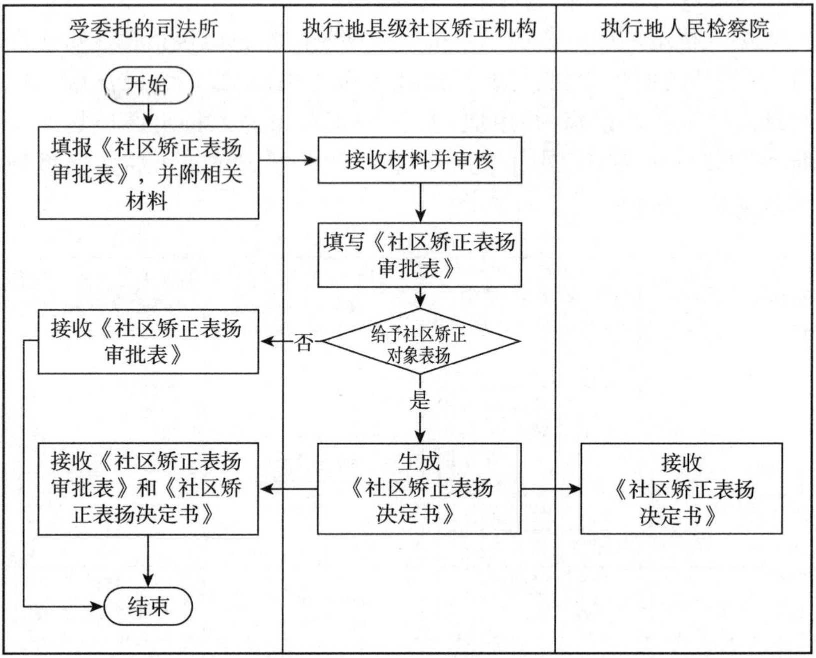

图 10　表扬审批流程

6.12　提请减刑

提请减刑流程涉及的角色应包括受委托的司法所、执行地县级社区矫正机构、地(市)级社区矫正机构、省级社区矫正机构、执行地中级人民法院、执行地高级人民法院、执行地同级人民检察院、公安机关及罪犯原服刑或者接收其档案的监狱,并生成《社区矫正对象减刑审核表》和《社区矫正对象减刑建议书》,图 11 规定了提请减刑流程。

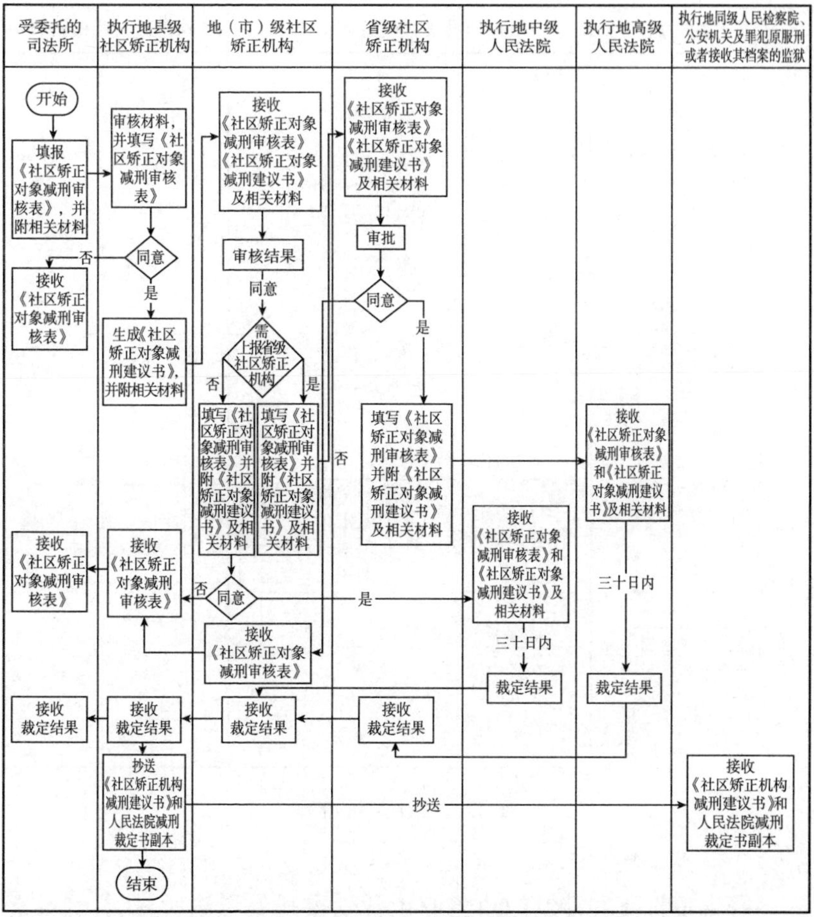

图 11　提请减刑流程

6.13　训诫审批

训诫审批流程涉及的角色应包括受委托的司法所、执行地县级社区矫正机构和执行地人民检察院，并生成《社区矫正训诫审批表》和《社区矫正训诫决定书》，图 12 规定了训诫审批流程。

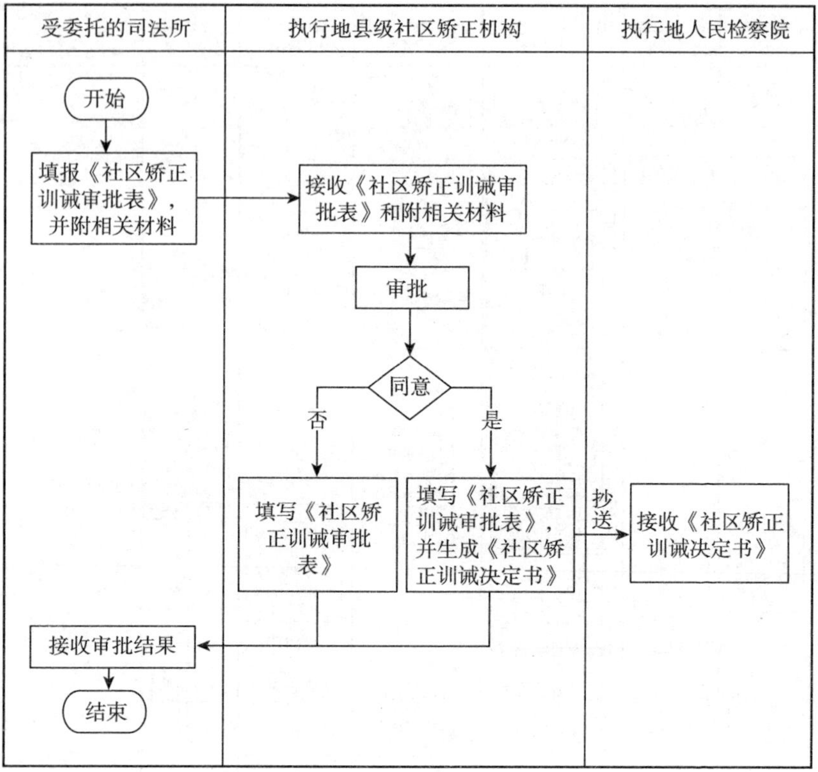

图 12　训诫审批流程

6.14　警告审批

警告审批流程涉及的角色应包括受委托的司法所、执行地县级社区矫正机构和执行地人民检察院，并生成《社区矫正警告审批表》和《社区矫正警告决定书》，图 13 规定了警告审批流程。

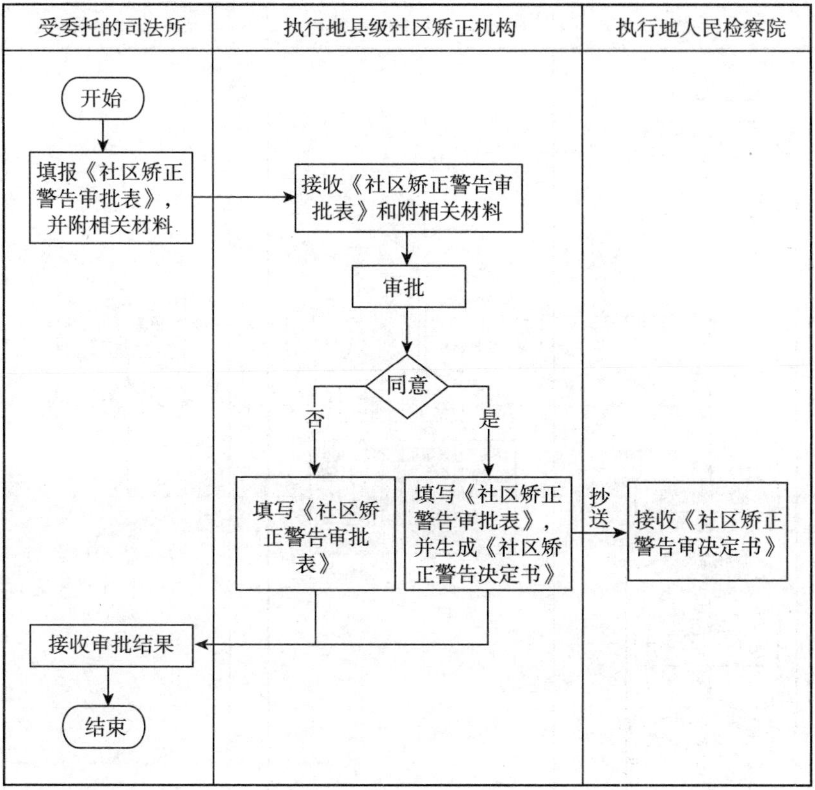

图 13　警告审批流程

6.15　使用电子定位装置审批

使用电子定位装置审批流程涉及的角色应包括受委托的司法所、执行地县级社区矫正机构和县级司法行政部门负责人,并生成《社区矫正使用电子定位装置审批表》《社区矫正使用电子定位装置决定书》和《对社区矫正对象使用电子定位装置告知书》,图 14 规定了使用电子定位装置审批流程。

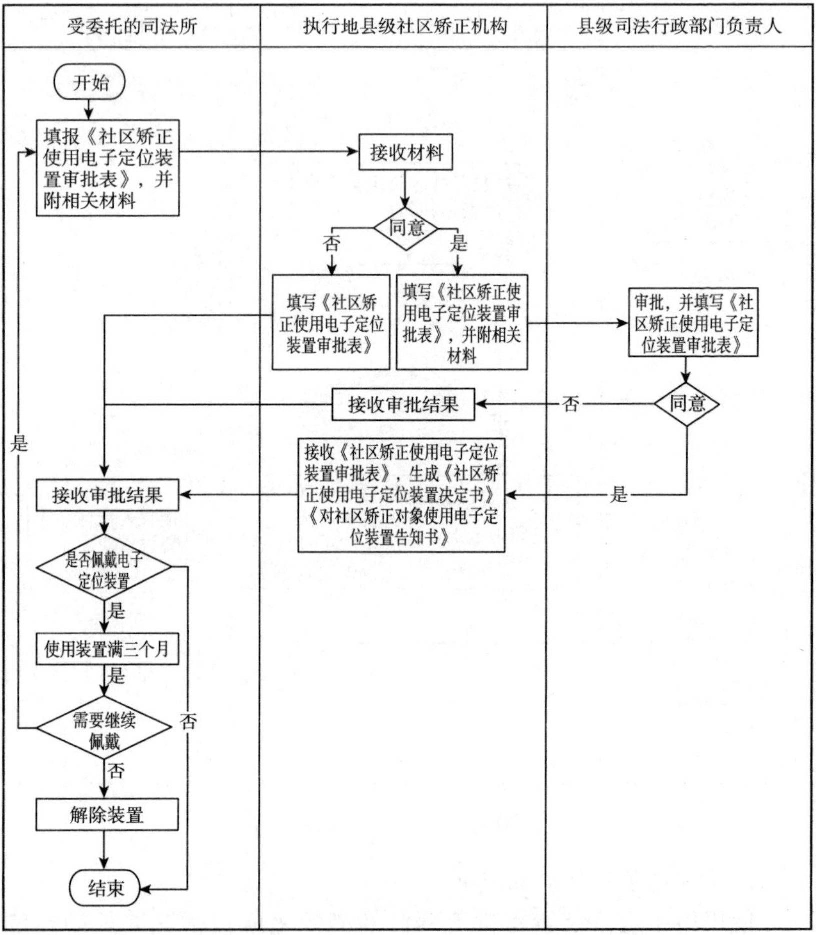

图 14　使用电子定位装置审批流程

6.16　提请治安管理处罚

提请治安管理处罚流程涉及的角色应包括受委托的司法所、执行地县级社区矫正机构、同级公安机关和执行地人民检察院，并生成《提请治安管理处罚审核表》和《治安管理处罚建议书》，图 15 规定了提请治安管理处罚流程。

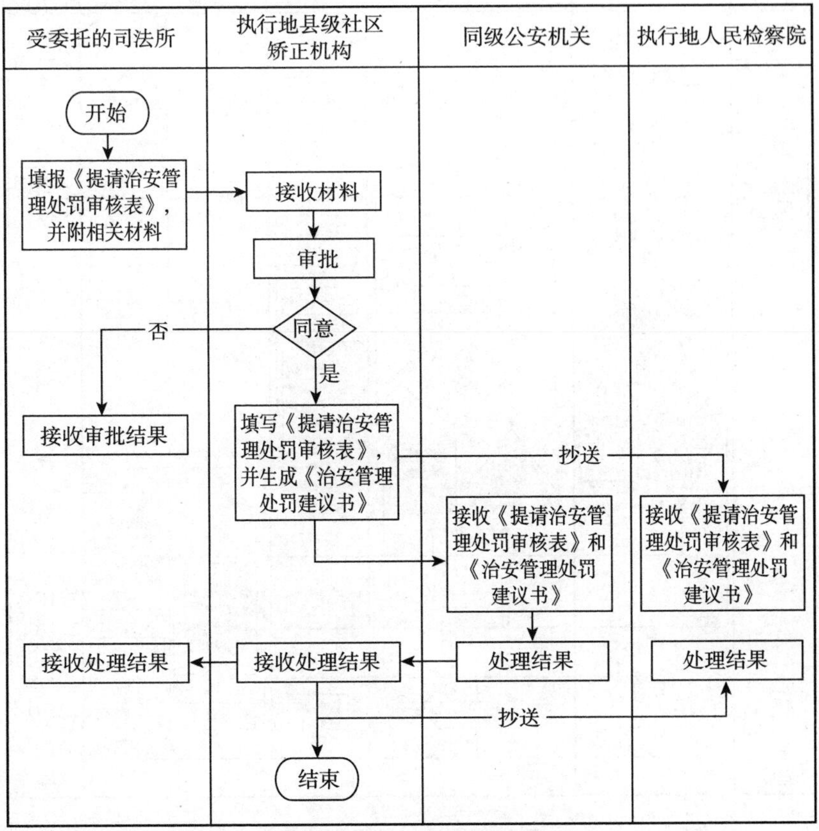

图 15　提请治安管理处罚流程

6.17　提请撤销缓刑

提请撤销缓刑流程涉及的角色应包括受委托的司法所、执行地县级社区矫正机构、地(市)级社区矫正机构、省级社区矫正机构、原审人民法院、执行地同级人民法院和执行地同级人民检察院，并生成《提请撤销缓刑审核表》和《撤销缓刑建议书》，图 16 规定了提请撤销缓刑流程。

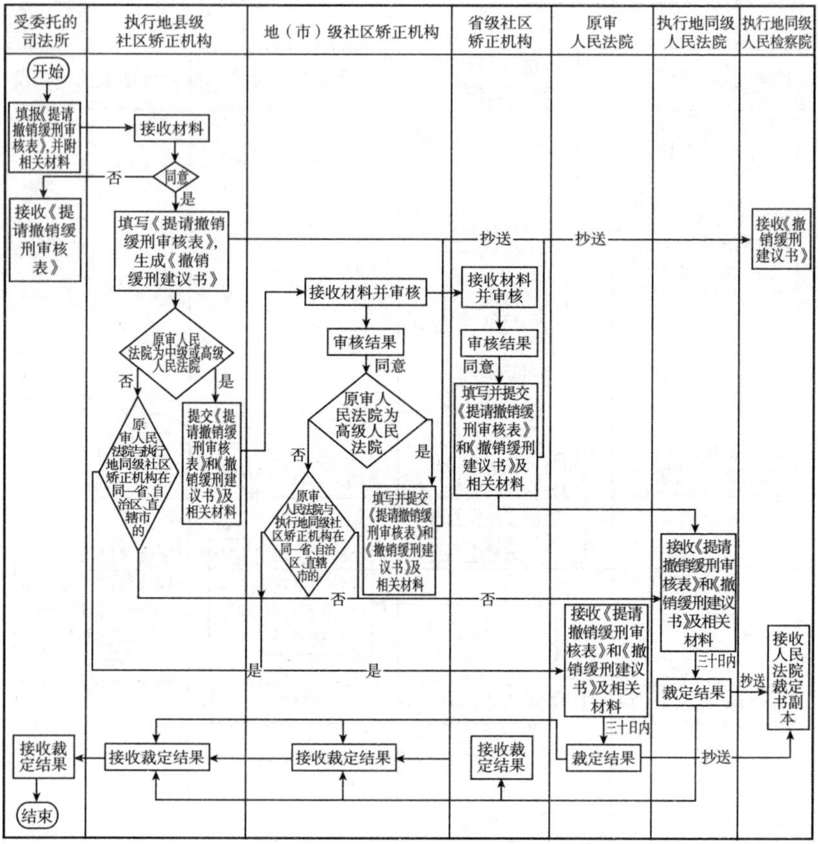

图 16　提请撤销缓刑流程

6.18　提请撤销假释

提请撤销假释流程涉及的角色应包括受委托的司法所、执行地县级社区矫正机构、地(市)级社区矫正机构、省级社区矫正机构、原审人民法院、执行地同级人民法院、执行地同级人民检察院、公安机关、罪犯原服刑或者接收其档案的监狱，并生成《提请撤销假释审核表》和《撤销假释建议书》，图 17 规定了提请撤销假释流程。

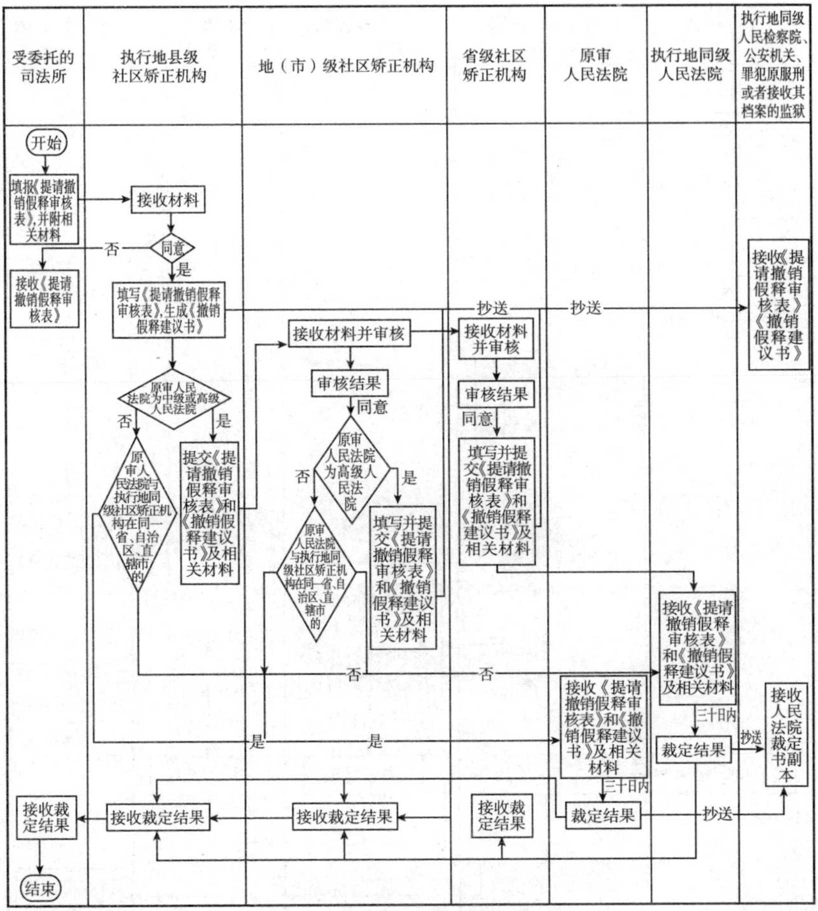

图 17　提请撤销假释流程

6.19　提请收监执行

提请收监执行流程涉及的角色应包括受委托的司法所、执行地县级社区矫正机构、原社区矫正决定机关、执行地社区矫正决定机关和执行地县级人民法院,并生成《提请收监执行审核表》和《收监执行建议书》,图 18 规定了提请收监执行流程。

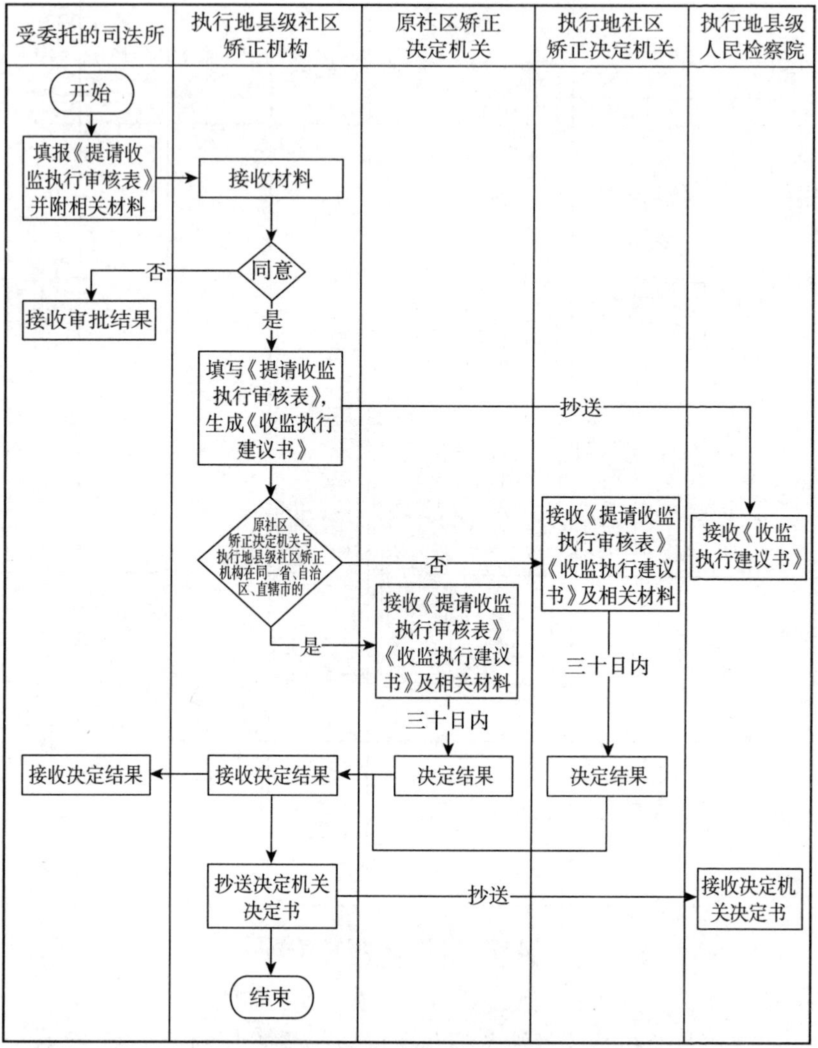

图 18　提请收监执行流程

6.20 提请逮捕

提请逮捕业务流程涉及的角色应包括执行地县级社区矫正机构、执行地县级人民检察院和人民法院,并生成《提请逮捕审核表》和《社区矫正对象逮捕建议书》,图19规定了提请逮捕流程。

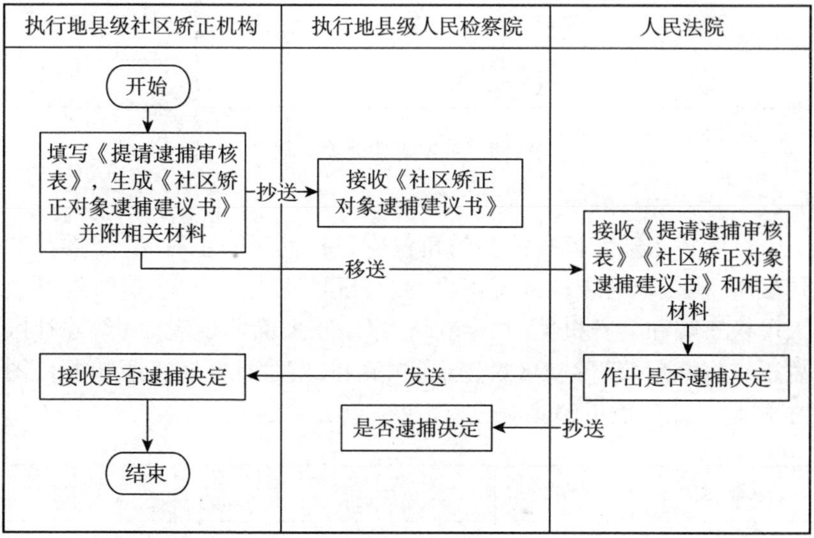

图19 提请逮捕流程

6.21 突发事件处置

突发事件处置流程涉及的角色应包括受委托的司法所、执行地县级社区矫正机构、公安机关、上级社区矫正机构和执行地人民检察院,图20规定了突发事件处置流程。

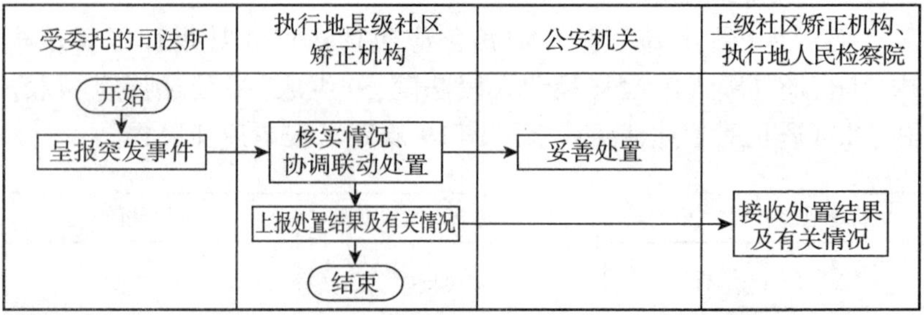

图 20　突发事件处置流程

6.22　社区矫正解除

社区矫正解除流程涉及的角色应包括社区矫正对象、受委托的司法所、执行地县级社区矫正机构、社区矫正决定机关、执行地县级人民检察院和公安机关，并生成《社区矫正期满鉴定表》、《解除社区矫正宣告书》、《解除社区矫正证明书》和《解除社区矫正通知书》，图 21 规定了社区矫正解除流程。

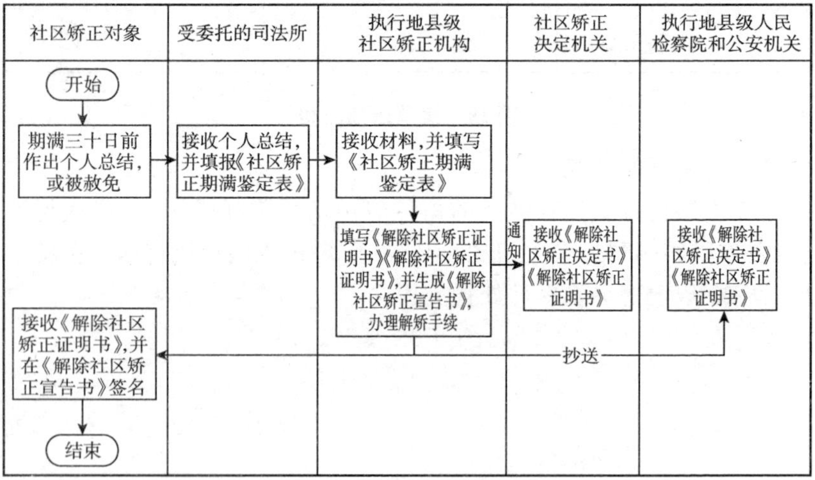

图 21　社区矫正解除流程

6.23　社区矫正终止

社区矫正终止流程涉及的角色应包括受委托的司法所、执行地县级社区矫正机构、社区矫正决定机关、执行地县级人民检察院和公安机关，并生成《终止社区矫正通知书》，图 22 规定了社区矫正终止流程。

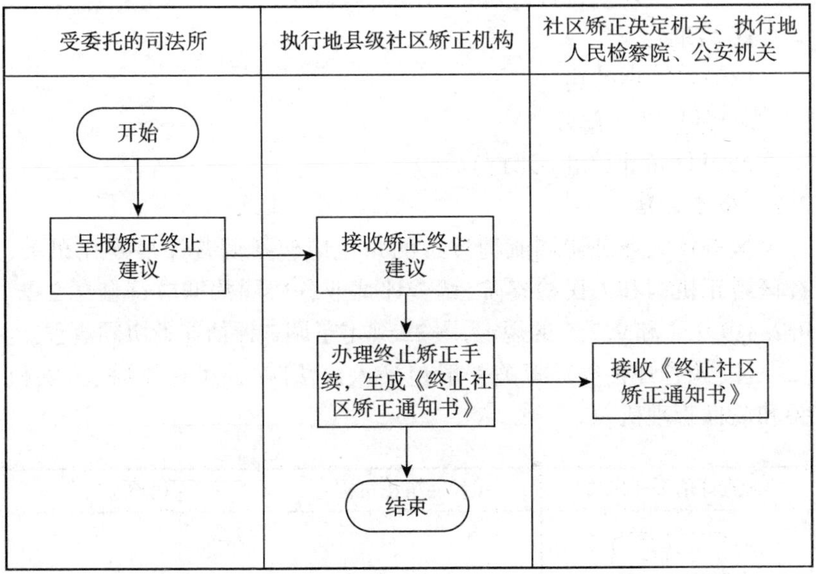

图 22　社区矫正终止流程

7　业务协同流程

7.1　基本要求

业务协同流程是指社区矫正机构与人民法院、人民检察院、公安机关和监狱管理机关之间的业务交互，应包括以下业务协同流程：

a) 调查评估；

b) 社区矫正对象交付执行；

c) 变更执行地；

d) 社区矫正对象奖惩；

e)协助查找；

f)进入特定区域或者场所；

g)社区矫正对象被限制人身自由的通知；

h)撤销缓刑(逮捕)；

i)撤销假释(逮捕)；

j)暂予监外执行社区矫正对象的收监执行；

k)减刑；

l)治安管理处罚；

m)社区矫正解除；

n)社区矫正终止(死亡)。

7.2 调查评估

调查评估业务协同流程涉及的角色应包括调查评估委托机关、社区矫正机构和人民检察院，调查评估业务协同数据应符合9.2.2、9.2.3、9.2.4和9.2.5的规定；图23规定了调查评估业务协同流程。

注：调查评估委托机关一般包括人民法院、人民检察院、公安机关和监狱管理机关。

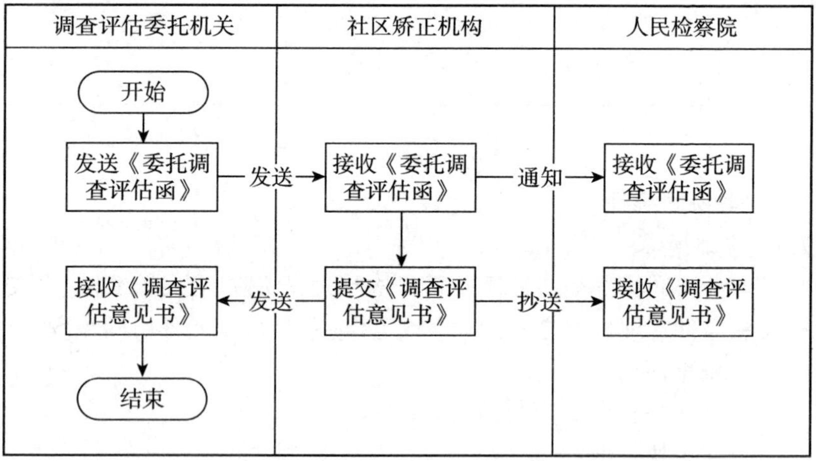

图23 调查评估业务协同流程

7.3 社区矫正对象交付执行

社区矫正对象交付执行业务协同流程涉及的角色应包括社区矫正决定机关、社区矫正机构、人民检察院和公安机关,社区矫正对象交付执行业务协同数据和文书应符合9.2.6、9.2.7、9.2.8、9.2.9和9.2.10的规定,图24规定了社区矫正对象交付执行业务协同流程。

注:社区矫正决定机关一般包括人民法院、公安机关和监狱管理机关。

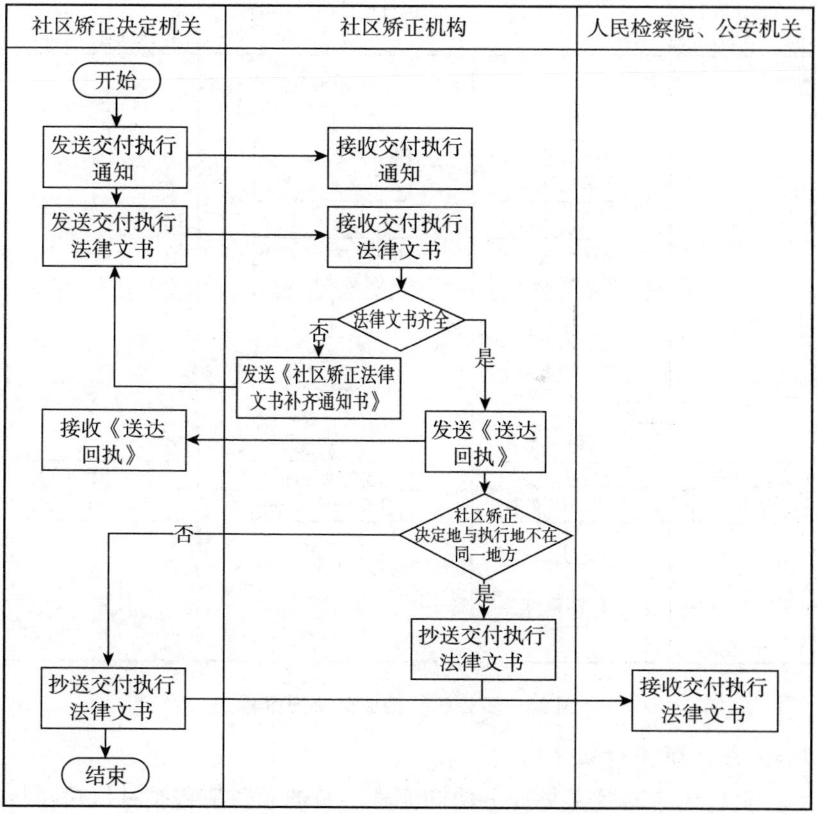

图24 社区矫正对象交付执行业务协同流程

7.4 变更执行地

变更执行地业务协同流程涉及的角色应包括原执行地社区矫正机构、社区矫正决定机关、原执行地人民检察院和公安机关、新执行地社区矫正机构、新执行地人民检察院和公安机关。变更执行地业务协同数据和文书应符合9.2.11、9.2.12、9.2.13、9.2.14和9.2.15的规定，图25规定了变更执行地业务协同流程。

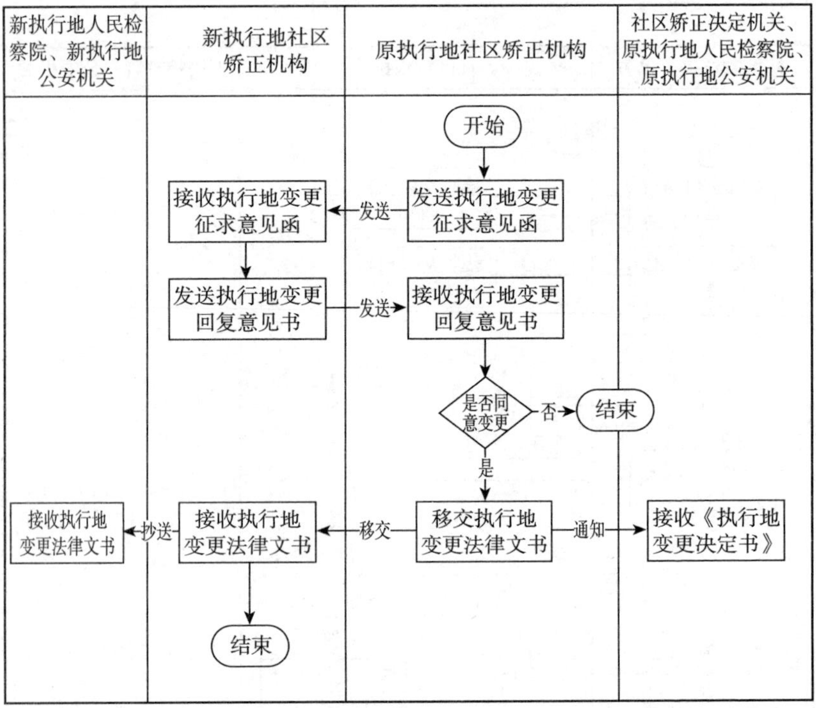

图25 变更执行地业务协同流程

7.5 社区矫正对象奖惩

社区矫正对象奖惩业务协同流程涉及的角色应包括社区矫正机构和人民检察院。社区矫正对象奖惩业务协同数据和文书应符合9.2.16的规定，图26规定了社区矫正对象奖惩业务协同流程。

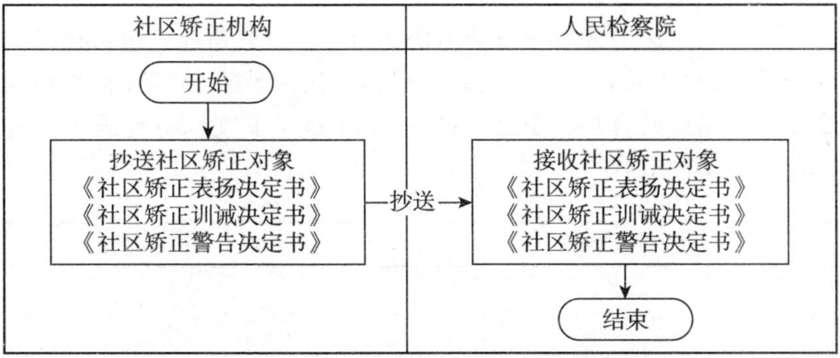

图 26　社区矫正对象奖惩业务协同流程

7.6　协助查找

协助查找业务协同流程涉及的角色应包括社区矫正机构、公安机关和人民检察院。协助查找业务协同数据和文书应符合 9.2.17、9.2.18 和 9.2.19 的规定，图 27 规定了协助查找业务协同流程。

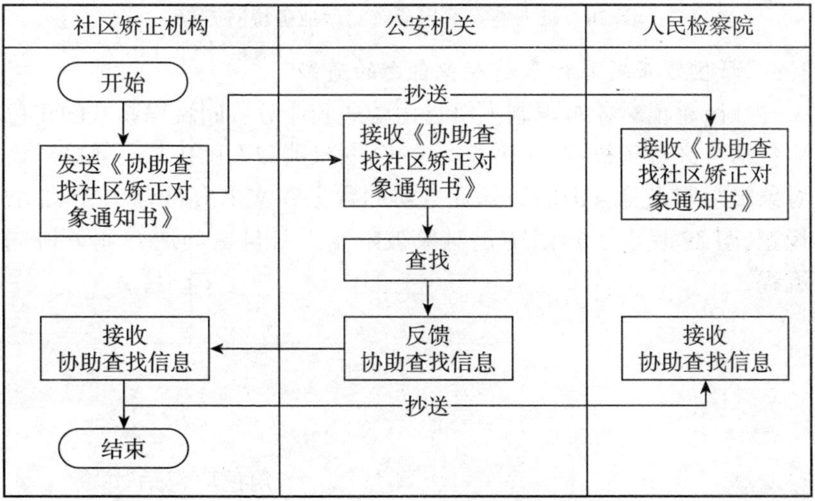

图 27　协助查找业务协同流程

7.7 进入特定区域或者场所

进入特定区域或者场所业务协同流程涉及的角色应包括社区矫正机构、人民法院和人民检察院。进入特定区域或者场所业务协同数据和文书应符合9.2.20的规定,图28规定了进入特定区域或者场所业务协同流程。

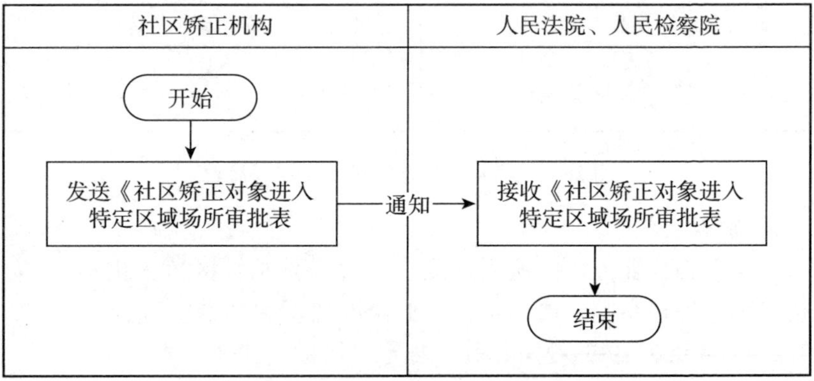

图28 进入特定区域或者场所业务协同流程

7.8 社区矫正对象被限制人身自由的通知

社区矫正对象被限制人身自由的通知业务协同流程涉及的角色应包括社区矫正机构、人民检察院、公安机关和人民法院。社区矫正对象被限制人身自由的通知业务协同数据和文书应符合9.2.21的规定,图29规定了社区矫正对象被限制人身自由的通知业务协同流程。

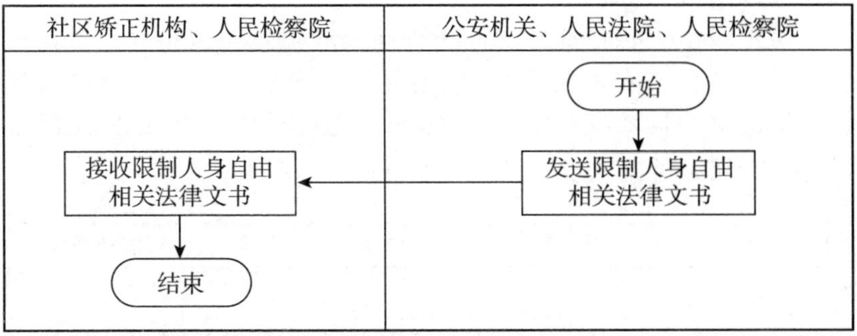

图 29　社区矫正对象被限制人身自由的通知业务协同流程

7.9　撤销缓刑(逮捕)

撤销缓刑(逮捕)业务协同流程涉及的角色应包括社区矫正机构、人民法院、公安机关和人民检察院。撤销缓刑(逮捕)业务协同数据和文书应符合 9.2.22、9.2.23 和 9.2.24 的规定,图 30 规定了撤销缓刑(逮捕)业务协同流程。

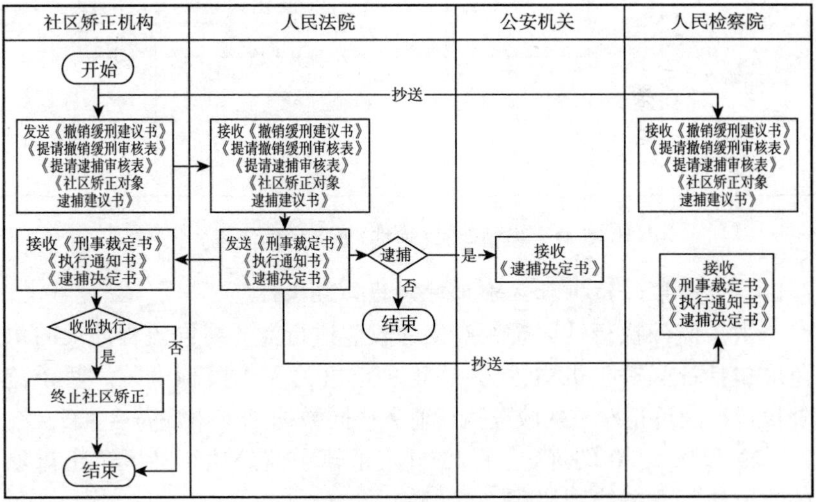

图 30　撤销缓刑(逮捕)业务协同流程

7.10 撤销假释(逮捕)

撤销假释(逮捕)业务协同流程涉及的角色应包括社区矫正机构、人民法院、公安机关、人民检察院和监狱管理机关。撤销假释(逮捕)业务协同数据和文书应符合9.2.25、9.2.26和9.2.27的规定,图31规定了撤销假释(逮捕)业务协同流程。

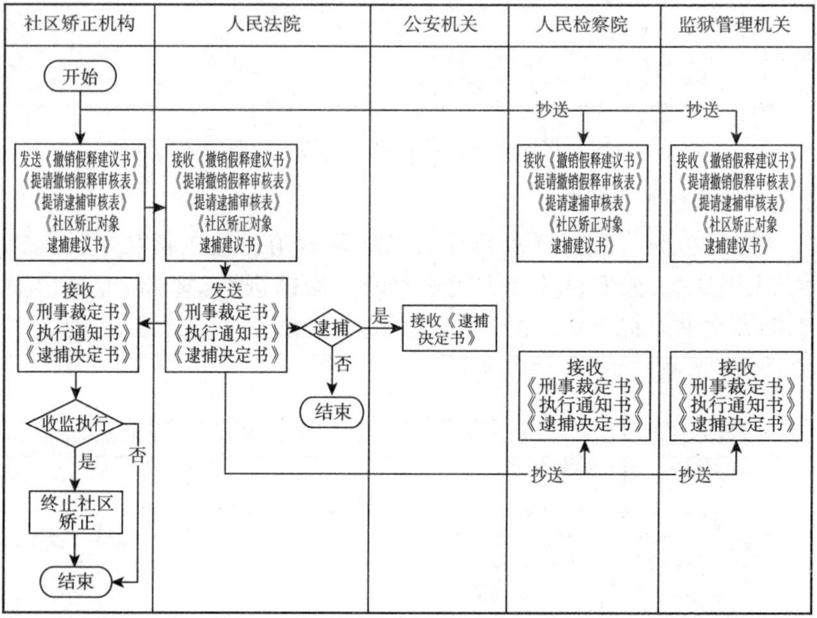

图31 撤销假释(逮捕)业务协同流程

7.11 暂予监外执行社区矫正对象的收监执行

暂予监外执行社区矫正对象的收监执行业务协同流程涉及的角色应包括社区矫正机构、社区矫正决定机关和人民检察院。暂予监外执行社区矫正对象的收监执行业务协同数据和文书应符合9.2.28、9.2.29和9.2.30的规定,图32规定了暂予监外执行社区矫正对象的收监执行业务协同流程。

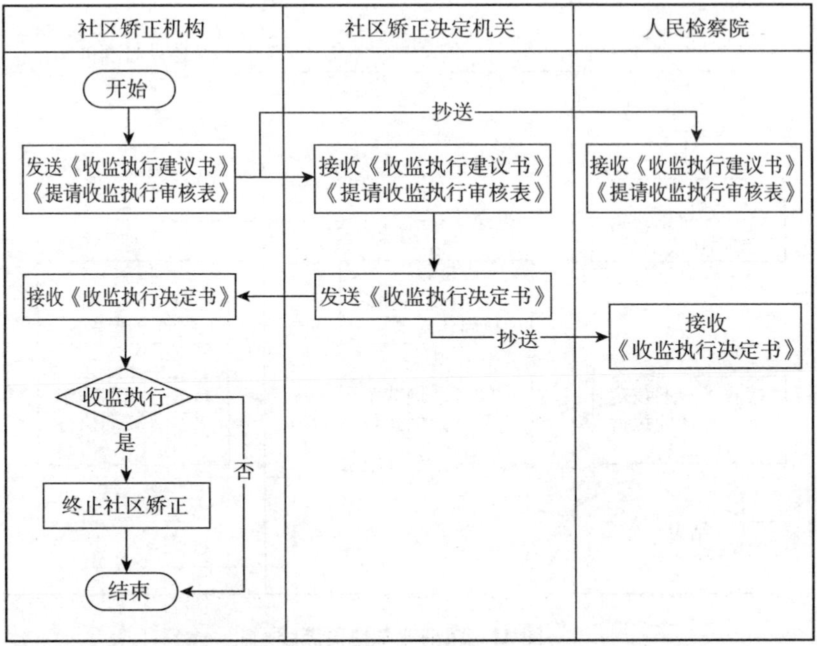

图 32　暂予监外执行社区矫正对象的收监执行业务协同流程

7.12　减刑

减刑业务协同流程涉及的角色应包括社区矫正机构、人民法院、人民检察院、公安机关以及罪犯原服刑或者接收其档案的监狱管理机关。减刑业务协同环节数据和文书应符合 9.2.31、9.2.32 和 9.2.33 的规定，图 33 规定了减刑业务协同流程。

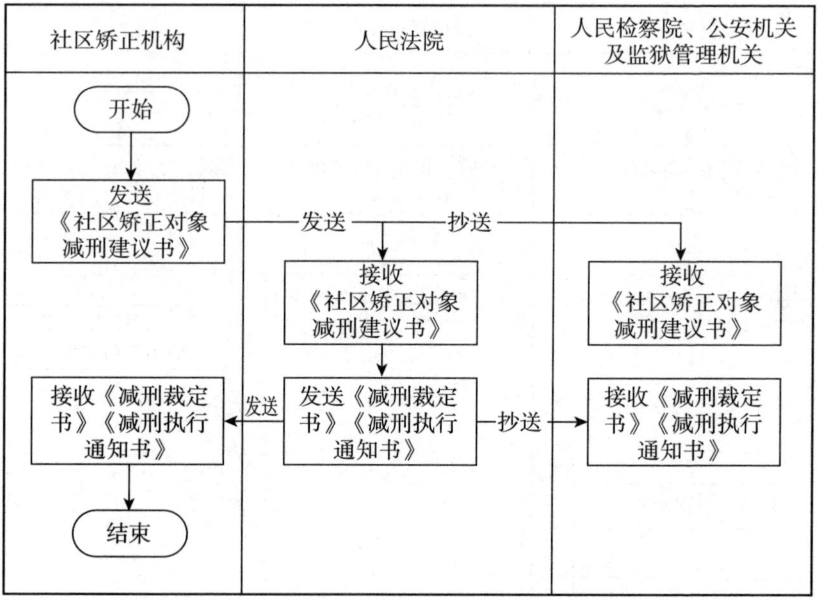

图 33　减刑业务协同流程

7.13　治安管理处罚

治安管理处罚业务协同流程涉及的角色应包括社区矫正机构、公安机关和人民检察院。治安管理处罚业务协同数据和文书应符合 9.2.34、9.2.35 和 9.2.36 的规定，图 34 规定了治安管理处罚业务协同流程。

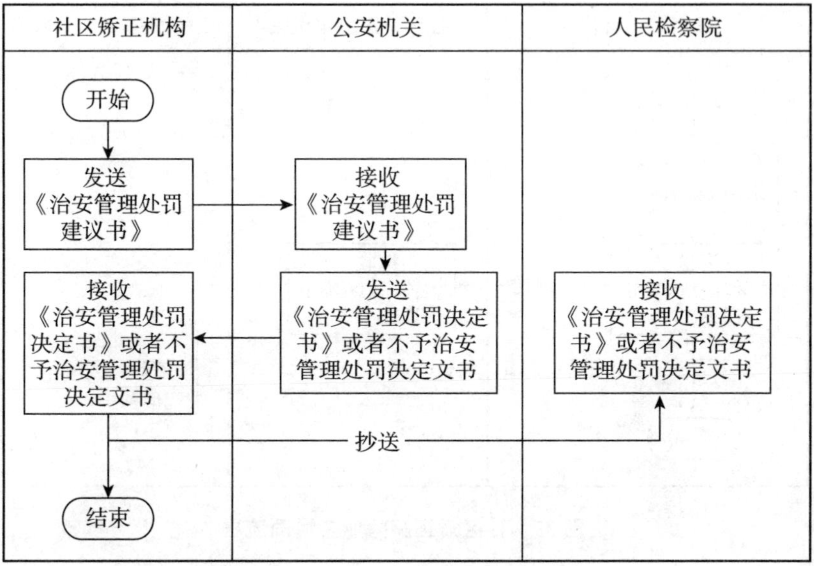

图 34　治安管理处罚业务协同流程

7.14　社区矫正解除

社区矫正解除业务协同流程涉及的角色应包括社区矫正机构、社区矫正决定机关、人民检察院和公安机关。社区矫正解除业务协同数据和文书应符合 9.2.37 和 9.2.38 的规定，图 35 规定了社区矫正解除业务协同流程。

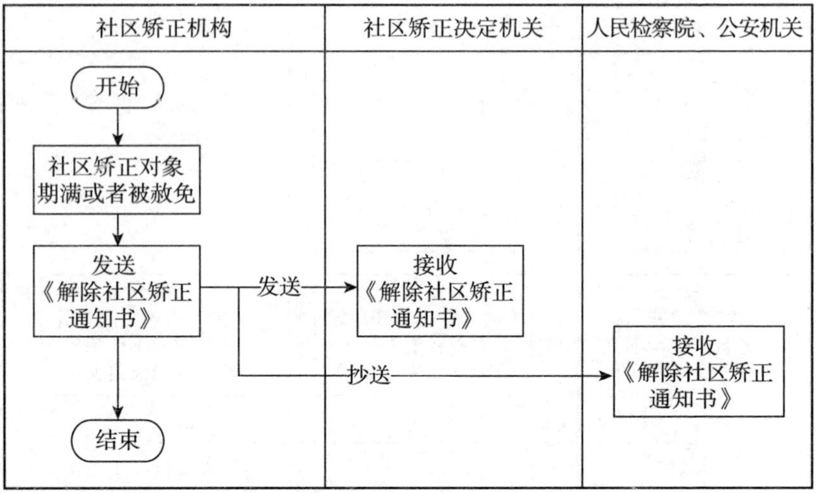

图 35　社区矫正解除业务协同流程

7.15　社区矫正终止(死亡)

社区矫正终止(死亡)业务协同流程涉及的角色应包括社区矫正机构、社区矫正决定机关、人民检察院和公安机关。社区矫正终止(死亡)业务协同数据和文书应符合 9.2.39 和 9.2.40 的规定,图 36 规定了社区矫正终止(死亡)业务协同流程。

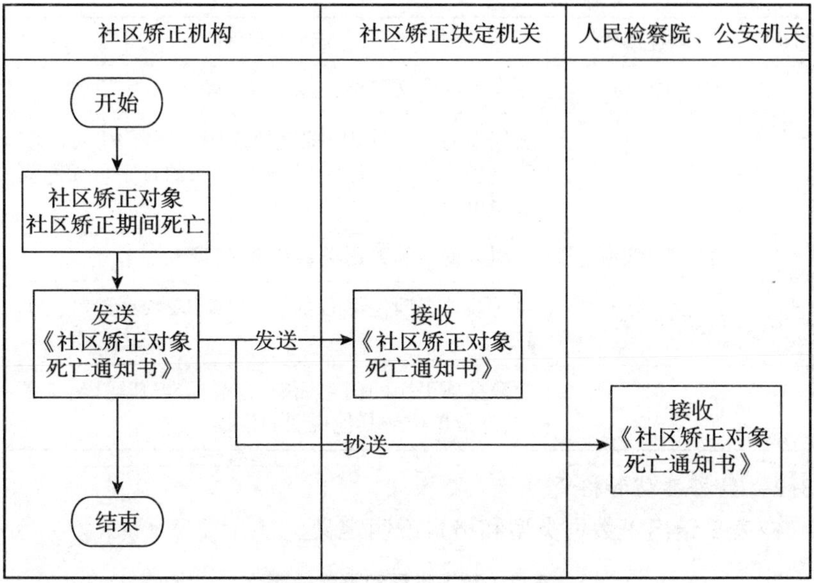

图36 社区矫正终止(死亡)业务协同流程

8 数据采集结构描述

8.1 基本描述属性

本文件9.1中业务管理数据资源的数据采集结构用数据项名称、标识、数据类型和格式、约束/条件以及说明5个基本属性描述,9.2中业务协同数据资源的数据采集结构用数据项名称、数据类型和格式、约束/条件以及说明4个基本属性描述,表1给出了描述属性和定义及说明。

表 1　数据采集结构基本描述属性

序号	描述属性	定义及说明
1	数据项名称	数据项的中文名称,应对应数据库中的字段名
2	标识	数据项的唯一标识。将数据项中文名称中每个字汉语拼音的首字母大写,并把大写的首字母无间隔顺序组合起来
3	数据类型和格式	说明数据项的数据类型及格式,见 8.2
4	约束/条件	说明该数据项是必备的、条件必选的或可选的,见 8.3
5	说明	对数据项引用的国家标准、行业标准、代码、约束条件、计量单位或其他说明的描述

8.2　数据类型和格式

表 2 给出了数据类型和格式说明定义。

表 2　数据类型和格式说明

序号	数据类型	格式说明
1	ID	15 位十进制整数(占 8 个字节),用作数据记录的唯一标识
2	N	有符号 4 字节整数,范围:[-2147483648,2147483647]
3	TN	无符号 1 字节整数,范围:[0,255] 若作为逻辑型使用:0:否;1:是
4	F	浮点型
5	D	日期,符合 GB/T 7408,格式为 YYYY-MM-DD
6	DT	日期 + 时间,根据应用决定时间的表示精度,符合 GB/T 7408,格式为 YYYY-MM-DDThh:mm:ss
7	C	字符串类型,数字表示最大长度 示例:C100 表示最大长度为 100 个拉丁字符(字符)的字符串

续表

序号	数据类型	格式说明
8	BB	用 BASE64 编码的 BLOB(二进制大数据量对象)
9	CB	CLOB(字符大数据量对象)
10	复合型	包含多个数据项的复杂数据项的数据类型

8.3 约束/条件

表示数据项是必备的、条件必选的或可选的,具体如下:

a)M:表示该数据项是必备的;

b)C:表示该数据项在一定条件下必选,当满足约束条件中所定义的条件时应选择,具体条件在说明里描述;

c)O:表示该数据项根据实际应用是可选的。

9 数据资源

9.1 业务管理数据资源

9.1.1 基础数据库

9.1.1.1 司法行政机关基本信息

表 3 规定了司法行政机关基本信息。

表 3 司法行政机关基本信息

序号	数据项名称	标识	数据类型和格式	约束/条件	说明
1	机构编码	JGBM	C18	M	符合 11.1.1
2	机构名称	JGMC	C60	M	统一社会信用代码证书上的机构名称
3	机构简称	JGJC	C60	O	自填
4	英文名称	YWMC	C60	O	自填
5	机构代码	JGDM	C20	M	符合 GB 32100
6	负责人	FZR	C20	M	自填

续表

序号	数据项名称	标识	数据类型和格式	约束/条件	说明
7	机构类别	JGLB	C4	M	符合 11.2.2
8	机构行政级别	JGXZJB	C2	M	符合 11.2.3
9	机构隶属层级	JGLSCJ	C2	M	符合 11.2.1
10	上级司法行政主管机关	SJSFXZZGJG	C18	M	上级机构编码,司法厅(局)填写司法部机构编码110000010101010001
11	联系电话	LXDH	C40	M	自填,格式为固话"区号-号码"或手机号码
12	传真号码	CZHM	C40	M	自填,格式为固话"区号-号码",司法所可以不用填写传真号码
13	电子邮箱	DZYX	C60	M	自填
14	行政区划代码	XZQHDM	C6	M	GB/T 2260,精确到县级行政区划
15	地址	DZ	C200	M	自填
16	经度	X	F	O	自填(精确到小数点后4位小数,CGCS2000 坐标系)
17	纬度	Y	F	O	自填(精确到小数点后4位小数,CGCS2000 坐标系)

9.1.1.2 司法行政机关工作人员基本信息

表4规定了司法行政机关工作人员基本信息。

表4 司法行政机关工作人员基本信息

序号	数据项名称	标识	数据类型和格式	约束/条件	说明
1	人员编码	RYBM	C20	M	符合11.1.2
2	姓名	XM	C50	M	自填
3	英文名	YWM	C50	O	自填
4	性别	XB	C2	M	符合GB/T 2261.1
5	出生日期	CSRQ	D	M	自填
6	身份证号	SFZH	C18	M	自填
7	民族	MZ	C2	M	符合11.2.80
8	政治面貌	ZZMM	C2	M	符合GB/T 4762
9	婚姻状况	HYZK	C2	M	符合11.2.28
10	照片	ZP	BB	O	自填
11	毕业院校	BYYX	C60	M	自填
12	学历	XL	C2	M	符合11.2.81
13	最高学位	ZGXW	C3	M	符合11.2.83
14	专业	ZY	C7	M	符合11.2.85
15	所属机构	SSJG	C18	M	符合11.1.1
16	职务职级	ZWZJ	C60	M	符合11.2.3
17	人员编制	RYBZ	C2	M	符合11.2.4
18	是否派驻警察	SFPZJC	TN	C	0:否,1:是

续表

序号	数据项名称	标识	数据类型和格式	约束/条件	说明
19	派驻警察情况	PZJCQK	C200	C	自填
20	参加工作时间	CJGZSJ	D	M	自填
21	手机号码	SJHM	C20	M	自填
22	联系电话	LXDH	C40	O	自填,格式为固话“区号-号码”或手机号码
23	电子邮箱	DZYX	C100	M	自填
24	住址	ZZ	C200	M	自填
25	是否在职	SFZZ	TN	M	0:否,1:是

9.1.1.3　调查评估信息

表5规定了调查评估信息。

表5　调查评估信息

序号	数据项名称	标识	数据类型和格式	约束/条件	说明
1	委托编号	WTBH	C20	M	由社区矫正决定机关编制的委托编号
2	委托单位	WTDW	C50	M	自填
3	调查评估委托函	WTDCH	CB	M	自填
4	被调查评估对象的类型	BDCPGRDLX	C2	M	符合11.2.5

续表

序号	数据项名称	标识	数据类型和格式	约束/条件	说明
5	被调查评估对象姓名	BGRXM	C20	M	自填
6	被调查评估对象身份证号	BGRSFZH	C18	O	自填
7	被调查评估对象性别	BGRXB	C2	M	符合 GB/T 2261.1
8	被调查评估对象出生日期	BGRCSRQ	D	M	自填
9	被调查评估对象居住地地址	BGRJZDDZ	C50	M	自填
10	被调查评估对象工作单位	BGRGZDW	C50	O	自填
11	罪名	ZM	C50	O	符合 11.2.11
12	原判刑期	YPXQ	C10	O	自填
13	原判刑期开始日期	YPXQKSRQ	D	O	自填
14	原判刑期结束日期	YPXQJSRQ	D	O	自填
15	原判刑罚	YPXF	C2	O	符合 11.2.9
16	附加刑	FJX	C20	O	符合 11.2.10
17	判决机关	PJJG	C50	O	符合 11.2.50
18	判决日期	PJRQ	D	O	自填

续表

序号	数据项名称	标识	数据类型和格式	约束/条件	说明
19	拟适用矫正类别	NSYJZLB	C2	M	符合 11.2.49
20	接受委托的县级社区矫正机构	DCDWXQJ	C18	M	符合 11.1.1
21	调查评估意见	DCPGYJ	C500	M	自填
22	调查评估意见审核人	DCYJSHR	C20	M	自填
23	调查评估意见书	DCPGYJS	CB	M	附件方式上传

9.1.1.4 调查评估走访信息

表 6 规定了调查评估走访信息。

表 6 调查评估走访信息

序号	数据项名称	标识	数据类型和格式	约束/条件	说明
1	委托编号	WTBH	C20	M	由社区矫正决定机关编制的委托编号
2	被调查人姓名	BDCRXM	C20	M	自填
3	与被调查评估对象关系	YBGRGX	C2	M	符合 11.2.82
4	调查事项	DCSX	C500	O	自填
5	调查时间	DCSJ	DT	M	自填
6	调查地点	DCDD	C50	M	自填
7	调查单位	DCDWSFS	C18	O	符合 11.1.1
8	调查人	DCR	C50	M	自填

9.1.1.5　社区矫正对象基本信息

表 7 规定了社区矫正对象基本信息。社区矫正对象基本信息采集格式和填写要求应符合附录表 A.1 和附录 A.3.1 的规定。

表 7　社区矫正对象基本信息

序号	数据项名称	标识	数据类型和格式	约束/条件	说明
1	社区矫正对象编号	SQJZDXBH	C20	M	符合 11.1.3
2	执行地社区矫正机构编码	JZJGBM	C18	M	符合 11.1.1
3	受委托的司法所机构编码	SWTSFSBM	C18	O	符合 11.1.1
4	是否调查评估	SFDCPG	TN	M	0:否,1:是
5	调查评估意见	DCPGYJ	C50	C	自填,“是否调查评估”为“是”时必填
6	调查评估意见采信情况	DCYJCXQK	C2	M	符合 11.2.32
7	矫正类别	JZLB	C2	M	符合 11.2.14
8	是否成年	SFCN	TN	M	0:否,1:是
9	未成年	WCN	C2	C	符合 11.2.33
10	姓名	XM	C20	M	自填
11	曾用名	CYM	C20	O	自填
12	性别	XB	C2	M	符合 GB/T 2261.1
13	民族	MZ	C20	M	符合 11.2.82
14	国籍	GJ	C2	M	符合 11.2.46

续表

序号	数据项名称	标识	数据类型和格式	约束/条件	说明
15	户籍类型	HJLX	C2	C	符合 11. 2. 102，国籍为中国籍时必填
16	身份证号码	SFZHM	C18	C	自填，有身份证号码时必填，无身份证号码时填“不详”
17	出生日期	CSRQ	D	M	自填
18	有无港澳台身份证件	YWGATSFZJ	TN	M	0:否，1:是
19	港澳台身份证件类型	GATSFZJLX	TN	O	符合 11. 2. 44
20	港澳台身份证件号码	GATSFZJHM	C20	O	自填
21	有无护照	YWHZ	TN	M	0:无，1:有
22	护照号码	HZHM	C20	C	自填，“有无护照”为“有”时必填
23	护照保存状态	HZBCZT	C2	O	符合 11. 2. 43
24	有无港澳通行证	YWGATXZ	TN	M	0:无，1:有
25	港澳通行证号码	GATXZHM	C20	C	自填，有港澳通行证时该项必填
26	港澳通行证保存状态	GATXZBCZT	C2	C	符合 11. 2. 43，“有无港澳通行证”为“有”时必填
27	有无台湾通行证	YWTWTXZ	TN	M	0:无，1:有

续表

序号	数据项名称	标识	数据类型和格式	约束/条件	说明
28	台湾通行证号码	TWTXZHM	C20	C	自填,“有无台湾通行证”为“有”时必填
29	台湾通行证保存状态	TWTXZBCZT	C2	C	符合11.2.43,“有无台湾通行证”为“有”时必填
30	有无港澳居民往来内地通行证	YWGAJM-WLNDTXZ	TN	M	0:无,1:有
31	港澳居民往来内地通行证号码	GAJMWL-NDTXZ	C20	C	自填,“有无港澳居民往来内地通行证”为“有”时必填
32	港澳居民往来内地通行证保存状态	GAJMWLN-DTXZBCZT	TN	C	符合11.2.43,自填,“有无港澳居民往来内地通行证”为“有”时必填
33	有无台胞证	YWTBZ	TN	M	0:无,1:有
34	台胞证号码	TBZHM	C20	C	自填,“有无台胞证”为“有”时必填
35	台胞证保存状态	TBZBCZT	TN	C	符合11.2.43,自填,“有无台胞证”为“有”时必填
36	暂予监外执行社区矫正对象身体状况	ZYJWZX-RYSTZK	C20	C	符合11.2.34,“矫正类型”为“暂予监外执行”时必填

续表

序号	数据项名称	标识	数据类型和格式	约束/条件	说明
37	最后就诊医院	ZHJZYY	C50	C	自填,“矫正类型”为“暂予监外执行”时必填
38	有无精神病	SFYJSB	TN	M	0:无,1:有
39	鉴定机构	JDJG	C50	C	自填,“有无精神病”为“有”时必填
40	有无传染病	SFYCRB	TN	M	0:无,1:有
41	具体传染病	JTCRB	C100	C	符合12.34,“有无传染病”为“有”时必填
42	文化程度	WHCD	C20	M	符合11.2.27
43	婚姻状况	HYZK	C20	M	符合11.2.28
44	捕前职业	BQZY	C50	M	符合11.2.84
45	就业就学情况	JYJXQK	C20	M	符合11.2.29
46	现政治面貌	XZZMM	C20	M	符合GB/T 4762
47	原政治面貌	YZZMM	C20	M	符合GB/T 4762
48	原工作单位	YGZDW	C100	O	自填
49	现工作单位	XGZDW	C100	O	自填
50	单位联系电话	DWLXDH	C40	O	自填
51	个人联系电话	GRLXDH	C18	M	自填
52	有无家庭成员及主要社会关系	YWJTCYJ-ZYSHGX	TN	M	0:无,1:有

续表

序号	数据项名称	标识	数据类型和格式	约束/条件	说明
53	照片	ZP	BB	M	正面免冠二寸彩色证件照,.jpg 格式,分辨率 295 × 413,大小不超 100KB。
54	户籍地是否与居住地相同	HJDSFY-JZDXT	TN	M	0:否,1:是
55	经常居住地所在省(区、市)	GDJZDSZS	C20	M	符合 GB/T 2260
56	经常居住地所在地(市、州)	GDJZDSZDS	C20	M	符合 GB/T 2260
57	经常居住地所在县(市、区)	GDJZDSZXQ	C20	M	符合 GB/T 2260
58	经常居住地(乡镇、街道)	GDJZD	C20	M	符合 GB/T 2260
59	经常居住地明细	GDJZDMX	C100	M	自填
60	国家/地区	GJ	C20	M	
61	户籍所在省(区、市)	HJSZS	C20	M	符合 GB/T 2260,外国籍此项为非填
62	户籍所在地(市、州)	HJSZDS	C20	M	符合 GB/T 2260,外国籍此项为非填
63	户籍所在县(市、区)	HJSZXQ	C20	M	符合 GB/T 2260,外国籍此项为非填

续表

序号	数据项名称	标识	数据类型和格式	约束/条件	说明
64	户籍所在地(乡镇、街道)	HJSZD	C20	M	符合 GB/T 2260,外国籍此项为非填
65	户籍所在地明细	HJSZDMX	C100	M	自填,外国籍此项为非填
66	是否三无人员	SFSWRY	TN	M	0:否,1:是
67	三无人员类型	SWRYLX	C2	C	符合 11.2.99,“是否三无人员”为“是”时必填

9.1.1.6　社区矫正对象个人简历信息

表 8 规定了社区矫正对象个人简历信息。社区矫正对象个人简历信息采集格式和填写要求应符合附录表 A.2 和附录 A.3.2 的规定。

表 8　社区矫正对象个人简历信息

序号	数据项名称	标识	数据类型和格式	约束/条件	说明
1	社区矫正对象编号	SQJZDXBH	C20	M	符合 11.1.3
2	起时	QS	D	M	自填
3	止日	ZR	D	M	自填
4	所在单位(所在地)	SZDW	C50	M	自填
5	职务(职业)	ZW	C20	M	符合 11.2.88

9.1.1.7　社区矫正对象家庭及社会关系信息

表 9 规定了社区矫正对象家庭及社会关系信息。社区矫正对象家庭及社会关系信息采集格式和填写要求应符合附录表 A.3 和附

录 A.3.3 的规定。

表 9　社区矫正对象家庭及社会关系信息

序号	数据项名称	标识	数据类型和格式	约束/条件	说明
1	社区矫正对象编号	SQJZDXBH	C20	M	符合 11.1.3
2	关系	GX	C2	M	符合 11.2.82
3	姓名	XM	C20	M	自填
4	所在单位	SZDW	C50	O	自填
5	家庭住址	JTZZ	C50	O	自填
6	联系电话	LXDH	C20	O	自填,格式为固话"区号－号码"或手机号码

9.1.1.8　社区矫正对象法律文书信息

表 10 规定了社区矫正对象法律文书信息。社区矫正对象法律文书信息采集格式和填写要求应符合附录表 A.4 和附录 A.3.4 的规定。

表 10　社区矫正对象法律文书信息

序号	数据项名称	标识	数据类型和格式	约束/条件	说明
1	社区矫正对象编号	SQJZDXBH	C20	M	符合 11.1.3
2	社区矫正决定机关	SQJZJDJG	C2	M	符合 11.2.50
3	社区矫正决定机关名称	SQJZJDJGMC	C50	M	自填

续表

序号	数据项名称	标识	数据类型和格式	约束/条件	说明
4	执行通知书文号	ZXTZSWH	C100	M	自填
5	执行通知书日期	ZXTZSRQ	D	M	自填
6	交付执行日期	JFZXRQ	D	M	自填
7	移交罪犯机关	YJZFJG	C20	C	符合 11.2.51,“矫正类别”为“暂予监外执行”时必填
8	移交罪犯机关名称	YJZFJGMC	C50	C	自填,“移交罪犯机关”不为空时必填
9	是否有前科劣迹	SFYQK	TN	M	0:否,1:是
10	是否累犯	SFLF	TN	M	0:否,1:是
11	前科劣迹类型	QKLJLX	C20	C	符合 11.2.52,“是否有前科劣迹”为“是”时必填
12	主要犯罪事实	ZYFZSS	C1000	M	自填

9.1.1.9 社区矫正对象刑罚执行信息

表 11 规定了社区矫正对象刑罚执行信息。社区矫正对象刑罚执行信息采集格式和填写要求应符合附录表 A.5 和附录 A.3.5 的规定。

表 11 社区矫正对象刑罚执行信息

序号	数据项名称	标识	数据类型和格式	约束/条件	说明
1	社区矫正对象编号	SQJZDXBH	C20	M	符合 11.1.3

续表

序号	数据项名称	标识	数据类型和格式	约束/条件	说明
2	矫正类别	JZLB	C2	M	符合 11.2.14
3	社区矫正期限	SQJZQX	C20	M	自填
4	社区矫正开始日期	SQJZKSRQ	D	M	自填
5	社区矫正结束日期	SQJZJSRQ	D	C	自填,暂予监外执行社矫对象可为空
6	犯罪类型	FZLX	C20	M	符合 11.2.11,多个犯罪类型以英文“,”分割
7	罪名	ZM	C50	M	符合 11.2.87,数罪并罚用英文“,”分割
8	管制期限	GZQX	C2	C	符合 11.2.53,矫正类别为管制时必填
9	缓刑考验期限	HXKYQX	C2	C	符合 11.2.54,矫正类别为缓刑时必填
10	是否数罪并罚	SFSZBF	TN	M	0:否,1:是
11	原判刑罚	YPXF	C2	C	符合 11.2.9,矫正类别为假释和暂予监外执行时必填
12	判决结果	PJJG	C200	C	自填
13	原判刑期	YPXQ	C200	C	自填,当原判刑罚不为空时必填

续表

序号	数据项名称	标识	数据类型和格式	约束/条件	说明
14	原判刑期开始日期	YPXQKSRQ	D	C	自填,当原判刑期不为空时必填
15	原判刑期结束日期	YPXQJSRQ	D	C	自填,当原判刑期不为空时必填
16	有期徒刑期限	YQTXQX	C2	O	符合 11.2.30
17	附加刑	FJX	C20	M	符合 11.2.10 英文逗号,分隔
18	是否“五独”	SFWD	C20	M	符合 11.1.4
19	是否“五涉”	SFWS	C20	M	符合 11.1.5
20	是否有“四史”	SFYSS	C20	M	符合 11.2.36,多个选项时,采用英文逗号分隔
21	是否被宣告禁止令	SFBXGJZL	TN	M	0:否,1:是
22	禁止令内容	JZLNR	C500	C	自填,是否被宣告禁止令选是时必填
23	禁止令开始日期	JZLKSRQ	D	C	自填,“是否被宣告禁止令”选“是”时必填
24	禁止令结束日期	JZLJSRQ	D	C	自填,“是否被宣告禁止令”选“是”时必填
25	社区矫正对象接收日期	SQJZDXJSRQ	D	M	自填

续表

序号	数据项名称	标识	数据类型和格式	约束/条件	说明
26	社区矫正对象接收方式	SQJZDXJSFS	C2	M	符合 11.2.12
27	报到情况	BDQK	C2	M	符合 11.2.13
28	未按时报到情况说明	WASBDQKSM	C200	C	当“报到情况”选择“超出规定时限报到”是必填
29	是否建立矫正小组	SFJLJZXZ	TN	M	0:否,1:是
30	矫正小组人员组成情况	JZXZRYZCQK	C50	C	符合 11.2.18,可多选,英文逗号分隔
31	是否信息化核查	SFXXHHC	TN	M	0:否,1:是
32	信息化核查方式	XXHHCFS	C2	C	符合 11.2.55,“是否信息化核查”选“是”时,可多选,英文逗号分隔
33	信息化核查号码	DWHM	C20	C	自填,“信息化核查方式”选择“基站定位”必填
34	是否使用电子定位装置	SFSYDZDWZZ	TN	M	0:否,1:是,和使用电子定位装置审批流程相关联
35	电子定位装置号码	DZDWZZHM	C50	C	自填,“是否使用电子定位装置”选“是”时必填

续表

序号	数据项名称	标识	数据类型和格式	约束/条件	说明
36	是否脱管	SFTG	TN	M	自填,0:否,1:是
37	奖惩情况	JCQK	C500	O	自填

9.1.1.10　社区矫正对象虚拟身份信息

表 12 规定了社区矫正对象虚拟身份信息。

表 12　社区矫正对象虚拟身份信息

序号	数据项名称	标识	数据类型和格式	约束/条件	说明
1	社区矫正对象编号	SQJZDXBH	C20	M	符合 11.1.3
2	类型	LX	C20	M	符合 11.2.47
3	号码	HM	C20	M	自填
4	备注	BZ	C50	O	自填

9.1.1.11　社区矫正对象禁止令信息

表 13 规定了社区矫正对象禁止令信息。

表 13　社区矫正对象禁止令信息

序号	数据项名称	标识	数据类型和格式	约束/条件	说明
1	社区矫正对象编号	SQJZDXBH	C20	M	符合 11.1.3
2	禁止令类型	JZLLX	C2	M	符合 11.2.48
3	禁止令内容	JZLNR	C500	M	自填
4	禁止期限开始日期	JZQXKSRQ	D	M	自填
5	禁止期限结束日期	JZQXJSRQ	D	M	自填
6	特定区域坐标	TDQYZB	C500	O	自填

9.1.1.12　暂予监外执行社区矫正对象押送信息

表14规定了暂予监外执行社区矫正对象押送信息。

表14　暂予监外执行社区矫正对象押送信息

序号	数据项名称	标识	数据类型和格式	约束/条件	说明
1	社区矫正对象编号	SQJZDXBH	C20	M	符合11.1.3
2	执行押送警察姓名	ZXYSJCXM	C20	M	自填
3	单位及职务	DWJZW	C100	M	自填
4	押送日期	YSRQ	D	M	自填
5	押送警察警号	YSJCJH	C100	O	自填

9.1.1.13　出入境报备信息

表15规定了出入境报备信息。

表15　出入境报备信息

序号	数据项名称	标识	数据类型和格式	约束/条件	说明
1	社区矫正对象编号	SQJZDXBH	C20	M	符合11.1.3
2	姓名	XM	C20	M	自填
3	性别	XB	C2	M	符合GB/T 2261.1
4	身份证号	SFZH	C18	M	自填
5	出入境证件种类	CRJZJZL	C2	O	符合11.2.102 多个证件种类以英文“,”分割
6	出入境证件号码	CRJZJHM	C20	C	自填,“出入境证件种类”非空时,必填。多个证件号码以英文“,”分割

续表

序号	数据项名称	标识	数据类型和格式	约束/条件	说明
7	报备受理单位	BBSLDW	C50	M	自填
8	报备单位	BBDW	C18	M	符合 11.1.1
9	报备日期	BBRQ	D	M	自填
10	报备起日	BBKSRQ	D	M	自填
11	报备止日	BBJZRQ	D	M	自填

9.1.1.14 同案犯信息

表 16 规定了同案犯信息。

表 16 同案犯信息

序号	数据项名称	标识	数据类型和格式	约束/条件	说明
1	社区矫正对象编号	SQJZDXBH	C20	M	符合 11.1.3
2	姓名	XM	C20	M	自填
3	性别	XB	C2	M	符合 GB/T 2261.1
4	出生日期	CSRQ	D	M	自填
5	罪名	SZDW	C50	M	符合 11.2.87
6	被判处刑罚及所在监所	BPCXFJSZJS	C500	O	自填

9.1.1.15 脱管信息

表 17 规定了脱管信息。社区矫正对象脱管信息采集格式和填写要求应符合附录表 A.6 和附录 A.3.6 的规定。

表 17　脱管信息

序号	数据项名称	标识	数据类型和格式	约束/条件	说明
1	社区矫正对象编号	SQJZDXBH	C20	M	符合 11.1.3
2	发现脱管时间	FXTGSJ	D	M	自填
3	组织查找情况	ZZCZQK	C1000	M	自填
4	查找结果	CZJG	C1000	M	自填
5	提请收监建议日期	TQSJJYRQ	D	O	自填

9.1.1.16　进入特定区域或者场所信息

表 18 规定了进入特定区域或者场所信息。

表 18　进入特定区域或者场所信息

序号	数据项名称	标识	数据类型和格式	约束/条件	说明
1	社区矫正对象编号	SQJZDXBH	C20	M	符合 11.1.3
2	申请进入的场所	SQJRCS	C100	M	自填
3	申请日期	SQRQ	D	M	自填
4	申请进入时间	SQJRSJ	DT	M	自填
5	申请结束时间	SQJSSJ	DT	M	自填
6	申请理由	SQLY	C1000	M	自填
7	受委托的司法所审核人	SFSSHR	C20	M	自填
8	受委托的司法所审核时间	SFSSHSJ	DT	M	自填
9	受委托的司法所审核意见	SFSSHYJ	C500	M	自填

续表

序号	数据项名称	标识	数据类型和格式	约束/条件	说明
10	县级社区矫正机构审批人	XJSQJZJGSPR	C20	M	自填
11	县级社区矫正机构审批时间	XJSQJZJGSPSJ	DT	M	自填
12	县级社区矫正机构审批意见	XJSQJZJGSPYJ	C500	M	自填
13	县级社区矫正机构审批结果	XJSQJZJGSPJG	C20	M	符合 11.2.81

9.1.1.17　会客信息

表 19 规定了会客信息。

表 19　会客信息

序号	数据项名称	标识	数据类型和格式	约束/条件	说明
1	社区矫正对象编号	SQJZDXBH	C20	M	符合 11.1.3
2	会客时间	HKSJ	DT	M	自填
3	会见人姓名	HJRXM	C20	M	自填
4	会客地点	HKDD	C50	M	自填
5	会客原因	HKYY	C500	M	自填
6	申请时间	SQSJ	D	M	自填
7	受委托的司法所审核人	SFSSHR	C20	M	自填

续表

序号	数据项名称	标识	数据类型和格式	约束/条件	说明
8	受委托的司法所审核时间	SFSSHSJ	DT	M	自填
9	受委托的司法所审核意见	SFSSHYJ	C500	M	自填
10	县级社区矫正机构审批人	XJSQJZJGSPR	C20	M	自填
11	县级社区矫正机构审批时间	XJSQJZJGSPSJ	DT	M	自填
12	县级社区矫正机构审批意见	XJSQJZJGSPYJ	C500	M	自填
13	县级社区矫正机构审批结果	XJSQJZJGSPJG	C20	M	符合 11.2.79

9.1.1.18 暂予监外执行社区矫正对象病情复查情况调整期限信息

表 20 规定了暂予监外执行社区矫正对象病情复查情况调整期限信息。

表 20 暂予监外执行社区矫正对象病情复查情况调整期限信息

序号	数据项名称	标识	数据类型和格式	约束/条件	说明
1	社区矫正对象编号	SQJZDXBH	C20	M	符合 11.1.3
2	调整类别	TZLB	C2	M	符合 11.2.103
3	延期理由	YQLY	C200	M	自填

续表

序号	数据项名称	标识	数据类型和格式	约束/条件	说明
4	申请时间	SQSJ	D	M	自填
5	延期时长	YQSC	C20	M	自填
6	受委托的司法所审核人	SFSSHR	C20	M	自填
7	受委托的司法所审核时间	SFSSHSJ	DT	M	自填
8	县级社区矫正机构审核人	XJSQJZJGSHR	C20	M	自填
9	县级社区矫正机构审核时间	XJSQJZJGSHSJ	DT	M	自填
10	县级社区矫正机构审核意见	XJSQJZJGSHYJ	C500	M	自填
11	地(市、州)社区矫正机构审核人	DSQJZJGSHR	C20	M	自填
12	地(市、州)社区矫正机构审核时间	DSQJZJGSHSJ	DT	M	自填
13	地(市、州)社区矫正机构审核意见	DSQJZJGSHYJ	C500	M	自填
14	省(区、市)社区矫正机构审核人	SSQJZJGSHR	C20	M	自填
15	省(区、市)社区矫正机构审核时间	SSQJZJGSHSJ	DT	M	自填

续表

序号	数据项名称	标识	数据类型和格式	约束/条件	说明
16	省(区、市)社区矫正机构审核意见	SSQJZJGSHYJ	C500	M	自填
17	受委托的司法所审核结果	SFSSHJG	C20	M	符合11.2.79
18	县级社区矫正机构审批结果	XJSQJZJGSPJG	C20	M	符合11.2.79
19	地(市、州)社区矫正机构审批结果	SSFJSPJG	C20	M	符合11.2.79
20	省(区、市)社区矫正机构审批结果	SSQJZJGSPJG	C20	M	符合11.2.79

9.1.1.19 外出申请信息

表21规定了外出申请信息。

表21 外出申请信息

序号	数据项名称	标识	数据类型和格式	约束/条件	说明
1	ID	ID	C32	M	—
2	社区矫正对象编号	SQJZDXBH	C20	M	符合11.1.3
3	申请时间	SQSJ	DT	M	自填
4	外出目的地所在省(区、市)	WCMDDSZS	C20	M	获取下级行政区划接口中的AREAID
5	外出目的地所在地(市、州)	WCMDDSZD	C20	M	行政区划接口中的AREAID

续表

序号	数据项名称	标识	数据类型和格式	约束/条件	说明
6	外出目的地所在县(市、区)	WCMDDSZX	C20	M	获取下级行政区划接口中的AREAID
7	外出目的地(乡镇、街道)	WCMDDXZ	C20	M	获取下级行政区划接口中的AREAID
8	外出目的地明细	WCMDDMX	C50	M	自填
9	外出理由	WCLY	C500	M	自填
10	外出天数	WCTS	N	M	自填
11	外出开始时间	KSQR	DT	M	自填
12	外出结束时间	JSRQ	DT	M	自填
13	受委托的司法所审核人	SFSSHR	C20	M	自填
14	受委托的司法所审核时间	SFSSHSJ	DT	M	自填
15	受委托的司法所审核意见	SFSSHYJ	C500	M	自填
16	受委托的司法所审核结果	SFSSHJG	C20	M	符合 11.2.79
17	县级社区矫正机构审批人	XJSQJZJGSPR	C20	O	自填
18	县级社区矫正机构审批时间	XJSQJZJGSPSJ	DT	O	自填

续表

序号	数据项名称	标识	数据类型和格式	约束/条件	说明
19	县级社区矫正机构审批意见	XJSQJZJGSPYJ	C500	O	自填
20	县级社区矫正机构审批结果	XJSQJZJGSPJG	C20	O	符合 11.2.79
21	地(市、州)社区矫正机构审批人	DSQJZJGSHR	C20	O	自填
22	地(市、州)社区矫正机构审批时间	DSQJZJGSHSJ	DT	O	自填
23	地(市、州)社区矫正机构审批意见	DSQJZJGSHYJ	C500	O	自填
24	地(市、州)社区矫正机构审批结果	DSQJZJGSPJG	C20	O	符合 11.2.79
25	省(区、市)社区矫正机构审批人	SSQJZJGSHR	C20	O	自填
26	省(区、市)社区矫正机构审批时间	SSQJZJGSHSJ	DT	O	自填
27	省(区、市)社区矫正机构审批意见	SSQJZJGSHYJ	C500	O	自填
28	省(区、市)社区矫正机构审批结果	SSQJZJGSPJG	C20	O	符合 11.2.79
29	外出返回报告时间	XJRQ	D	O	自填

9.1.1.20 迁居信息

表22规定了迁居信息。

表22 迁居信息

序号	数据项名称	标识	数据类型和格式	约束/条件	说明
1	社区矫正对象编号	SQJZDXBH	C20	M	符合11.1.3
2	申请时间	SQSJ	DT	M	自填
3	原居住地(乡镇、街道)	YJZDXZ	C20	M	行政区划AREAID
4	原居住地明细	YJZDMX	C50	M	自填
5	迁入地(乡镇、街道)	QRDXZ	C20	M	行政区划AREAID
6	迁入地明细	QRDMX	C50	M	自填
7	迁入地受委托的司法所	QRDSWTDSFS	C18	M	符合11.1.1
8	变更理由	BGLY	C1000	M	自填
9	受委托的司法所审核人	SFSSHR	C20	M	自填
10	受委托的司法所审核时间	SFSSHSJ	DT	M	自填
11	受委托的司法所审核意见	SFSSHYJ	C500	M	自填
12	县级社区矫正机构审批人	XJSQJZJGSPR	C20	M	自填

续表

序号	数据项名称	标识	数据类型和格式	约束/条件	说明
13	县级社区矫正机构审批时间	XJSQJZJGSPSJ	DT	M	自填
14	县级社区矫正机构审批意见	XJSQJZJGSPYJ	C500	M	自填
15	县级社区矫正机构审批结果	XJSQJZJGSPJG	C20	M	符合 11.2.79

9.1.1.21　执行地变更信息

表 23 规定了执行地变更信息。

表 23　执行地变更信息

序号	数据项名称	标识	数据类型和格式	约束/条件	说明
1	社区矫正对象编号	SQJZDXBH	C20	M	符合 11.1.3
2	申请时间	SQSJ	DT	M	自填
3	迁入地所在省(区、市)ID	QRDSZS	C20	M	行政区划 AREAID
4	迁入地所在地(市、州)	QRDSZD	C20	M	行政区划 AREAID
5	迁入地所在县(市、区)	QRDSZX	C20	M	行政区划 AREAID
6	迁入地(乡镇、街道)	QRDXZ	C20	M	行政区划 AREAID
7	迁入地明细	QRDMX	C50	M	自填

续表

序号	数据项名称	标识	数据类型和格式	约束/条件	说明
8	变更理由	BGLY	C1000	M	自填
9	受委托的司法所审核人	SFSSHR	C20	M	自填
10	受委托的司法所审核时间	SFSSHSJ	DT	M	自填
11	受委托的司法所审核意见	SFSSHYJ	C500	M	自填
12	县级社区矫正机构审批人	XJSQJZJGSPR	C20	M	自填
13	县级社区矫正机构审批时间	XJSQJZJGSPSJ	DT	M	自填
14	县级社区矫正机构审批意见	XJSQJZJGSPYJ	C500	M	自填
15	县级社区矫正机构审批结果	XJSQJZJGSPJG	C20	M	符合 11.2.79
16	新执行地县级社区矫正机构	XZXDXJS-QJZJGMC	C50	M	自填
17	新执行地县级社区矫正机构审批意见	XZXDXJS-QJZJGSPYJ	C500	M	自填
18	新执行地县级社区矫正机构审批结果	XZXDXJS-QJZJGSPJG	C20	M	符合 11.2.79
19	新执行地县级社区矫正机构审批时间	XZXDXJS-QJZJGSPSJ	D	M	自填
20	结果	JG	C20	M	符合 11.2.79

9.1.1.22　调查取证信息

表24规定了调查取证信息。

表24　调查取证信息

序号	数据项名称	标识	数据类型和格式	约束/条件	说明
1	社区矫正对象编号	SQJZDXBH	C20	M	符合11.1.3
2	被调查取证人	BHSQZR	C20	M	自填
3	调查取证事由	HSQZSY	C100	M	自填
4	调查取证人	HSQZR	C20	M	自填
5	调查取证时间	HSQZSJ	DT	M	自填
6	调查取证地点	HSQZDD	C50	M	自填
7	调查情况记录	HSQKJL	C1000	M	自填
8	处理意见	CLYJ	C1000	O	自填

9.1.1.23　警告信息

表25规定了警告信息。

表25　警告信息

序号	数据项名称	标识	数据类型和格式	约束/条件	说明
1	社区矫正对象编号	SQJZDXBH	C20	M	符合11.1.3
2	警告理由	JGLY	C500	M	符合11.2.78
3	警告依据	JGYJ	CB	M	自填
4	受委托的司法所申请人	SFSSQR	C20	O	自填
5	受委托的司法所申请时间	SFSSQSJ	DT	O	自填

续表

序号	数据项名称	标识	数据类型和格式	约束/条件	说明
6	受委托的司法所审核人	SFSSHR	C20	O	自填
7	受委托的司法所审核时间	SFSSHSJ	DT	O	自填
8	受委托的司法所审核意见	SFSSHYJ	C500	O	自填
9	县级社区矫正机构审批人	XJSQJZJGSPR	C20	M	自填
10	县级社区矫正机构审批时间	XJSQJZJGSPSJ	DT	M	自填
11	县级社区矫正机构审批意见	XJSQJZJGSPYJ	C500	M	自填
12	县级社区矫正机构审批结果	XJSQJZJGSPJG	C20	M	符合 11.2.79

9.1.1.24　使用电子定位装置信息

表 26 规定了使用电子定位装置信息。

表 26　使用电子定位装置信息

序号	数据项名称	标识	数据类型和格式	约束/条件	说明
1	社区矫正对象编号	SQJZDXBH	C20	M	符合 11.1.3
2	使用电子定位装置理由	JGLY	C500	M	符合 11.2.78

续表

序号	数据项名称	标识	数据类型和格式	约束/条件	说明
3	受委托的司法所呈报人	SFSSHR	C20	O	自填
4	受委托的司法所呈报时间	SFSSHSJ	DT	O	自填
5	受委托的司法所呈报意见	SFSSHYJ	C500	O	自填
6	县级社区矫正机构审批人	XJSQJZJGSPR	C20	M	自填
7	县级社区矫正机构审批时间	XJSQJZJGSPSJ	DT	M	自填
8	县级社区矫正机构审批意见	XJSQJZJGSPYJ	C500	M	自填
9	县级社区矫正机构审批结果	XJSQJZJGSPJG	C20	M	符合 11.2.79
10	县级司法行政部门负责人	XSFXZBMFZR	C20	M	自填
11	县级司法行政部门负责人审批时间	XSFXZBMF-ZRSPSJ	DT	M	自填
12	县级司法行政部门负责人审批意见	XSFXZBMF-ZRSPYJ	C500	M	自填

9.1.1.25　提请治安管理处罚信息

表 27 规定了提请治安管理处罚信息。

表 27　提请治安管理处罚信息

序号	数据项名称	标识	数据类型和格式	约束/条件	说明
1	社区矫正对象编号	SQJZDXBH	C20	M	符合 11.1.3
2	提请理由	TQLY	C20	M	符合 11.2.78
3	提请依据	TQYJ	CB	M	自填
4	受委托的司法所申请人	SFSSQR	C20	O	自填
5	受委托的司法所申请时间	SFSSQSJ	DT	O	自填
6	受委托的司法所审核人	SFSSHR	C20	O	自填
7	受委托的司法所审核时间	SFSSHSJ	DT	O	自填
8	受委托的司法所审核意见	SFSSHYJ	C500	O	自填
9	县级社区矫正机构审核人	XJSQJZJGSHR	C20	M	自填
10	县级社区矫正机构审核时间	XJSQJZJGSHSJ	DT	M	自填
11	县级社区矫正机构审核意见	XJSQJZJGSHYJ	C500	M	自填
12	县级社区矫正机构审批结果	XJSQJZJGSPJG	C20	M	符合 11.2.79
13	结果意见	JGYJ	C1000	O	自填

9.1.1.26　提请减刑信息

表28规定了提请减刑信息。

表28　提请减刑信息

序号	数据项名称	标识	数据类型和格式	约束/条件	说明
1	社区矫正对象编号	SQJZDXBH	C20	M	符合11.1.3
2	提请理由	TQLY	C20	M	符合11.2.78
3	提请依据	TQYJ	CB	M	附件
4	受委托的司法所申请人	SFSSQR	C20	O	自填
5	受委托的司法所申请时间	SFSSQSJ	DT	O	自填
6	受委托的司法所审核人	SFSSHR	C20	O	自填
7	受委托的司法所审核时间	SFSSHSJ	DT	O	自填
8	受委托的司法所审核意见	SFSSHYJ	C500	O	自填
9	县级社区矫正机构审批人	XJSQJZJGSHR	C20	M	自填
10	县级社区矫正机构审批时间	XJSQJZJGSHSJ	DT	M	自填
11	县级社区矫正机构审批意见	XJSQJZJGSHYJ	C500	M	自填

续表

序号	数据项名称	标识	数据类型和格式	约束/条件	说明
12	地(市、州)社区矫正机构审批人	DSQJZJGSHR	C20	M	自填
13	地(市、州)社区矫正机构审批时间	DSQJZJGSHSJ	DT	M	自填
14	地(市、州)社区矫正机构审批意见	DSQJZJGSHYJ	C500	M	自填
15	结果意见	JGYJ	C500	O	自填

9.1.1.27　提请撤销缓刑(假释)信息

表 29 规定了提请撤销缓刑(假释)信息。

表 29　提请撤销缓刑(假释)信息

序号	数据项名称	标识	数据类型和格式	约束/条件	说明
1	社区矫正对象编号	SQJZDXBH	C20	M	符合 11.1.3
2	提请理由	TQLY	C500	M	符合 11.2.78
3	提请依据	TQYJ	CB	M	自填
4	受委托的司法所申请人	SFSSQR	C20	O	自填
5	受委托的司法所申请时间	SFSSQSJ	DT	O	自填
6	受委托的司法所审核人	SFSSHR	C20	O	自填

续表

序号	数据项名称	标识	数据类型和格式	约束/条件	说明
7	受委托的司法所审核时间	SFSSHSJ	DT	O	自填
8	受委托的司法所审核意见	SFSSHYJ	C500	O	自填
9	县级社区矫正机构审批人	XJSQJZJGSHR	C20	M	自填
10	县级社区矫正机构审批时间	XJSQJZJGSHSJ	DT	M	自填
11	县级社区矫正机构审批意见	XJSQJZJGSHYJ	C500	M	自填
12	地(市、州)社区矫正机构审批人	DSQJZJGSHR	C20	O	自填
13	地(市、州)社区矫正机构审批时间	DSQJZJGSHSJ	DT	O	自填
14	地(市、州)社区矫正机构审批意见	DSQJZJGSHYJ	C500	O	自填
15	省(区、市)社区矫正机构审批人	SSQJZJGSHR	C20	O	自填
16	省(区、市)社区矫正机构审批时间	SSQJZJGSHSJ	DT	O	自填
17	省(区、市)社区矫正机构审批意见	SSQJZJGSHYJ	C500	O	自填
18	结果意见	JGYJ	C500	O	自填

9.1.1.28　提请收监执行信息

表30规定了提请收监执行信息。

表30　提请收监执行信息

序号	数据项名称	标识	数据类型和格式	约束/条件	说明
1	社区矫正对象编号	SQJZDXBH	C20	M	符合11.1.3
2	提请理由	TQLY	C500	M	符合11.2.78
3	提请依据	TQYJ	CB	M	自填
4	受委托的司法所申请人	SFSSQR	C20	O	自填
5	受委托的司法所申请时间	SFSSQSJ	DT	O	自填
6	受委托的司法所审核人	SFSSHR	C20	O	自填
7	受委托的司法所审核时间	SFSSHSJ	DT	O	自填
8	受委托的司法所审核意见	SFSSHYJ	C500	O	自填
9	县级社区矫正机构审批人	XJSQJZJGSHR	C20	M	自填
10	县级社区矫正机构审批时间	XJSQJZJGSHSJ	DT	M	自填
11	县级社区矫正机构审批意见	XJSQJZJGSHYJ	C500	M	自填
12	结果意见	JGYJ	C500	O	自填

9.1.1.29 提请逮捕信息

表 31 规定了提请逮捕信息。

表 31 提请逮捕信息

序号	数据项名称	标识	数据类型和格式	约束/条件	说明
1	社区矫正对象编号	SQJZDXBH	C20	M	符合 11.1.3
2	提请理由	TQLY	C1000	M	符合 11.2.78
3	提请依据	TQYJ	CB	O	自填
4	县级社区矫正机构审批人	XJSQJZJGSHR	C20	M	自填
5	县级社区矫正机构审批时间	XJSQJZJGSHSJ	DT	M	自填
6	县级社区矫正机构审批意见	XJSQJZJGSHYJ	C500	M	自填
7	提请时间	TQSJ	D	M	自填
8	是否逮捕决定	DBJD	C20	M	0:否,1:是
9	逮捕决定文书	DBJDWS	CB	C	“是否逮捕决定”选“是”时必填

9.1.1.30 矫正小组成员信息

表 32 规定了矫正小组成员信息。

表 32 矫正小组成员信息

序号	数据项名称	标识	数据类型和格式	约束/条件	说明
1	社区矫正对象编号	SQJZDXBH	C20	M	符合 11.1.3
2	小组成员类型	XZCYLX	C20	M	符合 11.2.18
3	小组成员类别	XZCYLB	C20	M	符合 11.2.19
4	姓名	XM	C20	M	自填
5	性别	XB	C2	M	符合 GB/T 2261.1
6	出生日期	CSRQ	D	M	自填
7	身份证号	SFZH	C18	M	自填
8	学历	XL	C2	M	符合 11.2.81
9	最高学位	ZGXW	C3	O	符合 11.2.83
10	政治面貌	ZZMM	C2	M	符合 GB/T 4762
11	专业	ZY	C7	O	符合 11.2.85
12	职业	ZHIY	C20	M	符合 11.2.86
13	工作单位	GZDW	C100	O	自填
14	联系电话	LXDH	C20	O	自填，格式为固话“区号－号码”
15	手机	SJ	C11	M	自填
16	家庭住址	JTZZ	C50	O	自填
17	社会工作专业类职称	ZC	C2	M	符合 11.2.24
18	备注	BZ	C500	O	自填

9.1.1.31　矫正方案信息

表 33 规定了矫正方案信息。

表 33　矫正方案信息

序号	数据项名称	标识	数据类型和格式	约束/条件	说明
1	矫正方案标识	ID	C32	M	ID
2	社区矫正对象编号	SQJZDXBH	C20	M	符合 11.1.3
3	方案名称	FAMC	C100	M	自填
4	矫正类别	JZLB	C5	M	符合 11.2.14
5	是否成年	SFCN	C2	M	0:否,1:是
6	监督管理措施	JDGLCS	C1000	M	自填
7	教育矫正措施	JYJZCS	C1000	M	自填
8	帮困扶助措施	BKFZCS	C1000	O	自填
9	其他措施	QTCS	C1000	O	自填
10	所属机构	SSJGID	C18	M	符合 11.1.1
11	实施效果评估	SSXGPG	C1000	O	自填
12	评估时间	PGSJ	D	M	自填
13	评估人	PGR	C50	M	自填
14	备注	BZ	C750	O	自填
15	是否已发布	SFFB	C2	O	0:否,1:是

9.1.1.32　管理类别信息

表 34 规定了管理类别信息。

表 34　管理类别信息

序号	数据项名称	标识	数据类型和格式	约束/条件	说明
1	社区矫正对象编号	SQJZDXBH	C20	M	符合 11.1.3
2	管理类别	GLLB	C2	M	自填

续表

序号	数据项名称	标识	数据类型和格式	约束/条件	说明
3	调整原因	TZYY	C500	M	自填
4	变动日期	BDRQ	D	M	自填
5	受委托的司法所申请人	SFSSQR	C20	O	自填
6	受委托的司法所申请时间	SFSSQSJ	DT	O	自填
7	受委托的司法所审核人	SFSSHR	C20	O	自填
8	受委托的司法所审核意见	SFSSHYJ	C500	O	自填
9	县级社区矫正机构审批人	XJSQJZJGSHR	C20	M	自填
10	县级社区矫正机构审批时间	XJSQJZJGSHSJ	DT	M	自填
11	县级社区矫正机构审批意见	XJSQJZJGSHYJ	C500	M	自填
12	结果意见	JGYJ	C500	O	自填

9.1.1.33 考核信息

表 35 规定了考核信息。

表 35　考核信息

序号	数据项名称	标识	数据类型和格式	约束/条件	说明
1	社区矫正对象编号	SQJZDXBH	C20	M	符合 11.1.3
2	考核人	KHR	C20	M	自填
3	考核日期	KHRQ	D	M	自填
4	日常表现情况分析	RCBXQKFX	C500	M	自填
5	受委托的司法所审批人	SFSSPR	C20	M	自填
6	受委托的司法所审批时间	SFSSPSJ	DT	M	自填
7	受委托的司法所审批意见	SFSSPYJ	C500	M	自填
8	县级社区矫正机构审批人	XJSQJZJGSHR	C20	M	自填
9	县级社区矫正机构审批时间	XJSQJZJGSHSJ	DT	M	自填
10	县级社区矫正机构审批意见	XJSQJZJGSHYJ	C500	M	自填
11	结果意见	JGYJ	C500	O	自填
12	备注	BZ	C500	O	自填

9.1.1.34　报告信息

表 36 规定了报告信息。

表 36　报告信息

序号	数据项名称	标识	数据类型和格式	约束/条件	说明
1	社区矫正对象编号	SQJZDXBH	C20	M	符合 11.1.3
2	报告时间	BGSJ	DT	M	自填
3	报告方式	BGFS	C20	M	符合 11.2.20
4	报告内容	BGNR	C500	M	自填
5	记录人	JLR	C20	M	自填
6	记录时间	JLSJ	DT	M	自填

9.1.1.35　教育学习信息

表 37 规定了教育学习信息。

表 37　教育学习信息

序号	数据项名称	标识	数据类型和格式	约束/条件	说明
1	社区矫正对象编号	SQJZDXBH	C20	M	符合 11.1.3
2	教育学习开始时间	JYXXKSSJ	DT	M	自填
3	教育学习结束时间	JYXXJSSJ	DT	M	自填
4	教育学习时长	JYXXSC	N	O	自填
5	教育学习方式	JYXXFS	C20	M	符合 11.2.21
6	教育学习主要内容	JYXXZYNR	C500	M	自填
7	教育学习评价	JYXXCEJXJ	C500	M	自填
8	记录人	JLR	C20	M	自填
9	记录时间	JLSJ	DT	M	自填

9.1.1.36　公益活动信息

表 38 规定了公益活动信息。

表 38　公益活动信息

序号	数据项名称	标识	数据类型和格式	约束/条件	说明
1	社区矫正对象编号	SQJZDXBH	C20	M	符合 11.1.3
2	公益活动开始时间	SQFWKSSJ	DT	M	自填
3	公益活动结束时间	SQFWJSSJ	DT	M	自填
4	公益活动时长	SQFWSC	N	O	自填
5	公益活动地点	SQFWDD	C50	M	自填
6	公益活动内容	SQFWNR	C500	M	自填
7	公益活动表现	SQFWBX	C500	M	自填
8	记录人	JLR	C20	M	自填
9	记录时间	JLSJ	DT	M	自填
10	备注	BZ	C500	O	自填

9.1.1.37　帮扶信息

表 39 规定了帮扶信息。

表 39　帮扶信息

序号	数据项名称	标识	数据类型和格式	约束/条件	说明
1	社区矫正对象编号	SQJZDXBH	C20	M	符合 11.1.3
2	帮扶申请类型	BFSQLX	C20	O	符合 11.2.101
3	帮扶申请理由	BFSQLY	C500	O	自填
4	帮扶时间	BFSJ	DT	M	自填
5	帮扶地点	BFDD	C50	M	自填
6	帮扶内容	BFNR	C500	M	自填

续表

序号	数据项名称	标识	数据类型和格式	约束/条件	说明
7	记录人	JLR	C20	M	自填
8	记录时间	JLSJ	DT	M	自填
9	附件	FJ	CB	O	自填
10	备注	BZ	C500	O	自填

9.1.1.38　社区矫正对象状态信息

表 40 规定了社区矫正对象状态信息。

表 40　社区矫正对象状态信息

序号	数据项名称	标识	数据类型和格式	约束/条件	说明
1	社区矫正对象编号	SQJZDXBH	C20	M	符合 11.1.3
2	管理类别	GLLB	C20	M	自填
3	居住条件	JZTJ	C20	M	符合 11.2.56
4	生活来源	SHLY	C20	M	符合 11.2.57
5	就业能力	JYNL	C20	M	符合 11.2.58
6	自控能力	ZKNL	C20	M	符合 11.2.59
7	婚姻家庭关系	HYJTGX	C20	M	符合 11.2.60
8	家庭成员配合矫正情况	JTCYHJZQK	C20	M	符合 11.2.61
9	交友状况	JYZK	C20	M	符合 11.2.62
10	社会邻里关系	SHLLGX	C20	M	符合 11.2.63
11	对社区矫正的认识和接受程度	DSQJZDRSHJSCD	C20	M	符合 11.2.64

续表

序号	数据项名称	标识	数据类型和格式	约束/条件	说明
12	服从日常管理及遵纪守法情况	FCRCGLJZJSSQK	C20	M	符合 11.2.65
13	接受教育情况	JSJYQK	C20	M	符合 11.2.66
14	遵守外出管理规定的情况	ZSWCGLGDDQK	C20	M	符合 11.2.67
15	完成公益活动情况	WCGYHDQK	C20	M	符合 11.2.68
16	思想汇报及沟通	SXHBJGT	C20	M	符合 11.2.69
17	参加就业技能培训	CJJYJNPX	C20	M	符合 11.2.70
18	矫正惩戒情况	JZCJQK	C20	M	符合 11.2.77
19	家庭人员变故信息	JTRYBGXX	C20	M	符合 11.2.72
20	认罪服法态度	RZFFTD	C20	M	符合 11.2.40
21	对社会的心态	DSHDXT	C20	M	符合 11.2.74
22	对生活是否有信心	DSHSFYXX	C20	M	符合 11.2.75
23	心理健康状况	XLJKZK	C20	M	符合 11.2.76
24	采集人	CJR	C20	M	自填
25	采集日期	CJRQ	D	M	自填

9.1.1.39　社区矫正对象奖惩信息

表 41 规定了社区矫正对象奖惩信息。社区矫正对象奖惩信息采集格式和填写要求应符合附录表 A.7 和附录 A.3.7 的规定。

表 41　社区矫正对象奖惩信息

序号	数据项名称	标识	数据类型和格式	约束/条件	说明
1	社区矫正对象编号	SQJZDXBH	C20	M	符合 11.1.3
2	奖惩类别	JCLB	C20	M	符合 11.2.77
3	奖惩时间	JCSJ	DT	M	自填
4	奖惩原因	JCYY	C500	M	符合 11.2.78
5	记录人	JLR	C50	M	自填

9.1.1.40　社区矫正对象违法违规信息

表 42 规定了社区矫正对象违法违规信息。

表 42　社区矫正对象违法违规信息

序号	数据项名称	标识	数据类型和格式	约束/条件	说明
1	社区矫正对象编号	SQJZDXBH	C20	M	符合 11.1.3
2	违法违规数据类型和格式	WGLX	C20	M	符合 11.2.23
3	违法违规时间	WGSJ	DT	M	自填
4	违法违规详情	WGXQ	C500	M	自填

9.1.1.41　社区矫正对象在社区矫正期间再犯罪信息

表 43 规定了社区矫正对象在社区矫正期间再犯罪信息。

表 43　社区矫正对象在社区矫正期间再犯罪信息

序号	数据项名称	标识	数据类型和格式	约束/条件	说明
1	社区矫正对象编号	SQJZDXBH	C20	M	符合 11.1.3
2	再犯罪罪名	ZM	C50	M	符合 11.2.87
3	再犯罪刑罚	ZFZXF	C2	M	符合 11.2.9
4	附加刑	FJX	C20	O	符合 11.2.10
5	犯罪日期	FZRQ	D	M	自填
6	服刑单位	FXDW	C50	M	自填
7	刑期开始日期	XQKSRQ	D	M	自填
8	刑期结束日期	XQJSRQ	D	M	自填
9	侦查机关	ZCJG	C50	M	自填
10	被采取强制措施时间	BCQQZCSSJ	D	M	自填
11	判决机关	PJJG	C50	M	自填
12	备注	BZ	C500	O	自填

9.1.1.42　矫正解除(终止)信息

表 44 规定了矫正解除(终止)信息。社区矫正对象矫正解除(终止)信息采集格式和填写要求应符合附录表 A.8 和附录 A.3.8 的规定。

表 44　矫正解除(终止)信息

序号	数据项名称	标识	数据类型和格式	约束/条件	说明
1	社区矫正对象编号	SQJZDXBH	C20	M	符合 11.1.3
2	解除矫正类型	JCJZLX	C2	O	符合 11.2.15
3	终止矫正类型	ZZJZLX	C2	O	符合 11.2.16

续表

序号	数据项名称	标识	数据类型和格式	约束/条件	说明
4	解除(终止)矫正日期	JJRQ	D	M	自填
5	是否收监	SFSJ	TN	C	否:0,是:1,“终止矫正类型”非空时必填
6	收监执行类型	SJZXLX	C2	C	符合11.2.8,“是否收监”选“是”时,必填
7	收监执行日期	SJZXRQ	D	C	自填
8	撤销缓刑收监执行原因	CXHXSJZXYY	C2	C	符合11.2.7
9	撤销假释收监执行原因	CXJSSJZXYY	C2	C	符合11.2.7
10	收监执行原因	SJZXYY	C2	C	符合11.2.7
11	死亡日期	SWSJ	D	C	自填
12	死亡类型	SWLX	C2	C	符合11.2.7
13	具体死因	JTSY	C500	C	自填
14	矫正期间表现	JZQJBX	C2	M	符合11.2.22
15	认罪态度	RZTD	C2	M	符合11.2.40
16	矫正期间是否参加职业技能培训	SFCJZYJNPX	TN	M	否:0,是:1
17	矫正期间是否获得职业技能证书	SFHDZYJNZS	TN	M	否:0,是:1

续表

序号	数据项名称	标识	数据类型和格式	约束/条件	说明
18	技术特长及等级	JSTCJDJ	C500	O	自填
19	危险性评估	WXXPG	C2	M	符合 11.2.41
20	家庭关系	JTLXQK	C2	M	符合 11.2.42
21	矫正期间特殊情况备注及帮教建议	TSQKBZJBJJY	C500	O	自填
22	备注	BZ	C500	O	自填

9.1.1.43　刑期变动情况信息

表 45 规定了刑期变动情况信息。

表 45　刑期变动情况信息

序号	数据项名称	标识	数据类型和格式	约束/条件	说明
1	社区矫正对象编号	SQJZDXBH	C20	M	符合 11.1.3
2	变动日期	BDRQ	D	M	自填
3	变动幅度	BDFD	C500	M	自填
4	变动原因	BDYY	C500	M	自填

9.1.1.44　漏罪有关情况信息

表 46 规定了漏罪有关情况信息。社区矫正对象漏罪有关情况采集格式和填写要求应符合附录表 A.9 和附录 A.3.9 的规定。

表 46 漏罪有关情况信息

序号	数据项名称	标识	数据类型和格式	约束/条件	说明
1	社区矫正对象编号	SQJZDXBH	C20	M	符合 11.1.3
2	所涉犯罪类型	SSFZLX	C50	M	符合 11.2.11
3	侦查机关	ZCJG	C50	O	自填
4	被采取强制措施时间	BCQQZCSSJ	D	M	自填
5	审判机关	SPJG	C50	O	自填
6	罪名	ZM	C50	M	符合 11.2.87
7	刑期	XQ	C100	M	自填

9.1.1.45 社会工作者信息

表 47 规定了社会工作者信息。

表 47 社会工作者信息

序号	数据项名称	标识	数据类型和格式	约束/条件	说明
1	ID	ID	C32	M	ID
2	姓名	XM	C20	M	自填
3	性别	XB	C2	M	符合 GB/T 2261.1
4	出生日期	CSRQ	D	M	自填
5	身份证号	SFZH	C18	M	自填
6	学历	XL	C2	M	符合 11.2.81
7	最高学位	ZGXW	C3	M	符合 11.2.83
8	政治面貌	ZZMM	C2	M	符合 GB/T 4762
9	专业	ZY	C7	M	符合 11.2.85
10	职称	ZC	C2	O	符合 11.2.24

续表

序号	数据项名称	标识	数据类型和格式	约束/条件	说明
11	薪酬水平段	XCSPD	C2	M	符合 11.2.25
12	所属机构	SSJG	C100	M	符合 11.1.1
13	联系电话	LXDH	C20	O	自填,格式为固话"区号-号码"或手机号码
14	手机号码	SJHM	C11	M	自填
15	家庭住址	JTZZ	C50	O	自填
16	合同期	HTQ	C2	M	符合 11.2.26
17	签订合同日期	QDHTRQ	D	M	自填
18	是否在职	SFZZ	TN	M	否:0,是:1
19	备注	BZ	C500	O	自填

9.1.1.46　社会志愿者信息

表 48 规定了社会志愿者信息。

表 48　社会志愿者信息

序号	数据项名称	标识	数据类型和格式	约束/条件	说明
1	ID	ID	C32	M	ID
2	是否是矫正小组成员	SFJZCY	TN	M	否:0,是:1
3	小组成员类型	XZCYLX	C20	M	符合 11.2.18
4	小组成员类别	XZCYLB	C20	M	符合 11.2.19
5	姓名	XM	C20	M	自填
6	性别	XB	C2	M	符合 GB/T 2261.1

续表

序号	数据项名称	标识	数据类型和格式	约束/条件	说明
7	出生日期	CSRQ	D	M	自填
8	身份证号	SFZH	C18	M	自填
9	学历	XL	C2	M	符合 11.2.81
10	最高学位	ZGXW	C3	M	符合 11.2.83
11	政治面貌	ZZMM	C2	M	符合 GB/T 4762
12	专业	ZY	C7	M	符合 11.2.85
13	职业	ZHIY	C20	M	符合 11.2.86
14	职称	ZC	C2	O	自填
15	工作单位	GZDW	C100	M	自填
16	所属司法行政机构编码	SSJG	C18	M	符合 11.1.1
17	联系电话	LXDH	C20	O	自填，格式为固话“区号－号码”或手机号码
18	手机号码	SJHM	C11	M	自填
19	家庭住址	JTZZ	C50	O	自填
20	备注	BZ	C500	O	自填
21	志愿工作开始时间	KSSJ	D	M	自填
22	是否在职	SFZZ	TN	M	否:0,是:1
23	志愿工作结束时间	JSSJ	D	M	自填

9.1.1.47　心理辅导信息

表 49 规定了心理辅导信息。

表 49　心理辅导信息

序号	数据项名称	标识	数据类型和格式	约束/条件	说明
1	社区矫正对象编号	SQJZDXBH	C20	M	符合 11.1.3
2	心理辅导开始时间	XLFDKSSJ	DT	M	自填
3	心理辅导结束时间	XLFDJSSJ	DT	M	自填
4	心理辅导时长	XLFDSC	N	M	自填
5	心理辅导方式	XLFDFS	C20	M	自填
6	心理辅导主要内容	XLFDZYNR	C500	M	自填
7	心理辅导情况分析	XLFDQKFX	C500	M	自填
8	记录人	JLR	C20	M	自填
9	记录时间	JLSJ	DT	M	自填

9.1.2　外部共享数据库

支持共享人民法院、人民检察院、公安机关、人力资源和社会保障、市场监督管理以及税务等部门的相关数据，包括但不限于户籍登记、工商登记、房产、就业、失业、社保、低保和救助、治安管理处罚以及强制措施信息。

9.1.3　生物特征库

9.1.3.1　人脸基础信息

表 50 规定了人脸基础信息。

表 50　人脸基础信息

序号	数据项名称	标识	数据类型和格式	约束/条件	说明
1	ID	ID	C32	M	ID
2	社区矫正对象编号	SQJZDXBH	C20	M	符合 11.1.3

续表

序号	数据项名称	标识	数据类型和格式	约束/条件	说明
3	照片	ZP	BB	M	自填
4	人脸特征值	RLTZZ	BB	M	自填
5	采集时间	CJSJ	D	M	自填
6	备注	BZ	C50	O	自填

9.1.3.2　声纹基础信息

表 51 规定了声纹基础信息。

表 51　声纹基础信息

序号	数据项名称	标识	数据类型和格式	约束/条件	说明
1	ID	ID	C32	M	ID
2	社区矫正对象编号	SQJZDXBH	C20	M	符合 11.1.3
3	声纹来源	SWLY	C20	M	自填
4	声纹特征值	SWTZZ	BB	M	自填
5	采集时间	CJSJ	D	M	自填
6	备注	BZ	C50	O	自填

9.1.3.3　指纹信息

表 52 规定了指纹基础信息。

表 52　指纹基础信息

序号	数据项名称	标识	数据类型和格式	约束/条件	说明
1	ID	ID	C32	M	ID
2	社区矫正对象编号	SQJZDXBH	C20	M	符合 11.1.3

续表

序号	数据项名称	标识	数据类型和格式	约束/条件	说明
3	指纹特征值 1	ZWTZZ1	BB	O	自填
4	指纹特征值 2	ZWTZZ1	BB	O	自填
5	指纹特征值 3	ZWTZZ1	BB	O	自填
6	指纹特征值 4	ZWTZZ1	BB	O	自填
7	指纹特征值 5	ZWTZZ1	BB	O	自填
8	指纹特征值 6	ZWTZZ1	BB	O	自填
9	指纹特征值 7	ZWTZZ1	BB	O	自填
10	指纹特征值 8	ZWTZZ1	BB	O	自填
11	指纹特征值 9	ZWTZZ1	BB	O	自填
12	指纹特征值 10	ZWTZZ1	BB	O	自填
13	备注	BZ	C50	O	自填

9.1.4 专题库

9.1.4.1 社区矫正案例信息

表 53 规定了社区矫正案例信息。

表 53 社区矫正案例信息

序号	数据项名称	标识	数据类型和格式	约束/条件	说明
1	案例标识	ID	C32	M	ID
2	标题	TITLE	C100	M	自填
3	案例类型	ALLX	C2	M	符合 11.2.95
4	基本情况	JBQK	C500	M	自填
5	案例详情	ALXQ	C2000	M	自填

续表

序号	数据项名称	标识	数据类型和格式	约束/条件	说明
6	案例总结	ALZJ	C1000	M	自填
7	是否已发布	SFFB	C1	M	否:0,是:1
8	案例发布时间	ALFBSJ	D	M	自填
9	所属机构	SSJG	C20	M	符合 11.1.1

9.1.4.2 文件资料汇编信息

表 54 规定了文件资料汇编信息。

表 54　文件资料汇编信息

序号	数据项名称	标识	数据类型和格式	约束/条件	说明
1	文件资料标识	ID	C32	M	ID
2	文件名	WJM	C100	M	自填
3	文件类型	WJLX	C20	M	符合 11.2.94
4	上传机构	SCJGID	C18	M	符合 11.1.1
5	附件	FJ	CB	M	自填

9.1.5 设备管理库

9.1.5.1 在矫通信息

表 55 规定了在矫通信息。

表 55　在矫通信息

序号	数据项名称	标识	数据类型和格式	约束/条件	说明
1	社区矫正对象编号	SQJZDXBH	C20	M	符合 11.1.3
2	手机唯一标识	IMEIHM	C40	O	手机 IMEI 号码

续表

序号	数据项名称	标识	数据类型和格式	约束/条件	说明
3	手机号码	SJHM	C11	M	自填
4	设备型号	SBXH	C20	O	自填
5	操作系统版本	CZXTBB	C50	O	自填

9.1.5.2　矫务通信息

表 56 规定了矫务通信息。

表 56　矫务通信息

序号	数据项名称	标识	数据类型和格式	约束/条件	说明
1	工作人员编号	SQJZDXBH	C20	M	符合 11.1.2
2	手机唯一标识	IMEIHM	C40	O	手机 IMEI 号码
3	手机号码	SJHM	C11	M	自填
4	设备型号	SBXH	C20	O	自填
5	设备编号	SBBH	C20	O	自填
6	操作系统版本	CZXTBB	C50	O	自填

9.1.5.3　协矫通信息

表 57 规定了协矫通信息。

表 57　协矫通信息

序号	数据项名称	标识	数据类型和格式	约束/条件	说明
1	ID	ID	C32	M	ID
2	手机唯一标识	IMEIHM	C40	O	手机 IMEI 号码
3	手机号码	SJHM	C11	M	自填

续表

序号	数据项名称	标识	数据类型和格式	约束/条件	说明
4	设备型号	SBXH	C20	O	自填
5	设备编号	SBBH	C20	O	自填
6	操作系统版本	CZXTBB	C50	O	自填

9.1.5.4　自助矫正终端信息

表 58 规定了自助矫正终端信息。

表 58　自助矫正终端信息

序号	数据项名称	标识	数据类型和格式	约束/条件	说明
1	ID	ID	C18	M	ID
2	设备名称	SBMC	C50	M	自填
3	所属机构编码	ORG_ID	C18	M	符合 11.1.1
4	设备状态	STATUS	C20	M	自填
5	设备编码	TERMINAL-NUMBER	C32	M	自填
6	启用时间	REG_TIME	DT	M	自填
7	自助矫正终端设备类型	SBLX	C2	M	标准见 11.2.96
8	设备型号	SBXH	C50	M	自填

9.1.5.5　教育培训设施信息

表 59 规定了教育培训设施信息。

表 59 教育培训设施信息

序号	数据项名称	标识	数据类型和格式	约束/条件	说明
1	ID	ID	C32	M	ID
2	设备名称	SBMC	C50	M	自填
3	所属机构编码	SSJG	C18	M	符合 11.1.1
4	设备型号	SBXH	C200	M	自填
5	设备编码	SBBM	C50	M	自填
6	设备状态	SBZT	C20	M	自填

9.1.5.6 心理矫正培训设施信息

表 60 规定了心理矫正设施信息。

表 60 心理矫正设施信息

序号	数据项名称	标识	数据类型和格式	约束/条件	说明
1	ID	ID	C32	M	ID
2	设备名称	SBMC	C50	M	自填
3	所属机构编码	SSJG	C18	M	符合 11.1.1
4	设备型号	SBXH	C200	M	自填
5	设备编码	SBBM	C50	M	自填
6	设备状态	SBZT	C20	M	自填

9.1.5.7 移动执法车信息

表 61 规定了移动执法车信息。

表 61 移动执法车信息

序号	数据项名称	标识	数据类型和格式	约束/条件	说明
1	ID	ID	C32	M	ID
2	所属机构编码	SSJG	C18	M	符合 11.1.1
3	设备型号	SBXH	C200	M	自填
4	设备编码	SBBM	C50	M	自填
5	设备状态	SBZT	C20	M	自填
6	移动执法车号牌	ZFCHP	C20	M	自填

9.2 业务协同数据资源

9.2.1 社区矫正对象协同信息

表 62 规定了社区矫正对象协同信息。

表 62 社区矫正对象协同信息

序号	数据项名称	数据类型和格式	约束/条件	说明
1	姓名	C20	M	自填
2	曾用名	C20	O	自填
3	性别	C2	M	符合 GB/T 2261.1
4	是否成年	TN	M	0:否,1:是
5	未成年	C2	C	符合 11.2.33
6	民族	C20	M	符合 11.2.82
7	国籍	C2	M	符合 11.2.46
8	户籍类型	C2	C	符合 11.2.102,当国籍为中国籍时必填

续表

序号	数据项名称	数据类型和格式	约束/条件	说明
9	身份证号码	C18	C	自填,有身份证号码时必填,无身份证号码时填“不详”
10	出生日期	D	M	自填
11	有无港澳台身份证件	TN	M	0:否,1:是
12	港澳台身份证件类型	TN	O	符合 11.2.44
13	港澳台身份证件号码	C20	O	自填
14	有无护照	TN	M	0:无,1:有
15	护照号码	C20	C	自填,“有无护照”选择“有”时必填
16	护照保存状态	C2	C	符合 11.2.43,有护照时该项必填
17	有无港澳通行证	TN	M	0:无,1:有
18	港澳通行证号码	C20	C	自填,有港澳通行证时该项必填
19	港澳通行证保存状态	C2	C	符合 11.2.43,有港澳通行证时该项必填
20	有无台湾通行证	TN	M	0:无,1:有
21	台湾通行证号码	C20	C	自填,有台湾通行证时该项必填
22	台湾通行证保存状态	C2	C	符合 11.2.43,有台湾通行证时该项必填
23	有无港澳居民往来内地通行证	TN	M	0:无,1:有

续表

序号	数据项名称	数据类型和格式	约束/条件	说明
24	港澳居民往来内地通行证号码	C20	C	自填,有港澳居民往来内地通行证时该项必填
25	港澳居民往来内地通行证保存状态	TN	C	符合 11.2.43,自填,有港澳居民往来内地通行证时该项必填
26	有无台胞证	TN	M	0:无,1:有
27	台胞证号码	C20	C	自填,有台胞证时该项必填
28	台胞证保存状态	TN	C	符合 11.2.43,自填,有台胞证时该项必填
29	暂予监外执行人员身体状况	C20	C	符合 11.2.34,矫正类型为暂予监外执行时候必填
30	最后就诊医院	C50	C	自填,矫正类型为暂予监外执行时候必填
31	有无精神病	TN	M	0:无,1:有
32	鉴定机构	C50	C	自填,有精神病必填
33	有无传染病	TN	M	0:无,1:有
34	具体传染病	C100	C	符合 12.34,有传染病时必填
35	文化程度	C20	M	符合 11.2.27
36	婚姻状况	C20	M	符合 11.2.28
37	捕前职业	C50	M	符合 11.2.84
38	就业就学情况	C20	M	符合 11.2.29
39	现政治面貌	C20	M	符合 GB/T 4762
40	原政治面貌	C20	M	符合 GB/T 4762

续表

序号	数据项名称	数据类型和格式	约束/条件	说明
41	原工作单位	C100	O	自填
42	现工作单位	C100	O	自填
43	单位联系电话	C40	O	自填
44	个人联系电话	C18	M	自填
45	经常居住地所在省(区、市)	C20	M	行政区划接口中的AREAID
46	经常居住地所在地(市、州)	C20	M	行政区划接口中的AREAID
47	经常居住地所在县(市、区)	C20	M	行政区划接口中的AREAID
48	经常居住地(乡镇、街道)	C20	M	行政区划接口中的AREAID
49	经常居住地明细	C100	M	自填
50	国家/地区	C20	M	符合GB/T 2659
51	户籍所在省(区、市)	C20	M	行政区划接口中的AREAID,国籍为外国籍、无国籍时此项为非填
52	户籍所在地(市、州)	C20	M	行政区划接口中的AREAID,国籍为外国籍、无国籍时此项为非填
53	户籍所在县(市、区)	C20	M	行政区划接口中的AREAID,国籍为外国籍、无国籍时此项为非填

续表

序号	数据项名称	数据类型和格式	约束/条件	说明
54	户籍所在地(乡镇、街道)	C20	M	行政区划接口中的 AREAID,国籍为外国籍、无国籍时此项为非填
55	户籍所在地明细	C100	M	自填,国籍为外国籍、无国籍时此项为非填
56	是否三无人员	TN	M	0:否,1:是
57	是否有前科劣迹	TN	M	0:否,1:是
58	是否累犯	TN	M	0:否,1:是
59	前科劣迹类型	C20	C	符合 11.2.52,有前科劣迹时必填
60	主要犯罪事实	C1000	M	自填
61	是否"五独"	C20	M	符合 11.1.4
62	是否"五涉"	C20	M	符合 11.1.5
63	是否有"四史"	C20	M	符合 11.2.36,多个选项时,采用英文逗号分隔
64	备注	C500	O	自填

9.2.2 接收调查评估委托协同数据

接收调查评估委托协同数据包括数据发送方、数据接收方、被调查评估对象、调查评估事项和文书 5 类信息,每类信息包括多个数据项,表 63 规定了接收调查评估委托协同数据。

表 63　接收调查评估委托协同数据

序号	数据项名称	数据类型和格式	约束/条件	说明
1	数据发送方信息	复合型	M	—
101	调查评估委托机关名称	C300	M	—
102	调查评估委托机关所在地	C300	M	—
103	所在地行政区划名称	C300	M	—
104	所在地行政区划代码	C10	M	符合 GB/T 2260
105	调查评估委托机关类型	C8	M	符合 11.2.97
2	数据接收方信息	复合型	M	—
201	社区矫正机构编码	C18	M	符合 11.1.1
202	社区矫正机构名称	C300	M	—
203	社区矫正机构所在地	C300	M	—
204	所在地行政区划代码	C10	M	符合 GB/T 2260
205	所在地行政区划名称	C300	M	—
3	被调查评估对象信息	复合型	M	符合 9.2.1
4	调查评估事项信息	复合型	M	—
401	调查评估事项	C300	M	—
5	文书信息	复合型	M	—
501	《委托调查评估函》	版式文档	M	符合 GB/T 33190
502	《起诉书》	版式文档	O	符合 GB/T 33190
503	《判决书》	版式文档	O	符合 GB/T 33190
504	《裁定书》	版式文档	O	符合 GB/T 33190
505	罪犯在服刑期间的表现材料	版式文档	O	符合 GB/T 33190
506	《减刑裁定书》	版式文档	O	符合 GB/T 33190

续表

序号	数据项名称	数据类型和格式	约束/条件	说明
507	《执行通知书》	版式文档	O	符合 GB/T 33190
508	《执行告知书》	版式文档	O	符合 GB/T 33190

9.2.3　通知调查评估委托协同数据

通知调查评估委托协同数据包括数据发送方、数据接收方、被调查评估对象、调查评估事项和文书 5 类信息,每类信息包括多个数据项,表 64 规定了通知调查评估委托协同数据。

表 64　通知调查评估委托协同数据

序号	数据项名称	数据类型和格式	约束/条件	说明
1	数据发送方信息	复合型	M	—
101	社区矫正机构编码	C18	M	符合 11.1.1
102	社区矫正机构名称	C300	M	—
103	社区矫正机构所在地	C300	M	—
104	所在地行政区划代码	C10	M	符合 GB/T 2260
105	所在地行政区划名称	C300	M	—
2	数据接收方信息	复合型	M	—
201	人民检察院名称	C300	M	—
202	所在地行政区划名称	C300	M	—
203	所在地行政区划代码	C10	M	符合 GB/T 2260
3	被调查评估对象信息	复合型	M	符合 9.2.1
4	调查评估事项信息	复合型	M	—
401	调查评估事项	C300	M	—

续表

序号	数据项名称	数据类型和格式	约束/条件	说明
5	文书信息	复合型	M	—
501	《委托调查评估函》	版式文档	M	符合 GB/T 33190
502	《起诉书》	版式文档	O	符合 GB/T 33190
503	《判决书》	版式文档	O	符合 GB/T 33190
504	《裁定书》	版式文档	O	符合 GB/T 33190
505	罪犯在服刑期间的表现材料	版式文档	O	符合 GB/T 33190
506	《减刑裁定书》	版式文档	O	符合 GB/T 33190
507	《执行通知书》	版式文档	O	符合 GB/T 33190
508	《执行告知书》	版式文档	O	符合 GB/T 33190

9.2.4 提交调查评估意见协同数据

提交调查评估意见协同数据包括数据发送方、数据接收方、被调查评估对象、调查评估意见反馈和文书 5 类信息,每类信息包括多个数据项,表 65 规定了通知调查评估委托协同数据。

表 65 提交调查评估意见协同数据

序号	数据项名称	数据类型和格式	约束/条件	说明
1	数据发送方信息	复合型	M	—
101	社区矫正机构编码	C18	M	符合 11.1.1
102	社区矫正机构名称	C300	M	—
103	社区矫正机构所在地	C300	M	—
104	所在地行政区划代码	C10	M	符合 GB/T 2260
105	所在地行政区划名称	C300	M	—

续表

序号	数据项名称	数据类型和格式	约束/条件	说明
2	数据接收方信息	复合型	M	—
201	调查评估委托机关名称	C300	M	—
202	调查评估委托机关所在地	C300	M	—
203	所在地行政区划名称	C300	M	—
204	所在地行政区划代码	C10	M	符合 GB/T 2260
205	调查评估委托机关代码类型	C8	M	符合 11.2.97
3	被调查评估对象信息	复合型	M	符合 9.2.1
4	调查评估意见反馈信息	复合型	M	—
401	序号	C30	M	—
402	反馈日期	D	M	—
403	被调查人姓名	C50	M	—
404	与被调查评估对象关系	C50	M	—
405	调查事项	C50	O	—
406	调查时间	D	M	—
407	调查地点	C50	M	—
408	调查单位	C300	O	—
409	调查人	C50	M	—
410	调查评估意见	C500	M	—
5	文书信息	复合型	M	—
501	《调查评估意见书》	版式文档	M	符合 GB/T 33190

9.2.5 抄送调查评估意见协同数据

抄送调查评估意见协同数据包括数据发送方、数据接收方、被调查评估对象、调查评估意见反馈和文书5类信息，每类信息包括多个数据项，表66规定了抄送调查评估意见协同数据。

表66 抄送调查评估意见协同数据

序号	数据项名称	数据类型和格式	约束/条件	说明
1	数据发送方信息	复合型	M	—
101	社区矫正机构编码	C18	M	符合11.1.1
102	社区矫正机构名称	C300	M	—
103	社区矫正机构所在地	C300	M	—
104	所在地行政区划代码	C10	M	符合GB/T 2260
105	所在地行政区划名称	C300	M	—
2	数据接收方信息	复合型	M	—
201	人民检察院名称	C300	M	—
202	所在地行政区划名称	C300	M	—
203	所在地行政区划代码	C10	M	符合GB/T 2260
3	被调查评估对象信息	复合型	M	符合9.2.1
4	调查评估意见反馈信息	复合型	M	—
401	序号	C30	M	—
402	反馈日期	D	M	—
403	被调查人姓名	C50	M	—
404	与被调查评估对象关系	C50	M	—
405	调查事项	C50	O	—
406	调查时间	D	M	—
407	调查地点	C50	M	—
408	调查单位	C300	O	—

续表

序号	数据项名称	数据类型和格式	约束/条件	说明
409	调查人	C50	M	—
410	调查评估意见	C500	M	—
5	文书信息	复合型	M	—
501	《调查评估意见书》	版式文档	M	符合 GB/T 33190

9.2.6　接收交付执行通知协同数据

接收交付执行通知协同数据包括数据发送方、数据接收方、社区矫正对象协同和文书4类信息,每类信息包括多个数据项,表67规定了接收交付执行通知协同数据。

表67　接收交付执行通知协同数据

序号	数据项名称	数据类型和格式	约束/条件	说明
1	数据发送方信息	复合型	M	—
101	社区矫正决定机关名称	C300	M	—
102	社区矫正决定机关所在地	C300	M	—
103	所在地行政区划名称	C300	M	—
104	所在地行政区划代码	C10	M	符合 GB/T 2260
105	社区矫正决定机关代码类型	C8	M	符合 11.2.97
2	数据接收方信息	复合型	M	—
201	社区矫正机构编码	C18	M	符合 11.1.1
202	社区矫正机构名称	C300	M	—
203	社区矫正机构所在地	C300	M	—
204	所在地行政区划代码	C10	M	符合 GB/T 2260

续表

序号	数据项名称	数据类型和格式	约束/条件	说明
205	所在地行政区划名称	C300	M	—
3	社区矫正对象协同信息	复合型	M	符合 9.2.1
4	文书信息	复合型	M	—
401	《社区矫正执行通知书》	版式文档	M	符合 GB/T 33190

9.2.7 接收交付执行法律文书协同数据

接收交付执行法律文书协同数据包括数据发送方、数据接收方、社区矫正对象协同、文书和社区矫正档案材料 5 类信息，每类信息包括多个数据项，表 68 规定了接收交付执行法律文书协同数据。

表 68 接收交付执行法律文书协同数据

序号	数据项名称	数据类型和格式	约束/条件	说明
1	数据发送方信息	复合型	M	—
101	社区矫正决定机关名称	C300	M	—
102	社区矫正决定机关所在地	C300	M	—
103	所在地行政区划名称	C300	M	—
104	所在地行政区划代码	C10	M	符合 GB/T 2260
105	社区矫正决定机关代码类型	C8	M	符合 11.2.97
2	数据接收方信息	复合型	M	—
201	社区矫正机构编码	C18	M	符合 11.1.1
202	社区矫正机构名称	C300	M	—
203	社区矫正机构所在地	C300	M	—
204	所在地行政区划代码	C10	M	符合 GB/T 2260

续表

序号	数据项名称	数据类型和格式	约束/条件	说明
205	所在地行政区划名称	C300	M	—
3	社区矫正对象协同信息	复合型	M	符合9.2.1
4	文书信息	复合型	M	—
401	人民法院送达管制、缓刑罪犯的法律文书	复合型	C	矫正类别为管制、缓刑时必填
40101	刑事判决书	版式文档	M	符合GB/T 33190
40102	执行通知书	版式文档	M	符合GB/T 33190
40103	结案登记表	版式文档	M	符合GB/T 33190
40104	起诉书	版式文档	M	符合GB/T 33190
40105	接受社区矫正保证书	版式文档	M	符合GB/T 33190
40106	社区矫正告知书	版式文档	M	符合GB/T 33190
40107	判处管制、宣告缓刑通知书	版式文档	M	符合GB/T 33190
40108	送达回执	版式文档	M	符合GB/T 33190
402	人民法院送达假释罪犯的法律文书	复合型	C	监所送达假释罪犯时法律文书
40201	刑事判决书	版式文档	M	符合GB/T 33190
40202	假释通知书	版式文档	M	符合GB/T 33190
40203	假释裁定书	版式文档	M	符合GB/T 33190
40204	假释证明书	版式文档	M	符合GB/T 33190
40205	历次减刑的裁定书	版式文档	M	符合GB/T 33190
40206	出监所鉴定表或改造表现鉴定材料	版式文档	M	符合GB/T 33190

续表

序号	数据项名称	数据类型和格式	约束/条件	说明
40207	接受社区矫正保证书	版式文档	M	符合 GB/T 33190
40208	社区矫正告知书	版式文档	M	符合 GB/T 33190
40209	送达回证	版式文档	M	符合 GB/T 33190
403	监所送达暂予监外执行社区矫正对象的法律文书	复合型	C	监所送达暂予监外执行社区矫正对象的法律文书
40301	暂予监外执行通知书或决定书	版式文档	M	符合 GB/T 33190
40302	暂予监外执行审批表	版式文档	M	符合 GB/T 33190
40303	病残鉴定表或鉴定书	版式文档	M	符合 GB/T 33190
40304	暂予监外执行具保书	版式文档	M	符合 GB/T 33190
40305	刑事判决书	版式文档	M	符合 GB/T 33190
40306	历次减刑的裁定书	版式文档	M	符合 GB/T 33190
40307	接受社区矫正保证书	版式文档	M	符合 GB/T 33190
40308	出监所鉴定表或改造表现鉴定材料	版式文档	M	符合 GB/T 33190
40309	送达回证	版式文档	M	符合 GB/T 33190
404	人民法院送达暂予监外执行社区矫正对象的法律文书	复合型	C	人民法院送达暂予监外执行社区矫正对象的法律文书
40401	刑事判决书	版式文档	M	符合 GB/T 33190
40402	执行通知书	版式文档	M	符合 GB/T 33190
40403	结案登记表	版式文档	M	符合 GB/T 33190

续表

序号	数据项名称	数据类型和格式	约束/条件	说明
40404	起诉书	版式文档	M	符合 GB/T 33190
40405	接受社区矫正保证书	版式文档	M	符合 GB/T 33190
40406	送达回证	版式文档	M	符合 GB/T 33190
40407	暂予监外执行决定书	版式文档	M	符合 GB/T 33190
40408	病残鉴定书或证明书	版式文档	M	符合 GB/T 33190
40409	暂予监外执行具保书	版式文档	M	符合 GB/T 33190
5	社区矫正档案材料	复合型	O	—
501	相关材料	版式文档	O	符合 GB/T 33190

9.2.8 通知补齐交付执行法律文书协同数据

通知补齐交付执行法律文书协同数据包括数据发送方、数据接收方、社区矫正对象协同和文书 4 类信息，每类信息包括多个数据项，表 69 规定了通知补齐交付执行法律文书协同数据。

表 69 通知补齐交付执行法律文书协同数据

序号	数据项名称	数据类型和格式	约束/条件	说明
1	数据发送方信息	复合型	M	—
101	社区矫正机构编码	C18	M	符合 11.1.1
102	社区矫正机构名称	C300	M	—
103	社区矫正机构所在地	C300	M	—
104	所在地行政区划代码	C10	M	符合 GB/T 2260
105	所在地行政区划名称	C300	M	—
2	数据接收方信息	复合型	M	—

续表

序号	数据项名称	数据类型和格式	约束/条件	说明
201	社区矫正决定机关名称	C300	M	—
202	社区矫正决定机关所在地	C300	M	—
203	所在地行政区划名称	C300	M	—
204	所在地行政区划代码	C10	M	符合 GB/T 2260
205	社区矫正决定机关代码类型	C8	M	符合 11.2.97
3	社区矫正对象协同信息	复合型	M	符合 9.2.1
4	文书信息	复合型	M	—
401	《社区矫正法律文书补齐通知书》	版式文档	M	符合 GB/T 33190

9.2.9　发送送达回执协同数据

发送送达回执协同数据包括数据发送方、数据接收方、社区矫正对象协同和文书 4 类信息，每类信息包括多个数据项，表 70 规定了发送送达回执协同数据。

表 70　发送送达回执协同数据

序号	数据项名称	数据类型和格式	约束/条件	说明
1	数据发送方信息	复合型	M	—
101	社区矫正机构名称	C300	M	—
102	社区矫正机构所在地	C300	M	—
103	所在地行政区划名称	C300	M	—
104	所在地行政区划代码	C10	M	符合 GB/T 2260
2	数据接收方信息	复合型	M	—

续表

序号	数据项名称	数据类型和格式	约束/条件	说明
201	社区矫正决定机关名称	C300	M	—
202	社区矫正决定机关所在地	C300	M	—
203	所在地行政区划名称	C300	M	—
204	所在地行政区划代码	C10	M	符合 GB/T 2260
205	社区矫正决定机关代码类型	C8	M	符合 11.2.97
3	社区矫正对象协同信息	复合型	M	符合 9.2.1
4	文书信息	复合型	M	—
401	《送达回执》	版式文档	M	符合 GB/T 33190

9.2.10 抄送交付执行法律文书协同数据

抄送交付执行法律文书协同数据包括数据发送方、数据接收方、社区矫正对象协同、文书和社区矫正档案材料 5 类信息,每类信息包括多个数据项,表 71 规定了抄送交付执行法律文书协同数据。

表 71　抄送交付执行法律文书协同数据

序号	数据项名称	数据类型和格式	约束/条件	说明
1	数据发送方信息	复合型	M	—
101	社区矫正机构名称	C300	M	—
102	社区矫正机构所在地	C300	M	—
103	所在地行政区划名称	C300	M	—
104	所在地行政区划代码	C10	M	符合 GB/T 2260
2	数据接收方信息	复合型	M	—
201	公安机关名称	C300	M	—

续表

序号	数据项名称	数据类型和格式	约束/条件	说明
202	人民检察院名称	C300	M	—
203	所在地行政区划代码	C10	M	符合 GB/T 2260
204	所在地行政区划名称	C300	M	—
3	社区矫正对象协同信息	复合型	M	符合 9.2.1
4	文书信息	复合型	M	—
401	人民法院送达管制、缓刑罪犯的法律文书	复合型	C	矫正类别为管制、缓刑时必填
40101	刑事判决书	版式文档	M	符合 GB/T 33190
40102	执行通知书	版式文档	M	符合 GB/T 33190
40103	结案登记表	版式文档	M	符合 GB/T 33190
40104	起诉书	版式文档	M	符合 GB/T 33190
40105	接受社区矫正保证书	版式文档	M	符合 GB/T 33190
40106	社区矫正告知书	版式文档	M	符合 GB/T 33190
40107	判处管制、宣告缓刑通知书	版式文档	M	符合 GB/T 33190
40108	送达回执	版式文档	M	符合 GB/T 33190
402	监所送达假释罪犯的法律文书	复合型	C	监所送达假释罪犯时 法律文书
40201	刑事判决书	版式文档	M	符合 GB/T 33190
40202	假释通知书	版式文档	M	符合 GB/T 33190
40203	假释裁定书	版式文档	M	符合 GB/T 33190
40204	假释证明书	版式文档	M	符合 GB/T 33190
40205	历次减刑的裁定书	版式文档	M	符合 GB/T 33190

续表

序号	数据项名称	数据类型和格式	约束/条件	说明
40206	出监所鉴定表或改造表现鉴定材料	版式文档	M	符合 GB/T 33190
40207	接受社区矫正保证书	版式文档	M	符合 GB/T 33190
40208	社区矫正告知书	版式文档	M	符合 GB/T 33190
40209	送达回证	版式文档	M	符合 GB/T 33190
403	监所送达暂予监外执行社区矫正对象的法律文书	复合型	C	监所送达暂予监外执行社区矫正对象的法律文书
40301	暂予监外执行通知书或决定书	版式文档	M	符合 GB/T 33190
40302	暂予监外执行审批表	版式文档	M	符合 GB/T 33190
40303	病残鉴定表或鉴定书	版式文档	M	符合 GB/T 33190
40304	暂予监外执行具保书	版式文档	M	符合 GB/T 33190
40305	刑事判决书	版式文档	M	符合 GB/T 33190
40306	历次减刑的裁定书	版式文档	M	符合 GB/T 33190
40307	接受社区矫正保证书	版式文档	M	符合 GB/T 33190
40308	出监所鉴定表或改造表现鉴定材料	版式文档	M	符合 GB/T 33190
40309	送达回证	版式文档	M	符合 GB/T 33190
404	人民法院送达暂予监外执行社区矫正对象的法律文书	复合型	C	人民法院送达暂予监外执行社区矫正对象的法律文书
40401	刑事判决书	版式文档	M	符合 GB/T 33190

续表

序号	数据项名称	数据类型和格式	约束/条件	说明
40402	执行通知书	版式文档	M	符合 GB/T 33190
40403	结案登记表	版式文档	M	符合 GB/T 33190
40404	起诉书	版式文档	M	符合 GB/T 33190
40405	接受社区矫正保证书	版式文档	M	符合 GB/T 33190
40406	送达回证	版式文档	M	符合 GB/T 33190
40407	暂予监外执行决定书	版式文档	M	符合 GB/T 33190
40408	病残鉴定书或证明书	版式文档	M	符合 GB/T 33190
40409	暂予监外执行具保书	版式文档	M	符合 GB/T 33190
5	社区矫正档案材料信息	复合型	O	—
501	相关材料	版式文档	O	符合 GB/T 33190

9.2.11 征求变更执行地意见协同数据

征求变更执行地意见协同数据包括数据发送方、数据接收方、社区矫正对象协同、变更执行地征求意见和文书 5 类信息,每类信息包括多个数据项,表 72 规定了征求变更执行地意见环节协同数据。

表 72 征求变更执行地意见协同数据

序号	数据项名称	数据类型和格式	约束/条件	说明
1	数据发送方信息	复合型	M	—
101	原执行地社区矫正机构名称	C300	M	—
102	原执行地社区矫正机构所在地	C300	M	—
103	所在地行政区划名称	C300	M	—

续表

序号	数据项名称	数据类型和格式	约束/条件	说明
104	所在地行政区划代码	C10	M	符合 GB/T 2260
2	数据接收方信息	复合型	M	—
201	新执行地社区矫正机构名称	C300	M	—
202	新执行地社区矫正机构所在地	C300	M	—
203	所在地行政区划名称	C300	M	—
204	所在地行政区划代码	C10	M	符合 GB/T 2260
3	社区矫正对象协同信息	复合型	M	符合 9.2.1
4	变更执行地征求意见信息	复合型	M	—
401	社区矫正对象编号	C20	M	符合 11.1.3
402	申请时间	DT	M	自填
403	迁入地所在省(区、市)ID	C20	M	—
404	迁入地所在地(市、州)	C20	M	—
405	迁入地所在县(市、区)	C20	M	—
406	迁入地(乡镇、街道)	C20	M	—
407	迁入地明细	C50	M	自填
408	变更理由	C1000	M	自填
5	文书信息	复合型	M	—
501	变更执行地征求意见函	版式文档	M	符合 GB/T 33190

9.2.12 回复变更执行地征求意见协同数据

回复变更执行地征求意见协同数据包括数据发送方、数据接收方、社区矫正对象协同、变更执行地征求意见回复和文书 5 类信息,每类信息包括多个数据项，表 73 规定了回复变更执行地征求意见协同数据。

表 73　回复变更执行地征求意见协同数据

序号	数据项名称	数据类型和格式	约束/条件	说明
1	数据发送方信息	复合型	M	—
101	新执行地社区矫正机构名称	C300	M	—
102	新执行地社区矫正机构所在地	C300	M	—
103	所在地行政区划名称	C300	M	—
104	所在地行政区划代码	C10	M	符合 GB/T 2260
2	数据接收方信息	复合型	M	—
201	原执行地社区矫正机构名称	C300	M	—
202	原执行地社区矫正机构所在地	C300	M	—
203	所在地行政区划名称	C300	M	—
204	所在地行政区划代码	C10	M	符合 GB/T 2260
3	社区矫正对象协同信息	复合型	M	符合 9.2.1
4	变更执行地征求意见回复信息	复合型	M	—
401	社区矫正对象编号	C20	M	符合 11.1.3
402	申请时间	DT	M	自填
403	迁入地所在省(区、市)ID	C20	M	—
404	迁入地所在地(市、州)	C20	M	—
405	迁入地所在县(市、区)	C20	M	—
406	迁入地(乡镇、街道)	C20	M	—
407	迁入地明细	C50	M	自填
408	变更理由	C1000	M	自填

续表

序号	数据项名称	数据类型和格式	约束/条件	说明
409	变更执行地回复意见	C1000	M	自填
5	文书信息	复合型	M	—
501	变更执行地回复意见书	版式文档	M	符合 GB/T 33190

9.2.13 移交执行地变更法律文书协同数据

移交执行地变更法律文书协同数据包括数据发送方、数据接收方、社区矫正对象协同、执变更行地征求意见、文书和社区矫正档案材料 6 类信息,每类信息包括多个数据项,表 74 规定了移交执行地变更法律文书协同数据。

表 74 移交执行地变更法律文书协同数据

序号	数据项名称	数据类型和格式	约束/条件	说明
1	数据发送方信息	复合型	M	—
101	原执行地社区矫正机构名称	C300	M	—
102	原执行地社区矫正机构所在地	C300	M	—
103	所在地行政区划名称	C300	M	—
104	所在地行政区划代码	C10	M	符合 GB/T 2260
2	数据接收方信息	复合型	M	—
201	新执行地社区矫正机构名称	C300	M	—
202	新执行地社区矫正机构所在地	C300	M	—
203	所在地行政区划名称	C300	M	—
204	所在地行政区划代码	C10	M	符合 GB/T 2260
3	社区矫正对象协同信息	复合型	M	符合 9.2.1

续表

序号	数据项名称	数据类型和格式	约束/条件	说明
4	变更执行地征求意见信息	复合型	M	—
401	社区矫正对象编号	C20	M	符合 11.1.3
402	申请时间	DT	M	自填
403	迁入地所在省(区、市)ID	C20	M	—
404	迁入地所在地(市、州)	C20	M	—
405	迁入地所在县(市、区)	C20	M	—
406	迁入地(乡镇、街道)	C20	M	—
407	迁入地明细	C50	M	自填
408	变更理由	C1000	M	自填
409	县级社区矫正机构审批时间	DT	M	自填
410	县级社区矫正机构审批意见	C500	M	自填
411	县级社区矫正机构审批结果	C20	M	符合 11.2.79
5	文书信息	复合型	M	—
501	人民法院送达管制、缓刑罪犯的法律文书	复合型	C	矫正类别为管制、缓刑时必填
50101	刑事判决书	版式文档	M	符合 GB/T 33190
50102	执行通知书	版式文档	M	符合 GB/T 33190
50103	结案登记表	版式文档	M	符合 GB/T 33190
50104	起诉书	版式文档	M	符合 GB/T 33190
50105	接受社区矫正保证书	版式文档	M	符合 GB/T 33190
50106	社区矫正告知书	版式文档	M	符合 GB/T 33190
50107	判处管制、宣告缓刑通知书	版式文档	M	符合 GB/T 33190

续表

序号	数据项名称	数据类型和格式	约束/条件	说明
50108	送达回执	版式文档	M	符合 GB/T 33190
502	监所送达假释罪犯的法律文书	复合型	C	监所送达假释罪犯时法律文书
50201	刑事判决书	版式文档	M	符合 GB/T 33190
50202	假释通知书	版式文档	M	符合 GB/T 33190
50203	假释裁定书	版式文档	M	符合 GB/T 33190
50204	假释证明书	版式文档	M	符合 GB/T 33190
50205	历次减刑的裁定书	版式文档	M	符合 GB/T 33190
50206	出监所鉴定表或改造表现鉴定材料	版式文档	M	符合 GB/T 33190
50207	接受社区矫正保证书	版式文档	M	符合 GB/T 33190
50208	社区矫正告知书	版式文档	M	符合 GB/T 33190
50209	送达回证	版式文档	M	符合 GB/T 33190
503	监所送达暂予监外执行社区矫正对象的法律文书	复合型	C	监所送达暂予监外执行社区矫正对象的法律文书
50301	暂予监外执行通知书或决定书	版式文档	M	符合 GB/T 33190
50302	暂予监外执行审批表	版式文档	M	符合 GB/T 33190
50303	病残鉴定表或鉴定书	版式文档	M	符合 GB/T 33190
50304	暂予监外执行具保书	版式文档	M	符合 GB/T 33190
50305	刑事判决书	版式文档	M	符合 GB/T 33190
50306	历次减刑的裁定书	版式文档	M	符合 GB/T 33190
50307	接受社区矫正保证书	版式文档	M	符合 GB/T 33190

续表

序号	数据项名称	数据类型和格式	约束/条件	说明
50308	出监所鉴定表或改造表现鉴定材料	版式文档	M	符合 GB/T 33190
50309	送达回证	版式文档	M	符合 GB/T 33190
504	人民法院送达暂予监外执行社区矫正对象的法律文书	复合型	C	人民法院送达暂予监外执行社区矫正对象的法律文书
50401	刑事判决书	版式文档	M	符合 GB/T 33190
50402	执行通知书	版式文档	M	符合 GB/T 33190
50403	结案登记表	版式文档	M	符合 GB/T 33190
50404	起诉书	版式文档	M	符合 GB/T 33190
50405	接受社区矫正保证书	版式文档	M	符合 GB/T 33190
50406	送达回证	版式文档	M	符合 GB/T 33190
50407	暂予监外执行决定书	版式文档	M	符合 GB/T 33190
50408	病残鉴定书或证明书	版式文档	M	符合 GB/T 33190
50409	暂予监外执行具保书	版式文档	M	符合 GB/T 33190
6	社区矫正档案材料	复合型	O	—
601	相关材料	版式文档	M	符合 GB/T 33190

9.2.14 通知变更执行地决定协同数据

通知变更执行地决定协同数据包括数据发送方、数据接收方、社区矫正对象协同和文书4类信息,每类信息包括多个数据项,表75规定了通知变更执行地决定协同数据。

表 75 通知变更执行地决定协同数据

序号	数据项名称	数据类型和格式	约束/条件	说明
1	数据发送方信息	复合型	M	—
101	原执行地社区矫正机构名称	C300	M	—
102	原执行地社区矫正机构所在地	C300	M	—
103	所在地行政区划名称	C300	M	—
104	所在地行政区划代码	C10	M	符合 GB/T 2260
2	数据接收方信息	复合型	M	—
201	社区矫正决定机关名称	C300	M	—
202	原执行地人民检察院名称	C300	M	—
203	原执行地公安机关名称	C300	M	—
204	所在地行政区划名称	C300	M	—
205	所在地行政区划代码	C10	M	符合 GB/T 2260
3	社区矫正对象协同信息	复合型	M	符合 9.2.1
4	变更执行地征求意见信息	复合型	M	—
401	社区矫正对象编号	C20	M	符合 11.1.3
402	申请时间	DT	M	自填
403	迁入地所在省(区、市)ID	C20	M	—
404	迁入地所在地(市、州)	C20	M	—
405	迁入地所在县(市、区)	C20	M	—
406	迁入地(乡镇、街道)	C20	M	—
407	迁入地明细	C50	M	自填
408	变更理由	C1000	M	自填
409	县级社区矫正机构审批时间	DT	M	自填

续表

序号	数据项名称	数据类型和格式	约束/条件	说明
410	县级社区矫正机构审批意见	C500	M	自填
411	县级社区矫正机构审批结果	C20	M	符合 11.2.79
5	文书信息	复合型	M	—
501	变更执行地决定书	版式文档	M	符合 GB/T 33190

9.2.15 抄送变更执行地法律文书协同数据

抄送变更执行地法律文书协同数据包括数据发送方、数据接收方、社区矫正对象协同和文书4类信息，每类信息包括多个数据项，表76规定了抄送变更执行地法律文书协同数据。

表76 抄送变更执行地法律文书协同数据

序号	数据项名称	数据类型和格式	约束/条件	说明
1	数据发送方信息	复合型	M	—
101	新执行地社区矫正机构名称	C300	M	—
102	新执行地社区矫正机构所在地	C300	M	—
103	所在地行政区划名称	C300	M	—
104	所在地行政区划代码	C10	M	符合 GB/T 2260
2	数据接收方信息	复合型	M	—
201	新执行地公安机关名称	C300	M	—
202	新执行地人民检察院名称	C300	M	—
203	所在地行政区划代码	C10	M	符合 GB/T 2260
204	所在地行政区划名称	C300	M	—
3	社区矫正对象协同信息	复合型	M	符合 9.2.1

续表

序号	数据项名称	数据类型和格式	约束/条件	说明
4	文书信息	复合型	M	—
401	人民法院送达管制、缓刑罪犯的法律文书	复合型	C	矫正类别为管制、缓刑时必填
40101	刑事判决书	版式文档	M	符合 GB/T 33190
40102	执行通知书	版式文档	M	符合 GB/T 33190
40103	结案登记表	版式文档	M	符合 GB/T 33190
40104	起诉书	版式文档	M	符合 GB/T 33190
40105	接受社区矫正保证书	版式文档	M	符合 GB/T 33190
40106	社区矫正告知书	版式文档	M	符合 GB/T 33190
40107	判处管制、宣告缓刑通知书	版式文档	M	符合 GB/T 33190
40108	送达回执	版式文档	M	符合 GB/T 33190
402	监所送达假释罪犯的法律文书	复合型	C	监所送达假释罪犯时法律文书
40201	刑事判决书	版式文档	M	符合 GB/T 33190
40202	假释通知书	版式文档	M	符合 GB/T 33190
40203	假释裁定书	版式文档	M	符合 GB/T 33190
40204	假释证明书	版式文档	M	符合 GB/T 33190
40205	历次减刑的裁定书	版式文档	M	符合 GB/T 33190
40206	出监所鉴定表或改造表现鉴定材料	版式文档	M	符合 GB/T 33190
40207	接受社区矫正保证书	版式文档	M	符合 GB/T 33190
40208	社区矫正告知书	版式文档	M	符合 GB/T 33190

续表

序号	数据项名称	数据类型和格式	约束/条件	说明
40209	送达回证	版式文档	M	符合 GB/T 33190
403	监所送达暂予监外执行社区矫正对象的法律文书	复合型	C	监所送达暂予监外执行社区矫正对象的法律文书
40301	暂予监外执行通知书或决定书	版式文档	M	符合 GB/T 33190
40302	暂予监外执行审批表	版式文档	M	符合 GB/T 33190
40303	病残鉴定表或鉴定书	版式文档	M	符合 GB/T 33190
40304	暂予监外执行具保书	版式文档	M	符合 GB/T 33190
40305	刑事判决书	版式文档	M	符合 GB/T 33190
40306	历次减刑的裁定书	版式文档	M	符合 GB/T 33190
40307	接受社区矫正保证书	版式文档	M	符合 GB/T 33190
40308	出监所鉴定表或改造表现鉴定材料	版式文档	M	符合 GB/T 33190
40309	送达回证	版式文档	M	符合 GB/T 33190
404	人民法院送达暂予监外执行社区矫正对象的法律文书	复合型	C	人民法院送达暂予监外执行社区矫正对象的法律文书
40401	刑事判决书	版式文档	M	符合 GB/T 33190
40402	执行通知书	版式文档	M	符合 GB/T 33190
40403	结案登记表	版式文档	M	符合 GB/T 33190
40404	起诉书	版式文档	M	符合 GB/T 33190
40405	接受社区矫正保证书	版式文档	M	符合 GB/T 33190
40406	送达回证	版式文档	M	符合 GB/T 33190

续表

序号	数据项名称	数据类型和格式	约束/条件	说明
40407	暂予监外执行决定书	版式文档	M	符合 GB/T 33190
40408	病残鉴定书或证明书	版式文档	M	符合 GB/T 33190
40409	暂予监外执行具保书	版式文档	M	符合 GB/T 33190
5	社区矫正档案材料	复合型	O	—
501	相关材料	版式文档	M	符合 GB/T 33190

9.2.16 抄送社区矫正对象奖惩信息协同数据

抄送社区矫正对象奖惩信息协同数据包括数据发送方、数据接收方、社区矫正对象协同、奖励或处罚以及文书 5 类信息，每类信息包括多个数据项，表 77 规定了抄送社区矫正对象奖惩信息协同数据。

表 77 抄送社区矫正对象奖惩信息协同数据

序号	数据项名称	数据类型和格式	约束/条件	说明
1	数据发送方信息	复合型	M	—
101	社区矫正机构名称	C300	M	—
102	社区矫正机构所在地	C300	M	—
103	所在地行政区划名称	C300	M	—
104	所在地行政区划代码	C10	M	符合 GB/T 2260
2	数据接收方信息	复合型	M	—
201	人民检察院名称	C300	M	—
202	人民检察院所在地	C300	M	—
203	所在地行政区划名称	C300	M	—

续表

序号	数据项名称	数据类型和格式	约束/条件	说明
204	所在地行政区划代码	C10	M	符合 GB/T 2260
3	社区矫正对象协同信息	复合型	M	符合 9.2.1
4	奖励或处罚信息	复合型	M	—
401	社区矫正对象编号	C20	M	符合 11.1.3
402	奖惩类别	C20	M	符合 11.2.77
403	奖惩时间	DT	M	自填
404	奖惩原因	C500	M	符合 11.2.78
5	文书信息	复合型	M	—
501	《社区矫正表扬决定书》	版式文档	M	符合 GB/T 33190
502	《社区矫正训诫决定书》	版式文档	M	符合 GB/T 33190
503	《社区矫正警告决定书》	版式文档	M	符合 GB/T 33190
504	《其他根据案件审理需要移送的材料》	版式文档	O	符合 GB/T 33190

9.2.17　发送(抄送)协作查找通知协同数据

发送(抄送)协作查找通知协同数据包括数据发送方、数据接收方、社区矫正对象协同和文书 4 类信息,每类信息包括多个数据项,表 78 规定了发送(抄送)协作查找通知协同数据。

表 78　发送(抄送)协作查找通知协同数据

序号	数据项名称	数据类型和格式	约束/条件	说明
1	数据发送方信息	复合型	M	—
101	社区矫正机构名称	C300	M	—

续表

序号	数据项名称	数据类型和格式	约束/条件	说明
102	社区矫正机构所在地	C300	M	—
103	所在地行政区划名称	C300	M	—
104	所在地行政区划代码	C10	M	符合 GB/T 2260
2	数据接收方信息	复合型	M	—
201	公安机关名称	C300	M	—
202	公安机关所在地	C300	M	—
203	人民检察院名称	C300	M	—
204	人民检察院所在地	C300	M	—
205	所在地行政区划名称	C300	M	—
206	所在地行政区划代码	C10	M	符合 GB/T 2260
3	社区矫正对象协同信息	复合型	M	符合 9.2.1
4	文书信息	复合型	M	—
401	《协助查找社区矫正对象通知书》	版式文档	M	符合 GB/T 33190

9.2.18 接收协助查找情况协同数据

接收协助查找情况协同数据包括数据发送方、数据接收方、社区矫正对象协同和文书 4 类信息，每类信息包括多个数据项，表 79 规定了接收协助查找情况协同数据。

表 79　接收协助查找情况协同数据

序号	数据项名称	数据类型和格式	约束/条件	说明
1	数据发送方信息	复合型	M	—
101	公安机关名称	C300	M	—
102	公安机关所在地	C300	M	—
103	所在地行政区划名称	C300	M	—
104	所在地行政区划代码	C10	M	符合 GB/T 2260
2	数据接收方信息	复合型	M	—
201	社区矫正机构名称	C300	M	—
202	社区矫正机构所在地	C300	M	—
203	所在地行政区划名称	C300	M	—
204	所在地行政区划代码	C10	M	符合 GB/T 2260
3	社区矫正对象协同信息	复合型	M	符合 9.2.1
4	文书信息	复合型	M	—
401	协助查找信息	版式文档	M	符合 GB/T 33190

9.2.19　抄送协助查找情况协同数据

抄送协助查找情况协同数据包括数据发送方、数据接收方、社区矫正对象协同和文书 4 类信息，每类信息包括多个数据项，表 80 规定了抄送协助查找情况协同数据。

表 80　抄送协助查找情况协同数据

序号	数据项名称	数据类型和格式	约束/条件	说明
1	数据发送方信息	复合型	M	—
101	社区矫正机构名称	C300	M	—

续表

序号	数据项名称	数据类型和格式	约束/条件	说明
102	社区矫正机构所在地	C300	M	—
103	所在地行政区划名称	C300	M	—
104	所在地行政区划代码	C10	M	符合 GB/T 2260
2	数据接收方信息	复合型	M	—
201	人民检察院名称	C300	M	—
202	人民检察院所在地	C300	M	—
203	所在地行政区划名称	C300	M	—
204	所在地行政区划代码	C10	M	符合 GB/T 2260
3	社区矫正对象协同信息	复合型	M	符合 9.2.1
4	文书信息	复合型	M	—
401	协助查找信息	版式文档	M	符合 GB/T 33190

9.2.20　通知进入特定区域或者场所情况协同数据

通知进入特定区域或者场所情况协同数据包括数据发送方、数据接收方、社区矫正对象协同、禁止令、进入的特定区域或场所以及文书 6 类信息，每类信息包括多个数据项，表 81 规定了通知进入特定区域或者场所情况协同数据。

表 81　通知进入特定区域或者场所情况协同数据

序号	数据项名称	数据类型和格式	约束/条件	说明
1	数据发送方信息	复合型	M	—
101	社区矫正机构名称	C300	M	—
102	社区矫正机构所在地	C300	M	—

续表

序号	数据项名称	数据类型和格式	约束/条件	说明
103	所在地行政区划名称	C300	M	—
104	所在地行政区划代码	C10	M	符合 GB/T 2260
2	数据接收方信息	复合型	M	—
201	人民法院名称	C300	M	—
202	人民检察院名称	C300	M	—
203	所在地行政区划名称	C300	M	—
204	所在地行政区划代码	C10	M	符合 GB/T 2260
3	社区矫正对象协同信息	复合型	M	符合 9.2.1
4	禁止令信息	复合型	M	—
401	社区矫正对象编号	C20	M	符合 11.1.3
402	禁止令类型	C2	M	符合 11.2.48
403	禁止令内容	C500	M	自填
404	禁止期限开始日期	D	M	自填
405	禁止期限结束日期	D	M	自填
5	进入的特定区域或场所信息	复合型	M	—
501	社区矫正对象编号	C20	M	符合 11.1.3
502	申请进入的场所	C100	M	自填
503	申请日期	D	M	自填
504	申请进入时间	DT	M	自填
505	申请结束时间	DT	M	自填
506	申请理由	C1000	M	自填
507	受委托的司法所审核人	C20	M	自填

续表

序号	数据项名称	数据类型和格式	约束/条件	说明
508	受委托的司法所审核时间	DT	M	自填
509	受委托的司法所审核意见	C500	M	自填
510	县级社区矫正机构审批人	C20	M	自填
511	县级社区矫正机构审批时间	DT	M	自填
512	县级社区矫正机构审批意见	C500	M	自填
513	县级社区矫正机构审批结果	C20	M	符合 11.2.81
6	文书信息	复合型	M	—
601	《社区矫正对象进入特定场所区域审批表》	版式文档	M	符合 GB/T 33190

9.2.21 接收被限制人身自由的通知协同数据

接收被限制人身自由的通知协同数据包括数据发送方、数据接收方、社区矫正对象协同和文书 4 类信息,每类信息包括多个数据项,表 82 规定了接收被限制人身自由的通知协同数据。

表 82 接收被限制人身自由的通知协同数据

序号	数据项名称	数据类型和格式	约束/条件	说明
1	数据发送方信息	复合型	M	—
101	公安机关名称	C300	M	—
102	人民法院名称	C300	M	—
103	人民检察院名称	C300	M	—
104	所在地行政区划名称	C300	M	—
105	所在地行政区划代码	C10	M	符合 GB/T 2260

续表

序号	数据项名称	数据类型和格式	约束/条件	说明
2	数据接收方信息	复合型	M	—
201	社区矫正机构名称	C300	M	—
202	社区矫正机构所在地	C300	M	—
203	所在地行政区划名称	C300	M	—
204	所在地行政区划代码	C10	M	符合 GB/T 2260
3	社区矫正对象协同信息	复合型	M	符合 9.2.1
4	文书信息	复合型	M	—
401	限制人身自由相关法律文书	版式文档	M	符合 GB/T 33190

9.2.22 提出撤销缓刑(逮捕)建议协同数据

提出撤销缓刑(逮捕)建议协同数据包括数据发送方、数据接收方、社区矫正对象协同、提请撤销缓刑(逮捕)和文书5类信息,每类信息包括多个数据项,表83规定了提出撤销缓刑(逮捕)建议协同数据。

表83　提出撤销缓刑(逮捕)建议协同数据

序号	数据项名称	数据类型和格式	约束/条件	说明
1	数据发送方信息	复合型	M	—
101	社区矫正机构名称	C300	M	—
102	社区矫正机构所在地	C300	M	—
103	所在地行政区划名称	C300	M	—
104	所在地行政区划代码	C10	M	符合 GB/T 2260
2	数据接收方信息	复合型	M	—

续表

序号	数据项名称	数据类型和格式	约束/条件	说明
201	人民法院名称	C300	M	—
202	人民法院所在地	C300	M	—
203	所在地行政区划名称	C300	M	—
204	所在地行政区划代码	C10	M	符合 GB/T 2260
3	社区矫正对象协同信息	复合型	M	符合 9.2.1
4	提请撤销缓刑(逮捕)信息	复合型	M	—
401	提请理由	C600	M	符合 11.2.78
402	提请依据	C	M	自填
403	社区矫正机构审核人	C300	M	自填
404	社区矫正机构审核时间	D	M	自填
405	社区矫正机构审核意见	C300	M	自填
406	结果意见	C500	O	自填
5	文书信息	复合型	M	—
501	《撤销缓刑建议书》	版式文档	M	符合 GB/T 33190
502	《终审法院裁判文书》	版式文档	M	符合 GB/T 33190
503	《执行通知书》	版式文档	M	符合 GB/T 33190
504	《提请撤销缓刑审核表》	版式文档	M	符合 GB/T 33190
505	《提请逮捕审核表》	版式文档	M	符合 GB/T 33190
506	《社区矫正对象逮捕建议书》	版式文档	M	符合 GB/T 33190
507	《其他根据案件审理需要移送的材料》	版式文档	O	符合 GB/T 33190

9.2.23　抄送撤销缓刑(逮捕)建议协同数据

抄送撤销缓刑(逮捕)建议协同数据包括数据发送方、数据接收方、社区矫正对象协同、提请撤销缓刑(逮捕)和文书5类信息,每类信息包括多个数据项,表84规定了抄送撤销缓刑(逮捕)建议协同数据。

表84　抄送撤销缓刑(逮捕)建议协同数据

序号	数据项名称	数据类型和格式	约束/条件	说明
1	数据发送方信息	复合型	M	—
101	社区矫正机构名称	C300	M	—
102	社区矫正机构所在地	C300	M	—
103	所在地行政区划名称	C300	M	—
104	所在地行政区划代码	C10	M	符合GB/T 2260
2	数据接收方信息	复合型	M	—
201	人民检察院名称	C300	M	—
202	人民检察院所在地	C300	M	—
203	所在地行政区划名称	C300	M	—
204	所在地行政区划代码	C10	M	符合GB/T 2260
3	社区矫正对象协同信息	复合型	M	符合9.2.1
4	提请撤销缓刑(逮捕)信息	复合型	M	—
401	提请理由	C600	M	符合11.2.78
402	提请依据	C	M	自填
403	社区矫正机构审核人	C300	M	自填
404	社区矫正机构审核时间	D	M	自填
405	社区矫正机构审核意见	C300	M	自填

续表

序号	数据项名称	数据类型和格式	约束/条件	说明
406	结果意见	C500	O	自填
5	文书信息	复合型	M	—
501	《撤销缓刑建议书》	版式文档	M	符合 GB/T 33190
502	《终审法院裁判文书》	版式文档	M	符合 GB/T 33190
503	《执行通知书》	版式文档	M	符合 GB/T 33190
504	《提请撤销缓刑审核表》	版式文档	M	符合 GB/T 33190
505	《提请逮捕审核表》	版式文档	M	符合 GB/T 33190
506	《社区矫正对象逮捕建议书》	版式文档	M	符合 GB/T 33190
507	《其他根据案件审理需要移送的材料》	版式文档	O	符合 GB/T 33190

9.2.24 接收撤销缓刑裁定结果(逮捕决定)协同数据

接收撤销缓刑裁定结果(逮捕决定)协同数据包括数据发送方、数据接收方、社区矫正对象协同和文书 4 类信息,每类信息包括多个数据项,表 85 规定了接收撤销缓刑裁定结果(逮捕决定)协同数据。

表 85 接收撤销缓刑裁定结果(逮捕决定)协同数据

序号	数据项名称	数据类型和格式	约束/条件	说明
1	数据发送方信息	复合型	M	—
101	人民法院名称	C300	M	—
102	人民法院所在地	C300	M	—
103	所在地行政区划名称	C300	M	—
104	所在地行政区划代码	C10	M	符合 GB/T 2260

续表

序号	数据项名称	数据类型和格式	约束/条件	说明
2	数据接收方信息	复合型	M	—
201	社区矫正机构名称	C300	M	—
202	社区矫正机构所在地	C300	M	—
203	所在地行政区划名称	C300	M	—
204	所在地行政区划代码	C10	M	符合 GB/T 2260
3	社区矫正对象协同信息	复合型	M	符合 9.2.1
4	文书信息	复合型	M	—
401	《刑事裁定书》	版式文档	M	符合 GB/T 33190
402	《执行通知书》	版式文档	M	符合 GB/T 33190
403	《逮捕决定书》	版式文档	M	符合 GB/T 33190

9.2.25 提出撤销假释(逮捕)建议协同数据

提出撤销假释(逮捕)建议协同数据包括数据发送方、数据接收方、社区矫正对象协同、提请撤销假释(逮捕)和文书 5 类信息,每类信息包括多个数据项,表 86 规定了提出撤销假释(逮捕)建议协同数据。

表 86 提出撤销假释(逮捕)建议协同数据

序号	数据项名称	数据类型和格式	约束/条件	说明
1	数据发送方信息	复合型	M	—
101	社区矫正机构名称	C300	M	—
102	社区矫正机构所在地	C300	M	—
103	所在地行政区划名称	C300	M	—

续表

序号	数据项名称	数据类型和格式	约束/条件	说明
104	所在地行政区划代码	C10	M	符合 GB/T 2260
2	数据接收方信息	复合型	M	—
201	人民法院名称	C300	M	—
202	人民法院所在地名称	C300	M	—
203	所在地行政区划名称	C300	M	—
204	所在地行政区划代码	C10	M	符合 GB/T 2260
3	社区矫正对象协同信息	复合型	M	符合 9.2.1
4	提请撤销假释(逮捕)信息	复合型	M	—
401	提请理由	C600	M	符合 11.2.78
402	提请依据	C	M	自填
403	社区矫正机构审核人	C300	M	自填
404	社区矫正机构审核时间	D	M	自填
405	社区矫正机构审核意见	C300	M	自填
406	结果意见	C500	O	自填
5	文书信息	复合型	M	—
501	《撤销假释建议书》	版式文档	M	符合 GB/T 33190
502	《终审法院裁判文书》	版式文档	M	符合 GB/T 33190
503	《执行通知书》	版式文档	M	符合 GB/T 33190
504	《提请撤销假释审核表》	版式文档	M	符合 GB/T 33190
505	《提请逮捕审核表》	版式文档	M	符合 GB/T 33190
506	《社区矫正对象逮捕建议书》	版式文档	M	符合 GB/T 33190
507	《其他根据案件审理需要移送的材料》	版式文档	O	符合 GB/T 33190

9.2.26 抄送撤销假释(逮捕)建议协同数据

抄送撤销假释(逮捕)建议协同数据包括数据发送方、数据接收方、社区矫正对象协同、提请撤销假释(逮捕)和文书5类信息,每类信息包括多个数据项,表87规定了抄送撤销假释(逮捕)建议协同数据。

表87 抄送撤销假释(逮捕)建议协同数据

序号	数据项名称	数据类型和格式	约束/条件	说明
1	数据发送方信息	复合型	M	—
101	社区矫正机构名称	C300	M	—
102	社区矫正机构所在地	C300	M	—
103	所在地行政区划名称	C300	M	—
104	所在地行政区划代码	C10	M	符合 GB/T 2260
2	数据接收方信息	复合型	M	—
201	人民检察院名称	C300	M	—
202	人民检察院所在地	C300	M	—
203	监狱管理机关名称	C300	M	—
204	监狱管理机关所在地	C300	M	—
3	社区矫正对象协同信息	复合型	M	符合9.2.1
4	提请撤销假释(逮捕)信息	复合型	M	—
401	提请理由	C600	M	符合11.2.78
402	提请依据	C	M	自填
403	社区矫正机构审核人	C300	M	自填
404	社区矫正机构审核时间	D	M	自填
405	社区矫正机构审核意见	C300	M	自填

续表

序号	数据项名称	数据类型和格式	约束/条件	说明
406	结果意见	C500	O	自填
5	文书信息	复合型	M	—
501	《撤销假释建议书》	版式文档	M	符合 GB/T 33190
502	《终审法院裁判文书》	版式文档	M	符合 GB/T 33190
503	《执行通知书》	版式文档	M	符合 GB/T 33190
504	《提请撤销假释审核表》	版式文档	M	符合 GB/T 33190
505	《提请逮捕审核表》	版式文档	M	符合 GB/T 33190
506	《社区矫正对象逮捕建议书》	版式文档	M	符合 GB/T 33190
507	《其他根据案件审理需要移送的材料》	版式文档	O	符合 GB/T 33190

9.2.27 接收撤销假释裁定结果(逮捕决定)协同数据

接收撤销假释裁定结果(逮捕决定)协同数据包括数据发送方、数据接收方、社区矫正对象协同和文书4类信息,每类信息包括多个数据项,表88规定了接收撤销假释裁定结果(逮捕决定)协同数据。

表88 接收撤销假释裁定结果(逮捕决定)协同数据

序号	数据项名称	数据类型和格式	约束/条件	说明
1	数据发送方信息	复合型	M	—
101	人民法院名称	C300	M	—
102	人民法院所在地	C300	M	—
103	所在地行政区划名称	C300	M	—
104	所在地行政区划代码	C10	M	符合 GB/T 2260

续表

序号	数据项名称	数据类型和格式	约束/条件	说明
2	数据接收方信息	复合型	M	—
201	社区矫正机构名称	C300	M	—
202	社区矫正机构所在地	C300	M	—
203	所在地行政区划名称	C300	M	—
204	所在地行政区划代码	C10	M	符合 GB/T 2260
3	社区矫正对象协同信息	复合型	M	符合 9.2.1
4	文书信息	复合型	M	—
401	《刑事裁定书》	版式文档	M	符合 GB/T 33190
402	《执行通知书》	版式文档	M	符合 GB/T 33190
403	《逮捕决定书》	版式文档	M	符合 GB/T 33190

9.2.28　提出收监执行建议协同数据

提出收监执行建议协同数据包括数据发送方、数据接收方、社区矫正对象协同、暂予监外执行社区矫正对象的提请收监执行和文书5类信息,每类信息包括多个数据项,表89规定了提出收监执行建议协同数据。

表89　提出收监执行建议协同数据

序号	数据项名称	数据类型和格式	约束/条件	说明
1	数据发送方信息	复合型	M	—
101	社区矫正机构名称	C300	M	—
102	社区矫正机构所在地	C300	M	—
103	所在地行政区划名称	C300	M	—

续表

序号	数据项名称	数据类型和格式	约束/条件	说明
104	所在地行政区划代码	C10	M	符合 GB/T 2260
2	数据接收方信息	复合型	M	—
201	社区矫正决定机关名称	C300	M	—
202	社区矫正决定机关所在地	C300	M	—
203	所在地行政区划名称	C300	M	—
204	所在地行政区划代码	C10	M	符合 GB/T 2260
205	社区矫正决定机关类型	C50	M	符合 11.2.97
3	社区矫正对象协同信息	复合型	M	符合 9.2.1
4	暂予监外执行社区矫正对象的提请收监执行信息	复合型	M	—
401	提请理由	C600	M	符合 11.2.78
402	提请依据	C	M	自填
403	社区矫正机构审核人	C300	M	自填
404	社区矫正机构审核时间	D	M	自填
405	社区矫正机构审核意见	C300	M	自填
406	结果意见	C500	O	自填
5	文书信息	复合型	M	—
501	《收监执行建议书》	版式文档	M	符合 GB/T 33190
502	《终审法院裁判文书》	版式文档	M	符合 GB/T 33190
503	《执行通知书》	版式文档	M	符合 GB/T 33190
504	《提请收监执行审核表》	版式文档	M	符合 GB/T 33190
505	《其他根据案件审理需要移送的材料》	版式文档	O	符合 GB/T 33190

9.2.29　抄送收监执行建议协同数据

抄送收监执行建议协同数据包括数据发送方、数据接收方、社区矫正对象协同、暂予监外执行社区矫正对象的提请收监执行和文书5类信息，每类信息包括多个数据项，表90规定了抄送收监执行建议协同数据。

表90　抄送收监执行建议协同数据

序号	数据项名称	数据类型和格式	约束/条件	说明
1	数据发送方信息	复合型	M	—
101	社区矫正机构名称	C300	M	—
102	社区矫正机构所在地	C300	M	—
103	所在地行政区划名称	C300	M	—
104	所在地行政区划代码	C10	M	符合 GB/T 2260
2	数据接收方信息	复合型	M	—
201	人民检察院名称	C300	M	—
202	人民检察院所在地	C300	M	—
203	所在地行政区划名称	C300	M	—
204	所在地行政区划代码	C10	M	符合 GB/T 2260
3	社区矫正对象协同信息	复合型	M	符合9.2.1
4	暂予监外执行社区矫正对象的提请收监执行信息	复合型	M	—
401	提请理由	C600	M	符合11.2.78
402	提请依据	C	M	自填
403	社区矫正机构审核人	C300	M	自填
404	社区矫正机构审核时间	D	M	自填

续表

序号	数据项名称	数据类型和格式	约束/条件	说明
405	社区矫正机构审核意见	C300	M	自填
406	结果意见	C500	O	自填
5	文书信息	复合型	M	—
501	《收监执行建议书》	版式文档	M	符合 GB/T 33190
502	《终审法院裁判文书》	版式文档	M	符合 GB/T 33190
503	《执行通知书》	版式文档	M	符合 GB/T 33190
504	《提请收监执行审核表》	版式文档	M	符合 GB/T 33190
505	《其他根据案件审理需要移送的材料》	版式文档	O	符合 GB/T 33190

9.2.30　接收收监执行决定协同数据

接收收监执行决定协同数据包括数据发送方、数据接收方、社区矫正对象协同和文书4类信息，每类信息包括多个数据项，表91规定了接收收监执行决定协同数据。

表91　接收收监执行决定协同数据

序号	数据项名称	数据类型和格式	约束/条件	说明
1	数据发送方信息	复合型	M	—
101	社区矫正决定机关名称	C300	M	—
102	社区矫正决定机关所在地	C300	M	—
103	所在地行政区划名称	C300	M	—
104	所在地行政区划代码	C10	M	符合 GB/T 2260
2	数据接收方信息	复合型	M	—

续表

序号	数据项名称	数据类型和格式	约束/条件	说明
201	社区矫正机构名称	C300	M	—
202	社区矫正机构所在地	C300	M	—
203	所在地行政区划名称	C300	M	—
204	所在地行政区划代码	C10	M	符合 GB/T 2260
3	社区矫正对象协同信息	复合型	M	符合 9.2.1
4	文书信息	复合型	M	—
401	《收监执行决定书》	版式文档	M	符合 GB/T 33190

9.2.31 提出减刑建议协同数据

提出减刑建议协同数据包括数据发送方、数据接收方、社区矫正对象协同、奖惩情况、提请减刑和文书 6 类信息，每类信息包括多个数据项，表 92 规定了提出减刑建议协同数据。

表 92 提出减刑建议协同数据

序号	数据项名称	数据类型和格式	约束/条件	说明
1	数据发送方信息	复合型	M	—
101	社区矫正机构名称	C300	M	—
102	社区矫正机构所在地	C300	M	—
103	所在地行政区划名称	C300	M	—
104	所在地行政区划代码	C10	M	符合 GB/T 2260
2	数据接收方信息	复合型	M	—
201	人民法院名称	C300	M	—
202	人民法院所在地	C300	M	—

续表

序号	数据项名称	数据类型和格式	约束/条件	说明
203	所在地行政区划名称	C300	M	—
204	所在地行政区划代码	C10	M	符合 GB/T 2260
3	社区矫正对象协同信息	复合型	M	符合 9.2.1
4	奖惩情况	复合型	M	—
401	社区矫正对象编号	C20	M	符合 11.1.3
402	奖惩类别	C20	M	符合 11.2.77
403	奖惩时间	DT	M	自填
404	奖惩原因	C500	M	符合 11.2.78
5	提请减刑信息	复合型	M	—
501	提请理由	C600	M	符合 11.2.78
502	提请依据	C	M	自填
503	社区矫正机构审核人	C300	M	自填
504	社区矫正机构审核时间	D	M	自填
505	社区矫正机构审核意见	C300	M	自填
6	文书信息	复合型	M	—
601	《社区矫正对象减刑建议书》	版式文档	M	符合 GB/T 33190
602	终审法院裁判文书	版式文档	M	符合 GB/T 33190
603	《执行通知书》	版式文档	M	符合 GB/T 33190
604	《历次减刑假释裁定书》	版式文档	O	符合 GB/T 33190
605	确有悔改或者立功、重大立功表现的具体事实的书面证明材料	版式文档	M	符合 GB/T 33190

9.2.32 抄送减刑建议协同数据

抄送减刑建议协同数据包括数据发送方、数据接收方、社区矫正对象协同、奖惩情况、提请减刑和文书6类信息，每类信息包括多个数据项，表93规定了抄送减刑建议协同数据。

表93 抄送减刑建议协同数据

序号	数据项名称	数据类型和格式	约束/条件	说明
1	数据发送方信息	复合型	M	—
101	社区矫正机构名称	C300	M	—
102	社区矫正机构所在地	C300	M	—
103	所在地行政区划名称	C300	M	—
104	所在地行政区划代码	C10	M	符合 GB/T 2260
2	数据接收方信息	复合型	M	—
201	人民检察院名称	C300	M	—
202	公安机关名称	C300	M	—
203	监狱管理机关名称	C300	M	—
204	所在地行政区划名称	C300	M	—
205	所在地行政区划代码	C10	M	符合 GB/T 2260
3	社区矫正对象协同信息	复合型	M	符合9.2.1
4	奖惩情况	复合型	M	—
401	社区矫正对象编号	C20	M	符合11.1.3
402	奖惩类别	C20	M	符合11.2.77
403	奖惩时间	DT	M	自填
404	奖惩原因	C500	M	符合11.2.78
5	提请减刑信息	复合型	M	—

续表

序号	数据项名称	数据类型和格式	约束/条件	说明
501	提请理由	C600	M	符合 11.2.78
502	提请依据	C	M	自填
503	社区矫正机构审核人	C300	M	自填
504	社区矫正机构审核时间	D	M	自填
505	社区矫正机构审核意见	C300	M	自填
6	文书信息	复合型	M	—
601	《社区矫正对象减刑建议书》	版式文档	M	符合 GB/T 33190
602	终审法院裁判文书	版式文档	M	符合 GB/T 33190
603	《执行通知书》	版式文档	M	符合 GB/T 33190
604	《历次减刑假释裁定书》	版式文档	O	符合 GB/T 33190
605	确有悔改或者立功、重大立功表现的具体事实的书面证明材料	版式文档	M	符合 GB/T 33190

9.2.33　接收减刑裁定结果协同数据

接收减刑裁定结果协同数据包括数据发送方、数据接收方、社区矫正对象协同和文书 4 类信息,每类信息包括多个数据项,表 94 规定了接收减刑裁定结果协同数据。

表 94　接收减刑裁定结果协同数据

序号	数据项名称	数据类型和格式	约束/条件	说明
1	数据发送方信息	复合型	M	—
101	人民法院名称	C300	M	—
102	人民法院所在地	C300	M	—

续表

序号	数据项名称	数据类型和格式	约束/条件	说明
103	所在地行政区划名称	C300	M	—
104	所在地行政区划代码	C10	M	符合 GB/T 2260
2	数据接收方信息	复合型	M	—
201	社区矫正机构名称	C300	M	—
202	社区矫正机构所在地	C300	M	—
203	所在地行政区划名称	C300	M	—
204	所在地行政区划代码	C10	M	符合 GB/T 2260
3	社区矫正对象协同信息	复合型	M	符合 9.2.1
4	文书信息	复合型	M	—
401	《减刑裁定书》	版式文档	M	符合 GB/T 33190
402	《减刑执行通知书》	版式文档	M	符合 GB/T 33190

9.2.34 提请治安管理处罚建议协同数据

提请治安管理处罚建议协同数据包括数据发送方、数据接收方、社区矫正对象协同、提请治安管理处罚和文书 5 类信息，每类信息包括多个数据项，表 95 规定了提请治安管理处罚建议协同数据。

表 95 提请治安管理处罚建议协同数据

序号	数据项名称	数据类型和格式	约束/条件	说明
1	数据发送方信息	复合型	M	—
101	社区矫正机构名称	C300	M	—
102	社区矫正机构所在地	C300	M	—
103	所在地行政区划名称	C300	M	—

续表

序号	数据项名称	数据类型和格式	约束/条件	说明
104	所在地行政区划代码	C10	M	符合 GB/T 2260
2	数据接收方信息	复合型	M	—
201	公安机关名称	C300	M	—
202	公安机关所在地	C300	M	—
203	所在地行政区划名称	C300	M	—
204	所在地行政区划代码	C10	M	符合 GB/T 2260
3	社区矫正对象协同信息	复合型	M	符合 9.2.1
4	提请治安管理处罚信息	复合型	M	—
401	提请理由	C600	M	符合 11.2.78
402	提请依据	C	M	自填
403	社区矫正机构审核人	C300	M	自填
404	社区矫正机构审核时间	D	M	自填
405	社区矫正机构审核意见	C300	M	自填
5	文书信息	复合型	M	—
501	《治安管理处罚建议书》	版式文档	M	符合 GB/T 33190

9.2.35 接收治安管理处罚决定协同数据

接收治安管理处罚决定协同数据包括数据发送方、数据接收方、社区矫正对象协同和文书 4 类信息，每类信息包括多个数据项，表 96 规定了接收治安管理处罚决定协同数据。

表 96 接收治安管理处罚决定协同数据

序号	数据项名称	数据类型和格式	约束/条件	说明
1	数据发送方信息	复合型	M	—
101	公安机关名称	C300	M	—
102	公安机关所在地	C300	M	—
103	所在地行政区划名称	C300	M	—
104	所在地行政区划代码	C10	M	符合 GB/T 2260
2	数据接收方信息	复合型	M	—
201	社区矫正机构名称	C300	M	—
202	社区矫正机构所在地	C300	M	—
203	所在地行政区划名称	C300	M	—
204	所在地行政区划代码	C10	M	符合 GB/T 2260
3	社区矫正对象协同信息	复合型	M	符合 9.2.1
4	文书信息	复合型	M	—
401	《治安管理处罚决定书》	版式文档	M	符合 GB/T 33190
402	不予治安管理处罚决定文书	版式文档	M	符合 GB/T 33190

9.2.36 抄送治安管理处罚决定协同数据

抄送治安管理处罚决定协同数据包括数据发送方、数据接收方、社区矫正对象协同和文书 4 类信息,每类信息包括多个数据项,表 97 规定了抄送治安管理处罚决定协同数据。

表 97　抄送治安管理处罚决定协同数据

序号	数据项名称	数据类型和格式	约束/条件	说明
1	数据发送方信息	复合型	M	—
101	社区矫正机构名称	C300	M	—
102	社区矫正机构所在地	C300	M	—
103	所在地行政区划名称	C300	M	—
104	所在地行政区划代码	C10	M	符合 GB/T 2260
2	数据接收方信息	复合型	M	—
201	人民检察院名称	C300	M	—
202	人民检察院所在地	C300	M	—
203	所在地行政区划名称	C300	M	—
204	所在地行政区划代码	C10	M	符合 GB/T 2260
3	社区矫正对象协同信息	复合型	M	符合 9.2.1
4	文书信息	复合型	M	—
401	《治安管理处罚决定书》	版式文档	M	符合 GB/T 33190
402	不予治安管理处罚决定文书	版式文档	M	符合 GB/T 33190

9.2.37　发送解除矫正通知协同数据

发送解除矫正通知协同数据包括数据发送方、数据接收方、社区矫正对象协同、期满解除社区矫正和文书 5 类信息，每类信息包括多个数据项，表 98 规定了发送解除矫正通知协同数据。

表 98　发送解除矫正通知协同数据

序号	数据项名称	数据类型和格式	约束/条件	说明
1	数据发送方信息	复合型	M	—
101	社区矫正机构名称	C300	M	—
102	社区矫正机构所在地	C300	M	—
103	所在地行政区划名称	C300	M	—
104	所在地行政区划代码	C10	M	符合 GB/T 2260
2	数据接收方信息	复合型	M	—
201	社区矫正决定机关名称	C300	M	—
202	社区矫正决定机关所在地	C300	M	—
203	所在地行政区划名称	C300	M	—
204	所在地行政区划代码	C10	M	符合 GB/T 2260
205	社区矫正决定机关代码类型	C8	M	符合 11.2.97
3	社区矫正对象协同信息	复合型	M	符合 9.2.1
4	期满解除社区矫正信息	复合型	M	—
401	解除矫正日期	D	M	自填
402	解除矫正类型	C20	M	符合 11.2.15
5	文书信息	复合型	M	—
501	《解除社区矫正通知书》	版式文档	M	符合 GB/T 33190

9.2.38　抄送解除矫正通知协同数据

抄送解除矫正通知协同数据包括数据发送方、数据接收方、社区矫正对象协同、期满解除社区矫正和文书 5 类信息，每类信息包括多个数据项，表 99 规定了抄送解除矫正通知协同数据。

表 99　抄送解除矫正通知协同数据

序号	数据项名称	数据类型和格式	约束/条件	说明
1	数据发送方信息	复合型	M	—
101	社区矫正机构名称	C300	M	—
102	社区矫正机构所在地	C300	M	—
103	所在地行政区划名称	C300	M	—
104	所在地行政区划代码	C10	M	符合 GB/T 2260
2	数据接收方信息	复合型	M	—
201	人民检察院名称	C300	M	—
202	公安机关名称	C300	M	—
203	所在地行政区划名称	C300	M	—
204	所在地行政区划代码	C10	M	符合 GB/T 2260
3	社区矫正对象协同信息	复合型	M	符合 9.2.1
4	期满解除社区矫正信息	复合型	M	—
401	解除矫正日期	D	M	自填
402	解除矫正类型	C20	M	符合 11.2.15
5	文书信息	复合型	M	—
501	《解除社区矫正通知书》	版式文档	M	符合 GB/T 33190

9.2.39　发送死亡通知协同数据

发送死亡通知协同数据包括数据发送方、数据接收方、社区矫正对象协同、终止社区矫正和文书 5 类信息，每类信息包括多个数据项，表 100 规定了发送死亡通知协同数据。

表 100　发送死亡通知协同数据

序号	数据项名称	数据类型和格式	约束/条件	说明
1	数据发送方信息	复合型	M	—
101	社区矫正机构名称	C300	M	—
102	社区矫正机构所在地	C300	M	—
103	所在地行政区划名称	C300	M	—
104	所在地行政区划代码	C10	M	符合 GB/T 2260
2	数据接收方信息	复合型	M	—
201	社区矫正决定机关名称	C300	M	—
202	社区矫正决定机关所在地	C300	M	—
203	所在地行政区划名称	C300	M	—
204	所在地行政区划代码	C10	M	符合 GB/T 2260
205	社区矫正决定机关代码类型	C8	M	符合 11.2.97
3	社区矫正对象协同信息	复合型	M	符合 9.2.1
4	终止社区矫正信息	复合型	M	—
401	死亡日期	D	M	自填
402	死亡类型	C2	M	符合 11.2.7
403	具体死因	C500	M	自填
405	备注	C500	M	—
5	文书信息	复合型	M	—
501	终止社区矫正通知书	版式文档	M	符合 GB/T 33190

9.2.40　抄送死亡通知协同数据

抄送死亡通知协同数据包括数据发送方、数据接收方、社区矫正对象协同、终止社区矫正和文书 5 类信息，每类信息包括多个数据项，表 101 规定了抄送死亡通知协同数据。

表 101　抄送死亡通知协同数据

序号	数据项名称	数据类型和格式	约束/条件	说明
1	数据发送方信息	复合型	M	—
101	社区矫正机构名称	C300	M	—
102	社区矫正机构所在地	C300	M	—
103	所在地行政区划名称	C300	M	—
104	所在地行政区划代码	C10	M	符合 GB/T 2260
2	数据接收方信息	复合型	M	—
201	人民检察院名称	C300	M	—
202	公安机关名称	C300	M	—
203	所在地行政区划名称	C300	M	—
204	所在地行政区划代码	C10	M	符合 GB/T 2260
3	社区矫正对象协同信息	复合型	M	符合 9.2.1
4	终止社区矫正信息	复合型	M	—
401	死亡日期	D	M	自填
402	死亡类型	C2	M	符合 11.2.7
403	具体死因	C500	M	自填
405	备注	C500	M	—
5	文书信息	复合型	M	—
501	社终止社区矫正通知书	版式文档	M	符合 GB/T 33190

10　数据交换

10.1　数据交换内容

数据交换内容应主要包括社区矫正业务信息。

10.2 数据交换策略

社区矫正对象业务管理数据资源应由各省(区、市)社区矫正基础业务系统采用主动推送的方式至司法部社区矫正一体化平台中。社区矫正对象执行地变更跨省(区、市)时,两个省(区、市)社区矫正基础业务系统应通过司法部社区矫正一体化平台进行数据的交换,避免重复录入。

10.3 数据交换接口

10.3.1 社区矫正业务管理数据交换接口

10.3.1.1 获取下级行政区划

表102规定了获取下级行政区划信息数据交换接口。

表102 获取下级行政区划信息数据交换接口

<table>
<tr><td colspan="6">请求格式</td></tr>
<tr><td colspan="6"><REQUEST>
    <USER></USER>
    <PASSWORD></PASSWORD>
    <CONDITION>
        <AREACODE>行政区划代码</AREACODE>
        <LEVEL>行政区划级别</LEVEL>
    </CONDITION>
</REQUEST></td></tr>
<tr><td colspan="6">请求参数说明</td></tr>
<tr><td>序号</td><td>参数</td><td>参数类型</td><td>参数名称</td><td>是否必备</td><td>备注</td></tr>
<tr><td>1</td><td>AREACODE</td><td>C20</td><td>行政区划代码</td><td>是</td><td>当获取省份列表时请赋值为0</td></tr>
<tr><td>2</td><td>LEVEL</td><td>TN</td><td>行政区划级别</td><td>是</td><td>1:获取省份列表;
2:获取地市列表;
3:获取区县列表;
4:获取乡镇街道列表</td></tr>
</table>

续表

返回结果格式

```
<RESULT>
        <STATE>返回状态</STATE>
        <DESC>描述信息</DESC>
        <LIST>
                <DATA>
                        <AREAID>1</AREAID>
                        <AREANAME>北京市</AREANAME>
                        <AREACODE>110000</AREACODE>
                        <ZXS>1</ZXS>
                        <ZGX>0</ZGX>
                </DATA>
                ……
        </LIST>
</RESULT>
```

序号	参数	参数类型	参数名称	备注
1	STATE	TN	返回状态	—
2	DESC	C50	描述信息	—
3	AREAID	C20	地区 ID	当省份为直辖市时,地区 ID 使用省份 ID(地市 ID 和省份 ID 一致); 当地市为省直管县时,区县 ID 使用地市 ID(即区县 ID 和地市 ID 一致)
4	AREANAME	C50	地区名称	—
5	AREACODE	C50	区划编码	—
6	ZXS	TN	直辖市	0:非直辖市,1:直辖市
7	ZGX	TN	省直管县	0:非省直管县,1:省直管县

10.3.1.2　添加下级行政区划

表 103 规定了添加下级行政区划信息数据交换接口。

表 103　添加下级行政区划信息数据交换接口

请求格式

```
<REQUEST>
    <USER></USER>
    <PASSWORD></PASSWORD>
    <CONDITION>
        <AREACODE>行政区划编码</AREACODE>
        <PARENTID>上级行政区划 ID</PARENTID>
        <AREANAME>地区名称</AREANAME>
        <LEVEL>级别</LEVEL>
        <ZXS>是否直辖市</ZXS>
        <ZGX>是否直管县</ZGX>
    </CONDITION>
</REQUEST>
```

请求参数说明

序号	参数	参数类型	参数名称	是否必备	备注
1	AREACODE	C20	行政区划编码	否	—
2	PARENTID	C20	上级行政区划 AREAID	是	—
3	AREANAME	C50	地区名称	是	—
4	LEVEL	TN	级别	是	1:省厅级 2:地市级 3:区县级 4:乡镇级
5	ZXS	TN	是否直辖市	是	0:否,1:是
6	ZGX	TN	是否直管县	是	0:否,1:是

续表

返回结果格式

```
<RESULT>
        <STATE>返回状态</STATE>
        <DESC>描述信息</DESC>
        <LIST>
                <DATA>
                        <AREAID>新插入区划数据的 AREAID</AREAID>
                </DATA>
        </LIST>
</RESULT>
```

返回结果说明

序号	参数	参数类型	参数名称	备注
1	STATE	TN	返回状态	—
2	DESC	C50	描述信息	—
3	AREAID	C20	新插入区划数据的 AREAID	—

10.3.1.3 编辑下级行政区划

表 104 规定了编辑下级行政区划信息数据交换接口。

表 104 编辑下级行政区划信息数据交换接口

请求格式

```
<REQUEST>
        <USER> </USER>
        <PASSWORD> </PASSWORD>
        <CONDITION>
                <AREAID>行政区划 ID</AREAID>
                <PARENTID>父节点 ID</PARENTID>
                <AREACODE>行政区划编码</AREACODE>
                <AREANAME>地区名称</AREANAME>
                <LEVEL>级别</LEVEL>
                <ZXS>是否直辖市</ZXS>
                <ZGX>是否直管县</ZGX>
        </CONDITION>
</REQUEST>
```

续表

请求参数说明					
序号	参数	参数类型	参数名称	是否必备	备注
1	AREAID	C20	行政区划 ID	是	—
2	PARENTID	C20	父节点 AREAID	是	—
3	AREACODE	C20	行政区划编码	是	—
4	AREANAME	C50	地区名称	是	
5	LEVEL	TN	级别	是	1:省厅级 2:地市级 3:区县级 4:乡镇级
6	ZXS	TN	是否直辖市	是	0:否,1:是
7	ZGX	TN	是否直管县	是	0:否,1:是
返回结果格式					
<RESULT> <STATE>返回状态</STATE> <DESC>描述信息</DESC> </RESULT>					

返回结果说明				
序号	参数	参数类型	参数名称	备注
1	STATE	TN	返回状态	—
2	DESC	C50	描述信息	—

10.3.1.4 获取罪名列表

表 105 规定了获取罪名列表信息数据交换接口。

表 105　获取罪名列表信息数据交换接口

请求格式

```
<REQUEST>
	<USER></USER>
	<PASSWORD></PASSWORD>
	<CONDITION>
		<FZLX>犯罪类型</FZLX>
	</CONDITION>
</REQUEST>
```

请求参数说明

序号	参数	参数类型	参数名称	是否必备	备注
1	FZLX	C20	犯罪类型	是	符合 11.2.11

返回结果格式

```
<RESULT>
	<STATE>返回状态</STATE>
	<DESC>描述信息</DESC>
	<LIST>
		<DATA>
			<BH>编号</BM>
			<MC>名称</MC>
			<LX>犯罪类型</LX>
		</DATA>
		……
	</LIST>
</RESULT>
```

返回结果说明

序号	参数	参数类型	参数名称	备注
1	STATE	TN	返回状态	—
2	DESC	C50	描述信息	—
3	DATA	C50	罪名信息	—

续表

序号	参数	参数类型	参数名称	备注
4	BH	C20	罪名编号	—
5	MC	C50	罪名名称	—
6	LX	C20	犯罪类型编码	符合 11.2.11

10.3.1.5 司法行政机关(单位)基本信息

表 106 规定了司法行政机关(单位)基本信息数据交换接口。

表 106 司法行政机关(单位)基本信息数据交换接口

请求格式
<REQUEST> <USER> </USER> <PASSWORD> </PASSWORD> <CONDITION> <JGBM>机构编码</JGBM> <JGMC>机构名称</JGMC> <JGJC>机构简称</JGJC> <YWMC>英文名称</YWMC> <JGDM>机构代码</JGDM> <FZR>负责人</FZR> <JGLB>机构类别</JGLB> <JGXZJB>机构行政级别</JGXZJB> <JGLSCJ>机构隶属层级</JGLSCJ> <SJSFXZZGJG>上级司法行政主管机关</SJSFXZZGJG> <LXDH>联系电话</LXDH> <CZHM>传真号码</CZHM> <DZYX>电子邮箱</DZYX> <XZQHDM>行政区划代码</XZQHDM> <DZ>地址</DZ> <X>经度</X> <Y>纬度</Y> </CONDITION> </REQUEST>

续表

请求参数说明					
序号	参数	参数类型	参数名称	是否必备	备注
1	JGBM	C18	机构编码	是	—
2	JGMC	C60	机构名称	是	—
3	JGJC	C60	机构简称	否	—
4	YWMC	C60	英文名称	否	—
5	JGDM	C20	机构代码	是	—
6	FZR	C20	负责人	是	—
7	JGLB	C4	机构类别	是	—
8	JGXZJB	C2	机构行政级别	是	—
9	JGLSCJ	C2	机构隶属层级	是	—
10	SJSFXZZGJG	C18	上级司法行政主管机关	是	—
11	LXDH	C40	联系电话	是	—
12	CZHM	C40	传真号码	是	—
13	DZYX	C60	电子邮箱	是	—
14	XZQHDM	C6	行政区划编码	是	—
15	DZ	C200	地址	是	—
16	X	F	经度	否	—
17	Y	F	纬度	否	—
返回结果格式					
<RESULT> <STATE>返回状态</STATE> <DESC>描述信息</DESC> </RESULT>					

续表

返回结果说明				
序号	参数	参数类型	参数名称	备注
1	STATE	TN	返回状态	—
2	DESC	C50	描述信息	—

10.3.1.6 司法行政机关(单位)工作人员信息

表107规定了司法行政机关(单位)工作人员信息数据交换接口。

表107 司法行政机关(单位)工作人员信息数据交换接口

请求格式

```
<REQUEST>
    <USER> </USER>
    <PASSWORD> </PASSWORD>
    <CONDITION>
        <RYBM>人员编码</RYBM>
        <XM>姓名</XM>
        <YWM>英文名</YWM>
        <XB>性别</XB>
        <CSRQ>出生日期</CSRQ>
        <SFZH>身份证号</SFZH>
        <MZ>民族</MZ>
        <ZZMM>政治面貌</ZZMM>
        <HYZK>婚姻状况</HYZK>
        <ZP>照片</ZP>
        <BYYX>毕业院校</BYYX>
        <XL>学历</XL>
        <ZGXW>最高学位</ZGXW>
        <ZY>专业</ZY>
        <SSJG>所属机构</SSJG>
        <ZWZJ>职务职级</ZWZJ>
        <RYBZ>人员编制</RYBZ>
        <SFPZJC>是否派驻警察</SFPZJC>
```

续表

```
        <PZJCQK>派驻警察情况</PZJCQK>
        <CJGZSJ>参加工作时间</CJGZSJ>
        <SJHM>手机号码</SJHM>
        <LXDH>联系电话</LXDH>
        <DZYX>电子邮箱</DZYX>
        <ZZ>住址</ZZ>
        <SFZZ>是否在职</SFZZ>
    </CONDITION>
</REQUEST>
```

请求参数说明

序号	参数	参数类型	参数名称	是否必备	备注
1	RYBM	C20	人员编码	是	—
2	XM	C50	姓名	是	—
3	YWM	C50	英文名	否	—
4	XB	C2	性别	是	—
5	CSRQ	D	出生日期	是	—
6	SFZH	C18	身份证号	是	—
7	MZ	C2	民族	是	—
8	ZZMM	C2	政治面貌	是	—
9	HYZK	C2	婚姻状况	是	—
10	ZP	BB	照片	否	照片为二寸证件照片,33mm×48mm,比例为1:1.45,格式为.jpg,base64编码
11	BYYX	C60	毕业院校	是	—
12	XL	C2	学历	是	学历为“大专”和“(包含大专)的专业”为必填项

续表

序号	参数	参数类型	参数名称	是否必备	备注
13	ZGXW	C3	最高学位	是	如没有学位的，最高学位可选择“无”
14	ZY	C7	专业	是	—
15	SSJG	C18	所属机构	是	—
16	ZWZJ	C60	职务职级	是	—
17	RYBZ	C2	人员编制	是	—
18	SFPZJC	TN	是否派驻警察	否	—
19	PZJCQK	C50	派驻警察情况	否	—
20	CJGZSJ	D	参加工作时间	是	—
21	SJHM	C20	手机号码	是	—
22	LXDH	C40	联系电话	否	—
23	DZYX	C100	电子邮箱	是	—

返回结果格式

<RESULT>
<STATE>返回状态</STATE>
<DESC>描述信息</DESC>
</RESULT>

返回结果说明

序号	参数	参数类型	参数名称	备注
1	STATE	TN	返回状态	—
2	DESC	C50	描述信息	—

10.3.1.7　社会工作者信息

表 108 规定了社会工作者信息数据交换接口。

表 108　社会工作者信息数据交换接口

请求格式

```
<REQUEST>
    <USER></USER>
    <PASSWORD></PASSWORD>
    <CONDITION>
        <ID>ID</ID>
        <XM>姓名</XM>
        <XB>性别</XB>
        <CSRQ>出生日期</CSRQ>
        <SFZH>身份证号</SFZH>
        <XL>学历</XL>
        <ZGXW>最高学位</ZGXW>
        <ZZMM>政治面貌</ZZMM>
        <ZHY>专业</ZHY>
        <ZC>职称</ZC>
        <XCSPD>薪酬水平段</XCSPD>
        <SSJG>所属机构</SSJG>
        <LXDH>联系电话</LXDH>
        <SJHM>手机</SJHM>
        <JTZZ>家庭住址</JTZZ>
        <HTQ>合同期</HTQ>
        <QDHTRQ>签订合同日期</QDHTRQ>
        <SFZZ>是否在职</SFZZ>
        <BZ>备注</BZ>
    </CONDITION>
</REQUEST>
```

请求参数说明

序号	参数	参数类型	参数名称	是否必备	备注
1	ID	C32	ID	是	—
2	XM	C20	姓名	是	—

续表

序号	参数	参数类型	参数名称	是否必备	备注
3	XB	C2	性别	是	—
4	CSRQ	D	出生日期	是	—
5	SFZH	C18	身份证号	是	—
6	XL	C2	学历	是	—
7	ZGXW	C3	最高学位	是	—
8	ZZMM	C2	政治面貌	是	—
9	ZY	C7	专业	是	—
10	ZC	C2	职称	否	—
11	XCSPD	C2	薪酬水平段	是	—
12	SSJG	C100	所属机构	是	—
13	LXDH	C20	联系电话	否	—
14	SJHM	C11	手机	是	—
15	JTZZ	C50	家庭住址	否	—
16	HTQ	C2	合同期	是	—
17	QDHTRQ	D	签订合同日期	是	—
18	SFZZ	TN	是否在职	是	—
19	BZ	C500	备注	否	—
返回结果格式					
<RESULT> <STATE>返回状态</STATE> <DESC>描述信息</DESC> </RESULT>					

续表

返回结果说明				
序号	参数	参数类型	参数名称	备注
1	STATE	TN	返回状态	—
2	DESC	C50	描述信息	—

10.3.1.8　社会志愿者信息

表 109 规定了社会志愿者信息数据交换接口。

表 109　社会志愿者信息数据交换接口

请求格式

```
<REQUEST>
        <USER></USER>
        <PASSWORD></PASSWORD>
        <CONDITION>
                <ID>ID</ID>
                <SFJZCY>是否是矫正小组成员</SFJZCY>
                <XZCYLX>小组成员类型</XZCYLX>
                <XZCYLB>小组成员类别</XZCYLB>
                <XM>姓名</XM>
                <XB>性别</XB>
                <CSRQ>出生日期</CSRQ>
                <SFZH>身份证号</SFZH>
                <XL>学历</XL>
                <ZGXW>最高学位</ZGXW>
                <ZZMM>政治面貌</ZZMM>
                <ZY>专业</ZY>
                <ZHIY>职业</ZHIY>
                <ZC>职称</ZC>
                <GZDW>工作单位</GZDW>
                <SSJG>所属司法行政机构编码</SSJG>
                <LXDH>联系电话</LXDH>
                <SJHM>手机</SJHM>
```

续表

<JTZZ>家庭住址</JTZZ>
<BZ>备注</BZ>
<KSSJ>志愿工作开始时间</KSSJ>
<SFZZ>是否在职</SFZZ>
<JSSJ>志愿工作结束时间</JSSJ>
</CONDITION>
</REQUEST>

请求参数说明

序号	参数	参数类型	参数名称	是否必备	备注
1	ID	C32	ID	是	—
2	SFJZCY	TN	是否是矫正小组成员	是	—
3	XZCYLX	C20	小组成员类型	是	—
4	XZCYLB	C20	小组成员类别	是	—
5	XM	C20	姓名	是	—
6	XB	C2	性别	是	—
7	CSRQ	D	出生日期	是	—
8	SFZH	C18	身份证号	是	—
9	XL	C2	学历	是	—
10	ZGXW	C3	最高学位	是	—
11	ZZMM	C2	政治面貌	是	—
12	ZY	C7	专业	是	—
13	ZHIY	C20	职业	是	—
14	ZC	C2	职称	否	—
15	GZDW	C100	工作单位	是	—
16	SSJG	C18	所属司法行政机构编码	是	—
17	LXDH	C20	联系电话	否	—

续表

序号	参数	参数类型	参数名称	是否必备	备注
18	SJHM	C11	手机号码	是	—
19	JTZZ	C50	家庭住址	否	—
20	BZ	C500	备注	否	—
21	KSSJ	D	志愿工作开始时间	是	—
22	SFZZ	TN	是否在职	是	—
23	JSSJ	D	志愿工作结束时间	是	—

返回结果格式

<RESULT>
<STATE>返回状态</STATE>
<DESC>描述信息</DESC>
</RESULT>

返回结果说明

序号	参数	参数类型	参数名称	备注
1	STATE	TN	返回状态	—
2	DESC	C50	描述信息	—

10.3.1.9 调查评估信息

表110规定了调查评估信息数据交换接口。

表110 调查评估信息数据交换接口

请求格式

<REQUEST>
<USER> </USER>
<PASSWORD> </PASSWORD>
<CONDITION>
<WTBH>委托编号</WTBH>
<WTDW>委托单位</WTDW>

续表


```
        <WTDCS>调查评估委托函</WTDCS>
        <BDCPGRYDLX>被调查评估对象的类型</BDCPGRYDLX>
        <BGRXM>被调查评估对象姓名</BGRXM>
        <BGRSFZH>被调查评估对象身份证号</BGRSFZH>
        <BGRXB>被调查评估对象性别</BGRXB>
        <BGRCSRQ>被调查评估对象出生日期</BGRCSRQ>
        <BGRJZDDZ>被调查评估对象居住地地址</BGRJZDDZ>
        <BGRGZDW>被调查评估对象工作单位</BGRGZDW>
        <ZM>罪名</ZM>
        <YPXQ>原判刑期</YPXQ>
        <YPXQKSRQ>原判刑期开始日期</YPXQKSRQ>
        <YPXQJSRQ>原判刑期结束日期</YPXQJSRQ>
        <YPXF>原判刑罚</YPXF>
        <FJX>附加刑</FJX>
        <PJJG>判决机关</PJJG>
        <PJRQ>判决日期</PJRQ>
        <NSYJZLB>拟适用矫正类别</NSYJZLB>
        <DCDWXQJ>接受委托的县级社区矫正机构</DCDWXQJ>
        <DCPGYJ>调查评估意见</DCPGYJ>
        <DCYJSHR>调查意见审核人</DCYJSHR>
        <DCPGYJS>调查评估意见书</DCPGYJS>
            <DCPGZFXXS>
                <DCPGZFXX>
                <YBGRGX>与被调查评估对象关系</YBGRGX>
                <BDCRXM>被调查人姓名</BDCRXM>
                <DCSX>调查事项</DCSX>
                <DCSJ>调查时间</DCSJ>
                <DCDD>调查地点</DCDD>
                <DCDWX>调查单位</DCDWX>
                <DCR>调查人</DCR>
            </DCPGZFXX>
            ……
        </DCPGZFXXS>
    </CONDITION>
</REQUEST>
```

续表

请求参数说明					
序号	参数	参数类型	参数名称	是否必备	备注
1	WTBH	C20	委托编号	是	—
2	WTDW	C50	委托单位	是	—
3	WTDCS	CB	调查评估委托函	是	—
4	BDCPGRYDLX	C2	被调查评估对象的类型	是	—
5	BGRXM	C20	被调查评估对象姓名	是	—
6	BGRSFZH	C18	被调查评估对象身份证号	否	—
7	BGRXB	C2	被调查评估对象性别	是	—
8	BGRCSRQ	D	被调查评估对象出生日期	是	—
9	BGRJZDDZ	C50	被调查评估对象居住地地址	是	—
10	BGRGZDW	C50	被调查评估对象工作单位	否	—
11	ZM	C50	罪名	否	—
12	YPXQ	C10	原判刑期	否	—
13	YPXQKSRQ	D	原判刑期开始日期	否	—
14	YPXQJSRQ	D	原判刑期结束日期	否	—
15	YPXF	C2	原判刑罚	否	—
16	FJX	C20	附加刑	否	—
17	PJJG	C50	判决机关	否	—
18	PJRQ	D	判决日期	否	—
19	NSYJZLB	C2	拟适用矫正类别	是	—
20	DCDWXQJ	C18	接受委托的县级社区矫正机构	是	—

续表

序号	参数	参数类型	参数名称	是否必备	备注
21	DCPGYJ	C500	调查评估意见	是	—
22	DCYJSHR	C20	调查评估意见审核人	是	—
23	DCPGYJS	CB	调查评估意见书	是	—
24	BDCRXM	C20	被调查人姓名	是	—
25	YBGRGX	C2	与被调查评估对象关系	是	—
26	DCSX	C500	调查事项	否	—
27	DCSJ	DT	调查时间	是	—
28	DCDD	C50	调查地点	是	—
29	DCDWSFS	C18	调查单位	否	—
30	DCR	C50	调查人	是	—

返回结果格式

<RESULT>
<STATE>返回状态</STATE>
<DESC>描述信息</DESC>
</RESULT>

返回结果说明

序号	参数	参数类型	参数名称	备注
1	STATE	TN	返回状态	—
2	DESC	C50	描述信息	—

10.3.1.10　社区矫正对象基本信息、法律文书和刑罚执行信息

表111规定了社区矫正对象基本信息、法律文书和刑罚执行信息数据交换接口。

表 111　社区矫正对象基本信息数据交换接口

请求格式


```
< REQUEST >
    < USER > </USER >
    < PASSWORD > </PASSWORD >
    < CONDITION >
        < SQJZDXBH >社区矫正对象编号 </SQJZDXBH >
        < JZJGBM >执行地社区矫正机构编码 </JZJGBM >
        < SWTSFSBM >受委托的司法所机构编码 </SWTSFSBM >
        < SFDCPG >是否调查评估 </SFDCPG >
        < DCPGYJ >调查评估意见 </DCPGYJ >
        < DCYJCXQK >调查意见采信情况 </DCYJCXQK >
        < JZLB >矫正类别 </JZLB >
        < SFCN >是否成年 </SFCN >
        < WCN >未成年 </WCN >
        < XM >姓名 </XM >
        < CYM >曾用名 </CYM >
        < XB >性别 </XB >
        < MZ >民族 </MZ >
        < GJ >国籍 </GJ >
        < SFZHM >身份证号码 </SFZHM >
        < CSRQ >出生日期 </CSRQ >
        < YWGATSFZJ >有无港澳台身份证 </YWGATSFZJ >
        < GATSFZLX >港澳台身份证类型 </GATSFZLX >
        < GATSFZHM >港澳台身份证号码 </GATSFZHM >
        < YWHZ >有无护照 </YWHZ >
        < HZHM >护照号码 </HZHM >
        < HZBCZT >护照保存状态 </HZBCZT >
        < YWGATXZ >有无港澳通行证 </YWGATTXZ >
        < GATXZHM >港澳通行证号码 </GATTXZHM >
        < GATXZBCZT >港澳通行证保存状态 </GATTXZBCZT >
        < YWTWTXZ >有无台湾通行证 </YWTWTXZ >
        < TWTXZHM >台湾通行证号码 </TWTXZHM >
        < TWTXZBCZT >台湾通行证保存状态 </TWTXZBCZT >
```

续表

<YWGAJMWLNDTXZ>有无港澳居民往来内地通行证</YWGAJMWLNDTXZ>
<GAJMWLNDTXZ>港澳居民往来内地通行证号码</GAJMWLNDTXZ>
<GAJMWLNDTXZBCZT>港澳居民往来内地通行证保存状态</GAJMWLNDTXZBCZT>
<YWTBZ>有无台胞证</YWTBZ>
<TBZHM>台胞证号码</TBZHM>
<TBZBCZT>台胞证保存状态</TBZBCZT>
<ZYJWZXRYSTZK>暂予监外执行人员身体状况</ZYJWZXRYSTZK>
<ZHJZYY>最后就诊医院</ZHJZYY>
<SFYJSB>有无有精神病</SFYJSB>
<JDJG>鉴定机构</JDJG>
<SFYCRB>有无传染病</SFYCRB>
<JTCRB>具体传染病</JTCRB>
<WHCD>文化程度</WHCD>
<HYZK>婚姻状况</HYZK>
<BQZY>捕前职业</BQZY>
<JYJXQK>就业就学情况</JYJXQK>
<XZZMM>现政治面貌</XZZMM>
<YZZMM>原政治面貌</YZZMM>
<YGZDW>原工作单位</YGZDW>
<XGZDW>现工作单位</XGZDW>
<DWLXDH>单位联系电话</DWLXDH>
<GRLXDH>个人联系电话</GRLXDH>
<YWJTCYJZYSHGX>有无家庭成员及主要社会关系</YWJTCYJZYSHGX>
<ZP>照片</ZP>
<HJDSFYJZDXT>户籍地是否与居住地相同</HJDSFYJZDXT>
<GDJZDSZS>经常居住地所在省(区、市)</GDJZDSZS>
<GDJZDSZD>经常居住地所在地(市、州)</GDJZDSZD>
<GDJZDSZXQ>经常居住地所在县(市、区)</GDJZDSZXQ>

续表

<GDJZDXZ>经常居住地(乡镇、街道)</GDJZDXZ>
<GDJZDMX>经常居住地明细</GDJZDMX>
<GUOJIA>国家</GUOJIA>
<HJSZS>户籍所在省(区、市)</HJSZS>
<HJSZDS>户籍所在地(市、州)</HJSZDS>
<HJSZXQ>户籍所在县(市、区)</HJSZXQ>
<HJSZDXZ>户籍所在地(乡镇、街道)</HJSZDXZ>
<HJSZDMX>户籍所在地明细</HJSZDMX>
<SFSWRY>是否三无人员</SFSWRY>
<SQJZJDJG>社区矫正决定机关</SQJZJDJG>
<SQJZJDJGMC>社区矫正决定机关名称</SQJZJDJGMC>
<ZXTZSWH>执行通知书文号</ZXTZSWH>
<ZXTZSRQ>执行通知书日期</ZXTZSRQ>
<JFZXRQ>交付执行日期</JFZXRQ>
<YJZFJG>移交罪犯机关</YJZFJG>
<YJZFJGMC>移交罪犯机关名称</YJZFJGMC>
<SFYQK>是否有前科劣迹</SFYQK>
<SFLF>是否累犯</SFLF>
<QKLJLX>前科劣迹类型</QKLJLX>
<ZYFZSS>主要犯罪事实</ZYFZSS>
<SQJZQX>社区矫正期限</SQJZQX>
<SQJZKSRQ>社区矫正开始日期</SQJZKSRQ>
<SQJZJSRQ>社区矫正结束日期</SQJZJSRQ>
<FZLX>犯罪类型</FZLX>
<ZM>罪名</ZM>
<GZQX>管制期限</GZQX>
<HXKYQX>缓刑考验期限</HXKYQX>
<SFSZBF>是否数罪并罚</SFSZBF>
<YPXF>原判刑罚</YPXF>
<PJJG>判决结果</PJJG>
<YPXQ>原判刑期</YPXQ>
<YPXQKSRQ>原判刑期开始日期</YPXQKSRQ>
<YPXQJSRQ>原判刑期结束日期</YPXQJSRQ>
<YQTXQX>有期徒刑期限</YQTXQX>
<FJX>附加刑</FJX>

续表

```
            < SFWD > 是否“五独” </SFWD >
            < SFWS > 是否“五涉” </SFWS >
            < SFYSS > 是否有“四史” </SFYSS >
            < SFBXGJZL > 是否被宣告禁止令 </SFBXGJZL >
            < JZLNR > 禁止令内容 </JZLNR >
            < JZLKSRQ > 禁止令开始日期 </JZLKSRQ >
            < JZLJSRQ > 禁止令结束日期 </JZLJSRQ >
            < SQJZDXJSRQ > 社区矫正对象接收日期 </SQJZDXJSRQ >
            < SQJZDXJSFS > 社区矫正对象接收方式 </SQJZDXJSFS >
            < BDQK > 报到情况 </BDQK >
            < WASBDQKSM > 未按时报到情况说明 </WASBDQKSM >
            < SFJLJZXZ > 是否建立矫正小组 </SFJLJZXZ >
            < JZXZRYZCQK > 矫正小组人员组成情况 </JZXZRYZCQK >
            < SFXXHHC > 是否信息化核查 </SFXXHHC >
            < XXHHCFS > 信息化核查方式 </XXHHCFS >
            < DWHM > 信息化核查号码 </DWHM >
            < SFSYDZDWZZ > 是否采用电子定位装置 </SFSYDZDWZZ >
            < DZDWZZHM > 电子定位装置号码 </DZDWZZHM >
            < SFTG > 是否脱管 </SFTG >
            < JCQK > 奖惩情况 </JCQK >
            < BZ > 备注 </BZ >
        </CONDITION >
</REQUEST >
```

请求参数说明

序号	参数	参数类型	参数名称	是否必备	备注
1	SQJZDXBH	C20	社区矫正对象编号	是	—
2	JZJGBM	C18	执行地社区矫正机构编码	是	—
3	SWTSFSBM	C18	受委托的司法所机构编码	否	—

续表

序号	参数	参数类型	参数名称	是否必备	备注
4	SFDCPG	TN	是否调查评估	是	—
5	DCPGYJ	C50	调查评估意见	否	“是否调查评估”为“是”时,必填
6	DCYJCXQK	C2	调查评估意见采信情况	是	—
7	JZLB	C2	矫正类别	是	—
8	SFCN	TN	是否成年	是	—
9	WCN	C2	未成年	否	—
10	XM	C20	姓名	是	—
11	CYM	C20	曾用名	否	—
12	XB	C2	性别	是	—
13	MZ	C20	民族	是	—
14	GJ	C2	国籍	是	—
15	SFZHM	C18	身份证号码	否	有身份证号码时必填,无身份证号码时填“不详”
16	CSRQ	D	出生日期	是	—
17	YWGATSFZJ	TN	有无港澳台身份证件	是	—
18	GATSFZJLX	TN	港澳台身份证件类型	否	—
19	GATSFZJHM	C20	港澳台身份证件号码	否	—
20	YWHZ	TN	有无护照	是	—

续表

序号	参数	参数类型	参数名称	是否必备	备注
21	HZHM	C20	护照号码	否	“有无护照”为“有”时必填
22	HZBCZT	C2	护照保存状态	否	—
23	YWGATTXZ	TN	有无港澳通行证	是	—
24	GATTXZHM	C20	港澳通行证号码	否	有港澳通行证时必填
25	GATTX-ZBCZT	C2	港澳通行证保存状态	否	有港澳通行证时该项必填
26	YWTWTXZ	TN	有无台湾通行证	是	—
27	TWTXZHM	C20	台湾通行证号码	否	有台湾通行证时必填
28	TWTXZ-BCZT	C2	台湾通行证保存状态	否	有台湾通行证时必填
29	YWGAJM-WLNDTXZ	TN	有无港澳居民往来内地通行证	是	—
30	GAJMW-LNDTXZ	C20	港澳居民往来内地通行证号码	否	有港澳居民往来内地通行证时必填
33	GAJMWLN-DTXZBCZT	TN	港澳居民往来内地通行证保存状态	否	有港澳居民往来内地通行证时必填

续表

序号	参数	参数类型	参数名称	是否必备	备注
34	YWTBZ	TN	有无台胞证	是	—
35	TBZHM	C20	台胞证号码	否	有台胞证时该项必填
36	TBZBCZT	TN	台胞证保存状态	否	有台胞证时必填
37	ZYJWZX-RYSTZK	C20	暂予监外执行人员身体状况	否	矫正类型为暂予监外执行时必填
38	ZHJZYY	C50	最后就诊医院	否	矫正类型为暂予监外执行时候必填
39	SFYJSB	TN	有无精神病	是	—
40	JDJG	C50	鉴定机构	否	有精神病时必填
41	SFYCRB	TN	有无传染病	是	—
42	JTCRB	C100	具体传染病	否	有传染病时必填
43	WHCD	C20	文化程度	是	—
44	HYZK	C20	婚姻状况	是	—
45	BQZY	C50	捕前职业	是	—
46	JYJXQK	C20	就业就学情况	是	—
47	XZZMM	C20	现政治面貌	是	—
48	YZZMM	C20	原政治面貌	是	—
49	YGZDW	C100	原工作单位	否	—
50	XGZDW	C100	现工作单位	否	—
51	DWLXDH	C40	单位联系电话	否	—

续表

序号	参数	参数类型	参数名称	是否必备	备注
52	GRLXDH	C18	个人联系电话	是	—
53	YWJTCYJ-ZYSHGX	TN	有无家庭成员及主要社会关系	是	—
54	ZP	BB	照片	是	照片为正面免冠二寸彩色证件照，分辨率为 295 × 413，≤100KB，格式为. jpg
55	HJDSFY-JZDXT	TN	户籍地是否与居住地相同	是	—
56	GDJZDSZS	C20	经常居住地所在省(区、市)	是	—
57	GDJZDSZDS	C20	经常居住地所在地(市、州)	是	—
58	GDJZDSZXQ	C20	经常居住地所在县(市、区)	是	—
59	GDJZD	C20	经常居住地(乡镇、街道)	是	—
60	GDJZDMX	C100	经常居住地明细	是	—
61	GUOJIA	C20	国家	是	—
62	HJSZS	C20	户籍所在省(区、市)	否	行政区划接口中的 AREAID，国籍为外国籍、无国籍时此项为非填

续表

序号	参数	参数类型	参数名称	是否必备	备注
63	HJSZDS	C20	户籍所在地（市、州）	否	行政区划接口中的 AREAID，国籍为外国籍、无国籍时此项为非填
64	HJSZXQ	C20	户籍所在县（市、区）	否	行政区划接口中的 AREAID，国籍为外国籍、无国籍时此项为非填
65	HJSZD	C20	户籍所在地（乡镇、街道）	否	行政区划接口中的 AREAID，国籍为外国籍、无国籍时此项为非填
66	HJSZDMX	C100	户籍所在地明细	否	国籍为外国籍、无国籍时此项为非填
67	SFSWRY	TN	是否三无人员	是	—
68	SQJZJDJG	C2	社区矫正决定机关	是	—
69	SQJZJDJGMC	C50	社区矫正决定机关名称	是	—
70	ZXTZSWH	C100	执行通知书文号	是	—
71	ZXTZSRQ	D	执行通知书日期	是	—

续表

序号	参数	参数类型	参数名称	是否必备	备注
72	JFZXRQ	D	交付执行日期	是	—
73	YJZFJG	C20	移交罪犯机关	否	矫正类别为“暂予监外执行”时必填
74	YJZFJGMC	C50	移交罪犯机关名称	否	移交罪犯机关不为空时必填
75	SFYQK	TN	是否有前科劣迹	是	—
76	SFLF	TN	是否累犯	是	—
77	QKLJLX	C20	前科劣迹类型	否	有前科劣迹为“有”时必填
78	ZYFZSS	C1000	主要犯罪事实	是	—
79	SQJZQX	C20	社区矫正期限	是	—
80	SQJZKSRQ	D	社区矫正开始日期	是	—
81	SQJZJSRQ	D	社区矫正结束日期	否	暂予监外执行社矫对象可为空
82	FZLX	C20	犯罪类型	是	多个犯罪类型用英文“,”分割
83	ZM	C50	罪名	是	数罪并罚用英文“,”分割
84	GZQX	C2	管制期限	否	矫正类别为“管制”时必填

续表

序号	参数	参数类型	参数名称	是否必备	备注
85	HXKYQX	C2	缓刑考验期限	否	矫正类别为“缓刑”时必填
86	SFSZBF	TN	是否数罪并罚	是	—
87	YPXF	C2	原判刑罚	否	矫正类别为“假释”和“暂予监外执行”时必填
88	PJJG	C200	判决结果	否	—
89	YPXQ	C200	原判刑期	否	当原判刑罚不为空时必填
90	YPXQKSRQ	D	原判刑期开始日期	否	当原判刑期不为空时必填
91	YPXQJSRQ	D	原判刑期结束日期	否	当原判刑期不为空时必填
92	YQTXQX	C2	有期徒刑期限	否	—
93	FJX	C20	附加刑	是	英文“,”分隔
94	SFWD	C20	是否“五独”	是	—
95	SFWS	C20	是否“五涉”	是	—
96	SFYSS	C20	是否有“四史”	是	多个选项时,采用英文“,”分隔
97	SFBXGJZL	TN	是否被宣告禁止令	是	—
98	JZLNR	C500	禁止令内容	否	“是否被宣告禁止令”选为“是”时必填

续表

序号	参数	参数类型	参数名称	是否必备	备注
99	JZLKSRQ	D	禁止令开始日期	否	“是否被宣告禁止令”为“是”时必填
100	JZLJSRQ	D	禁止令结束日期	否	“是否被宣告禁止令”为“是”时必填
101	SQJZDXJSRQ	D	社区矫正对象接收日期	是	—
102	SQJZDXJSFS	C2	社区矫正对象接收方式	是	—
103	BDQK	C2	报到情况	是	—
104	WASBD-QKSM	C200	未按时报到情况说明	否	当“报到情况”为“超出规定时限报到”时必填
105	SFJLJZXZ	TN	是否建立矫正小组	是	—
106	JZXZR-YZCQK	C50	矫正小组人员组成情况	否	可多选,英文“,”分隔
107	SFXXHHC	TN	是否信息化核查	是	—
108	XXHHCFS	C2	信息化核查方式	否	“是否信息化核查”为“是”时,可多选,英文“,”分隔

续表

序号	参数	参数类型	参数名称	是否必备	备注
109	DWHM	C20	信息化核查号码	否	“信息化核查方式”为“基站定位”必填
110	SFSYDZ-DWZZ	TN	是否使用电子定位装置	是	和使用电子定位装置审批流程相关联
111	DZDWZZHM	C50	电子定位装置号码	否	“是否使用电子定位装置”为“是”时必填
112	SFTG	TN	是否脱管	是	—
113	JCQK	C500	奖惩情况	否	—
114	BZ	C500	备注	否	—

返回结果格式

<RESULT>
    <STATE>返回状态</STATE>
    <DESC>描述信息</DESC>
</RESULT>

返回结果说明

序号	参数	参数类型	参数名称	备注
1	STATE	TN	返回状态	—
2	DESC	C50	描述信息	—

10.3.1.11　社区矫正对象个人简历

表112规定了社区矫正对象个人简历信息数据交换接口。

表 112　社区矫正对象个人简历信息数据交换接口

请求格式

```
<REQUEST>
    <USER> </USER>
    <PASSWORD> </PASSWORD>
    <CONDITION>
        <SQJZDXBH>社区矫正对象编号</SQJZDXBH>
        <QS>起时</QS>
        <ZR>止日</ZR>
        <SZDW>所在单位(所在地)</SZDW>
        <ZW>职务(职业)</ZW>
    </CONDITION>
    ……
</REQUEST>
```

请求参数说明

序号	参数	参数类型	参数名称	是否必备	备注
1	SQJZDXBH	C20	社区矫正对象编号	是	—
2	QS	D	起时	是	—
3	ZR	D	止日	是	—
4	SZDW	C50	所在单位(所在地)	是	—
5	ZW	C20	职务(职业)	是	—

返回结果格式

```
<RESULT>
    <STATE>返回状态</STATE>
    <DESC>描述信息</DESC>
</RESULT>
```

续表

返回结果说明				
序号	参数	参数类型	参数名称	备注
1	STATE	TN	返回状态	—
2	DESC	C50	描述信息	—

10.3.1.12　社区矫正对象虚拟身份信息

表 113 规定了社区矫正对象虚拟身份信息数据交换接口。

表 113　社区矫正对象虚拟身份信息数据交换接口

请求格式

```
<REQUEST>
        <USER> </USER>
        <PASSWORD> </PASSWORD>
        <CONDITION>
                <SQJZDXBH>社区矫正对象编号</SQJZDXBH>
                <LX>类型</LX>
                <HM>号码</HM>
                <BZ>备注</BZ>
        </CONDITION>
        ……
</REQUEST>
```

请求参数说明					
序号	参数	参数类型	参数名称	是否必备	备注
1	SQJZDXBH	C20	社区矫正对象编号	是	—
2	LX	C20	类型	是	—
3	HM	C20	号码	是	—
4	BZ	C50	备注	否	—

续表

返回结果格式				
<RESULT> <STATE>返回状态</STATE> <DESC>描述信息</DESC> </RESULT>				
返回结果说明				
序号	参数	参数类型	参数名称	备注
1	STATE	TN	返回状态	—
2	DESC	C50	描述信息	—

10.3.1.13 社区矫正对象家庭及社会关系

表114规定了社区矫正对象家庭及社会关系信息数据交换接口。

表114 社区矫正对象家庭及社会关系信息数据交换接口

请求格式
<REQUEST> <USER> </USER> <PASSWORD> </PASSWORD> <CONDITION> <SQJZDXBH>社区矫正对象编号</SQJZDXBH> <GX>关系</GX> <XM>姓名</XM> <SZDW>所在单位</SZDW> <JTZZ>家庭住址</JTZZ> <LXDH>联系电话</LXDH> </CONDITION> …… </REQUEST>

续表

请求参数说明					
序号	参数	参数类型	参数名称	是否必备	备注
1	SQJZDXBH	C20	社区矫正对象编号	是	—
2	GX	D	关系	是	—
3	XM	D	姓名	是	—
4	SZDW	C50	所在单位	否	—
5	JTZZ	C20	家庭住址	否	—
6	LXDH	C20	联系电话	否	—

返回结果格式
<RESULT> <STATE>返回状态</STATE> <DESC>描述信息</DESC> </RESULT>

返回结果说明				
序号	参数	参数类型	参数名称	备注
1	STATE	TN	返回状态	—
2	DESC	C50	描述信息	—

10.3.1.14 社区矫正对象禁止令

表 115 规定了社区矫正对象禁止令信息数据交换接口。

表 115　社区矫正对象禁止令信息数据交换接口

请求格式

```
<REQUEST>
    <USER></USER>
    <PASSWORD></PASSWORD>
    <CONDITION>
        <SQJZDXBH>社区矫正对象编号</SQJZDXBH>
        <JZLLX>禁止令类型</JZLLX>
        <JZLNR>禁止令内容</JZLNR>
        <JZQXKSRQ>禁止期限开始日期</JZQXKSRQ>
        <JZQXJSRQ>禁止期限结束日期</JZQXJSRQ>
        <TDQYZB>特定区域坐标</TDQYZB>
    </CONDITION>
    ……
</REQUEST>
```

请求参数说明

序号	参数	参数类型	参数名称	是否必备	备注
1	SQJZDXBH	C20	社区矫正对象编号	是	—
2	JZLLX	C2	禁止令类型	是	—
3	JZLNR	C500	禁止令内容	是	—
4	JZQXKSRQ	D	禁止期限开始日期	是	—
5	JZQXJSRQ	D	禁止期限结束日期	是	—
6	TDQYZB	C500	特定区域坐标	否	—

返回结果格式

```
<RESULT>
    <STATE>返回状态</STATE>
    <DESC>描述信息</DESC>
</RESULT>
```

续表

返回结果说明				
序号	参数	参数类型	参数名称	备注
1	STATE	TN	返回状态	—
2	DESC	C50	描述信息	—

10.3.1.15　社区矫正对象押送信息

表 116 规定了社区矫正对象押送信息数据交换接口。

表 116　社区矫正对象押送信息数据交换接口

请求格式

```
< REQUEST >
        < USER > < /USER >
        < PASSWORD > < /PASSWORD >
        < CONDITION >
                < SQJZDXBH > 社区矫正对象编号 < /SQJZDXBH >
                < ZXYSJCXM > 执行押送警察姓名 < /ZXYSJCXM >
                < DWJZW > 单位及职务 < /DWJZW >
                < YSRQ > 押送日期 < /YSRQ >
                < YSJCJH > 押送警察警号 < /YSJCJH >
        < /CONDITION >
        ……
< /REQUEST >
```

请求参数说明					
序号	参数	参数类型	参数名称	是否必备	备注
1	SQJZDXBH	C20	社区矫正对象编号	是	—
2	ZXYSJCXM	C20	执行押送警察姓名	是	—
3	DWJZW	C100	单位及职务	是	—
4	YSRQ	D	押送日期	是	—
5	YSJCJH	C100	押送警察警号	否	—

续表

<table>
<tr><td colspan="5">返回结果格式</td></tr>
<tr><td colspan="5">< RESULT >
< STATE > 返回状态 < /STATE >
< DESC > 描述信息 < /DESC >
< /RESULT ></td></tr>
<tr><td colspan="5">返回结果说明</td></tr>
<tr><td>序号</td><td>参数</td><td>参数类型</td><td>参数名称</td><td>备注</td></tr>
<tr><td>1</td><td>STATE</td><td>TN</td><td>返回状态</td><td>—</td></tr>
<tr><td>2</td><td>DESC</td><td>C50</td><td>描述信息</td><td>—</td></tr>
</table>

10.3.1.16　出入境报备信息

表 117 规定了出入境报备信息数据交换接口。

表 117　出入境报备信息数据交换接口

<table>
<tr><td>请求格式</td></tr>
<tr><td>< REQUEST >
< USER > < /USER >
< PASSWORD > < /PASSWORD >
< CONDITION >
< SQJZDXBH > 社区矫正对象编号 < /SQJZDXBH >
< XM > 姓名 < /XM >
< XB > 性别 < /XB >
< SFZH > 身份证号 < /SFZH >
< CRJZJZL > 出入境证件种类 < /CRJZJZL >
< CRJZJHM > 出入境证件号码 < /CRJZJHM >
< BBSLDW > 报备受理单位 < /BBSLDW >
< BBDW > 报备单位 < /BBDW >
< BBRQ > 报备日期 < /BBRQ >
< BBKSRQ > 报备起日 < /BBKSRQ >
< BBJZRQ > 报备止日 < /BBJZRQ >
< /CONDITION >
……
< /REQUEST ></td></tr>
</table>

续表

请求参数说明

序号	参数	参数类型	参数名称	是否必备	备注
1	SQJZDXBH	C20	社区矫正对象编号	是	—
2	XM	C20	姓名	是	—
3	XB	C2	性别	是	—
4	SFZH	C18	身份证号	是	—
5	CRJZJZL	C2	出入境证件种类	否	—
6	CRJZJHM	C20	出入境证件号码	否	“出入境证件种类”非空时必填。多个证件号码以英文“,”分割
7	BBSLDW	C50	报备受理单位	是	—
8	BBDW	C18	报备单位	是	—
9	BBRQ	D	报备日期	是	—
10	BBKSRQ	D	报备起日	是	—
11	BBJZRQ	D	报备止日	是	—

返回结果格式

<RESULT>
<STATE>返回状态</STATE>
<DESC>描述信息</DESC>
</RESULT>

返回结果说明

序号	参数	参数类型	参数名称	备注
1	STATE	TN	返回状态	—
2	DESC	C50	描述信息	—

10.3.1.17　同案犯信息

表 118 规定了同案犯信息数据交换接口。

表 118　同案犯信息数据交换接口

请求格式

```
<REQUEST>
    <USER> </USER>
    <PASSWORD> </PASSWORD>
    <CONDITION>
        <SQJZDXBH>社区矫正对象编号</SQJZDXBH>
        <XM>姓名</XM>
        <XB>性别</XB>
        <CSRQ>出生日期</CSRQ>
        <ZM>罪名</ZM>
        <BPCXFJSZJS>被判处刑罚及所在监所</BPCXFJSZJS>
    </CONDITION>
    ……
</REQUEST>
```

请求参数说明

序号	参数	参数类型	参数名称	是否必备	备注
1	SQJZDXBH	C20	社区矫正对象编号	是	—
2	XM	C20	姓名	是	—
3	XB	C2	性别	是	—
4	CSRQ	D	出生日期	是	—
5	ZM	C2	罪名	是	—
6	BPCXFJSZJS	C200	被判处刑罚及所在监所	否	—

返回结果格式

```
<RESULT>
    <STATE>返回状态</STATE>
    <DESC>描述信息</DESC>
</RESULT>
```

续表

返回结果说明				
序号	参数	参数类型	参数名称	备注
1	STATE	TN	返回状态	—
2	DESC	C50	描述信息	—

10.3.1.18 脱管信息

表 119 规定了脱管信息数据交换接口。

表 119 脱管信息数据交换接口

请求格式

```
<REQUEST>
    <USER></USER>
    <PASSWORD></PASSWORD>
    <CONDITION>
        <SQJZDXBH>社区矫正对象编号</SQJZDXBH>
        <FXTGSJ>发现脱管时间</FXTGSJ>
        <ZZCZQK>组织查找情况</ZZCZQK>
        <CZJG>查找结果</CZJG>
        <TQSJJYRQ>提请收监建议日期</TQSJJYRQ>
    </CONDITION>
    ……
</REQUEST>
```

请求参数说明					
序号	参数	参数类型	参数名称	是否必备	备注
1	SQJZDXBH	C20	社区矫正对象编号	是	—
2	FXTGSJ	D	发现脱管时间	是	—
3	ZZCZQK	C1000	组织查找情况	是	—
4	CZJG	C1000	查找结果	是	—
5	TQSJJYRQ	D	提请收监建议日期	否	—

续表

返回结果格式				
<RESULT> <STATE>返回状态</STATE> <DESC>描述信息</DESC> </RESULT>				
返回结果说明				
序号	参数	参数类型	参数名称	备注
1	STATE	TN	返回状态	—
2	DESC	C50	描述信息	—

10.3.1.19　进入特定区域或者场所信息

表120规定了进入特定区域或者场所信息数据交换接口。

表120　进入特定区域或者场所信息数据交换接口

请求格式
<REQUEST> <USER></USER> <PASSWORD></PASSWORD> <CONDITION> <SQJZDXBH>社区矫正对象编号</SQJZDXBH> <SQJRCS>申请进入的场所</SQJRCS> <SQRQ>申请日期</SQRQ> <SQJRSJ>申请进入时间</SQJRSJ> <SQJSSJ>申请结束时间</SQJSSJ> <SQLY>申请理由</SQLY> <SFSSHR>受委托的司法所审核人</SFSSHR> <SFSSHSJ>受委托的司法所审核时间</SFSSHSJ> <SFSSHYJ>受委托的司法所审核意见</SFSSHYJ> <XJSQJZJGSPR>社区矫正机构审批人</XJSQJZJGSPR> <XJSQJZJGSPSJ>社区矫正机构审批时间</XJSQJZJGSPSJ>

续表

<XJSQJZJGSPYJ>社区矫正机构审批意见</XJSQJZJGSPYJ>
<XJSQJZJGSPJG>社区矫正机构审批结果</XJSQJZJGSPJG>
</CONDITION>
……
</REQUEST>

请求参数说明

序号	参数	参数类型	参数名称	是否必备	备注
1	SQJZDXBH	C20	社区矫正对象编号	是	—
2	SQJRCS	C100	申请进入的场所	是	—
3	SQRQ	D	申请日期	是	—
4	SQJRSJ	DT	申请进入时间	是	—
5	SQJSSJ	DT	申请结束时间	是	—
6	SQLY	C1000	申请理由	是	—
7	SFSSHR	C20	受委托的司法所审核人	是	—
8	SFSSHSJ	DT	受委托的司法所审核时间	是	—
9	SFSSHYJ	C500	受委托的司法所审核意见	是	—
10	XJSQJZJGSPR	C20	县级社区矫正机构审批人	是	—
11	XJSQJZJGSPSJ	DT	县级社区矫正机构审批时间	是	—
12	XJSQJZJGSPYJ	C500	县级社区矫正机构审批意见	是	—
13	XJSQJZJGSPJG	C20	县级社区矫正机构审批结果	是	—

续表

返回结果格式				
<RESULT> <STATE>返回状态</STATE> <DESC>描述信息</DESC> </RESULT>				
返回结果说明				
序号	参数	参数类型	参数名称	备注
1	STATE	TN	返回状态	—
2	DESC	C50	描述信息	—

10.3.1.20　会客信息

表 121 规定了会客信息数据交换接口。

表 121　会客信息数据交换接口

请求格式
<REQUEST> <USER> </USER> <PASSWORD> </PASSWORD> <CONDITION> <SQJZDXBH>社区矫正对象编号</SQJZDXBH> <HKSJ>会客时间</HKSJ> <HJRXM>会见人姓名</HJRXM> <HKDD>会客地点</HKDD> <HKYY>会客原因</HKYY> <SQSJ>申请时间</SQSJ> <SFSSHR>受委托的司法所审核人</SFSSHR> <SFSSHSJ>受委托的司法所审核时间</SFSSHSJ> <SFSSHYJ>受委托的司法所审核意见</SFSSHYJ> <XJSQJZJGSPR>县级社区矫正机构审批人</XJSQJZJGSPR> <XJSQJZJGSPSJ>县级社区矫正机构审批时间</XJSQJZJGSPSJ>

续表

```
        <XJSQJZJGSPYJ>县级社区矫正机构审批意见</XJSQJZJGSPYJ>
        <XJSQJZJGSPJG>县级社区矫正机构审批结果</XJSQJZJGSPJG>
    </CONDITION>
    ……
</REQUEST>
```

请求参数说明

号	参数	参数类型	参数名称	是否必备	备注
1	SQJZDXBH	C20	社区矫正对象编号	是	—
2	HKSJ	DT	会客时间	是	—
3	HJRXM	C20	会见人姓名	是	—
4	HKDD	C50	会客地点	是	—
5	HKYY	C500	会客原因	是	—
6	SQSJ	D	申请时间	是	—
7	SFSSHR	C20	受委托的司法所审核人	是	—
8	SFSSHSJ	DT	受委托的司法所审核时间	是	—
9	SFSSHYJ	C500	受委托的司法所审核意见	是	—
10	XJSQJZJGSPR	C20	县级社区矫正机构审批人	是	—
11	XJSQJZJGSPSJ	DT	县级社区矫正机构审批时间	是	—
12	XJSQJZJGSPYJ	C500	县级社区矫正机构审批意见	是	—
13	XJSQJZJGSPJG	C20	县级社区矫正机构审批结果	是	—

续表

返回结果格式				
<RESULT> <STATE>返回状态</STATE> <DESC>描述信息</DESC> </RESULT>				
返回结果说明				
序号	参数	参数类型	参数名称	备注
1	STATE	TN	返回状态	—
2	DESC	C50	描述信息	—

10.3.1.21 暂予监外执行社区矫正对象身体情况/病情复查情况调整审批

表122规定了暂予监外执行社区矫正对象身体情况/病情复查情况调整审批信息数据交换接口。

表122 暂予监外执行社区矫正对象身体情况/病情复查情况调整审批信息数据交换接口

请求格式
<REQUEST> <USER></USER> <PASSWORD></PASSWORD> <CONDITION> <SQJZDXBH>社区矫正对象编号</SQJZDXBH> <TZLB>调整类别</TZLB> <YQLY>延期理由</YQLY> <SQSJ>申请时间</SQSJ> <YQSC>延期时长</YQSC> <SFSSHR>受委托的司法所审核人</SFSSHR> <SFSSHSJ>受委托的司法所审核时间</SFSSHSJ> <XJSQJZJGSHR>县级社区矫正机构审核人</XJSQJZJGSHR>

续表

<XJSQJZJGSHSJ>县级社区矫正机构审核时间</XJSQJZJGSHSJ>
<XJSQJZJGSPR>县级社区矫正机构审批人</XJSQJZJGSPR>
<XJSQJZJGSPYJ>县级社区矫正机构审批意见</XJSQJZJGSPYJ>
<DSQJZJGSHR>地(市、州)社区矫正机构审批人</DSQJZJGSHR>
<DSQJZJGSHSJ>地(市、州)社区矫正机构审批时间</DSQJZJGSHSJ>
<DSQJZJGSHYJ>地(市、州)社区矫正机构审批意见</DSQJZJGSHYJ>
<SSQJZJGSHR>省(区、市)社区矫正机构审批人</SSQJZJGSHR>
<SSQJZJGSHSJ>省(区、市)社区矫正机构审批时间</SSQJZJGSHSJ>
<SSQJZJGSHYJ>省(区、市)社区矫正机构审批意见</SSQJZJGSHYJ>
<SFSSHJG>受委托的司法所审核结果</SFSSHJG>
<XJSQJZJGSPJG>县级社区矫正机构审批结果</XJSQJZJGSPJG>
<SSFJSPJG>地(市、州)社区矫正机构审批结果</SSFJSPJG>
<SSQJZJGSPJG>省(区、市)社区矫正机构审批结果</SSQJZJGSPJG>
</CONDITION>
……
</REQUEST>

请求参数说明

序号	参数	参数类型	参数名称	是否必备	备注
1	SQJZDXBH	C20	社区矫正对象编号	是	—
2	TZLB	C2	调整类别	是	符合11.2.103
3	YQLY	C200	延期理由	是	—
4	SQSJ	D	申请时间	是	—
5	YQSC	C20	延期时长	是	—
6	SFSSHR	C20	受委托的司法所审核人	是	—
7	SFSSHSJ	DT	受委托的司法所审核时间	是	—

续表

序号	参数	参数类型	参数名称	是否必备	备注
8	XJSQJZJGSHR	C20	县级社区矫正机构审核人	是	—
9	XJSQJZJGSHSJ	DT	县级社区矫正机构审核时间	是	—
10	XJSQJZJGSHYJ	C500	县级社区矫正机构审核意见	是	—
11	DSQJZJGSHR	C20	地(市、州)社区矫正机构审核人	是	—
12	DSQJZJGSHSJ	DT	地(市、州)社区矫正机构审核时间	是	—
13	DSQJZJGSHYJ	C500	地(市、州)社区矫正机构审核意见	是	—
14	SSQJZJGSHR	C20	省(区、市)社区矫正机构审核人	是	—
15	SSQJZJGSHSJ	DT	省(区、市)社区矫正机构审核时间	是	—
16	SSQJZJGSHYJ	C500	省(区、市)社区矫正机构审核意见	是	—
17	SFSSHJG	C20	受委托的司法所审核结果	是	—
18	XJSQJZJGSPJG	C20	县级社区矫正机构审批结果	是	—
19	DSQJZJGSPJG	C20	地(市、州)社区矫正机构审批结果	是	—

续表

序号	参数	参数类型	参数名称	是否必备	备注
20	SSQJZJGSPJG	C20	省(区、市)社区矫正机构审批结果	是	—

返回结果格式

```
<RESULT>
    <STATE>返回状态</STATE>
    <DESC>描述信息</DESC>
</RESULT>
```

返回结果说明

序号	参数	参数类型	参数名称	备注
1	STATE	TN	返回状态	—
2	DESC	C50	描述信息	—

10.3.1.22　外出申请信息

表 123 规定了外出申请信息数据交换接口。

表 123　外出申请信息数据交换接口

请求格式

```
<REQUEST>
    <USER></USER>
    <PASSWORD></PASSWORD>
    <CONDITION>
        <ID>ID</ID>
        <SQJZDXBH>社区矫正对象编号</SQJZDXBH>
        <SQSJ>申请时间</SQSJ>
        <WCMDDSZS>外出目的地所在省(区、市)</WCMDDSZS>
        <WCMDDSZD>外出目的地所在地(市、州)</WCMDDSZD>
        <WCMDDSZX>外出目的地所在县(市、区)</WCMDDSZX>
        <WCMDDXZ>外出目的地(乡镇、街道)</WCMDDXZ>
```

续表

<WCMDDMX>外出目的地明细</WCMDDMX>
<WCLY>外出理由</WCLY>
<WCTS>外出天数</WCTS>
<KSRQ>外出开始时间</KSRQ>
<JSRQ>外出结束时间</JSRQ>
<SFSSHR>受委托的司法所审核人</SFSSHR>
<SFSSHSJ>受委托的司法所审核时间</SFSSHSJ>
<SFSSHYJ>受委托的司法所审核意见</SFSSHYJ>
<SFSSHJG>受委托的司法所审核结果</SFSSHJG>
<XJSQJZJGSPR>县级社区矫正机构审批人</XJSQJZJGSPR>
<XJSQJZJGSPSJ>县级社区矫正机构审批时间</XJSQJZJGSPSJ>
<XJSQJZJGSPYJ>县级社区矫正机构审批意见</XJSQJZJGSPYJ>
<XJSQJZJGSPJG>县级社区矫正机构审批结果</XJSQJZJGSPJG>
<DSQJZJGSHR>地(市、州)社区矫正机构审批人</DSQJZJGSHR>
<DSQJZJGSHSJ>地(市、州)社区矫正机构审批时间</DSQJZJGSHSJ>
<DSQJZJGSHYJ>地(市、州)社区矫正机构审批意见</DSQJZJGSHYJ>
<DSQJZJGSPJG>地(市、州)社区矫正机构审批结果</DSQJZJGSPJG>
<SSQJZJGSHR>省(区、市)社区矫正机构审批人</SSQJZJGSHR>
<SSQJZJGSHSJ>省(区、市)社区矫正机构审批时间</SSQJZJGSHSJ>
<SSQJZJGSHYJ>省(区、市)社区矫正机构审批意见</SSQJZJGSHYJ>
<SSQJZJGSPJG>省(区、市)社区矫正机构审批结果</SSQJZJGSPJG>
<XJRQ>外出返回报告时间</XJRQ>
</CONDITION>
</REQUEST>

请求参数说明

序号	参数	参数类型	参数名称	是否必备	备注
1	ID	C32	ID	是	—
2	SQJZDXBH	C20	社区矫正对象编号	是	—
3	SQSJ	DT	申请时间	是	—
4	WCMDDSZS	C20	外出目的地所在省(区、市)	是	—

续表

序号	参数	参数类型	参数名称	是否必备	备注
5	WCMDDSZD	C20	外出目的地所在地（市、州）	是	—
6	WCMDDSZX	C20	外出目的地所在县（市、区）	是	—
7	WCMDDXZ	C20	外出目的地（乡镇、街道）	是	—
8	WCMDDMX	C50	外出目的地明细	是	—
9	WCLY	C500	外出理由	是	—
10	WCTS	N	外出天数	是	—
11	KSRQ	DT	外出开始时间	是	—
12	JSRQ	DT	外出结束时间	是	—
13	SFSSHR	C20	受委托的司法所审核人	是	—
14	SFSSHSJ	DT	受委托的司法所审核时间	是	—
15	SFSSHYJ	C500	受委托的司法所审核意见	是	—
16	SFSSHJG	C20	受委托的司法所审核结果	是	—
17	XJSQJZJGSPR	C20	县级社区矫正机构审批人	否	—
18	XJSQJZJGSPSJ	DT	县级社区矫正机构审批时间	否	—

续表

序号	参数	参数类型	参数名称	是否必备	备注
19	XJSQJZJGSPYJ	C500	县级社区矫正机构审批意见	否	—
20	XJSQJZJGSPJG	C20	县级社区矫正机构审批结果	否	—
21	DSQJZJGSHR	C20	地(市、州)社区矫正机构审批人	否	—
22	DSQJZJGSHSJ	DT	地(市、州)社区矫正机构审批时间	否	—
23	DSQJZJGSHYJ	C500	地(市、州)社区矫正机构审批意见	否	—
24	DSQJZJGSPJG	C20	地(市、州)社区矫正机构审批结果	否	—
25	SSQJZJGSHR	C20	省(区、市)社区矫正机构审批人	否	—
26	SSQJZJGSHSJ	DT	省(区、市)社区矫正机构审批时间	否	—
27	SSQJZJGSHYJ	C500	省(区、市)社区矫正机构审批意见	否	—
28	SSQJZJGSPJG	C20	省(区、市)社区矫正机构审批结果	否	—
29	XJRQ	D	外出返回报告时间	否	—

续表

返回结果格式

<RESULT>
<STATE>返回状态</STATE>
<DESC>描述信息</DESC>
</RESULT>

返回结果说明

序号	参数	参数类型	参数名称	备注
1	STATE	TN	返回状态	—
2	DESC	C50	描述信息	—

10.3.1.23　迁居信息

表124规定了迁居信息数据交换接口。

表124　迁居信息数据交换接口

请求格式

<REQUEST>
<USER></USER>
<PASSWORD></PASSWORD>
<CONDITION>
<SQJZDXBH>社区矫正对象编号</SQJZDXBH>
<SQSJ>申请时间</SQSJ>
<YJZDXZ>原居住地(乡镇、街道)</YJZDXZ>
<YJZDMX>原居住地明细</YJZDMX>
<QRDXZ>迁入地(乡镇、街道)</QRDXZ>
<QRDMX>迁入地明细</QRDMX>
<QRDSWTDSFS>迁入地受委托的司法所</QRDSWTDSFS>
<BGLY>变更理由</BGLY>
<SFSSHR>受委托的司法所审核人</SFSSHR>
<SFSSHSJ>受委托的司法所审核时间</SFSSHSJ>
<SFSSHYJ>受委托的司法所审核意见</SFSSHYJ>

续表

<XJSQJZJGSPR>县级社区矫正机构审批人</XJSQJZJGSPR> <XJSQJZJGSPSJ>县级社区矫正机构审批时间</XJSQJZJGSPSJ> <XJSQJZJGSPYJ>县级社区矫正机构审批意见</XJSQJZJGSPYJ> </CONDITION> …… </REQUEST>					
请求参数说明					
序号	参数	参数类型	参数名称	是否必备	备注
1	SQJZDXBH	C20	社区矫正对象编号	是	—
2	SQSJ	DT	申请时间	是	—
3	YJZDXZ	C20	原居住地(乡镇、街道)	是	行政区划AREAID
4	YJZDMX	C50	原居住地明细	是	—
5	QRDXZ	C20	迁入地(乡镇、街道)	是	行政区划AREAID
6	QRDMX	C50	迁入地明细	是	—
7	QRDSWTDSFS	C18	迁入地受委托的司法所	是	—
8	BGLY	C1000	变更理由	是	—
9	SFSSHR	C20	受委托的司法所审核人	是	—
10	SFSSHSJ	DT	受委托的司法所审核时间	是	—
11	SFSSHYJ	C500	受委托的司法所审核意见	是	—

续表

序号	参数	参数类型	参数名称	是否必备	备注
12	XJSQJZJGSPR	C20	县级社区矫正机构审批人	是	—
13	XJSQJZJGSPSJ	DT	县级社区矫正机构审批时间	是	—
14	XJSQJZJGSPYJ	C500	县级社区矫正机构审批意见	是	—

返回结果格式

<RESULT>
<STATE>返回状态</STATE>
<DESC>描述信息</DESC>
</RESULT>

返回结果说明

序号	参数	参数类型	参数名称	备注
1	STATE	TN	返回状态	—
2	DESC	C50	描述信息	—

10.3.1.24 变更执行地

表125规定了变更执行地信息数据交换接口。

表125 变更执行地信息数据交换接口

请求格式

<REQUEST>
<USER></USER>
<PASSWORD></PASSWORD>
<CONDITION>
<SQJZDXBH>社区矫正对象编号</SQJZDXBH>

续表

```
        <SQSJ>申请时间</SQSJ>
        <QRDSZS>迁入地所在省(区、市)</QRDSZS>
        <QRDSZD>迁入地所在地(市、州)</QRDSZD>
        <QRDSZX>迁入地所在县(市、区)</QRDSZX>
        <QRDXZ>迁入地(乡镇、街道)</QRDXZ>
        <QRDMX>迁入地明细</QRDMX>
        <BGLY>变更理由</BGLY>
        <SFSSHR>受委托的司法所审核人</SFSSHR>
        <SFSSHSJ>受委托的司法所审核时间</SFSSHSJ>
        <SFSSHYJ>受委托的司法所审核意见</SFSSHYJ>
        <XJSQJZJGSPR>县级社区矫正机构审批人</XJSQJZJGSPR>
        <XJSQJZJGSPSJ>县级社区矫正机构审批时间</XJSQJZJGSPSJ>
        <XJSQJZJGSPYJ>县级社区矫正机构审批意见</XJSQJZJGSPYJ>
        <XJSQJZJGSPJG>县级社区矫正机构审批结果</XJSQJZJGSPJG>
        <XZXDXJSQJZJGMC>新执行地县级社区矫正机构</XZXDXJSQJZJGMC>
        <XZXDXJSQJZJGSPYJ>新执行地县级社区矫正机构审批意见</XZXDXJSQJZJGSPYJ>
        <XZXDXJSQJZJGSPJG>新执行地县级社区矫正机构审批结果</XZXDXJSQJZJGSPJG>
        <XZXDXJSQJZJGSPSJ>新执行地县级社区矫正机构审批时间</XZXDXJSQJZJGSPSJ>
        <JG>结果</JG>
    </CONDITION>
    ……
</REQUEST>
```

请求参数说明

序号	参数	参数类型	参数名称	是否必备	备注
1	SQJZDXBH	C20	社区矫正对象编号	是	—
2	SQSJ	DT	申请时间	是	—
3	QRDSZS	C20	迁入地所在省(区、市)	是	行政区划 AREAID
4	QRDSZD	C20	迁入地所在地(市、州)	是	行政区划 AREAID

续表

序号	参数	参数类型	参数名称	是否必备	备注
5	QRDSZX	C20	迁入地所在县(市、区)	是	行政区划AREAID
6	QRDXZ	C20	迁入地(乡镇、街道)	是	行政区划AREAID
7	QRDMX	C50	迁入地明细	是	—
8	BGLY	C1000	变更理由	是	—
9	SFSSHR	C20	受委托的司法所审核人	是	—
10	SFSSHSJ	DT	受委托的司法所审核时间	是	—
11	SFSSHYJ	C500	受委托的司法所审核意见	是	—
12	XJSQJZJGSPR	C20	县级社区矫正机构审批人	是	—
13	XJSQJZJGSPSJ	DT	县级社区矫正机构审批时间	是	—
14	XJSQJZJGSPYJ	C500	县级社区矫正机构审批意见	是	—
15	XJSQJZJGSPJG	C20	县级社区矫正机构审批结果	是	

续表

序号	参数	参数类型	参数名称	是否必备	备注
16	XZXDXJSQJZJGMC	C50	新执行地县级社区矫正机构	是	
17	XZXDXJSQJZJGSPYJ	C500	新执行地县级社区矫正机构审批意见	是	
18	XZXDXJSQJZJGSPJG	C20	新执行地县级社区矫正机构审批结果	是	
19	XZXDXJSQJZJGSPSJ	D	新执行地县级社区矫正机构审批时间	是	
20	JG	C20	结果	是	

返回结果格式

<RESULT>
<STATE>返回状态</STATE>
<DESC>描述信息</DESC>
</RESULT>

返回结果说明

序号	参数	参数类型	参数名称	备注
1	STATE	TN	返回状态	—
2	DESC	C50	描述信息	—

10.3.1.25 调查取证信息

表 126 规定了调查取证信息数据交换接口。

表 126 调查取证信息数据交换接口

请求格式

```
<REQUEST>
        <USER> </USER>
        <PASSWORD> </PASSWORD>
        <CONDITION>
                <SQJZDXBH>社区矫正对象编号</SQJZDXBH>
                <BHSQZR>被调查取证人</BHSQZR>
                <HSQZSY>调查取证事由</HSQZSY>
                <HSQZR>调查取证人</HSQZR>
                <HSQZSJ>调查取证时间</HSQZSJ>
                <HSQZDD>调查取证地点</HSQZDD>
                <HSQKJL>调查情况记录</HSQKJL>
                <CLYJ>处理意见</CLYJ>
        </CONDITION>
        ……
</REQUEST>
```

请求参数说明

序号	参数	参数类型	参数名称	是否必备	备注
1	SQJZDXBH	C20	社区矫正对象编号	是	—
2	BHSQZR	C20	被调查取证人	是	—
3	HSQZSY	C100	调查取证事由	是	—
4	HSQZR	C20	调查取证人	是	—
5	HSQZSJ	DT	调查取证时间	是	—
6	HSQZDD	C50	调查取证地点	是	—
7	HSQKJL	C1000	调查情况记录	是	—
8	CLYJ	C1000	处理意见	否	—

续表

返回结果格式

```
<RESULT>
    <STATE>返回状态</STATE>
    <DESC>描述信息</DESC>
</RESULT>
```

返回结果说明

序号	参数	参数类型	参数名称	备注
1	STATE	TN	返回状态	—
2	DESC	C50	描述信息	—

10.3.1.26　警告信息

表 127 规定了警告信息数据交换接口。

表 127　警告信息数据交换接口

请求格式

```
<REQUEST>
    <USER></USER>
    <PASSWORD></PASSWORD>
    <CONDITION>
        <SQJZDXBH>社区矫正对象编号</SQJZDXBH>
        <JGLY>警告理由</JGLY>
        <JGYJ>警告依据
            <FJ>
                <MC>附件名称</MC>
                <LX>附件类型</LX>
                <NR>附件内容</NR>
            </FJ>
            ……
        </JGYJ>
        <SFSSQR>受委托的司法所申请人</SFSSQR>
        <SFSSQSJ>受委托的司法所申请时间</SFSSQSJ>
```

续表

```
            <SFSSHR>受委托的司法所审核人</SFSSHR>
            <SFSSHSJ>受委托的司法所审核时间</SFSSHSJ>
            <SFSSHYJ>受委托的司法所审核意见</SFSSHYJ>
            <XJSQJZJGSPR>县级社区矫正机构审批人</XJSQJZJGSPR>
            <XJSQJZJGSPSJ>县级社区矫正机构审批时间</XJSQJZJGSPSJ>
            <XJSQJZJGSPYJ>县级社区矫正机构审批意见</XJSQJZJGSPYJ>
            <XJSQJZJGSPJG>县级社区矫正机构审批结果</XJSQJZJGSPJG>
    </CONDITION>
    ……
</REQUEST>
```

请求参数说明

序号	参数	参数类型	参数名称	是否必备	备注
1	SQJZDXBH	C20	社区矫正对象编号	是	—
2	JGLY	C500	警告理由	是	—
3	JGYJ	CB	警告依据	是	—
4	FJ	CB	附件信息	是	附件信息
5	MC	C100	附件名称	是	—
6	LX	C10	附件类型	是	—
7	NR	CB	附件内容	是	—
8	SFSSQR	C20	受委托的司法所申请人	否	—
9	SFSSQSJ	DT	受委托的司法所申请时间	否	—
10	SFSSHR	C20	受委托的司法所审核人	否	—
11	SFSSHSJ	DT	受委托的司法所审核时间	否	—

续表

序号	参数	参数类型	参数名称	是否必备	备注
12	SFSSHYJ	C500	受委托的司法所审核意见	否	—
13	XJSQJZJGSPR	C20	县级社区矫正机构审批人	是	—
14	XJSQJZJGSPSJ	DT	县级社区矫正机构审批时间	是	—
15	XJSQJZJGSPYJ	C500	县级社区矫正机构审批意见	是	—
16	XJSQJZJGSPJG	C20	县级社区矫正机构审批结果	是	—

返回结果格式

```
<RESULT>
    <STATE>返回状态</STATE>
    <DESC>描述信息</DESC>
</RESULT>
```

返回结果说明

序号	参数	参数类型	参数名称	备注
1	STATE	TN	返回状态	—
2	DESC	C50	描述信息	—

10.3.1.27 提请治安管理处罚信息

表 128 规定了提请治安管理处罚信息数据交换接口。

表 128　提请治安管理处罚信息数据交换接口

请求格式

```
<REQUEST>
    <USER></USER>
    <PASSWORD></PASSWORD>
    <CONDITION>
        <SQJZDXBH>社区矫正对象编号</SQJZDXBH>
        <TQLY>提请理由</TQLY>
        <TQYJ>提请依据
            <FJ>
                <MC>附件名称</MC>
                <LX>附件类型</LX>
                <NR>附件内容</NR>
            </FJ>
            ……
        </TQYJ>
        <SFSSQR>受委托的司法所申请人</SFSSQR>
        <SFSSQSJ>受委托的司法所申请时间</SFSSQSJ>
        <SFSSHR>受委托的司法所审核人</SFSSHR>
        <SFSSHSJ>受委托的司法所审核时间</SFSSHSJ>
        <SFSSHYJ>受委托的司法所审核意见</SFSSHYJ>
        <XJSQJZJGSHR>县级社区矫正机构审核人</XJSQJZJGSHR>
        <XJSQJZJGSHSJ>县级社区矫正机构审核时间</XJSQJZJGSHSJ>
        <XJSQJZJGSHYJ>县级社区矫正机构审核意见</XJSQJZJGSHYJ>
        <XJSQJZJGSPJG>县级社区矫正机构审批结果</XJSQJZJGSPJG>
        <JGYJ>结果意见</JGYJ>
    </CONDITION>
    ……
</REQUEST>
```

请求参数说明

序号	参数	参数类型	参数名称	是否必备	备注
1	SQJZDXBH	C20	社区矫正对象编号	是	—
2	TQLY	C20	提请理由	是	—

续表

序号	参数	参数类型	参数名称	是否必备	备注
3	TQYJ	CB	提请依据	是	—
4	FJ	CB	附件信息	是	附件信息
5	MC	C100	附件名称	是	—
6	LX	C10	附件类型	是	—
7	NR	CB	附件内容	是	—
8	SFSSQR	C20	受委托的司法所申请人	否	—
9	SFSSQSJ	DT	受委托的司法所申请时间	否	—
10	SFSSHR	C20	受委托的司法所审核人	否	—
11	SFSSHSJ	DT	受委托的司法所审核时间	否	—
12	SFSSHYJ	C500	受委托的司法所审核意见	否	—
13	XJSQJZJGSHR	C20	县级社区矫正机构审核人	是	—
14	XJSQJZJGSHSJ	DT	县级社区矫正机构审核时间	是	—
15	XJSQJZJGSHYJ	C500	县级社区矫正机构审核意见	是	—
16	XJSQJZJGSPJG	C20	县级社区矫正机构审批结果	是	—
17	JGYJ	C1000	结果意见	否	—

续表

返回结果格式

```
< RESULT >
        < STATE > 返回状态 < /STATE >
        < DESC > 描述信息 < /DESC >
< /RESULT >
```

返回结果说明

序号	参数	参数类型	参数名称	备注
1	STATE	TN	返回状态	—
2	DESC	C50	描述信息	—

10.3.1.28　提请减刑信息

表 129 规定了提请减刑信息数据交换接口。

表 129　提请减刑信息数据交换接口

请求格式

```
< REQUEST >
        < USER > < /USER >
        < PASSWORD > < /PASSWORD >
        < CONDITION >
                < SQJZDXBH > 社区矫正对象编号 < /SQJZDXBH >
                < TQLY > 提请理由 < /TQLY >
                < TQYJ > 提请依据
                        < FJ >
                                < MC > 附件名称 < /MC >
                                < LX > 附件类型 < /LX >
                                < NR > 附件内容 < /NR >
                        < /FJ >
                        ……
                < /TQYJ >
                < SFSSQR > 受委托的司法所申请人 < /SFSSQR >
                < SFSSQSJ > 受委托的司法所申请时间 < /SFSSQSJ >
```

续表


```
        <SFSSHR>受委托的司法所审核人</SFSSHR>
        <SFSSHSJ>受委托的司法所审核时间</SFSSHSJ>
        <SFSSHYJ>受委托的司法所审核意见</SFSSHYJ>
        <XJSQJZJGSHR>县级社区矫正机构审批人</XJSQJZJGSHR>
        <XJSQJZJGSHSJ>县级社区矫正机构审批时间</XJSQJZJGSHSJ>
        <XJSQJZJGSHYJ>县级社区矫正机构审批意见</XJSQJZJGSHYJ>
        <DSQJZJGSHR>地(市、州)社区矫正机构审批人</DSQJZJGSHR>
        <DSQJZJGSHSJ>地(市、州)社区矫正机构审批时间</DSQJZJGSHSJ>
        <DSQJZJGSHYJ>地(市、州)社区矫正机构审批意见</DSQJZJGSHYJ>
        <JGYJ>结果意见</JGYJ>
    </CONDITION>
    ……
</REQUEST>
```


请求参数说明

序号	参数	参数类型	参数名称	是否必备	备注
1	SQJZDXBH	C20	社区矫正对象编号	是	—
2	TQLY	C20	提请理由	是	—
3	TQYJ	CB	提请依据	是	—
4	FJ	CB	附件信息	是	附件信息
5	MC	C100	附件名称	是	—
6	LX	C10	附件类型	是	—
7	NR	CB	附件内容	是	—
8	SFSSQR	C20	受委托的司法所申请人	否	—
9	SFSSQSJ	DT	受委托的司法所申请时间	否	—
10	SFSSHR	C20	受委托的司法所审核人	否	—

续表

序号	参数	参数类型	参数名称	是否必备	备注
11	SFSSHSJ	DT	受委托的司法所审核时间	否	—
12	SFSSHYJ	C500	受委托的司法所审核意见	否	—
13	XJSQJZJGSHR	C20	县级社区矫正机构审批人	是	—
14	XJSQJZJGSHSJ	DT	县级社区矫正机构审批时间	是	—
15	XJSQJZJGSHYJ	C500	县级社区矫正机构审批意见	是	—
16	DSQJZJGSHR	C20	地(市、州)社区矫正机构审批人	是	—
17	DSQJZJGSHSJ	DT	地(市、州)社区矫正机构审批时间	是	—
18	DSQJZJGSHYJ	C500	地(市、州)社区矫正机构审批意见	是	—
19	JGYJ	C500	结果意见	否	—

返回结果格式

<RESULT>
    <STATE>返回状态</STATE>
    <DESC>描述信息</DESC>
</RESULT>

续表

返回结果说明				
序号	参数	参数类型	参数名称	备注
1	STATE	TN	返回状态	—
2	DESC	C50	描述信息	—

10.3.1.29 提请撤销缓刑(假释)信息

表130规定了提请撤销缓刑(假释)信息数据交换接口。

表130 提请撤销缓刑(假释)信息数据交换接口

请求格式

```
< REQUEST >
    < USER > </USER >
    < PASSWORD > </PASSWORD >
    < CONDITION >
        < SQJZDXBH >社区矫正对象编号 </SQJZDXBH >
        < TQLY >提请理由 </TQLY >
        < TQYJ >提请依据
            < FJ >
                < MC >附件名称 </MC >
                < LX >附件类型 </LX >
                < NR >附件内容 </NR >
            </FJ >
            ……
        </TQYJ >
        < SFSSQR >受委托的司法所申请人 </SFSSQR >
        < SFSSQSJ >受委托的司法所申请时间 </SFSSQSJ >
        < SFSSHR >受委托的司法所审核人 </SFSSHR >
        < SFSSHSJ >受委托的司法所审核时间 </SFSSHSJ >
        < SFSSHYJ >受委托的司法所审核意见 </SFSSHYJ >
        < XJSQJZJGSHR >县级社区矫正机构审批人 </XJSQJZJGSHR >
        < XJSQJZJGSHSJ >县级社区矫正机构审批时间 </XJSQJZJGSHSJ >
        < XJSQJZJGSHYJ >县级社区矫正机构审批意见 </XJSQJZJGSHYJ >
        < DSQJZJGSHR >地(市、州)社区矫正机构审批人 </DSQJZJGSHR >
```

续表

```
            <DSQJZJGSHSJ>地(市、州)社区矫正机构审批时间</DSQJZJGSHSJ>
            <DSQJZJGSHYJ>地(市、州)社区矫正机构审批意见</DSQJZJGSHYJ>
            <SSQJZJGSHR>省(区、市)社区矫正机构审批人</SSQJZJGSHR>
            <SSQJZJGSHSJ>省(区、市)社区矫正机构审批时间</SSQJZJGSHSJ>
            <SSQJZJGSHYJ>省(区、市)社区矫正机构审批意见</SSQJZJGSHYJ>
            <JGYJ>结果意见</JGYJ>
        </CONDITION>
        ……
</REQUEST>
```

请求参数说明

序号	参数	参数类型	参数名称	是否必备	备注
1	SQJZDXBH	C20	社区矫正对象编号	是	—
2	TQLY	C500	提请理由	是	—
3	TQYJ	CB	提请依据	是	—
4	FJ	CB	附件信息	是	附件信息
5	MC	C100	附件名称	是	—
6	LX	C10	附件类型	是	—
7	NR	CB	附件内容	是	—
8	SFSSQR	C20	受委托的司法所申请人	否	—
9	SFSSQSJ	DT	受委托的司法所申请时间	否	—
10	SFSSHR	C20	受委托的司法所审核人	否	—
11	SFSSHSJ	DT	受委托的司法所审核时间	否	—

续表

序号	参数	参数类型	参数名称	是否必备	备注
12	SFSSHYJ	C500	受委托的司法所审核意见	否	—
13	XJSQJZJGSHR	C20	县级社区矫正机构审批人	是	—
14	XJSQJZJGSHSJ	DT	县级社区矫正机构审批时间	是	—
15	XJSQJZJGSHYJ	C500	县级社区矫正机构审批意见	是	—
16	DSQJZJGSHR	C20	地(市、州)社区矫正机构审批人	否	—
17	DSQJZJGSHSJ	DT	地(市、州)社区矫正机构审批时间	否	—
18	DSQJZJGSHYJ	C500	地(市、州)社区矫正机构审批意见	否	—
19	SSQJZJGSHR	C20	省(区、市)社区矫正机构审批人	否	—
20	SSQJZJGSHSJ	DT	省(区、市)社区矫正机构审批时间	否	—
21	SSQJZJGSHYJ	C500	省(区、市)社区矫正机构审批意见	否	—
22	JGYJ	C500	结果意见	否	—

续表

<table>
<tr><td colspan="5">返回结果格式</td></tr>
<tr><td colspan="5"><RESULT>
<STATE>返回状态</STATE>
<DESC>描述信息</DESC>
</RESULT></td></tr>
<tr><td colspan="5">返回结果说明</td></tr>
<tr><td>序号</td><td>参数</td><td>参数类型</td><td>参数名称</td><td>备注</td></tr>
<tr><td>1</td><td>STATE</td><td>TN</td><td>返回状态</td><td>—</td></tr>
<tr><td>2</td><td>DESC</td><td>C50</td><td>描述信息</td><td>—</td></tr>
</table>

10.3.1.30 提请收监执行信息

表 131 规定了提请收监执行信息数据交换接口。

表 131 提请收监执行信息数据交换接口

<table>
<tr><td>请求格式</td></tr>
<tr><td><REQUEST>
<USER></USER>
<PASSWORD></PASSWORD>
<CONDITION>
<SQJZDXBH>社区矫正对象编号</SQJZDXBH>
<TQLY>提请理由</TQLY>
<TQYJ>提请依据
<FJ>
<MC>附件名称</MC>
<LX>附件类型</LX>
<NR>附件内容</NR>
</FJ>
……
</TQYJ>
<SFSSQR>受委托的司法所申请人</SFSSQR>
<SFSSQSJ>受委托的司法所申请时间</SFSSQSJ></td></tr>
</table>

续表

```
        <SFSSHR>受委托的司法所审核人</SFSSHR>
        <SFSSHSJ>受委托的司法所审核时间</SFSSHSJ>
        <SFSSHYJ>受委托的司法所审核意见</SFSSHYJ>
        <XJSQJZJGSHR>县级社区矫正机构审批人</XJSQJZJGSHR>
        <XJSQJZJGSHSJ>县级社区矫正机构审批时间</XJSQJZJGSHSJ>
        <XJSQJZJGSHYJ>县级社区矫正机构审批意见</XJSQJZJGSHYJ>
        <JGYJ>结果意见</JGYJ>
    </CONDITION>
    ……
</REQUEST>
```

请求参数说明

序号	参数	参数类型	参数名称	是否必备	备注
1	SQJZDXBH	C20	社区矫正对象编号	是	—
2	TQLY	C500	提请理由	是	—
3	TQYJ	CB	提请依据	是	—
4	FJ	CB	附件信息	是	附件信息
5	MC	C100	附件名称	是	—
6	LX	C10	附件类型	是	—
7	NR	CB	附件内容	是	—
8	SFSSQR	C20	受委托的司法所申请人	否	—
9	SFSSQSJ	DT	受委托的司法所申请时间	否	—
10	SFSSHR	C20	受委托的司法所审核人	否	—
11	SFSSHSJ	DT	受委托的司法所审核时间	否	—

续表

序号	参数	参数类型	参数名称	是否必备	备注
12	SFSSHYJ	C500	受委托的司法所审核意见	否	—
13	XJSQJZJGSHR	C20	县级社区矫正机构审批人	是	—
14	XJSQJZJGSHSJ	DT	县级社区矫正机构审批时间	是	—
15	XJSQJZJGSHYJ	C500	县级社区矫正机构审批意见	是	—
16	JGYJ	C500	结果意见	否	—

返回结果格式

```
<RESULT>
        <STATE>返回状态</STATE>
        <DESC>描述信息</DESC>
</RESULT>
```

返回结果说明

序号	参数	参数类型	参数名称	备注
1	STATE	TN	返回状态	—
2	DESC	C50	描述信息	—

10.3.1.31　提请逮捕信息

表 132 规定了提请逮捕信息数据交换接口。

表 132　提请逮捕信息数据交换接口

请求格式

```
< REQUEST >
    < USER > </USER >
    < PASSWORD > </PASSWORD >
    < CONDITION >
        < SQJZDXBH >社区矫正对象编号 </SQJZDXBH >
        < TQLY >提请理由 </TQLY >
        < TQYJ >提请依据
            < FJ >
                < MC >附件名称 </MC >
                < LX >附件类型 </LX >
                < NR >附件内容 </NR >
            </FJ >
            ……
        </TQYJ >
        < XJSQJZJGSHR >县级社区矫正机构审批人 </XJSQJZJGSHR >
        < XJSQJZJGSHSJ >县级社区矫正机构审批时间 </XJSQJZJGSHSJ >
        < XJSQJZJGSHYJ >县级社区矫正机构审批意见 </XJSQJZJGSHYJ >
        < TQSJ >提请时间 </TQSJ >
        < SFDBJD >是否逮捕决定 </SFDBJD >
        < DBJDWS >逮捕决定文书
            < FJ >
                < MC >附件名称 </MC >
                < LX >附件类型 </LX >
                < NR >附件内容 </NR >
            </FJ >
            ……
        </DBJDWS >
    </CONDITION >
</REQUEST >
```

请求参数说明

序号	参数	参数类型	参数名称	是否必备	备注
1	SQJZDXBH	C20	社区矫正对象编号	是	—

续表

序号	参数	参数类型	参数名称	是否必备	备注
2	TQLY	C1000	提请理由	是	
3	TQYJ	CB	提请依据	否	—
4	FJ	CB	附件信息	是	附件信息
5	MC	C100	附件名称	是	—
6	LX	C10	附件类型	是	—
7	NR	CB	附件内容	是	—
8	XJSQJZJGSHR	C20	县级社区矫正机构审批人	是	—
9	XJSQJZJGSHSJ	DT	县级社区矫正机构审批时间	是	—
10	XJSQJZJGSHYJ	C500	县级社区矫正机构审批意见	是	—
11	TQSJ	D	提请时间	是	—
12	DBJD	C20	是否逮捕决定	是	—
13	DBJDWS	CB	逮捕决定文书	否	“是否逮捕决定”为“是”时必填

返回结果格式

< RESULT >
< STATE >返回状态</STATE >
< DESC >描述信息</DESC >
</RESULT >

续表

返回结果说明				
序号	参数	参数类型	参数名称	备注
1	STATE	TN	返回状态	—
2	DESC	C50	描述信息	—

10.3.1.32　矫正小组成员信息

表 133 规定了矫正小组成员信息数据交换接口。

表 133　矫正小组成员信息数据交换接口

请求格式


```
<REQUEST>
    <USER></USER>
    <PASSWORD></PASSWORD>
    <CONDITION>
        <SQJZDXBH>社区矫正对象编号</SQJZDXBH>
        <XZCYLX>小组成员类型</XZCYLX>
        <XZCYLB>小组成员类别</XZCYLB>
        <XM>姓名</XM>
        <XB>性别</XB>
        <CSRQ>出生日期</CSRQ>
        <SFZH>身份证号</SFZH>
        <XL>学历</XL>
        <ZGXW>最高学位</ZGXW>
        <ZZMM>政治面貌</ZZMM>
        <ZY>专业</ZY>
        <ZHIY>职业</ZHIY>
        <GZDW>工作单位</GZDW>
        <LXDH>联系电话</LXDH>
        <SJHM>手机</SJHM>
        <JTZZ>家庭住址</JTZZ>
        <ZC>社会工作专业类职称</ZC>
```

续表

<BZ>备注</BZ> </CONDITION> …… </REQUEST>					
请求参数说明					
序号	参数	参数类型	参数名称	是否必备	备注
1	SQJZDXBH	C20	社区矫正对象编号	是	—
2	XZCYLX	C20	小组成员类型	是	—
3	XZCYLB	C20	小组成员类别	是	—
4	XM	C20	姓名	是	—
5	XB	C2	性别	是	—
6	CSRQ	D	出生日期	是	—
7	SFZH	C18	身份证号	是	—
8	XL	C2	学历	是	—
9	ZGXW	C3	最高学位	否	—
10	ZZMM	C2	政治面貌	是	—
11	ZY	C7	专业	否	—
12	ZHIY	C20	职业	是	—
13	GZDW	C100	工作单位	否	—
14	LXDH	C20	联系电话	否	—
15	SJHM	C11	手机号码	是	—
16	JTZZ	C50	家庭住址	否	—
17	ZC	C2	社会工作专业类职称	是	—
18	BZ	C500	备注	否	—

续表

返回结果格式

```
<RESULT>
    <STATE>返回状态</STATE>
    <DESC>描述信息</DESC>
</RESULT>
```

返回结果说明

序号	参数	参数类型	参数名称	备注
1	STATE	TN	返回状态	—
2	DESC	C50	描述信息	—

10.3.1.33　矫正方案信息

表 134 规定了矫正方案信息数据交换接口。

表 134　矫正方案信息数据交换接口

请求格式

```
<REQUEST>
    <USER></USER>
    <PASSWORD></PASSWORD>
    <CONDITION>
        <ID>矫正方案标识</ID>
        <SQJZDXBH>社区矫正对象编号</SQJZDXBH>
        <FAMC>方案名称</FAMC>
        <JZLB>矫正类别</JZLB>
        <SFCN>是否成年</SFCN>
        <JDGLCS>监督管理措施</JDGLCS>
        <JYJZCS>教育矫正措施</JYJZCS>
        <BKFZCS>帮困扶助措施</BKFZCS>
        <QTCS>其他措施</QTCS>
        <SSJGID>所属机构</SSJGID>
        <SSXGPG>实施效果评估</SSXGPG>
```

续表


```
        <PGSJ>评估时间</PGSJ>
        <PGR>评估人</PGR>
        <BZ>备注</BZ>
        <SFFB>是否已发布</SFFB>
    </CONDITION>
</REQUEST>
```


请求参数说明

序号	参数	参数类型	参数名称	是否必备	备注
1	ID	C32	矫正方案标识	是	—
2	SQJZDXBH	C20	社区矫正对象编号	是	—
3	FAMC	C100	方案名称	是	—
4	JZLB	C5	矫正类别	是	—
5	SFCN	C2	是否成年	是	—
6	JDGLCS	C1000	监督管理措施	是	—
7	JYJZCS	C1000	教育矫正措施	是	—
8	BKFZCS	C1000	帮困扶助措施	否	—
9	QTCS	C1000	其他措施	否	—
10	SSJGID	C18	所属机构	是	—
11	SSXGPG	C1000	实施效果评估	否	—
12	PGSJ	D	评估时间	是	—
13	PGR	C50	评估人	是	—
14	BZ	C750	备注	否	—
15	SFFB	C2	是否已发布	否	—

续表

<table>
<tr><td colspan="5">返回结果格式</td></tr>
<tr><td colspan="5"><RESULT>
    <STATE>返回状态</STATE>
    <DESC>描述信息</DESC>
</RESULT></td></tr>
<tr><td colspan="5">返回结果说明</td></tr>
<tr><td>序号</td><td>参数</td><td>参数类型</td><td>参数名称</td><td>备注</td></tr>
<tr><td>1</td><td>STATE</td><td>TN</td><td>返回状态</td><td>—</td></tr>
<tr><td>2</td><td>DESC</td><td>C50</td><td>描述信息</td><td>—</td></tr>
</table>

10.3.1.34 管理类别信息

表 135 规定了管理类别信息数据交换接口。

表 135 管理类别信息数据交换接口

<table>
<tr><td>请求格式</td></tr>
<tr><td><REQUEST>
    <USER></USER>
    <PASSWORD></PASSWORD>
    <CONDITION>
        <SQJZDXBH>社区矫正对象编号</SQJZDXBH>
        <GLLB>管理类别</GLLB>
        <TZYY>调整原因</TZYY>
        <BDRQ>变动日期</BDRQ>
        <SFSSQR>受委托的司法所申请人</SFSSQR>
        <SFSSQSJ>受委托的司法所申请时间</SFSSQSJ>
        <SFSSHR>受委托的司法所审核人</SFSSHR>
        <SFSSHYJ>受委托的司法所审核意见</SFSSHYJ>
        <XJSQJZJGSPR>县级社区矫正机构审批人</XJSQJZJGSPR>
        <XJSQJZJGSPSJ>县级社区矫正机构审批时间</XJSQJZJGSPSJ>
        <XJSQJZJGSPYJ>县级社区矫正机构审批意见</XJSQJZJGSPYJ></td></tr>
</table>

续表


```
        <JGYJ>结果意见</JGYJ>
    </CONDITION>
</REQUEST>
```


请求参数说明

序号	参数	参数类型	参数名称	是否必备	备注
1	SQJZDXBH	C20	社区矫正对象编号	是	—
2	GLLB	C2	管理类别	是	—
3	TZYY	C500	调整原因	是	—
4	BDRQ	D	变动日期	是	—
5	SFSSQR	C20	受委托的司法所申请人	否	—
6	SFSSQSJ	DT	受委托的司法所申请时间	否	—
7	SFSSHR	C20	受委托的司法所审核人	否	—
8	SFSSHYJ	C500	受委托的司法所审核意见	否	—
9	XJSQJZJGSHR	C20	县级社区矫正机构审批人	是	—
10	XJSQJZJGSHSJ	DT	县级社区矫正机构审批时间	是	—
11	XJSQJZJGSHYJ	C500	县级社区矫正机构审批意见	是	—
12	JGYJ	C500	结果意见	否	—

续表

返回结果格式

```
<RESULT>
        <STATE>返回状态</STATE>
        <DESC>描述信息</DESC>
</RESULT>
```

返回结果说明

序号	参数	参数类型	参数名称	备注
1	STATE	TN	返回状态	—
2	DESC	C50	描述信息	—

10.3.1.35 考核信息

表 136 规定了考核信息数据交换接口。

表 136　考核信息数据交换接口

请求格式

```
<REQUEST>
        <USER></USER>
        <PASSWORD></PASSWORD>
        <CONDITION>
                <SQJZDXBH>社区矫正对象编号</SQJZDXBH>
                <KHR>考核人</KHR>
                <KHRQ>考核日期</KHRQ>
                <RCBXQKFX>日常表现情况分析</RCBXQKFX>
                <SFSSHR>受委托的司法所审核人</SFSSHR>
                <SFSSPSJ>受委托的司法所审批时间</SFSSPSJ>
                <SFSSPYJ>受委托的司法所审批意见</SFSSPYJ>
                <XJSQJZJGSHR>县级社区矫正机构审批人</XJSQJZJGSHR>
                <XJSQJZJGSPSJ>县级社区矫正机构审批时间</XJSQJZJGSPSJ>
                <XJSQJZJGSPYJ>县级社区矫正机构审批意见</XJSQJZJGSPYJ>
                <JGYJ>结果意见</JGYJ>
```

续表


```
        <BZ>备注</BZ>
    </CONDITION>
</REQUEST>
```


请求参数说明

序号	参数	参数类型	参数名称	是否必备	备注
1	SQJZDXBH	C20	社区矫正对象编号	是	—
2	KHR	C20	考核人	是	—
3	KHRQ	D	考核日期	是	—
4	RCBXQKFX	C500	日常表现情况分析	是	—
5	SFSSPR	C20	受委托的司法所审批人	是	—
6	SFSSPSJ	DT	受委托的司法所审批时间	是	—
7	SFSSPYJ	C500	受委托的司法所审批意见	是	—
8	XJSQJZJGSHR	C20	县级社区矫正机构审批人	是	—
9	XJSQJZJGSHSJ	DT	县级社区矫正机构审批时间	是	—
10	XJSQJZJGSHYJ	C500	县级社区矫正机构审批意见	是	—
11	JGYJ	C500	结果意见	否	—
12	BZ	C500	备注	否	—

续表

<table>
<tr><td colspan="5">返回结果格式</td></tr>
<tr><td colspan="5"><RESULT>
<STATE>返回状态</STATE>
<DESC>描述信息</DESC>
</RESULT></td></tr>
<tr><td colspan="5">返回结果说明</td></tr>
<tr><td>序号</td><td>参数</td><td>参数类型</td><td>参数名称</td><td>备注</td></tr>
<tr><td>1</td><td>STATE</td><td>TN</td><td>返回状态</td><td>—</td></tr>
<tr><td>2</td><td>DESC</td><td>C50</td><td>描述信息</td><td>—</td></tr>
</table>

10.3.1.36　日常报告信息

表137规定了日常报告信息数据交换接口。

表137　日常报告信息数据交换接口

<table>
<tr><td>请求格式</td></tr>
<tr><td><REQUEST>
<USER> </USER>
<PASSWORD> </PASSWORD>
<CONDITION>
<SQJZDXBH>社区矫正对象编号</SQJZDXBH>
<BGSJ>报告时间</BGSJ>
<BGFS>报告方式</BGFS>
<BGNR>报告内容</BGNR>
<JLR>记录人</JLR>
<JLSJ>记录时间</JLSJ>
</CONDITION>
</REQUEST></td></tr>
</table>

续表

请求参数说明					
序号	参数	参数类型	参数名称	是否必备	备注
1	SQJZDXBH	C20	社区矫正对象编号	是	—
2	BGSJ	DT	报告时间	是	—
3	BGFS	C20	报告方式	是	—
4	BGNR	C500	报告内容	是	—
5	JLR	C20	记录人	是	—
6	JLSJ	DT	记录时间	是	—

返回结果格式

<RESULT>
　　<STATE>返回状态</STATE>
　　<DESC>描述信息</DESC>
</RESULT>

返回结果说明				
序号	参数	参数类型	参数名称	备注
1	STATE	TN	返回状态	—
2	DESC	C50	描述信息	—

10.3.1.37　教育学习信息

表138规定了教育学习信息数据交换接口。

表 138　教育学习信息数据交换接口

请求格式

```
< REQUEST >
        < USER > </USER >
        < PASSWORD > </PASSWORD >
        < CONDITION >
                < SQJZDXBH >社区矫正对象编号 </SQJZDXBH >
                < JYXXKSSJ >教育学习开始时间 </JYXXKSSJ >
                < JYXXJSSJ >教育学习结束时间 </JYXXJSSJ >
                < JYXXSC >教育学习时长 </JYXXSC >
                < JYXXFS >教育学习方式 </JYXXFS >
                < JYXXZYNR >教育学习主要内容 </JYXXZYNR >
                < JYXXCEJXJ >教育学习评价 </JYXXCEJXJ >
                < JLR >记录人 </JLR >
                < JLSJ >记录时间 </JLSJ >
        </CONDITION >
</REQUEST >
```

请求参数说明

序号	参数	参数类型	参数名称	是否必备	备注
1	SQJZDXBH	C20	社区矫正对象编号	是	—
2	JYXXKSSJ	DT	教育学习开始时间	是	—
3	JYXXJSSJ	DT	教育学习结束时间	是	—
4	JYXXSC	N	教育学习时长	否	—
5	JYXXFS	C20	教育学习方式	是	—
6	JYXXZYNR	C500	教育学习主要内容	是	—
7	JYXXCEJXJ	C500	教育学习评价	是	—
8	JLR	C20	记录人	是	—
9	JLSJ	DT	记录时间	是	—

续表

<table>
<tr><td colspan="5">返回结果格式</td></tr>
<tr><td colspan="5"><RESULT>
<STATE>返回状态</STATE>
<DESC>描述信息</DESC>
</RESULT></td></tr>
<tr><td colspan="5">返回结果说明</td></tr>
<tr><td>序号</td><td>参数</td><td>参数类型</td><td>参数名称</td><td>备注</td></tr>
<tr><td>1</td><td>STATE</td><td>TN</td><td>返回状态</td><td>—</td></tr>
<tr><td>2</td><td>DESC</td><td>C50</td><td>描述信息</td><td>—</td></tr>
</table>

10.3.1.38 公益活动信息

表 139 规定了公益活动信息数据交换接口。

表 139 公益活动信息数据交换接口

<table>
<tr><td>请求格式</td></tr>
<tr><td><REQUEST>
<USER></USER>
<PASSWORD></PASSWORD>
<CONDITION>
<SQJZDXBH>社区矫正对象编号</SQJZDXBH>
<SQFWKSSJ>公益活动开始时间</SQFWKSSJ>
<SQFWJSSJ>公益活动结束时间</SQFWJSSJ>
<SQFWSC>公益活动时长</SQFWSC>
<SQFWDD>公益活动地点</SQFWDD>
<SQFWNR>公益活动内容</SQFWNR>
<SQFWBX>公益活动表现</SQFWBX>
<JLR>记录人</JLR>
<JLSJ>记录时间</JLSJ>
<BZ>备注</BZ>
</CONDITION>
</REQUEST></td></tr>
</table>

续表

请求参数说明					
序号	参数	参数类型	参数名称	是否必备	备注
1	SQJZDXBH	C20	社区矫正对象编号	是	—
2	SQFWKSSJ	DT	公益活动开始时间	是	—
3	SQFWJSSJ	DT	公益活动结束时间	是	—
4	SQFWSC	N	公益活动时长	否	—
5	SQFWDD	C50	公益活动地点	是	—
6	SQFWNR	C500	公益活动内容	是	—
7	SQFWBX	C500	公益活动表现	是	—
8	JLR	C20	记录人	是	—
9	JLSJ	DT	记录时间	是	—
10	BZ	C500	备注	否	—

返回结果格式

```
<RESULT>
    <STATE>返回状态</STATE>
    <DESC>描述信息</DESC>
</RESULT>
```

返回结果说明				
序号	参数	参数类型	参数名称	备注
1	STATE	TN	返回状态	—
2	DESC	C50	描述信息	—

10.3.1.39　帮扶信息

表 140 规定了帮扶信息数据交换接口。

表 140　帮扶信息数据交换接口

<table>
<tr><td colspan="6">请求格式</td></tr>
<tr><td colspan="6"><REQUEST>
<USER> </USER>
<PASSWORD> </PASSWORD>
<CONDITION>
<BFSQLX>帮扶申请类型</BFSQLX>
<BFSQLY>帮扶申请理由</BFSQLY>
<BFSJ>帮扶时间</BFSJ>
<BFDD>帮扶地点</BFDD>
<BFNR>帮扶内容</BFNR>
<JLR>记录人</JLR>
<JLSJ>记录时间</JLSJ>
<FJXX>附件
<FJ>
<MC>附件名称</MC>
<LX>附件类型</LX>
<NR>附件内容</NR>
</FJ>
……
</FJXX>
<BZ>备注</BZ>
</CONDITION>
</REQUEST></td></tr>
<tr><td colspan="6">请求参数说明</td></tr>
<tr><td>序号</td><td>参数</td><td>参数类型</td><td>参数名称</td><td>是否必备</td><td>备注</td></tr>
<tr><td>1</td><td>SQJZDXBH</td><td>C20</td><td>社区矫正对象编号</td><td>是</td><td>—</td></tr>
<tr><td>2</td><td>BFSQLX</td><td>C20</td><td>帮扶申请类型</td><td>否</td><td>—</td></tr>
<tr><td>3</td><td>BFSQLY</td><td>C500</td><td>帮扶申请理由</td><td>否</td><td>—</td></tr>
<tr><td>4</td><td>BFSJ</td><td>DT</td><td>帮扶时间</td><td>是</td><td>—</td></tr>
<tr><td>5</td><td>BFDD</td><td>C50</td><td>帮扶地点</td><td>是</td><td>—</td></tr>
<tr><td>6</td><td>BFNR</td><td>C500</td><td>帮扶内容</td><td>是</td><td>—</td></tr>
</table>

续表

序号	参数	参数类型	参数名称	是否必备	备注
7	JLR	C20	记录人	是	—
8	JLSJ	DT	记录时间	是	—
9	FJ	CB	附件	否	—
10	BZ	C500	备注	否	—

返回结果格式

<RESULT>
<STATE>返回状态</STATE>
<DESC>描述信息</DESC>
</RESULT>

返回结果说明

序号	参数	参数类型	参数名称	备注
1	STATE	TN	返回状态	—
2	DESC	C50	描述信息	—

10.3.1.40 社区矫正对象状态信息

表141规定了社区矫正对象状态信息数据交换接口。

表141 社区矫正对象状态信息数据交换接口

请求格式

<REQUEST>
<USER></USER>
<PASSWORD></PASSWORD>
<CONDITION>
<SQJZDXBH>社区矫正对象编号</SQJZDXBH>
<GLLB>管理类别</GLLB>
<JZTJ>居住条件</JZTJ>
<SHLY>生活来源</SHLY>
<JYNL>就业能力</JYNL>

续表


```
            <ZKNL>自控能力</ZKNL>
            <HYJTGX>婚姻家庭关系</HYJTGX>
            <JTCYHJZQK>家庭成员配合矫正情况</JTCYHJZQK>
            <JYZK>交友状况</JYZK>
            <SHLLGX>社会邻里关系</SHLLGX>
            <DSQJZDRSHJSCD>对社区矫正的认识和接受程度</DSQJZDRSHJSCD>
            <FCRCGLJZJSSQK>服从日常管理及遵纪守法情况</FCRCGLJZJSSQK>
            <JSJYQK>接受教育情况</JSJYQK>
            <ZSWCGLGDDQK>遵守外出管理规定的情况</ZSWCGLGDDQK>
            <WCSQFWQK>完成公益活动情况</WCSQFWQK>
            <SXHBJGT>思想汇报及沟通</SXHBJGT>
            <CJJYJNPX>参加就业技能培训</CJJYJNPX>
            <JZCJQK>矫正惩戒情况</JZCJQK>
            <JTRYBGXX>家庭人员变故信息</JTRYBGXX>
            <RZFFTD>认罪服法态度</RZFFTD>
            <DSHDXT>对社会的心态</DSHDXT>
            <DSHSFYXX>对生活是否有信心</DSHSFYXX>
            <XLJKZK>心理健康状况</XLJKZK>
            <CJR>采集人</CJR>
            <CJSJ>采集时间</CJSJ>
    </CONDITION>
</REQUEST>
```


请求参数说明

序号	参数	参数类型	参数名称	是否必备	备注
1	SQJZDXBH	C20	社区矫正对象编号	是	—
2	GLLB	C20	管理类别	是	—
3	JZTJ	C20	居住条件	是	—
4	SHLY	C20	生活来源	是	—
5	JYNL	C20	就业能力	是	—

续表

序号	参数	参数类型	参数名称	是否必备	备注
6	ZKNL	C20	自控能力	是	—
7	HYJTGX	C20	婚姻家庭关系	是	—
8	JTCYHJZQK	C20	家庭成员配合矫正情况	是	—
9	JYZK	C20	交友状况	是	—
10	SHLLGX	C20	社会邻里关系	是	—
11	DSQJZDRSHJSCD	C20	对社区矫正的认识和接受程度	是	—
12	FCRCGLJZJSSQK	C20	服从日常管理及遵纪守法情况	是	—
13	JSJYQK	C20	接受教育情况	是	—
14	ZSWCGLGDDQK	C20	遵守外出管理规定的情况	是	—
15	WCGYHDQK	C20	完成公益活动情况	是	—
16	SXHBJGT	C20	思想汇报及沟通	是	—
17	CJJYJNPX	C20	参加就业技能培训	是	—
18	JZCJQK	C20	矫正惩戒情况	是	—

续表

序号	参数	参数类型	参数名称	是否必备	备注
19	JTRYBGXX	C20	家庭人员变故信息	是	—
20	RZFFTD	C20	认罪服法态度	是	—
21	DSHDXT	C20	对社会的心态	是	—
22	DSHSFYXX	C20	对生活是否有信心	是	—
23	XLJKZK	C20	心理健康状况	是	—
24	CJR	C20	采集人	是	—
25	CJSJ	D	采集日期	是	—

返回结果格式

```
<RESULT>
    <STATE>返回状态</STATE>
    <DESC>描述信息</DESC>
</RESULT>
```

返回结果说明

序号	参数	参数类型	参数名称	备注
1	STATE	TN	返回状态	—
2	DESC	C50	描述信息	—

10.3.1.41 社区矫正对象奖惩信息

表 142 规定了社区矫正对象奖惩信息数据交换接口。

表 142 社区矫正对象奖惩信息数据交换接口

请求格式

```
< REQUEST >
    < USER > </USER >
    < PASSWORD > </PASSWORD >
    < CONDITION >
        < SQJZDXBH >社区矫正对象编号 </SQJZDXBH >
        < JCLB >奖惩类别 </JCLB >
        < JCSJ >奖惩时间 </JCSJ >
        < JCYY >奖惩原因 </JCYY >
        < JLR >记录人 </JLR >
    </CONDITION >
</REQUEST >
```

请求参数说明

序号	参数	参数类型	参数名称	是否必备	备注
1	SQJZDXBH	C20	社区矫正对象编号	是	—
2	JCLB	C20	奖惩类别	是	—
3	JCSJ	DT	奖惩时间	是	—
4	JCYY	C500	奖惩原因	是	—
5	JLR	C50	记录人	是	—

返回结果格式

```
< RESULT >
    < STATE >返回状态 </STATE >
    < DESC >描述信息 </DESC >
</RESULT >
```

续表

返回结果说明				
序号	参数	参数类型	参数名称	备注
1	STATE	TN	返回状态	—
2	DESC	C50	描述信息	—

10.3.1.42　社区矫正对象违法违规信息

表143规定了社区矫正对象违法违规信息数据交换接口。

表143　社区矫正对象违法违规信息数据交换接口

请求格式

```
<REQUEST>
    <USER></USER>
    <PASSWORD></PASSWORD>
    <CONDITION>
        <SQJZDXBH>社区矫正对象编号</SQJZDXBH>
        <WGLX>违法违规类型</WGLX>
        <WGSJ>违法违规时间</WGSJ>
        <WGXQ>违法违规详情</WGXQ>
    </CONDITION>
</REQUEST>
```

请求参数说明					
序号	参数	参数类型	参数名称	是否必备	备注
1	SQJZDXBH	C20	社区矫正对象编号	是	—
2	WGLX	C20	违法违规类型	是	—
3	WGSJ	DT	违法违规时间	是	—
4	WGXQ	C500	违法违规详情	是	—

续表

返回结果格式

<RESULT>
<STATE>返回状态</STATE>
<DESC>描述信息</DESC>
</RESULT>

返回结果说明

序号	参数	参数类型	参数名称	备注
1	STATE	TN	返回状态	—
2	DESC	C50	描述信息	—

10.3.1.43 社区矫正期间再犯罪信息

表144规定了社区矫正期间再犯罪信息数据交换接口。

表144 社区矫正期间再犯罪信息数据交换接口

请求格式

<REQUEST>
<USER></USER>
<PASSWORD></PASSWORD>
<CONDITION>
<SQJZDXBH>社区矫正对象编号</SQJZDXBH>
<ZM>再犯罪罪名</ZM>
<ZFZXF>再犯罪刑罚</ZFZXF>
<FJX>附加刑</FJX>
<FZRQ>犯罪日期</FZRQ>
<FXDW>服刑单位</FXDW>
<XQKSRQ>刑期开始日期</XQKSRQ>
<XQJSRQ>刑期结束日期</XQJSRQ>
<ZCJG>侦查机关</ZCJG>
<BCQQZCSSJ>被采取强制措施时间</BCQQZCSSJ>
<PJJG>判决机关</PJJG>
<BZ>备注</BZ>
</CONDITION>
</REQUEST>

续表

请求参数说明					
序号	参数	参数类型	参数名称	是否必备	备注
1	SQJZDXBH	C20	社区矫正对象编号	是	—
2	ZM	C50	再犯罪罪名	是	—
3	YPXF	C2	再犯罪刑罚	是	—
4	FJX	C20	附加刑	否	—
5	FZRQ	D	犯罪日期	是	—
6	FXDW	C50	服刑单位	是	—
7	XQKSRQ	D	刑期开始日期	是	—
8	XQJSRQ	D	刑期结束日期	是	—
9	ZCJG	C50	侦查机关	是	—
10	BCQQZCSSJ	D	被采取强制措施时间	是	—
11	PJJG	C50	判决机关	是	—
12	BZ	C500	备注	否	—

返回结果格式

```
<RESULT>
    <STATE>返回状态</STATE>
    <DESC>描述信息</DESC>
</RESULT>
```

返回结果说明				
序号	参数	参数类型	参数名称	备注
1	STATE	TN	返回状态	—
2	DESC	C50	描述信息	—

10.3.1.44 矫正解除(终止)信息

表 145 规定了矫正解除(终止)信息数据交换接口。

表 145　矫正解除(终止)信息数据交换接口

请求格式

```
< REQUEST >
    < USER > </USER >
    < PASSWORD > </PASSWORD >
    < CONDITION >
        < SQJZDXBH >社区矫正对象编号 </SQJZDXBH >
        < JJLX >解除矫正类型 </JJLX >
        < ZZJZLX >终止矫正类型 </ZZJZLX >
        < JJRQ >解除(终止)矫正日期 </JJRQ >
        < SFSJ >是否收监 </SFSJ >
        < SJZXLX >收监执行类型 </SJZXLX >
        < SJZXRQ >收监执行日期 </SJZXRQ >
        < CXHXSJZXYY >撤销缓刑收监执行原因 </CXHXSJZXYY >
        < CXJSSJZXYY >撤销假释收监执行原因 </CXJSSJZXYY >
        < SJZXYY >收监执行原因 </SJZXYY >
        < SWSJ >死亡日期 </SWSJ >
        < SWLX >死亡类型 </SWLX >
        < JTSY >具体死因 </JTSY >
        < JZQJBX >矫正期间表现 </JZQJBX >
        < RZTD >认罪态度 </RZTD >
        < SFCJZYJNPX >矫正期间是否参加职业技能培训 </SFCJZYJNPX >
        < SFHDZYJNZS >矫正期间是否获得职业技能证书 </SFHDZYJNZS >
        < JSTCJDJ >技术特长及等级 </JSTCJDJ >
        < WXXPG >危险性评估 </WXXPG >
        < JTLXQK >家庭联系情况 </JTLXQK >
    </CONDITION >
</REQUEST >
```

请求参数说明

序号	参数	参数类型	参数名称	是否必备	备注
1	SQJZDXBH	C20	社区矫正对象编号	是	—
2	JCJZLX	C2	解除矫正类型	否	—
3	ZZJZLX	C2	终止矫正类型	否	—

续表

序号	参数	参数类型	参数名称	是否必备	备注
4	JJRQ	D	解除(终止)矫正日期	是	—
5	SFSJ	TN	是否收监	否	“终止矫正类型”非空时必填
6	SJZXLX	C2	收监执行类型	否	“是否收监”为“是”时必填
7	SJZXRQ	D	收监执行日期	否	—
8	CXHXSJZXYY	C2	撤销缓刑收监执行原因	否	—
9	CXJSSJZXYY	C2	撤销假释收监执行原因	否	—
10	SJZXYY	C2	收监执行原因	否	—
11	SWSJ	D	死亡日期	否	—
12	SWLX	C2	死亡类型	否	—
13	JTSY	C500	具体死因	否	—
14	JZQJBX	C2	矫正期间表现	是	—
15	RZTD	C2	认罪态度	是	—
16	SFCJZYJNPX	TN	矫正期间是否参加职业技能培训	是	—
17	SFHDZYJNZS	TN	矫正期间是否获得职业技能证书	是	—
18	JSTCJDJ	C500	技术特长及等级	否	—
19	WXXPG	C2	危险性评估	M	—
20	JTLXQK	C2	家庭联系情况	M	—

续表

返回结果格式

```xml
<RESULT>
    <STATE>返回状态</STATE>
    <DESC>描述信息</DESC>
</RESULT>
```

返回结果说明

序号	参数	参数类型	参数名称	备注
1	STATE	TN	返回状态	—
2	DESC	C50	描述信息	—

10.3.1.45 刑期变动情况信息

表146规定了刑期变动情况信息数据交换接口。

表146 刑期变动情况信息数据交换接口

请求格式

```xml
<REQUEST>
    <USER></USER>
    <PASSWORD></PASSWORD>
    <CONDITION>
        <SQJZDXBH>社区矫正对象编号</SQJZDXBH>
        <BDRQ>变动日期</BDRQ>
        <BDFD>变动幅度</BDFD>
        <BDYY>变动原因</BDYY>
    </CONDITION>
</REQUEST>
```

请求参数说明

序号	参数	参数类型	参数名称	是否必备	备注
1	SQJZDXBH	C20	社区矫正对象编号	是	—
2	BDRQ	D	变动日期	是	—

续表

序号	参数	参数类型	参数名称	是否必备	备注
3	BDFD	C500	变动幅度	是	—
4	BDYY	C500	变动原因	是	—

返回结果格式

<RESULT>
    <STATE>返回状态</STATE>
    <DESC>描述信息</DESC>
</RESULT>

返回结果说明

序号	参数	参数类型	参数名称	备注
1	STATE	TN	返回状态	—
2	DESC	C50	描述信息	—

10.3.1.46　漏罪或再犯罪有关情况信息

表 147 规定了漏罪或再犯罪有关情况信息数据交换接口。

表 147　漏罪或再犯罪有关情况信息数据交换接口

请求格式

<REQUEST>
    <USER></USER>
    <PASSWORD></PASSWORD>
    <CONDITION>
        <SQJZDXBH>社区矫正对象编号</SQJZDXBH>
        <SSFZLX>所涉犯罪类型</SSFZLX>
        <ZCJG>侦查机关</ZCJG>
        <BCQQZCSSJ>被采取强制措施时间</BCQQZCSSJ>
        <SPJG>审判机关</SPJG>
        <ZM>罪名</ZM>
        <XQ>刑期</XQ>
    </CONDITION>
</REQUEST>

续表

请求参数说明					
序号	参数	参数类型	参数名称	是否必备	备注
1	SQJZDXBH	C20	社区矫正对象编号	是	—
2	SSFZLX	C50	所涉犯罪类型	是	—
3	ZCJG	C50	侦查机关	否	—
4	BCQQZCSSJ	D	被采取强制措施时间	是	—
5	SPJG	C50	审判机关	否	—
6	ZM	C50	罪名	是	—
7	XQ	C100	刑期	是	—

返回结果格式

< RESULT >
< STATE > 返回状态 < /STATE >
< DESC > 描述信息 < /DESC >
< /RESULT >

返回结果说明				
序号	参数	参数类型	参数名称	备注
1	STATE	TN	返回状态	—
2	DESC	C50	描述信息	—

10.3.1.47　通知或通报信息

表 148 规定了通知或通报信息数据交换接口。

表 148　通知或通报信息数据交换接口

请求格式

```
<REQUEST>
    <USER></USER>
    <PASSWORD></PASSWORD>
    <CONDITION>
        <JGBM>省司法厅机构编码</JGBM>
    </CONDITION>
</REQUEST>
```

请求参数说明

序号	参数	参数类型	参数名称	是否必备	备注
1	JGBM	C20	省司法厅机构编码	是	—

返回结果格式

```
<RESULT>
    <STATE>返回状态</STATE>
    <DESC>描述信息</DESC>
    <LIST>
        <DATA>
            <ID>每条信息的唯一标识</ID>
            <XXBT>信息标题</XXBT>
            <XXNR>信息内容</XXNR>
            <FBSJ>发布时间</FBSJ>
            <FBZ><发布者</FBZ>
            <FJXX>
                <FJ>
                    <MC>附件名称</MC>
                    <LX>附件类型</LX>
                    <NR>附件内容</NR>
                </FJ>
                ……
            </FJXX>
        </DATA>
```

续表

…… </LIST> </RESULT>				
返回结果说明				
序号	参数	参数类型	参数名称	备注
1	STATE	TN	返回状态	—
2	DESC	C50	描述信息	—
3	ID	C32	信息 ID	—
4	XXBT	C100	信息标题	—
5	XXNR	C500	信息内容	—
6	FBSJ	D	发布时间	—
7	FBZ	C20	发布者	—
8	FJXX	CB	附件信息	是
9	FJ	CB	附件	是
10	MC	C100	附件名称	否
11	LX	C10	附件类型	否
12	NR	CB	附件内容	否

10.3.1.48 通知或通报签收状态

表 149 规定了通知或通报签收状态信息数据交换接口。

表 149　通知或通报签收状态信息数据交换接口

请求格式

```
<REQUEST>
    <USER></USER>
    <PASSWORD></PASSWORD>
    <CONDITION>
        <ID>已签收信息 ID</ID>
        <QSZT>签收状态</QSZT>
        <QSSJ>签收时间</QSSJ>
        <QSZ>签收者</QSZ>
    </CONDITION>
</REQUEST>
```

请求参数说明

序号	参数	参数类型	参数名称	是否必备	备注
1	ID	C32	已签收信息 ID	是	—
2	QSZT	DT	签收状态	是	—
3	QSSJ	D	签收时间	是	—
4	QSZ	C20	签收者	是	—

返回结果格式

```
<RESULT>
    <STATE>返回状态</STATE>
    <DESC>描述信息</DESC>
</RESULT>
```

返回结果说明

序号	参数	参数类型	参数名称	备注
1	STATE	TN	返回状态	—
2	DESC	C50	描述信息	—

10.3.1.49　动态信息上报

表 150 规定了动态信息上报数据交换接口。

表 150　动态信息上报数据交换接口

请求格式

```
<REQUEST>
    <USER></USER>
    <PASSWORD></PASSWORD>
    <CONDITION>
        <ID>信息上报 ID</ID>
        <XXBT>信息标题</XXBT>
        <XXNR>信息内容</XXNR>
        <SBSJ>上报时间</SBSJ>
        <SBDW>上报单位</SBDW>
        <SBR>上报人</SBR>
        <FJXX>
            <FJ>
                <MC>附件名称</MC>
                <LX>附件类型</LX>
                <NR>附件内容</NR>
            </FJ>
            ...
        </FJXX>
    </CONDITION>
</REQUEST>
```

请求参数说明

序号	参数	参数类型	参数名称	是否必备	备注
1	ID	C32	上报信息 ID	是	—
2	XXBT	C100	信息标题	是	—
3	XXNR	C500	信息内容	否	—
4	SBSJ	DT	上报时间	是	—
5	SBDW	C50	上报单位	是	—

续表

序号	参数	参数类型	参数名称	是否必备	备注
6	SBR	C20	上报人	是	—
7	FJXX	CB	附件信息	是	附件信息
8	FJ	CB	附件	是	—
9	MC	C100	附件名称	否	—
10	LX	C10	附件类型	否	—
11	NR	CB	附件内容	否	—

返回结果格式

```
<RESULT>
        <STATE>返回状态</STATE>
        <DESC>描述信息</DESC>
</RESULT>
```

返回结果说明

序号	参数	参数类型	参数名称	备注
1	STATE	TN	返回状态	—
2	DESC	C50	描述信息	—

10.3.1.50　动态信息签收状态

表 151 规定了动态信息签收状态数据交换接口。

表 151　动态信息签收状态数据交换接口

请求格式

```
<REQUEST>
        <USER></USER>
        <PASSWORD></PASSWORD>
        <CONDITION>
                <ID>已签收信息 ID</ID>
        </CONDITION>
</REQUEST>
```

续表

<table>
<tr><td colspan="6">请求参数说明</td></tr>
<tr><td>序号</td><td>参数</td><td>参数类型</td><td>参数名称</td><td>是否必备</td><td>备注</td></tr>
<tr><td>1</td><td>ID</td><td>C32</td><td>已签收信息 ID</td><td>是</td><td>对应已签收信息 ID</td></tr>
<tr><td colspan="6">返回结果格式</td></tr>
<tr><td colspan="6"><RESULT>
<STATE>返回状态</STATE>
<DESC>描述信息</DESC>
<LIST>
<DATA>
<ID>已签收信息 ID</ID>
<QSZT>签收状态</QSZT>
<QSSJ>签收时间</QSSJ>
<QSZ>签收者</QSZ>
</DATA>
</LIST>
</RESULT></td></tr>
</table>

<table>
<tr><td colspan="5">返回结果说明</td></tr>
<tr><td>序号</td><td>参数</td><td>参数类型</td><td>参数名称</td><td>备注</td></tr>
<tr><td>1</td><td>STATE</td><td>TN</td><td>返回状态</td><td>—</td></tr>
<tr><td>2</td><td>DESC</td><td>C50</td><td>描述信息</td><td>—</td></tr>
<tr><td>3</td><td>ID</td><td>C32</td><td>已签收信息 ID</td><td>—</td></tr>
<tr><td>4</td><td>QSZT</td><td>TN</td><td>签收状态</td><td>—</td></tr>
<tr><td>5</td><td>QSSJ</td><td>DT</td><td>签收时间</td><td>—</td></tr>
<tr><td>6</td><td>QSZ</td><td>C20</td><td>签收者</td><td>—</td></tr>
</table>

10.3.1.51　社区矫正突发事件上报

表 152 规定了社区矫正突发事件上报信息数据交换接口。

表 152　社区矫正突发事件上报信息数据交换接口

请求格式

```
<REQUEST>
    <USER></USER>
    <PASSWORD></PASSWORD>
    <CONDITION>
        <ID>突然事件 ID</ID>
        <FSSJ>发生时间</FSSJ>
        <TFSJFSDD>突发事件发生地点</TFSJFSDD>
        <X>突发事件经度</X>
        <Y>突发事件维度</Y>
        <SQJZRYXM>社区矫正对象姓名</SQJZRYXM>
        <SQJZRYBM>社区矫正对象编码</SQJZRYBM>
        <TFSJMS>突发事件描述</TFSJMS>
        <SFTMC>司法厅(局)名称</SFTMC>
        <SBRMC>上报人名称</SBRMC>
        <SBSJ>上报时间</SBSJ>
    </CONDITION>
</REQUEST>
```

请求参数说明

序号	参数	参数类型	参数名称	是否必备	备注
1	ID	C32	突然事件 ID	是	—
2	FSSJ	DT	发生时间	是	—
3	TFSJFSDD	C500	突发事件发生地点	是	—
4	X	C10	突发事件经度	否	CGCS 坐标系,精确到小数点后 4 位
5	Y	C10	突发事件维度	否	CGCS 坐标系,精确到小数点后 4 位

续表

序号	参数	参数类型	参数名称	是否必备	备注
6	SQJZRYXM	C20	社区矫正对象姓名	是	—
7	SQJZRYBM	C20	社区矫正对象编码	是	—
8	TFSJMS	C1500	突发事件描述	是	—
9	SFTMC	C50	司法厅(局)名称	是	—
10	SBRMC	C20	上报人名称	是	—
11	SBSJ	DT	上报时间	是	—

返回结果格式

```
<RESULT>
    <STATE>返回状态</STATE>
    <DESC>描述信息</DESC>
    <LIST>
        <DATA>
            <ID>已签收信息 ID</ID>
            <QSZT>签收状态</QSZT>
            <QSSJ>签收时间</QSSJ>
            <QSZ>签收者</QSZ>
        </DATA>
    </LIST>
</RESULT>
```

返回结果说明

序号	参数	参数类型	参数名称	备注
1	STATE	TN	返回状态	—
2	DESC	C50	描述信息	—

10.3.1.52 突发事件动态信息

表 153 规定了突发事件动态信息数据交换接口。

表 153　突发事件动态信息数据交换接口

请求格式

```
< REQUEST >
        < USER > </USER >
        < PASSWORD > </PASSWORD >
        < CONDITION >
        < ID > 对应突然事件 ID </ID >
                < DTXXMS > 动态信息描述 </DTXXMS >
                < TFSJDQZT > 突发事件当前状态 </TFSJDQZT >
                < SFTMC > 司法厅(局)名称 </SFTMC >
                < SBRMC > 上报人名称 </SBRMC >
                < SBSJ > 上报时间 </SBSJ >
        </CONDITION >
</REQUEST >
```

请求参数说明

序号	参数	参数类型	参数名称	是否必备	备注
1	ID	C32	突然事件 ID	是	对应突发事件 ID
2	DTXXMS	C100	动态信息描述	是	—
3	TFSJDQZT	C2	突发事件当前状态	是	—
4	SFTMC	C50	司法厅(局)名称	是	—
5	SBRMC	C20	上报人名称	是	—
6	SBSJ	DT	上报时间	是	—

返回结果格式

```
< RESULT >
        < STATE > 返回状态 </STATE >
        < DESC > 描述信息 </DESC >
</RESULT >
```

续表

返回结果说明				
序号	参数	参数类型	参数名称	备注
1	STATE	TN	返回状态	—
2	DESC	C50	描述信息	—

10.3.1.53　重点社区矫正对象定位信息

表154规定了重点社区矫正对象定位信息数据交换接口。

表154　重点社区矫正对象定位信息数据交换接口

请求格式

```
<REQUEST>
    <USER></USER>
    <PASSWORD></PASSWORD>
    <CONDITION>
    <SQJZDXBH>社区矫正对象编号</SQJZDXBH>
        <DWHM>定位号码</DWHM>
        <JD>经度</JD>
        <WD>纬度</WD>
        <DWDDWZMC>定位地点位置名称</DWDDWZMC>
        <DWZT>定位状态</DWZT>
        <DWSJ>定位时间</DWSJ>
        <FWS>服务提供商</FWS>
    </CONDITION>
</REQUEST>
```

请求参数说明					
序号	参数	参数类型	参数名称	是否必备	备注
1	SQJZDXBH	C50	社区矫正对象编号	是	—
2	DWHM	C18	定位号码	是	—
3	JD	N8	经度	是	—

续表

序号	参数	参数类型	参数名称	是否必备	备注
4	WD	N8	纬度	是	—
5	DWDDWZMC	C50	定位地点位置名称	否	—
6	DWZT	TN	定位状态	是	—
7	DWSJ	DT	定位时间	是	—
8	FWS	TN	服务提供商	是	—
返回结果格式					
<RESULT> <STATE>返回状态</STATE> <DESC>描述信息</DESC> </RESULT>					
返回结果说明					

序号	参数	参数类型	参数名称	备注
1	STATE	TN	返回状态	—
2	DESC	C50	描述信息	—

10.3.1.54　社区矫正对象跨省执行地变更信息

表155规定了社区矫正对象跨省执行地变更信息数据交换接口。

表155　社区矫正对象跨省执行地变更信息数据交换接口

请求格式
<REQUEST> <USER></USER> <PASSWORD></PASSWORD> <CONDITION> <SQJZDXBH>社区矫正对象编号</SQJZDXBH> <SQSJ>申请时间</SQSJ>

续表

<QRDSZS>迁入地所在省(区、市)</QRDSZS>
<QRDSZD>迁入地所在地(市、州)</QRDSZD>
<QRDSZX>迁入地所在县(市、区)</QRDSZX>
<QRDXZ>迁入地(乡镇、街道)</QRDXZ>
<QRDMX>迁入地明细</QRDMX>
<BGLY>变更理由</BGLY>
<SFSSHR>受委托的司法所审核人</SFSSHR>
<SFSSHSJ>受委托的司法所审核时间</SFSSHSJ>
<SFSSHYJ>受委托的司法所审核意见</SFSSHYJ>
<XJSQJZJGSPR>社区矫正机构审批人</XJSQJZJGSPR>
<XJSQJZJGSPSJ>社区矫正机构审批时间</XJSQJZJGSPSJ>
<XJSQJZJGSPYJ>社区矫正机构审批意见</XJSQJZJGSPYJ>
<XJSQJZJGSPJG>社区矫正机构审批结果</XJSQJZJGSPJG>
</CONDITION>
</REQUEST>

请求参数说明

序号	参数	参数类型	参数名称	是否必备	备注
1	SQJZDXBH	C20	社区矫正对象编号	是	—
2	SQSJ	DT	申请时间	是	—
3	QRDSZS	C20	迁入地所在省(区、市)	是	跨省转出时迁入地为非本省(区、市)AREAID
4	QRDSZD	C20	迁入地所在地(市、州)	是	—
5	QRDSZX	C20	迁入地所在县(市、区)	是	—

续表

序号	参数	参数类型	参数名称	是否必备	备注
6	QRDXZ	C20	迁入地（乡镇、街道）	是	—
7	QRDMX	C50	迁入地明细	是	—
8	BGLY	C500	变更理由	是	—
9	SFSSHR	C20	受委托的司法所审核人	是	—
10	SFSSHSJ	DT	受委托的司法所审核时间	是	—
11	SFSSHYJ	C500	受委托的司法所审核意见	是	—
12	XJSQJZJGSPR	C20	社区矫正机构审批人	是	—
13	XJSQJZJGSPSJ	DT	社区矫正机构审批时间	是	—
14	XJSQJZJGSPYJ	C500	社区矫正机构审批意见	是	—
15	XJSQJZJGSPJG	C20	社区矫正机构审批结果	是	—
返回结果格式					
<RESULT> <STATE>返回状态</STATE> <DESC>描述信息</DESC> </RESULT>					

续表

返回结果说明				
序号	参数	参数类型	参数名称	备注
1	STATE	TN	返回状态	—
2	DESC	C50	描述信息	—

10.3.1.55　社区矫正对象跨省执行地变更转入信息

表156规定了社区矫正对象跨省执行地变更转入信息数据交换接口。

表156　社区矫正对象跨省执行地变更转入信息数据交换接口

请求格式

```
<REQUEST>
    <USER> </USER>
    <PASSWORD> </PASSWORD>
    <CONDITION>
        <JGBM>省司法厅机构编码</JGBM>
    </CONDITION>
</REQUEST>
```

请求参数说明					
序号	参数	参数类型	参数名称	是否必备	备注
1	JGBM	C20	省司法厅(局)机构编码	是	—

续表

返回结果格式

```
<RESULT>
        <STATE>返回状态</STATE>
        <DESC>描述信息</DESC>
        <LIST>
                <SQJZDXBH>社区矫正对象编号</SQJZDXBH>
                ……
        </LIST>
</RESULT>
```

返回结果说明

序号	参数	参数类型	参数名称	备注
1	STATE	TN	返回状态	—
2	DESC	C50	描述信息	—
3	SQJZDXBH	C18	社区矫正对象编号	—

10.3.1.56 跨省执行地变更社区矫正对象信息

表157规定了跨省执行地变更社区矫正对象信息数据交换接口。

表157 跨省执行地变更社区矫正对象信息数据交换接口

请求格式

```
<REQUEST>
        <USER></USER>
        <PASSWORD></PASSWORD>
        <CONDITION>
                <SQJZDXBH>社区矫正对象编号</SQJZDXBH>
        </CONDITION>
</REQUEST>
```

续表

<table>
<tr><td colspan="6">请求参数说明</td></tr>
<tr><td>序号</td><td>参数</td><td>参数类型</td><td>参数名称</td><td>是否必备</td><td>备注</td></tr>
<tr><td>1</td><td>SQJZDXBH</td><td>C18</td><td>社区矫正对象编号</td><td>是</td><td>—</td></tr>
<tr><td colspan="6">返回结果格式</td></tr>
</table>

```
<RESULT>
    <STATE>返回状态</STATE>
    <DESC>描述信息</DESC>
    <LIST>
        <DATA>
            <SQJZDXBH>社区矫正对象编号</SQJZDXBH>
            <JZJGBM>执行地社区矫正机构编码</JZJGBM>
            <SWTSFSBM>受委托的司法所机构编码</SWTSFSBM>
            <SFDCPG>是否调查评估</SFDCPG>
            <DCPGYJ>调查评估意见</DCPGYJ>
            <DCYJCXQK>调查意见采信情况</DCYJCXQK>
            <JZLB>矫正类别</JZLB>
            <SFCN>是否成年</SFCN>
            <WCN>未成年</WCN>
            <XM>姓名</XM>
            <CYM>曾用名</CYM>
            <XB>性别</XB>
            <MZ>民族</MZ>
            <GJ>国籍</GJ>
            <SFZHM>身份证号码</SFZHM>
            <CSRQ>出生日期</CSRQ>
            <YWGATSFZJ>有无港澳台身份证</YWGATSFZJ>
            <GATSFZLX>港澳台身份证类型</GATSFZLX>
            <GATSFZHM>港澳台身份证号码</GATSFZHM>
            <YWHZ>有无护照</YWHZ>
            <HZHM>护照号码</HZHM>
            <HZBCZT>护照保存状态</HZBCZT>
            <YWGATTXZ>有无港澳通行证</YWGATTXZ>
            <GATTXZHM>港澳通行证号码</GATTXZHM>
```

续表

	<GATTXZBCZT>港澳通行证保存状态</GATTXZBCZT> <YWTWTXZ>有无台湾通行证</YWTWTXZ> <TWTXZHM>台湾通行证号码</TWTXZHM> <TWTXZBCZT>台湾通行证保存状态</TWTXZBCZT> <YWGAJMWLNDTXZ>有无港澳居民往来内地通行证</YWGAJMWLNDTXZ> <GAJMWLNDTXZ>港澳居民往来内地通行证号码</GAJMWLNDTXZ> <GAJMWLNDTXZBCZT>港澳居民往来内地通行证保存状态</GAJMWLNDTXZBCZT> <YWTBZ>有无台胞证</YWTBZ> <TBZHM>台胞证号码</TBZHM> <TBZBCZT>台胞证保存状态</TBZBCZT> <ZYJWZXRYSTZK>暂予监外执行人员身体状况</ZYJWZXRYSTZK> <ZHJZYY>最后就诊医院</ZHJZYY> <SFYJSB>有无有精神病</SFYJSB> <JDJG>鉴定机构</JDJG> <SFYCRB>有无传染病</SFYCRB> <JTCRB>具体传染病</JTCRB> <WHCD>文化程度</WHCD> <HYZK>婚姻状况</HYZK> <PQZY>捕前职业</PQZY> <JYJXQK>就业就学情况</JYJXQK> <XZZMM>现政治面貌</XZZMM> <YZZMM>原政治面貌</YZZMM> <YGZDW>原工作单位</YGZDW> <XGZDW>现工作单位</XGZDW> <DWLXDH>单位联系电话</DWLXDH> <GRLXDH>个人联系电话</GRLXDH> <YXJTCYJZYSHGX>有无家庭成员及主要社会关系</YXJTCYJZYSHGX> <ZP>照片</ZP> <HJDSFYJZDXT>户籍地是否与居住地相同</HJDSFYJZDXT> <GDJZDSZS>经常居住地所在省(区、市)</GDJZDSZS>

续表

< GDJZDSZD >经常居住地所在地(市、州) </GDJZDSZD >
< GDJZDSZXQ >经常居住地所在县(市、区) </GDJZDSZXQ >
< GDJZDXZ >经常居住地(乡镇、街道) </GDJZDXZ >
< GDJZDMX >经常居住地明细 </GDJZDMX >
< GUOJIA >国家 </GUOJIA >
< HJSZS >户籍所在省(区、市) </HJSZS >
< HJSZDS >户籍所在地(市、州) </HJSZDS >
< HJSZXQ >户籍所在县(市、区) </HJSZXQ >
< HJSZDXZ >户籍所在地(乡镇、街道) </HJSZDXZ >
< HJSZDMX >户籍所在地明细 </HJSZDMX >
< SFSWRY >是否三无人员 </SFSWRY >
< SQJZJDJG >社区矫正决定机关 </SQJZJDJG >
< SQJZJDJGMC >社区矫正决定机关名称 </SQJZJDJGMC >
< ZXTZSWH >执行通知书文号 </ZXTZSWH >
< ZXTZSRQ >执行通知书日期 </ZXTZSRQ >
< JFZXRQ >交付执行日期 </JFZXRQ >
< YJZFJG >移交罪犯机关 </YJZFJG >
< YJZFJGMC >移交罪犯机关名称 </YJZFJGMC >
< SFYQK >是否有前科劣迹 </SFYQK >
< SFLF >是否累犯 </SFLF >
< QKLX >前科劣迹类型 </QKLX >
< ZYFZSS >主要犯罪事实 </ZYFZSS >
< SQJZQX >社区矫正期限 </SQJZQX >
< SQJZKSRQ >社区矫正开始日期 </SQJZKSRQ >
< SQJZJSRQ >社区矫正结束日期 </SQJZJSRQ >
< FZLX >犯罪类型 </FZLX >
< JTZM >具体罪名 </JTZM >
< GZQX >管制期限 </GZQX >
< HXKYQX >缓刑考验期限 </HXKYQX >
< SFSZBF >是否数罪并罚 </SFSZBF >
< YPXF >原判刑罚 </YPXF >
< PJJG >判决结果 </PJJG >
< YPXQ >原判刑期 </YPXQ >
< YPXQKSRQ >原判刑期开始日期 </YPXQKSRQ >
< YPXQJSRQ >原判刑期结束日期 </YPXQJSRQ >
< YQTXQX >有期徒刑期限 </YQTXQX >

续表

```
            <FJX>附加刑</FJX>
            <SFWD>是否“五独”</SFWD>
            <SFWS>是否“五涉”</SFWS>
            <SFYSS>是否有“四史”</SFYSS>
            <SFBXGJZL>是否被宣告禁止令</SFBXGJZL>
            <JZLNR>禁止令内容</JZLNR>
            <JZLKSRQ>禁止令开始日期</JZLKSRQ>
            <JZLJSRQ>禁止令结束日期</JZLJSRQ>
            <SQJZRYJSRQ>社区矫正对象接收日期</SQJZRYJSRQ>
            <SQJZRYJSFS>社区矫正对象接收方式</SQJZRYJSFS>
            <BDQK>报到情况</BDQK>
            <WASBDQKSM>未按时报到情况说明</WASBDQKSM>
            <SFJLJZXZ>是否建立矫正小组</SFJLJZXZ>
            <JZXZRYZCQK>矫正小组人员组成情况</JZXZRYZCQK>
            <SFCYXXHHC>是否信息化核查</SFCYXXHHC>
            <XXHHCFS>信息化核查方式</XXHHCFS>
            <DWHM>信息化核查号码</DWHM>
            <SFSYDZDWZZ>是否采用电子定位装置</SFSYDZDWZZ>
            <DZDWZZHM>电子定位装置号码</DZDWZZHM>
            <SFTG>是否脱管</SFTG>
            <JCQK>奖惩情况</JCQK>
            <BZ>备注</BZ>
        </DATA>
    </LIST>
</RESULT>
```

返回结果说明

序号	参数	参数类型	参数名称	备注
1	STATE	TN	返回状态	—
2	DESC	C50	描述信息	—
3	SQJZDXBH	C20	社区矫正对象编号	—

续表

序号	参数	参数类型	参数名称	备注
4	JZJGBM	C18	执行地社区矫正机构编码	—
5	SWTSFSBM	C18	受委托的司法所机构编码	—
6	SFDCPG	TN	是否调查评估	—
7	DCPGYJ	C50	调查评估意见	“是否调查评估”为“是”必填
8	DCYJCXQK	C2	调查评估意见采信情况	—
9	JZLB	C2	矫正类别	—
10	SFCN	TN	是否成年	—
11	WCN	C2	未成年	—
12	XM	C20	姓名	—
13	CYM	C20	曾用名	—
14	XB	C2	性别	—
15	MZ	C20	民族	—
16	GJ	C2	国籍	—
17	SFZHM	C18	身份证号码	有身份证号码时必填,无身份证号码时填“不详”
18	CSRQ	D	出生日期	—
19	YWGATSFZJ	TN	有无港澳台身份证件	—

续表

序号	参数	参数类型	参数名称	备注
20	GATSFZJLX	TN	港澳台身份证件类型	—
21	GATSFZJHM	C20	港澳台身份证件号码	—
22	YWHZ	TN	有无护照	—
23	HZHM	C20	护照号码	“有无护照”为“有”时必填
24	HZBCZT	C2	护照保存状态	—
25	YWGATTXZ	TN	有无港澳通行证	—
26	GATTXZHM	C20	港澳通行证号码	有港澳通行证时必填
27	GATTXZBCZT	C2	港澳通行证保存状态	有港澳通行证时必填
28	YWTWTXZ	TN	有无台湾通行证	—
29	TWTXZHM	C20	台湾通行证号码	有台湾通行证时必填
30	TWTXZBCZT	C2	台湾通行证保存状态	有台湾通行证时必填
31	YWGAJMW-LNDTXZ	TN	有无港澳居民往来内地通行证	—

续表

序号	参数	参数类型	参数名称	备注
32	GAJMWL-NDTXZ	C20	港澳居民往来内地通行证号码	有港澳居民往来内地通行证时必填
33	GAJMWLND-TXZBCZT	TN	港澳居民往来内地通行证保存状态	有港澳居民往来内地通行证时必填
34	YWTBZ	TN	有无台胞证	—
35	TBZHM	C20	台胞证号码	有台胞证时必填
36	TBZBCZT	TN	台胞证保存状态	有台胞证时必填
37	ZYJWZXR-YSTZK	C20	暂予监外执行人员身体状况	矫正类型为“暂予监外执行”时必填
38	ZHJZYY	C50	最后就诊医院	矫正类型为“暂予监外执行”时必填
39	SFYJSB	TN	有无精神病	—
40	JDJG	C50	鉴定机构	有精神病必填
41	SFYCRB	TN	有无传染病	—
42	JTCRB	C100	具体传染病	有传染病时必填
43	WHCD	C20	文化程度	—
44	HYZK	C20	婚姻状况	—
45	PQZY	C50	捕前职业	—
46	JYJXQK	C20	就业就学情况	—
47	XZZMM	C20	现政治面貌	—
48	YZZMM	C20	原政治面貌	—

续表

序号	参数	参数类型	参数名称	备注
49	YGZDW	C100	原工作单位	
50	XGZDW	C100	现工作单位	—
51	DWLXDH	C40	单位联系电话	—
52	GRLXDH	C18	个人联系电话	—
53	YXJTCYJZ-YSHGX	TN	有无家庭成员及主要社会关系	—
54	ZP	BB	照片	照片为正面免冠二寸彩色证件照,分辨率为 295 × 413, ≤100KB,格式为. jpg
55	HJDSFYJZDXT	TN	户籍地是否与居住地相同	—
56	GDJZDSZS	C20	经常居住地所在省(区、市)	—
57	GDJZDSZDS	C20	经常居住地所在地(市、州)	—
58	GDJZDSZXQ	C20	经常居住地所在县(市、区)	—
59	GDJZD	C20	经常居住地(乡镇、街道)	—
60	GDJZDMX	C100	经常居住地明细	—

续表

序号	参数	参数类型	参数名称	备注
61	GUOJIA	C20	国家	—
62	HJSZS	C20	户籍所在省(区、市)	行政区划接口中的AREAID,国籍为外国籍、无国籍时此项为非填
63	HJSZDS	C20	户籍所在地(市、州)	行政区划接口中的AREAID,国籍为外国籍、无国籍时此项为非填
64	HJSZXQ	C20	户籍所在县(市、区)	行政区划接口中的AREAID,国籍为外国籍、无国籍时此项为非填
65	HJSZD	C20	户籍所在地(乡镇、街道)	行政区划接口中的AREAID,国籍为外国籍、无国籍时此项为非填
66	HJSZDMX	C100	户籍所在地明细	外国籍、无国籍时此项为非填
67	SFSWRY	TN	是否三无人员	—
68	SQJZJDJG	C2	社区矫正决定机关	—
69	SQJZJDJGMC	C50	社区矫正决定机关名称	—
70	ZXTZSWH	C100	执行通知书文号	—

续表

序号	参数	参数类型	参数名称	备注
71	ZXTZSRQ	D	执行通知书日期	—
72	JFZXRQ	D	交付执行日期	—
73	YJZFJG	C20	移交罪犯机关	矫正类别为“暂予监外执行”必填
74	YJZFJGMC	C50	移交罪犯机关名称	移交罪犯机关不为空时必填
75	SFYQK	TN	是否有前科劣迹	—
76	SFLF	TN	是否累犯	—
77	QKLX	C20	前科劣迹类型	有前科劣迹时必填
78	ZYFZSS	C1000	主要犯罪事实	—
79	SQJZQX	C20	社区矫正期限	—
80	SQJZKSRQ	D	社区矫正开始日期	—
81	SQJZJSRQ	D	社区矫正结束日期	暂予监外执行社矫对象可为空
82	FZLX	C20	犯罪类型	多个犯罪类型用英文“,”分割
83	JTZM	C50	罪名	数罪并罚用英文“,”分割
84	GZQX	C2	管制期限	矫正类别为“管制时”必填

续表

序号	参数	参数类型	参数名称	备注
85	HXKYQX	C2	缓刑考验期限	矫正类别为“缓刑时”必填
86	SFSZBF	TN	是否数罪并罚	—
87	YPXF	C2	原判刑罚	矫正类别为“假释”和“暂予监外执行”时必填
88	PJJG	C200	判决结果	—
89	YPXQ	C200	原判刑期	当原判刑罚不为空时必填
90	YPXQKSRQ	D	原判刑期开始日期	当原判刑期不为空时必填
91	YPXQJSRQ	D	原判刑期结束日期	当原判刑期不为空时必填
92	YQTXQX	C2	有期徒刑期限	—
93	FJX	C20	附加刑	英文“,”分隔
94	SFWD	C20	是否“五独”	—
95	SFWS	C20	是否“五涉”	—
96	SFYSS	C20	是否有“四史”	多个选项时,采用英文“,”分隔
97	SFBXGJZL	TN	是否被宣告禁止令	—
98	JZLNR	C500	禁止令内容	“是否被宣告禁止令”为“是”时必填

续表

序号	参数	参数类型	参数名称	备注
99	JZLKSRQ	D	禁止令开始日期	“是否被宣告禁止令”为“是”时必填
100	JZLJSRQ	D	禁止令结束日期	“是否被宣告禁止令”为“是”时必填
101	SQJZRYJSRQ	D	社区矫正对象接收日期	—
102	SQJZRYJSFS	C2	社区矫正对象接收方式	—
103	BDQK	C2	报到情况	—
104	WASBDQKSM	C200	未按时报到情况说明	当“报到情况”为“超出规定时限报到”时必填
105	SFJLJZXZ	TN	是否建立矫正小组	—
106	JZXZRYZCQK	C50	矫正小组人员组成情况	可多选，英文“,”分隔
107	SFCYXXHHC	TN	是否信息化核查	—
108	XXHHCFS	C2	信息化核查方式	“是否信息化核查”为“是”时，可多选，英文“,”分隔
109	DWHM	C20	信息化核查号码	“信息化核查方式”为“基站定位”时必填

续表

序号	参数	参数类型	参数名称	备注
110	SFSYDZDWZZ	TN	是否使用电子定位装置	和使用电子定位装置审批流程相关联
111	DZDWZZHM	C50	电子定位装置号码	“是否使用电子定位装置”为“是”时必填
112	SFTG	TN	是否脱管	—
113	JCQK	C500	奖惩情况	—
114	BZ	C500	备注	—

10.3.1.57　跨省执行地变更社区矫正对象个人简历信息

表158规定了跨省执行地变更社区矫正对象个人简历信息数据交换接口。

表158　跨省执行地变更社区矫正对象个人简历信息数据交换接口

请求格式

```
<REQUEST>
    <USER></USER>
    <PASSWORD></PASSWORD>
    <CONDITION>
        <SQJZDXBH>社区矫正对象编号</SQJZDXBH>
    </CONDITION>
</REQUEST>
```

请求参数说明

序号	参数	参数类型	参数名称	是否必备	备注
1	SQJZDXBH	C18	社区矫正对象编号	是	—

续表

返回结果格式

```
< RESULT >
        < STATE > 返回状态 < /STATE >
        < DESC > 描述信息/DESC >
        < LIST >
                < DATA >
                        < SQJZDXBH > 社区矫正对象编号 < /SQJZDXBH >
                        < QS > 起时 < /QS >
                        < ZR > 止日 < /ZR >
                        < SZDW > 所在单位(所在地) < /SZDW >
                        < ZW > 职务(职业) < /ZW >
                < /DATA >
                ……
        < /LIST >
< /RESULT >
```

序号	参数	参数类型	参数名称	备注
1	STATE	TN	返回状态	—
2	DESC	C50	描述信息	—
3	SQJZDXBH	C20	社区矫正对象编号	—
4	QS	D	起时	—
5	ZR	D	止日	—
6	SZDW	C50	所在单位	—
7	ZW	C20	家庭住址	—

10.3.1.58　跨省执行地变更社区矫正对象家庭及社会关系信息

表 159 规定了跨省执行地变更社区矫正对象家庭及社会关系信息数据交换接口。

表159　跨省执行地变更社区矫正对象家庭及社会关系信息数据交换接口

请求格式

```
<REQUEST>
    <USER></USER>
    <PASSWORD></PASSWORD>
    <CONDITION>
        <SQJZDXBH>社区矫正对象编号</SQJZDXBH>
    </CONDITION>
</REQUEST>
```

请求参数说明

序号	参数	参数类型	参数名称	是否必备	备注
1	SQJZDXBH	C18	社区矫正对象编号	是	—

返回结果格式

```
<RESULT>
    <STATE>返回状态</STATE>
    <DESC>详细描述</DESC>
    <LIST>
        <DATA>
            <SQJZDXBH>社区矫正对象编号</SQJZDXBH>
            <GX>关系</GX>
            <XM>姓名</XM>
            <SZDW>所在单位</SZDW>
            <JTZZ>家庭住址</JTZZ>
            <LXDH>联系电话</LXDH>
        </DATA>
        ……
    </LIST>
</RESULT>
```

序号	参数	参数类型	参数名称	备注
1	STATE	TN	返回状态	—

续表

序号	参数	参数类型	参数名称	备注
2	DESC	C50	描述信息	—
3	SQJZDXBH	C20	社区矫正对象编号	—
4	GX	C2	关系	—
5	XM	C20	姓名	—
6	SZDW	C50	所在单位	—
7	JTZZ	C50	家庭住址	—
8	LXDH	C20	联系电话	—

10.3.1.59　跨省执行地变更社区矫正对象暂予监外执行社区矫正对象押送信息

表 160 规定了跨省执行地变更社区矫正对象暂予监外执行社区矫正对象押送信息数据交换接口。

表 160　跨省执行地变更社区矫正对象暂予监外执行社区矫正对象押送信息数据交换接口

请求格式

```
<REQUEST>
    <USER></USER>
    <PASSWORD></PASSWORD>
    <CONDITION>
        <SQJZDXBH>社区矫正对象编号</SQJZDXBH>
    </CONDITION>
</REQUEST>
```

请求参数说明

序号	参数	参数类型	参数名称	是否必备	备注
1	SQJZDXBH	C18	社区矫正对象编号	是	—

续表

返回结果格式

```
< RESULT >
        < STATE > 返回状态 < /STATE >
        < DESC > 描述信息 < /DESC >
        < LIST >
                < DATA >
                        < SQJZDXBH > 社区矫正对象编号 < /SQJZDXBH >
                        < ZXYSJCXM > 执行押送警察姓名 < /ZXYSJCXM >
                        < DWJZW > 单位及职务 < /DWJZW >
                        < YSRQ > 押送日期 < /YSRQ >
                        < YSJCJH > 押送警察警号 < /YSJCJH >
                < /DATA >
                ……
        < /LIST >
< /RESULT >
```

序号	参数	参数类型	参数名称	备注
1	STATE	TN	返回状态	—
2	DESC	C50	描述信息	—
3	SQJZDXBH	C18	社区矫正对象编号	—
4	ZXYSJCXM	C20	执行押送警察姓名	—
5	DWJZW	C50	单位及职务	—
6	YSRQ	D	押送日期	—
7	YSJCJH	C20	押送警察警号	—

10.3.1.60　跨省执行地变更社区矫正对象同案犯信息

表161规定了跨省执行地变更社区矫正对象同案犯信息数据交换接口。

表 161 跨省执行地变更社区矫正对象同案犯信息数据交换接口

请求格式

```
<REQUEST>
    <USER></USER>
    <PASSWORD></PASSWORD>
    <CONDITION>
        <SQJZDXBH>社区矫正对象编号</SQJZDXBH>
    </CONDITION>
</REQUEST>
```

请求参数说明

序号	参数	参数类型	参数名称	是否必备	备注
1	SQJZDXBH	C18	社区矫正对象编号	是	—

返回结果格式

```
<RESULT>
    <STATE>返回状态</STATE>
    <DESC>描述信息</DESC>
    <LIST>
        <DATA>
            <SQJZDXBH>社区矫正对象编号</SQJZDXBH>
            <XM>姓名</XM>
            <XB>性别</XB>
            <CSRQ>出生日期</CSRQ>
            <ZM>罪名</ZM>
            <BPCXZJSZJS>被判处刑罚及所在监所</BPCXZJSZJS>
        </DATA>
    </LIST>
</RESULT>
```

序号	参数	参数类型	参数名称	备注
1	STATE	TN	返回状态	—
2	DESC	C50	描述信息	—

续表

序号	参数	参数类型	参数名称	备注
3	SQJZDXBH	C18	社区矫正对象编号	—
4	XM	DT	奖惩时间	—
5	XB	C20	奖惩原因	—
6	CSRQ	D	出生日期	—
7	ZM	C50	罪名	—
8	BPCXZJSZJS	C50	被判处刑罚及所在监所	—

10.3.1.61　跨省执行地变更社区矫正对象奖惩信息

表 162 规定了跨省执行地变更社区矫正对象奖惩信息数据交换接口。

表 162　跨省执行地变更社区矫正对象奖惩信息数据交换接口

请求格式

```
<REQUEST>
        <USER> </USER>
        <PASSWORD> </PASSWORD>
        <CONDITION>
                <SQJZDXBH>社区矫正对象编号</SQJZDXBH>
        </CONDITION>
</REQUEST>
```

请求参数说明

序号	参数	参数类型	参数名称	是否必备	备注
1	SQJZDXBH	C18	社区矫正对象编号	是	—

续表

返回结果格式				
<RESULT> <STATE>返回状态</STATE> <DESC>描述信息</DESC> <LIST> <DATA> <SQJZDXBH>社区矫正对象编号</SQJZDXBH> <JCLB>奖惩类别</JCLB> <JCSJ>奖惩时间</JCSJ> <JCYY>奖惩原因</JCYY> </DATA> …… </LIST> </RESULT>				
序号	参数	参数类型	参数名称	备注
1	STATE	TN	返回状态	—
2	DESC	C50	描述信息	—
3	SQJZDXBH	C18	社区矫正对象编号	—
4	JCLB	C2	奖惩类别	—
5	JCSJ	DT	奖惩时间	—
6	JCYY	C2	奖惩原因	—

10.3.1.62　社区矫正对象跨省执行地变更转出确认信息

表163规定了社区矫正对象跨省执行地变更转出确认信息数据交换接口。

表 163　社区矫正对象跨省执行地变更转出确认信息数据交换接口

请求格式

```
<REQUEST>
    <USER></USER>
    <PASSWORD></PASSWORD>
    <CONDITION>
        <SQJZDXBH>社区矫正对象编号</SQJZDXBH>
    </CONDITION>
</REQUEST>
```

请求参数说明

序号	参数	参数类型	参数名称	是否必备	备注
1	SQJZDXBH	C18	社区矫正对象编号	是	—

返回结果格式

```
<RESULT>
    <STATE>返回状态</STATE>
    <DESC>描述信息</DESC>
    <LIST>
        <DATA>
            <SQJZDXBH>社区矫正对象编号</SQJZDXBH>
            <STATUS>接收状态</STATUS>
            <JSSJ>接受时间</JSSJ>
        </DATA>
    </LIST>
</RESULT>
```

序号	参数	参数类型	参数名称	备注
1	STATE	TN	返回状态	—
2	DESC	C50	描述信息	—
3	SQJZDXBH	C18	社区矫正对象编号	—

续表

序号	参数	参数类型	参数名称	备注
4	STATUS	TN	接收状态	0：未接收，1：已接收
5	JSSJ	DT	接受时间	人员已接受时为接收时间，未接受时为空

10.3.1.63　远程视频督察信息

表 164 规定了远程视频督察信息数据交换接口。

表 164　远程视频督察信息交换接口

请求格式

```
<REQUEST>
        <USER></USER>
        <PASSWORD></PASSWORD>
        <CONDITION>
                <JGBM>省司法厅(局)机构编码</JGBM>
        </CONDITION>
</REQUEST>
```

请求参数说明

序号	参数	参数类型	参数名称	是否必备	备注
1	JGBM	C18	省司法厅(局)机构编码	是	—

返回结果格式

```
<RESULT>
        <STATE>返回状态</STATE>
        <DESC>详细描述</DESC>
        <LIST>
                <DATA>
                        <ID>事件 ID</ID>
                        <SJLB>事件类别</SJLB>
```

续表


```
            < SJXXFL >事件详细分类 < /SJXXFL >
            < FSDWMC >事件发生单位名称 < /FSDWMC >
            < FSDWBM >事件发生单位编码 < /FSDWBM >
            < MS >描述 < /MS >
            < DJ >事件等级 < /DJ >
            < SJCSFS >数据产生方式 < /SJCSFS >
            < FSSJ > < 发生时间 < /FSSJ >
            < JLRXM >记录人姓名 < /JLRXM >
            < JRSJ >记录时间 < /JRSJ >
            < JRRSZDW >记录人所在单位 < /JRRSZDW >
            < SPYBS >视频源标识 < /SPYBS >
            < FJXX >
                < FJ >
                    < MC >附件名称 < /MC >
                    < LX >附件类型 < /LX >
                    < NR >附件内容 < /NR >
                < /FJ >
                ...
            < /FJXX >
            < SPCFLJ >视频存放路径 < /SPCFLJ >
            < DDDW >督察单位 < /DDDW >
            < BDDDW >被督察单位 < /BDDDW >
            < DDNR >督察内容 < /DDNR >
        < /DATA >
        ……
    < /LIST >
< /RESULT >
```


序号	参数	参数类型	参数名称	备注
1	ID	C32	事件 ID	对应远程视频督察事件 ID
2	SJLB	C4	事件类别	—

续表

序号	参数	参数类型	参数名称	备注
3	SJXXFL	C4	事件详细分类	—
4	FSDWMC	C50	事件发生单位名称	—
5	FSDWBM	C18	事件发生单位编码	司法行政机构编码
6	MS	C1000	描述	—
7	DJ	C2	事件等级	—
8	SJCSFS	C2	事件产生方式	—
9	FSSJ	DT	发生时间	—
10	JLRXM	C20	记录人姓名	—
11	JRSJ	DT	记录时间	系统自动生成
12	JRRSZDW	C18	记录人所在单位	司法行政机构编码
13	SPYBS	C500	视频源标识	监控点的唯一标识
14	FJXX	CB	抓拍事件图片信息	附件信息
15	SPCFLJ	C500	视频存放路径	视频 URL 地址
16	DDDW	C18	督察单位	司法行政机构编码
17	BDDDW	C18	被督察单位	司法行政机构编码

10.3.1.64 远程视频督察回执信息

表 165 规定了远程视频督察回执信息数据交换接口。

表 165　远程视频督察回执信息数据交换接口

请求格式

```
< REQUEST >
    < USER > </USER >
    < PASSWORD > </PASSWORD >
    < CONDITION >
        < ID > 事件 ID </ID >
        < BDDDWHZSH > 被督察单位回执时间 </BDDDWHZSH >
        < BDDDWHZNR > 被督察单位回执内容 </BDDDWHZNR >
        < DDLSQK > 督察落实情况 </DDLSQK >
    </CONDITION >
</REQUEST >
```

请求参数说明

序号	参数	参数类型	参数名称	是否必备	备注
1	ID	C32	对应督察事件 ID	是	对应远程视频督察事件 ID
2	BDDDW-HZSH	DT	被督察单位回执时间	是	—
3	BDDDW-HZNR	C1000	被督察单位回执内容	是	—
4	DDLSQK	C1000	督察落实情况	是	—

返回结果格式

```
< RESULT >
    < STATE > 返回状态 </STATE >
    < DESC > 描述信息 </DESC >
</RESULT >
```

续表

返回结果说明				
序号	参数	参数类型	参数名称	备注
1	STATE	TN	返回状态	—
2	DESC	C50	描述信息	—

10.3.1.65　远程视频督察结果反馈

表 166 规定了远程视频督察结果反馈信息数据交换接口。

表 166　远程视频督察结果反馈信息数据交换接口

请求格式

```
<REQUEST>
        <USER></USER>
        <PASSWORD></PASSWORD>
        <CONDITION>
                <ID>事件 ID</ID>
                <SJLB>事件类别</SJLB>
                <SJXXFL>事件详细分类</SJXXFL>
                <FSDWMC>事件发生单位名称</FSDWMC>
                <FSDWBM>事件发生单位编码</FSDWBM>
                <MS>描述</MS>
                <DJ>事件等级</DJ>
                <SJCSFS>数据产生方式</SJCSFS>
                <FSSJ><发生时间</FSSJ>
                <JLRXM>记录人姓名</JLRXM>
                <JRSJ>记录时间</JRSJ>
                <JRRSZDW>记录人所在单位</JRRSZDW>
                <SPYBS>视频源标识</SPYBS>
                <FJXX>
                        <FJ>
                                <MC>附件名称</MC>
                                <LX>附件类型</LX>
                                <NR>附件内容</NR>
                        </FJ>
```

续表

```xml
            ...
        </FJXX>
        <SPCFLJ>视频存放路径</SPCFLJ>
        <DDDW>督察单位</DDDW>
        <BDDDW>被督察单位</BDDDW>
        <DDNR>督察内容</DDNR>
        <BDDDWHZSH>被督察单位回执时间</BDDDWHZSH>
        <BDDDWHZNR>被督察单位回执内容</BDDDWHZNR>
    <DDLSQK>督察落实情况</DDLSQK>
    </CONDITION>
</REQUEST>
```

请求参数说明

序号	参数	参数类型	参数名称	是否必备	备注
1	ID	C32	事件 ID	是	对应远程视频督察事件 ID
2	SJLB	C4	事件类别	是	—
3	SJXXFL	C4	事件详细分类	是	—
4	FSDWMC	C50	事件发生单位名称	是	—
5	FSDWBM	C18	事件发生单位编码	是	—
6	MS	C1000	描述	是	—
7	DJ	C2	事件等级	是	—
8	SJCSFS	C2	事件产生方式	是	—
9	FSSJ	DT	发生时间	是	—
10	JLRXM	C20	记录人姓名	是	—
11	JRSJ	DT	记录时间	是	系统自动生成

续表

序号	参数	参数类型	参数名称	是否必备	备注
12	JRRSZDW	C18	记录人所在单位	是	—
13	SPYBS	C500	视频源标识	是	监控点的唯一标识
14	FJXX	CB	抓拍事件图片信息	是	附件信息
15	MC	C100	附件名称	是	—
16	LX	C10	附件类型	是	—
17	NR	CB	附件内容	是	—
18	SPCFLJ	C500	视频存放路径	否	视频 URL 地址
19	DDDW	C18	督察单位	是	—
20	BDDDW	C18	被督察单位	是	司法行政机构编码
21	DDNR	C1000	督察内容	是	—
22	BDDDW-HZSH	DT	被督察单位回执时间	是	—
23	BDDDW-HZNR	C1000	被督察单位回执内容	是	—
24	DDLSQK	C1000	督察落实情况	是	—

返回结果格式

```
< RESULT >
        < STATE > 返回状态 < /STATE >
        < DESC > 描述信息 < /DESC >
< /RESULT >
```

续表

返回结果说明				
序号	参数	参数类型	参数名称	备注
1	STATE	TN	返回状态	—
2	DESC	C50	描述信息	—

11 编码规则和代码表

11.1 编码规则

11.1.1 司法行政机构编码

司法行政机构编码采用5段18位阿拉伯数字代码表示，第1~6位是行政区划代码，第7~8位是机构隶属层级编码，第9~12位是机构类别编码，第13~14位是单位编码，第15~18位是内设部门顺序码。应符合以下要求：

a)6位行政区划代码为“省(区、市)、市(地、州、盟)、县(市、区、旗)”，符合GB/T 2260和GB/T 10114的规定，所在司法行政机构的行政区划代码不足6位的在后面加“0”补齐；

b)2位机构隶属层级编码符合11.2.1的规定；

c)4位机构类别编码符合11.2.2的规定；

d)2位单位编码从01开始，至99截止，不复用；

e)4位内设部门顺序码从0001开始，至9999截止，不复用。

司法行政机构编码结构如图37所示。

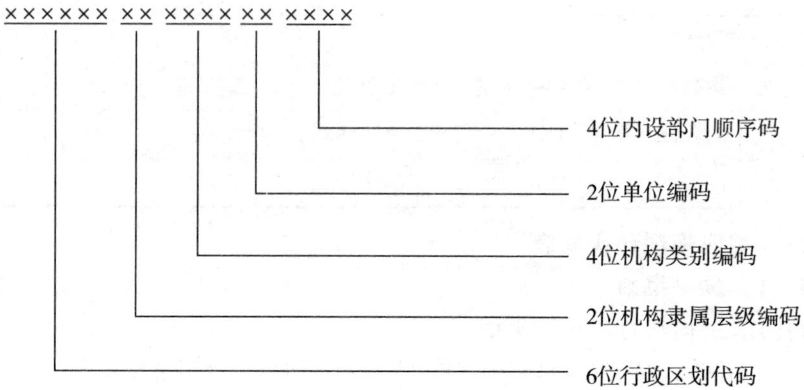

图 37　司法行政机构编码

11.1.2　司法行政工作人员编码

司法行政工作人员编码采用 2 段 22 位阿拉伯数字代码表示，第 1～18 位是司法行政机构编码，第 19～22 位是人员顺序编码。应符合以下要求：

a)18 位司法行政机构编码符合 11.1.1 的规定；

b)4 位人员顺序码从 0001 开始，至 9999 截止，不复用。

司法行政工作人员编码结构如图 38 所示。

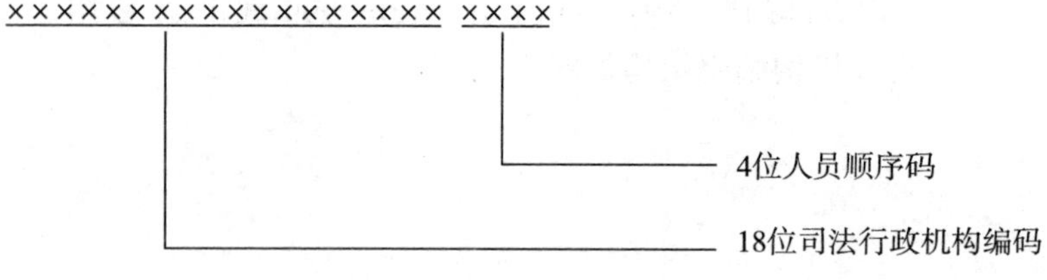

图 38　司法行政工作人员编码

11.1.3　社区矫正对象编码

社区矫正对象编码采用 4 段 16 位阿拉伯数字代码表示，第 1～6 位是行政区划代码，第 7～12 位是录入日期(年月)，第 13～16 位是顺序码。应符合以下要求：

a)6 位行政区划代码为“省(区、市)、市(地、州、盟)、县(市、区、旗)”,符合 GB/T 2260 和 GB/T 10114 的规定,行政区划代码不足 6 位的在后面加“0”补齐；

b)6 位录入日期(年月)格式为 YYYYMM,符合 GB/T 7408；

c)4 位人员顺序码从 0001 开始,至 9999 截止,不复用。

社区矫正对象编码结构如图 39 所示。

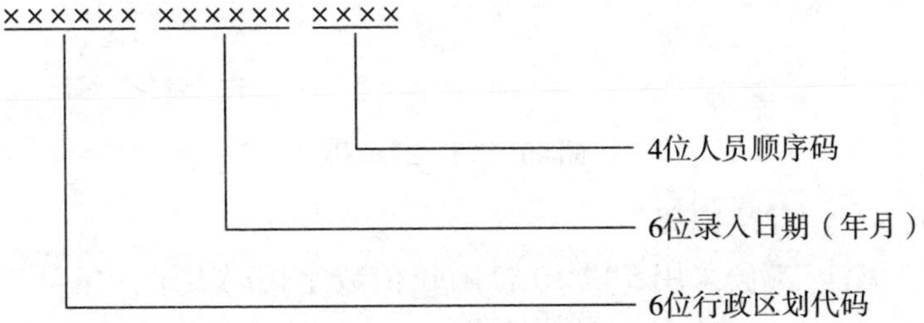

图 39　社区矫正对象编码

11.1.4　“五独”编码

“五独”编码采用 5 段 10 位阿拉伯数字代码表示,“五独”类型应符合 11.2.38 的规定,具体如下：

a)第 1 ~ 2 位是“台独”编码,固定为 01；

b)第 3 ~ 4 位是“藏独”编码,固定为 02；

c)第 5 ~ 6 位是“疆独”编码,固定为 03；

d)第 7 ~ 8 位是“蒙独”编码,固定为 04；

e)第 9 ~ 10 位是“港独”编码,固定为 05；

“无”为“00”,“五独”编码结构如图 40 所示。

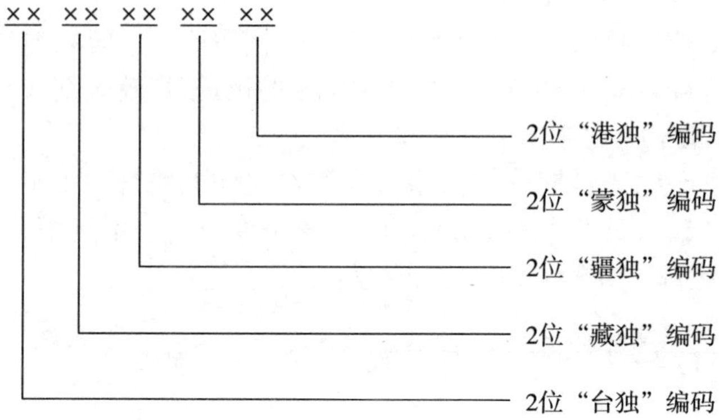

图 40　“五独”编码

11.1.5　“五涉”编码

“五涉”编码采用 5 段 10 位阿拉伯数字代码表示,“五涉”类型应符合 11.2.39 的规定,具体如下:

a)第 1 ~2 位是“涉恐”编码,固定为 01;

b)第 3 ~4 位是“涉邪”编码,固定为 02;

c)第 5 ~6 位是“涉毒”编码,固定为 03;

d)第 7 ~8 位是“涉枪”编码,固定为 04;

e)第 9 ~10 位是“涉黑”编码,固定为 05;

“无”为“00”,“五涉”编码结构如图 41 所示。

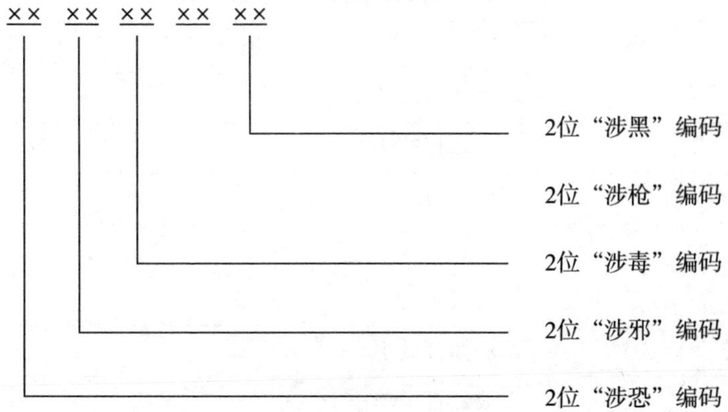

图 41 “五涉”编码

11.2 代码表

11.2.1 机构隶属层级

表 167 规定了机构隶属层级代码。

表 167 机构隶属层级代码表

代码	代码名称
01	部级
02	省(区、市)级
03	市(地、州、盟)级
04	县(市、区、旗)级
05	乡镇(街道)级
99	其他

11.2.2 司法行政机构类别

表 168 规定了司法行政机构类别代码。

表 168　司法行政机构类别代码表

代码	代码名称
01	司法行政单位
0101	司法行政机关
0102	监狱单位
0103	劳教单位
0104	直属院校
0105	法律援助中心
0106	戒毒管理单位
0107	社区矫正机构
02	行业协会
0201	律师协会
0202	公证协会
0203	司法鉴定协会
03	法律服务机构
0301	律师事务所
0302	公证处
0303	司法鉴定机构
0304	基层法律服务所
99	其他

注:因历史数据原因,保留表 168 中“劳教单位”代码。

11.2.3　机构行政级别

表 169 规定了机构行政级别代码。

表 169　机构行政级别代码表

代码	代码名称
01	正部级
02	副部级
03	正厅级
04	副厅级
05	正处级
06	副处级
07	正科级
08	副科级
09	股级
10	未定级别
99	其他

11.2.4　工作人员编制

表 170 规定了工作人员编制代码。

表 170　工作人员编制代码表

代码	代码名称
01	政法专项编制
02	地方行政编制
03	事业编制
04	聘用
99	其他

11.2.5　被调查评估人员的类型

表 171 规定了被调查评估人员的类型代码。

表 171　被调查评估人员的类型代码表

代码	代码名称
01	被告人
02	罪犯
99	其他

11.2.6　管理对象类别

表 172 规定了管理对象类别代码。

表 172　管理对象类别代码表

代码	代码名称
01	服刑在押人员
02	劳动教养人员
03	戒毒康复人员
04	社区矫正对象
05	刑释解教人员
06	安置帮教对象
07	解除矫正人员
08	解除帮教人员
09	强制隔离戒毒人员

注：因历史数据原因，保留表 172 中“劳动教养人员”代码。

11.2.7　收监执行原因

表 173 规定了收监执行原因代码。

表 173　收监执行原因代码表

代码	代码名称
01	违反禁止令,情节严重
02	无正当理由不按规定时间报到或者接受社区矫正期间脱离监管,超过一个月的
03	因违反监督管理规定受到治安管理处罚,仍不改正的
04	受到社区矫正机构两次警告,仍不改正的
05	其他违反有关法律、行政法规和监督管理规定,情节严重的情形
06	其他违反有关法律、行政法规和监督管理规定,尚未构成新的犯罪的
07	不符合暂予监外执行条件的
08	未经社区矫正机构批准擅自离开居住的市、县,经警告拒不改正,或者拒不报告行踪,脱离监管的
09	保外就医期间不按规定提交病情复查情况,经警告拒不改正的
10	暂予监外执行的情形消失后,刑期未满的
11	保证人丧失保证条件或者因不履行义务被取消保证人资格,不能在规定期限内提出新的保证人的
12	发现漏罪
13	再犯罪
99	其他

11.2.8　收监执行类型

表 174 规定了收监执行类型代码。

表 174　收监执行类型代码表

代码	代码名称
01	撤销缓刑
02	撤销假释
03	对暂予监外执行社区矫正对象决定收监执行
99	其他

11.2.9　原判刑罚

表 175 规定了原判刑罚代码。

表 175　原判刑罚代码表

代码	代码名称
01	死刑缓期两年执行
02	无期徒刑
03	有期徒刑
04	拘役
05	管制

11.2.10　附加刑

表 176 规定了附加刑代码。

表 176　附加刑代码表

代码	代码名称
01	罚金
02	剥夺政治权利
03	没收财产
04	驱逐出境
05	无
99	其他

11.2.11 犯罪类型

表 177 规定了犯罪类型代码。

表 177 犯罪类型代码表

代码	代码名称
01	危害国家安全
02	危害公共安全
03	破坏社会主义市场经济秩序
04	侵犯公民人身权利、民主权利
05	侵犯财产
06	妨害社会管理秩序
07	危害国防利益
08	贪污受贿
09	渎职
99	其他

11.2.12 社区矫正对象接收方式

表 178 规定了社区矫正对象接收方式代码。

表 178 社区矫正对象接收方式代码表

代码	代码名称
01	自行报到
02	公安机关移送
03	狱所押送
99	其他

11.2.13 报到情况

表 179 规定了报到情况代码。

表 179　报到情况代码表

代码	代码名称
01	在规定时限内报到
02	超出规定时限报到
03	未报到且下落不明
99	其他

11.2.14　矫正类别

表 180 规定了矫正类别代码。

表 180　矫正类别代码表

代码	代码名称
01	管制
02	缓刑
03	假释
04	暂予监外执行
99	其他

11.2.15　解除矫正类型

表 181 规定了解除矫正类型代码。

表 181　解除矫正类型代码表

代码	代码名称
01	期满解除
02	特赦
99	其他

11.2.16　终止矫正类型

表 182 规定了终止矫正类型代码。

表 182　终止矫正类型代码表

代码	代码名称
01	撤销缓刑
02	撤销假释
03	被决定收监执行
04	死亡
99	其他

11.2.17　死亡类型

表 183 规定了死亡类型代码。

表 183　死亡类型代码表

代码	代码名称
01	正常死亡
02	非正常死亡

11.2.18　矫正小组人员组成情况

表 184 规定了矫正小组人员组成情况代码。

表 184　矫正小组人员组成情况代码表

代码	代码名称
01	司法所工作人员
02	社会工作者
03	志愿者
04	村(居)委会人员
05	所在单位人员
06	就读学校人员
07	家庭成员或监护人

续表

代码	代码名称
08	保证人
09	公安派出所民警
99	其他

11.2.19 社区矫正小组成员类别

表185规定了社区矫正小组成员类别代码。

表185 社区矫正小组成员类别代码表

代码	代码名称
01	组长
02	成员

11.2.20 报告方式

表186规定了报告方式代码。

表186 报告方式代码表

代码	代码名称
01	当面报告
02	书面报告
03	通讯报告
99	其他

11.2.21 教育学习方式

表187规定了教育学习方式代码。

表 187　教育学习方式代码表

代码	代码名称
01	集体教育
02	个别教育
03	心理辅导
99	其他

11.2.22　矫正期间表现

表 188 规定了矫正期间表现代码。

表 188　矫正期间表现代码表

代码	代码名称
01	好
02	较好
03	一般
04	较差
05	差

11.2.23　违规类型

表 189 规定了违规类型代码。

表 189　违规类型代码表

代码	代码名称
01	报到登记违规
02	日常报告违规
03	教育学习违规
04	公益活动违规
05	外出违规

续表

代码	代码名称
06	禁止令违规
07	居住地变更违规
08	定位管理违规
09	定位设备使用违规
99	其他

11.2.24　社会工作专业类职称类型

表190规定了社会工作专业类职称类型代码。

表190　社会工作专业类职称类型代码表

代码	代码名称
01	初级
02	中级
03	高级
04	无

11.2.25　薪资水平段类型

表191规定了薪资水平段类型代码。

表191　薪资水平段类型代码表

代码	代码名称
01	≤1000元
02	1000～2000（元）
03	2000～3000（元）
04	3000～5000（元）
05	≥5000元

11.2.26　合同期类型

表 192 规定了合同期类型代码。

表 192　合同期类型代码表

代码	代码名称
01	1 年期
02	2 年期
03	3 年期
04	无固定期限
99	其他

11.2.27　文化程度

表 193 规定了文化程度代码。

表 193　文化程度代码表

代码	代码名称
01	文盲
02	小学
03	初中
04	高中
05	中专和中技
06	大专
07	本科
08	研究生
99	其他

11.2.28　婚姻状况

表 194 规定了婚姻状况代码。

表 194　婚姻状况代码表

代码	代码名称
01	未婚
02	已婚
03	离异
04	丧偶
99	其他

11.2.29　就业就学情况

表 195 规定了就业就学情况代码。

表 195　就业就学情况代码表

代码	代码名称
01	就业
02	无业
03	就学

11.2.30　有期徒刑期限

表 196 规定了有期徒刑期限代码。

表 196　有期徒刑期限代码表

代码	代码名称
01	10 ~ 25(年)
02	7 ~ 10(年)
03	5 ~ 7(年)
04	3 ~ 5(年)
05	≤3 年

11.2.31 调查评估意见

表 197 规定了调查评估意见代码。

表 197 调查评估意见代码表

代码	代码名称
01	适宜社区矫正
02	不适宜社区矫正
99	其他

11.2.32 评估意见采信情况

表 198 规定了评估意见采信情况代码。

表 198 评估意见采信情况代码表

代码	代码名称
01	采信
02	未采信

11.2.33 未成年

表 199 规定了未成年代码。

表 199 未成年代码表

代码	代码名称
01	≥16 周岁
02	≤16 周岁

11.2.34 暂予监外执行人员身体状况

表 200 规定了暂予监外执行人员身体状况代码。

表 200　暂予监外执行人员身体状况代码表

代码	代码名称
01	严重疾病
02	怀孕或哺乳
03	生活不能自理
99	其他

11.2.35　具体传染病

表 201 规定了具体传染病代码。

表 201　具体传染病代码表

代码	代码名称
01	艾滋病
02	肺结核
03	病毒性肝炎
04	传染性非典型肺炎
05	流行性乙型脑炎
06	禽流感
07	麻疹
08	登革热
09	狂犬病
10	淋病、梅毒
11	新冠肺炎
99	其他传染病

注:因历史数据原因,保留表 201 中“禽流感”代码。

11.2.36　“四史”类型

表 202 规定了“四史”类型代码。

表 202 “四史”类型代码表

代码	代码名称
01	吸毒史
02	逃脱史
03	自杀史
04	袭警史
05	无

11.2.37 累惯犯类型

表 203 规定了累惯犯类型代码。

表 203 累惯犯类型代码表

代码	代码名称
01	否
02	累犯
03	惯犯

11.2.38 “五独”类型

表 204 规定了“五独”类型代码。

表 204 “五独”类型代码表

代码	代码名称
01	台独
02	藏独
03	疆独
04	蒙独
05	港独
00	无

11.2.39　“五涉”类型

表205规定了“五涉”类型代码。

表205　“五涉”类型代码表

代码	代码名称
01	涉恐
02	涉邪
03	涉毒
04	涉枪
05	涉黑
00	无

11.2.40　认罪态度

表206规定了认罪态度代码。

表206　认罪态度代码表

代码	代码名称
01	认罪服法
02	服管不认罪
03	认罪不服管
04	不认罪不服管

11.2.41　危险性评估

表207规定了危险性评估代码。

表207　危险性评估代码表

代码	代码名称
01	重点帮教对象
02	一般帮教对象

11.2.42 家庭关系

表 208 规定了家庭关系代码。

表 208 家庭关系代码表

代码	代码名称
01	家庭有联系
02	家庭无联系
03	离异

11.2.43 出入境证件保存状态

表 209 规定了出入境证件保存状态代码。

表 209 出入境证件保存状态代码表

代码	代码名称
01	社区矫正机构代为保管
02	失效
03	遗失
04	注销
05	被其他机关扣押
06	自行保存
99	其他

11.2.44 港澳台身份证类型

表 210 规定了港澳台身份证类型代码。

表 210 港澳台身份证类型代码表

代码	代码名称
01	香港
02	澳门
03	台湾

11.2.45　港澳台通行证类型

表 211 规定了港澳台通行证类型代码。

表 211　港澳台通行证类型代码表

代码	代码名称
01	港澳通行证
02	台湾通行证

11.2.46　国籍

表 212 规定了国籍代码。

表 212　国籍代码表

代码	代码名称
01	中国籍
0101	中国大陆
0102	中国香港
0103	中国澳门
0104	中国台湾
02	外国籍
03	无国籍
99	其他

11.2.47　虚拟身份类型

表 213 规定了虚拟身份类型代码。

表 213　虚拟身份类型代码表

代码	代码名称
01	QQ 号
02	微信号

续表

代码	代码名称
03	电子邮箱
99	其他

11.2.48 禁止令类型

表214规定了禁止令类型代码。

表214 禁止令类型代码表

代码	代码名称
01	限制进入特定区域
02	限制从事特定活动
03	限制接触特定人员
99	其他

11.2.49 管理类别

表215规定了管理类别代码。

表215 管理类别代码表

代码	代码名称
01	宽松
02	普通
03	严格

注:因历史数据原因,保留表215中的“宽松”代码。

11.2.50 社区矫正决定机关

表216规定了社区矫正决定机关代码。

表 216　社区矫正决定机关代码表

代码	代码名称
01	人民法院
02	公安机关
03	监狱管理机关

11.2.51　移交罪犯机关

表 217 规定了移交罪犯机关代码。

表 217　移交罪犯机关代码表

代码	代码名称
01	监狱
02	看守所
03	公安机关

11.2.52　前科劣迹类型

表 218 规定了前科劣迹类型代码。

表 218　前科劣迹类型代码表

代码	代码名称
01	行政处罚
02	刑事处罚

11.2.53　管制期限

表 219 规定了管制期限代码。

表 219　管制期限代码表

代码	代码名称
01	3 ~ 6(个月)
02	6 ~ 12(个月)

续表

代码	代码名称
03	12～24(个月)
04	24～36(个月)

11.2.54　缓刑考验期限

表220规定了缓刑考验期限代码。

表220　缓刑考验期限代码表

代码	代码名称
01	≤1年
02	≤2年
03	≤3年
04	≤4年
05	≤5年

11.2.55　信息化核查方式

表221规定了信息化核查方式代码。

表221　信息化核查方式代码表

代码	代码名称
01	基站定位
02	移动应用定位
99	其他

11.2.56　居住条件

表222规定了居住条件代码。

表 222　居住条件代码表

代码	代码名称
01	有固定住所
02	无固定住所

11.2.57　生活来源

表 223 规定了生活来源代码。

表 223　生活来源代码表

代码	代码名称
01	依靠自己的工作收入
02	低保或依靠家庭
03	无

11.2.58　就业能力

表 224 规定了就业能力代码。

表 224　就业能力代码表

代码	代码名称
01	能自食其力
02	不能或不愿自食其力
99	其他

11.2.59　自控能力

表 225 规定了自控能力代码。

表 225　自控能力代码表

代码	代码名称
01	能够自我控制
02	自控能力较差或有时不能自控
99	其他

11.2.60 婚姻家庭关系

表226规定了婚姻家庭关系代码。

表226 婚姻家庭关系代码表

代码	代码名称
01	和睦稳定
02	轻微冲突
03	重大冲突或无亲属
99	其他

11.2.61 家庭成员配合矫正情况

表227规定了家庭成员配合矫正情况代码。

表227 家庭成员配合矫正情况代码表

代码	代码名称
01	理解、支持
02	有抵触情绪
03	不配合矫正
99	其他

11.2.62 交友状况

表228规定了交友状况代码。

表228 交友状况代码表

代码	代码名称
01	无不良交友情况
02	有不良交友情况
99	其他

11.2.63 社会邻里关系

表229规定了社会邻里关系代码。

表229 社会邻里关系代码表

代码	代码名称
01	较为和睦
02	有一定矛盾
03	关系紧张
99	其他

11.2.64 对社区矫正的认识和接受程度

表230规定了对社区矫正的认识和接受程度代码。

表230 对社区矫正的认识和接受程度代码表

代码	代码名称
01	认识正确、较易接受
02	认识模糊、有一定抵触
03	缺乏认识、拒绝接受
99	其他

11.2.65 服从日常管理及遵纪守法情况

表231规定了服从日常管理及遵纪守法情况代码。

表231 服从日常管理及遵纪守法情况代码表

代码	代码名称
01	服从管理、严格遵纪守法
02	基本服从、但偶有违纪
03	不服从管理或有严重违纪情况
99	其他

11.2.66 接受教育情况

表232规定了接受教育情况代码。

表232 接受教育情况代码表

代码	代码名称
01	按要求接受、态度认真
02	态度消极但经教育能改正
03	不接受教育或基本未完成教育计划

11.2.67 遵守外出管理制度情况

表233规定了遵守外出管理制度情况代码。

表233 遵守外出管理制度情况代码表

代码	代码名称
01	严格遵守
02	违反1次经教育能改正
03	违反1次以上
99	其他

11.2.68 完成公益活动情况

表234规定了完成公益活动情况代码。

表234 完成公益活动情况代码表

代码	代码名称
01	正常完成、态度认真
02	应付或基本完成
03	未完成公益活动

11.2.69 思想汇报及沟通

表235规定了思想汇报及沟通代码。

表 235　思想汇报及沟通代码表

代码	代码名称
01	按规定认真完成、善于接受规劝
02	应付完成或很难接受规劝
03	未完成

11.2.70　参加就业技能培训

表 236 规定了参加就业技能培训代码。

表 236　参加就业技能培训代码表

代码	代码名称
01	积极参加或无须参加培训
02	被动参加且未完成培训计划
03	不愿参加培训

11.2.71　奖惩情况

表 237 规定了奖惩情况代码。

表 237　奖惩情况代码表

代码	代码名称
01	给予警告
02	给予治安管理处罚
03	无
04	训诫
99	其他

注：表 237 仅用于历史数据关联。

11.2.72　家庭人员变故信息

表 238 规定了家庭人员变故信息代码。

表 238　家庭人员变故信息代码表

代码	代码名称
01	无变故
02	死亡
03	重病
99	其他

11.2.73　认罪服法态度

表 239 规定了认罪服法态度代码。

表 239　认罪服法态度代码表

代码	代码名称
01	认罪服法
02	抵触情绪
03	不认罪

注:表 239 仅用于历史数据关联。

11.2.74　对社会的心态

表 240 规定了对社会的心态代码。

表 240　对社会的心态代码表

代码	代码名称
01	能够正确看待
02	对现实不满或仇恨

11.2.75　对现实不满或仇恨

表 241 规定了对现实不满或仇恨代码。

表 241　对现实不满或仇恨代码表

代码	代码名称
01	是
02	否
03	不明

11.2.76　心理健康状况

表 242 规定了心理健康状况代码。

表 242　心理健康状况代码表

代码	代码名称
01	正常
02	存有较轻程度心理问题
03	确认存在心理障碍
04	一般心理问题
05	严重心理问题
06	神经症性问题
07	精神病性问题

注:因历史数据原因,保留表 242 中的“存有较轻程度心理问题”和“确认存在心理障碍”代码。

11.2.77　奖惩类别

表 243 规定了奖惩类别代码。

表 243　奖惩类别代码表

代码	代码名称
01	表扬
02	减刑
03	训诫

续表

代码	代码名称
04	警告
05	治安管理处罚
0501	社区矫正机构提请
0502	公安机关依法给予
06	使用电子定位装置
07	提请撤销缓刑
08	提请撤销假释
09	提请收监执行
10	逮捕
99	其他

11.2.78 奖惩原因

表244规定了奖惩原因代码。

表244 奖惩原因代码表

代码	代码名称	上级代码为“奖惩类别”(符合11.2.77)
01	服从人民法院判决,认罪悔罪	01
02	遵守法律法规	01
04	遵守关于报告、会客、外出、迁居等规定,服从社区矫正机构的管理	01
05	积极参加教育学习等活动,接受教育矫正的	01
06	确有悔改表现	02
07	有立功表现	02

续表

代码	代码名称	上级代码为“奖惩类别”(符合11.2.77)
08	有重大立功表现	02
09	不按规定时间报到或者接受社区矫正期间脱离监管,未超过十日的	03
10	违反关于报告、会客、外出、迁居等规定,情节轻微的	03
11	不按规定参加教育学习等活动,经教育仍不改正的	03
12	其他违反监督管理规定,情节轻微的	03
13	违反人民法院禁止令,情节轻微的	04
14	不按规定时间报到或者接受社区矫正期间脱离监管,超过十日的	04
15	违反关于报告、会客、外出、迁居等规定,情节较重的	04
16	保外就医的社区矫正对象无正当理由不按时提交病情复查情况,经教育仍不改正的	04
17	受到社区矫正机构两次训诫,仍不改正的	04
18	其他违反监督管理规定,情节较重的	04
19	违反监督管理规定	05
20	违反人民法院禁止令	05、06
21	违反《违反治安管理处罚法》	05
22	其他	05
23	无正当理由,未经批准离开所居住的市、县的	06

续表

代码	代码名称	上级代码为“奖惩类别”(符合11.2.77)
24	拒不按照规定报告自己的活动情况,被给予警告的	06
25	违反监督管理规定,被给予治安管理处罚的	06
26	拟提请撤销缓刑、假释或者暂予监外执行收监执行的	06
27	违反禁止令,情节严重的	07
28	无正当理由不按规定时间报到或者接受社区矫正期间脱离监管,超过一个月的	07、08
29	因违反监督管理规定受到治安管理处罚,仍不改正的	07
30	受到社区矫正机构两次警告,仍不改正的	07、08
31	其他违反有关法律、行政法规和监督管理规定,情节严重的情形	07、09
32	其他违反有关法律、行政法规和监督管理规定,尚未构成新的犯罪的	08
33	未经社区矫正机构批准擅自离开居住的市、县,经警告拒不改正,或者拒不报告行踪,脱离监管的	09
34	因违反监督管理规定受到治安管理处罚,仍不改正的	09
35	受到社区矫正机构两次警告的	09
36	保外就医期间不按规定提交病情复查情况,经警告拒不改正的	09

续表

代码	代码名称	上级代码为“奖惩类别”(符合 11.2.77)
37	可能逃跑的	10
38	具有危害国家安全、公共安全、社会秩序或者他人人身安全现实危险的	10
39	可能对被害人、举报人、控告人或者社区矫正机构工作人员等实施报复行为的	10
40	可能实施新的犯罪的	10

11.2.79 处理结果

表 245 规定了处理结果代码。

表 245 处理结果代码表

代码	代码名称
01	不同意
02	同意

11.2.80 民族

表 246 规定了民族代码。

表 246 民族代码表

代码	代码名称
01	汉族
02	蒙古族
03	回族
04	藏族
05	维吾尔族

续表

代码	代码名称
06	苗族
07	彝族
08	壮族
09	布依族
10	朝鲜族
11	满族
12	侗族
13	瑶族
14	白族
15	土家族
16	哈尼族
17	哈萨克族
18	傣族
19	黎族
20	傈僳族
21	佤族
22	畲族
23	高山族
24	拉祜族
25	水族
26	东乡族
27	纳西族
28	景颇族

续表

代码	代码名称
29	柯尔克孜族
30	土族
31	达斡尔族
32	仫佬族
33	羌族
34	布朗族
35	撒拉族
36	毛难族
37	仡佬族
38	锡伯族
39	阿昌族
40	普米族
41	塔吉克族
42	怒族
43	乌孜别克族
44	俄罗斯族
45	鄂温克族
46	崩龙族
47	保安族
48	裕固族
49	京族
50	塔塔尔族
51	独龙族

续表

代码	代码名称
52	鄂伦春族
53	赫哲族
54	门巴族
55	珞巴族
56	基诺族
97	其他
98	外国血统中国籍人士

11.2.81　学历

表247规定了学历代码。

表247　学历代码表

代码	代码名称
01	小学
02	初中
03	高中
04	中专和中技
05	大专
06	本科
07	硕士
08	博士
99	其他

11.2.82　家庭关系

表248规定了家庭关系代码。

表 248　家庭关系代码表

代码	代码名称
01	本人或户主
02	配偶
03	子
04	女
05	孙子孙女或外孙子外孙女
06	父母
07	祖父母或外祖父母
08	兄、弟、姐、妹
99	其他

11.2.83　学位

表 249 规定了学位代码。

表 249　学位代码表

代码	代码名称
01	名誉博士
02	博士
03	硕士
04	学士
05	无
99	其他

11.2.84　捕前职业

表 250 规定了捕前职业代码。

表 250　捕前职业代码表

代码	代码名称
01	国家工作人员
0101	国家机关
0102	国有公司或企业
0103	金融机构
0104	事业单位
0105	人民团体
0106	其他
02	现役军人
03	工人
0301	在业
0302	下岗
04	农民
0401	民工
0402	农业生产人员
0403	渔业生产人员
0404	畜牧业生产人员
0405	林业生产人员
0406	其他
05	职员
06	私营企业主、个体劳动者
07	学生
08	离退休人员
09	无业人员
99	其他

11.2.85　专业(学科分类)

表 251 规定了专业(学科分类)代码。

表 251　专业(学科分类)代码表

代码	代码名称
110	数学
120	信息科学与系统科学
130	力学
140	物理学
150	化学
160	天文学
170	地球科学
180	生物学
190	心理学
210	农学
220	林学
230	畜牧、兽医科学
240	水产学
310	基础医学
320	临床医学
330	预防医学与公共卫生学
340	军事医学与特种医学
350	药学
360	中医学与中药学
410	工程与技术科学基础学科
413	信息与系统科学相关工程与技术

续表

代码	代码名称
416	自然科学相关工程与技术
420	测绘科学技术
430	材料科学
440	矿山工程技术
450	冶金工程技术
460	机械工程
470	动力与电气工程
480	能源科学技术
490	核科学技术
510	电子与通信技术
520	计算机科学技术
530	化学工程
535	产品应用相关工程与技术
540	纺织科学技术
550	食品科学技术
560	土木建筑工程
570	水利工程
580	交通运输工程
590	航空、航天科学技术
610	环境科学技术及资源科学技术
620	安全科学技术
630	管理学
710	马克思主义

续表

代码	代码名称
720	哲学
730	宗教学
740	语言学
750	文学
760	艺术学
770	历史学
780	考古学
790	经济学
810	政治学
820	法学
830	军事学
840	社会学
850	民族学与文化学
860	新闻学与传播学
870	图书馆、情报与文献学
880	教育学
890	体育科学
910	统计学
999	其他

11.2.86 职业

表 252 规定了职业代码。

表 252　职业代码表

代码	代码名称	上级代码
10000	党的机关、国家机关、群众团体和社会组织、企事业单位负责人	—
10100	中国共产党机关负责人	10000
10200	国家机关负责人	10000
10300	民主党派和工商联负责人	10000
10400	人民团体和群众团体、社会组织及其他成员组织负责人	10000
10500	基层群众自治组织负责人	10000
10600	企事业单位负责人	10000
10700	党的机关、国家机关、群众团体和社会组织、企事业单位普通工作人员	10000
20000	专业技术人才	—
20100	哲学研究人员	20000
20200	工程技术人员	20000
20300	农业技术人员	20000
20400	飞机和船舶技术人员	20000
20500	卫生专业技术人员	20000
20600	经济和金融专业人员	20000
20700	法律、社会和宗教专业人员	20000
20800	教学人员	20000
20900	文学艺术、体育专业人员	20000
21000	新闻出版、文化专业人员	20000
29900	其他专业技术人员	20000
30000	办事人员和有关人员	—

续表

代码	代码名称	上级代码
30100	办事人员	30000
30200	安全和消防人员	30000
39900	其他办事人员和有关人员	30000
40000	社会生产服务和生活服务人员	—
40100	批发与零售服务人员	40000
40200	交通运输、仓储和邮政业服务人员	40000
40300	住宿和餐饮服务人员	40000
40400	信息传输、软件和信息技术服务人员	40000
40500	金融服务人员	40000
40600	房地产服务人员	40000
40700	租赁和商务服务人员	40000
40800	技术辅助服务人员	40000
40900	水利、环境和公共设施管理服务人员	40000
41000	居民服务人员	40000
41100	电力、燃气及水供应服务人员	40000
41200	修理及制作服务人员	40000
41300	文化、体育及娱乐服务人员	40000
41400	健康服务人员	40000
50000	农、林、牧、渔业生产及辅助人员	—
50100	农业生产人员	50000
50200	林业生产人员	50000
50300	畜牧业生产人员	50000
50400	渔业生产人员	50000

续表

代码	代码名称	上级代码
50500	农林牧渔生产辅助人员	50000
59900	其他农、林、牧、渔、水利业生产人员	50000
60000	生产制造及有关人员	—
60100	农副产品加工人员	60000
60200	食品、饮料生产加工人员	60000
60300	烟草及其制品加工人员	60000
60400	纺织、针织、印染人员	60000
60500	纺织品、服装和皮革、皮毛制品加工制作人员	60000
60600	木材加工、农具与木制品制作人员	60000
60700	纸及纸制品生产加工人员	60000
60800	印刷和记录媒介复制人员	60000
60900	文教、工美体育和娱乐用品制作人员	60000
61000	石油加工和炼焦、煤化工制作人员	60000
61100	化学原料和化学制品制造人员	60000
61200	医药制造人员	60000
61300	化学纤维制造人员	60000
61400	橡胶和塑料制品制造人员	60000
61500	非金属矿物制品制造人员	60000
61600	采矿人员	60000
61700	金属冶炼和压延加工人员	60000
61800	机械制造基础加工人员	60000
61900	金属制品制造人员	60000
62000	通用设备制造人员	60000

续表

代码	代码名称	上级代码
62100	专用设备制造人员	60000
62200	汽车制造人员	60000
62300	铁路、船舶、航空设备制造人员	60000
62400	电气机械和器材制造人员	60000
62500	计算机、通信、和其他电子设备制造人员	60000
62600	仪器仪表制造人员	60000
62800	电力、热力、气体、水生产和输配人员	60000
62900	建筑施工人员	60000
62700	废弃资源综合利用人员	60000
63000	运输设备和通用工程机械操作人员及有关人员	60000
63100	生产辅助人员	60000
69900	其他生产制造及有关人员	60000
70000	军人	—
80000	不便分类的其他从业人员	—
90000	学生	—
91000	无业	—
99000	其他	—

11.2.87　罪名

表 253 规定了罪名代码。

表 253　罪名代码表

代码	代码名称	上级代码为"犯罪类型"(符合 11.2.11)
1	背叛国家罪	01
2	分裂国家罪	01
3	煽动分裂国家罪	01
4	武装叛乱、暴乱罪	01
5	颠覆国家政权罪	01
6	煽动颠覆国家政权罪	01
7	资助危害国家安全犯罪活动罪	01
8	投敌叛变罪	01
9	叛逃罪	01
10	间谍罪	01
11	为境外窃取、刺探、收买、非法提供国家秘密、情报罪	01
12	资敌罪	01
13	放火罪	02
14	决水罪	02
15	爆炸罪	02
16	投放危险物质罪	02
17	以危险方法危害公共安全罪	02
18	失火罪	02
19	过失决水罪	02
20	过失爆炸罪	02
21	过失投放危险物质罪	02

续表

代码	代码名称	上级代码为“犯罪类型”(符合11.2.11)
22	过失以危险方法危害公共安全罪	02
23	破坏交通工具罪	02
24	破坏交通设施罪	02
25	破坏电力设备罪	02
26	破坏易燃易爆设备罪	02
27	过失损坏交通工具罪	02
28	过失损坏交通设施罪	02
29	过失损坏电力设备罪	02
30	过失损坏易燃易爆设备罪	02
31	组织、领导、参加恐怖组织罪	02
32	资助恐怖活动罪	02
33	劫持航空器罪	02
34	劫持船只、汽车罪	02
35	暴力危及飞行安全罪	02
36	破坏广播电视设施、公用电信设施罪	02
37	过失损坏广播电视设施、公用电信设施罪	02
38	非法制造、买卖、运输、邮寄、储存枪支、弹药、爆炸物罪	02
39	非法制造、买卖、运输、储存危险物质罪	02
40	违规制造、销售枪支罪	02
41	盗窃、抢夺枪支、弹药、爆炸物、危险物质罪	02
42	抢劫枪支、弹药、爆炸物、危险物质罪	02

续表

代码	代码名称	上级代码为“犯罪类型”(符合 11.2.11)
43	非法持有、私藏枪支、弹药罪	02
44	非法出租、出借枪支罪	02
45	丢失枪支不报罪	02
46	非法携带枪支、弹药、管制刀具、危险物品危及公共安全罪	02
47	重大飞行事故罪	02
48	铁路运营安全事故罪	02
49	交通肇事罪	02
50	危险驾驶罪	02
51	重大责任事故罪	02
52	强令违章冒险作业罪	02
53	重大劳动安全事故罪	02
54	大型群众性活动重大安全事故罪	02
55	危险物品肇事罪	02
56	工程重大安全事故罪	02
57	教育设施重大安全事故罪	02
58	消防责任事故罪	02
59	不报、谎报安全事故罪	02
60	生产、销售伪劣产品罪	03
61	生产、销售假药罪	03
62	生产、销售劣药罪	03
63	生产、销售不符合安全标准的食品罪	03

续表

代码	代码名称	上级代码为“犯罪类型”(符合11.2.11)
64	生产、销售有毒、有害食品罪	03
65	生产、销售不符合标准的医用器材罪	03
66	生产、销售不符合安全标准的产品罪	03
67	生产、销售伪劣农药、兽药、化肥、种子罪	03
68	生产、销售不符合卫生标准的化妆品罪	03
69	走私武器、弹药罪	03
70	走私核材料罪	03
71	走私假币罪	03
72	走私文物罪	03
73	走私贵重金属罪	03
74	走私珍贵动物、珍贵动物制品罪	03
75	走私国家禁止进出口的货物、物品罪	03
76	走私淫秽物品罪	03
77	走私废物罪	03
78	走私普通货物、物品罪	03
79	虚报注册资本罪	03
80	虚假出资、抽逃出资罪	03
81	欺诈发行股票、债券罪	03
82	违规披露、不披露重要信息罪	03
83	妨害清算罪	03
84	虚假破产罪	03

续表

代码	代码名称	上级代码为“犯罪类型”（符合 11.2.11）
85	隐匿、故意销毁会计凭证、会计帐簿、财务会计报告罪	03
86	非国家工作人员受贿罪	03
87	对非国家工作人员行贿罪	03
88	对外国公职人员、国际公共组织官员行贿罪	03
89	非法经营同类营业罪	03
90	为亲友非法牟利罪	03
91	签订、履行合同失职被骗罪	03
92	国有公司、企业、事业单位人员失职罪	03
93	国有公司、企业、事业单位人员滥用职权罪	03
94	徇私舞弊低价折股、出售国有资产罪	03
95	背信损害上市公司利益罪	03
96	伪造货币罪	03
97	出售、购买、运输假币罪	03
98	金融工作人员购买假币、以假币换取货币罪	03
99	持有、使用假币罪	03
100	变造货币罪	03
101	擅自设立金融机构罪	03
102	伪造、变造、转让金融机构经营许可证、批准文件罪	03
103	高利转贷罪	03
104	骗取贷款、票据承兑、金融票证罪	03

续表

代码	代码名称	上级代码为“犯罪类型”(符合 11.2.11)
105	非法吸收公众存款罪	03
106	伪造、变造金融票证罪	03
107	妨害信用卡管理罪	03
108	窃取、收买、非法提供信用卡信息罪	03
109	伪造、变造国家有价证券罪	03
110	伪造、变造股票、公司、企业债券罪	03
111	擅自发行股票、公司、企业债券罪	03
112	内幕交易、泄露内幕信息罪	03
113	编造并传播证券、期货交易虚假信息罪	03
114	诱骗投资者买卖证券、期货合约罪	03
115	操纵证券、期货市场罪	03
116	背信运用受托财产罪	03
117	违法运用资金罪	03
118	违法发放贷款罪	03
119	违法发放贷款罪	03
120	吸收客户资金不入账罪	03
121	违规出具金融票证罪	03
122	对违法票据承兑、付款、保证罪	03
123	骗购外汇罪	03
124	逃汇罪	03
125	洗钱罪	03
126	集资诈骗罪	03

续表

代码	代码名称	上级代码为“犯罪类型”(符合 11.2.11)
127	贷款诈骗罪	03
128	票据诈骗罪	03
129	金融凭证诈骗罪	03
130	信用证诈骗罪	03
131	信用卡诈骗罪	03
132	有价证券诈骗罪	03
133	保险诈骗罪	03
134	逃税罪	03
135	抗税罪	03
136	逃避追缴欠税罪	03
137	骗取出口退税罪	03
138	虚开增值税专用发票、用于骗取出口退税、抵押税款发票罪	03
139	伪造、出售伪造的增值税专用发票罪	03
140	非法出售增值税专用发票罪	03
141	非法购买增值税专用发票、购买伪造的增值税专用发票罪	03
142	非法制造、出售非法制造的用于骗取出口退税、抵押税款发票罪	03
143	非法制造、出售非法制造的发票罪	03
144	非法出售用于骗取出口退税、抵扣税款发票罪	03
145	非法出售发票罪	03

续表

代码	代码名称	上级代码为“犯罪类型”(符合 11.2.11)
146	持有伪造的发票罪	03
147	假冒注册商标罪	03
148	销售假冒注册商标的商品罪	03
149	非法制造、销售非法制造的注册商标标识罪	03
150	假冒专利罪	03
151	侵犯著作权罪	03
152	销售侵权复制品罪	03
153	侵犯商业秘密罪	03
154	损害商业信誉、商品声誉罪	03
155	虚假广告罪	03
156	串通投标罪	03
157	合同诈骗罪	03
158	组织、领导传销活动罪	03
159	非法经营罪	03
160	强迫交易罪	03
161	伪造、倒卖伪造的有价票证罪	03
162	倒卖车票、船票罪	03
163	非法转让、倒卖土地使用权罪	03
164	提供虚假证明文件罪	03
165	出具证明文件重大失实罪	03
166	逃避商检罪	03
167	故意杀人罪	04

续表

代码	代码名称	上级代码为“犯罪类型”(符合 11.2.11)
168	过失致人死亡罪	04
169	故意伤害罪	04
170	组织出卖人体器官罪	04
171	过失致人重伤罪	04
172	强奸罪	04
173	强制猥亵、侮辱妇女罪	04
174	猥亵儿童罪	04
175	非法拘禁罪	04
176	绑架罪	04
177	拐卖妇女、儿童罪	04
178	收买被拐卖的妇女、儿童罪	04
179	聚众阻碍解救被收买的妇女、儿童罪	04
180	诬告陷害罪	04
181	强迫劳动罪	04
182	雇用童工从事危重劳动罪	04
183	非法搜查罪	04
184	非法侵入住宅罪	04
185	侮辱罪	04
186	诽谤罪	04
187	刑讯逼供罪	04
188	暴力取证罪	04
189	虐待被监管人罪	04

续表

代码	代码名称	上级代码为“犯罪类型”（符合11.2.11）
190	煽动民族仇恨、民族歧视罪	04
191	出版歧视、侮辱少数民族作品罪	04
192	非法剥夺公民宗教信仰自由罪	04
193	侵犯少数民族风俗习惯罪	04
194	侵犯通信自由罪	04
195	私自开拆、隐匿、毁弃邮件、电报罪	04
196	出售、非法提供公民个人信息罪	04
197	非法获取公民个人信息罪	04
198	报复陷害罪	04
199	打击报复会计、统计人员罪	04
200	破坏选举罪	04
201	暴力干涉婚姻自由罪	04
202	重婚罪	04
203	破坏军婚罪	04
204	虐待罪	04
205	遗弃罪	04
206	拐骗儿童罪	04
207	组织残疾人、儿童乞讨罪	04
208	组织未成年人进行违反治安管理活动罪	04
209	抢劫罪	05
210	盗窃罪	05
211	诈骗罪	05

续表

代码	代码名称	上级代码为“犯罪类型”(符合 11.2.11)
212	抢夺罪	05
213	聚众哄抢罪	05
214	侵占罪	05
215	职务侵占罪	05
216	挪用资金罪	05
217	挪用特定款物罪	05
218	敲诈勒索罪	05
219	故意毁坏财物罪	05
220	破坏生产经营罪	05
221	拒不支付劳动报酬罪	05
222	妨害公务罪	06
223	煽动暴力抗拒法律实施罪	06
224	招摇撞骗罪	06
225	伪造、变造、买卖国家机关公文、证件、印章罪	06
226	盗窃、抢夺、毁灭国家机关公文、证件、印章罪	06
227	伪造公司、企业、事业单位、人民团体印章罪	06
228	伪造、变造居民身份证罪	06
229	非法生产、买卖警用装备罪	06
230	非法获取国家秘密罪	06
231	非法持有国家绝密、机密文件、资料、物品罪	06
232	非法生产、销售间谍专用器材罪	06
233	非法使用窃听、窃照专用器材罪	06

续表

代码	代码名称	上级代码为"犯罪类型"(符合11.2.11)
234	非法侵入计算机信息系统罪	06
235	非法获取计算机信息系统数据、非法控制计算机信息系统罪	06
236	提供侵入、非法控制计算机信息系统程序、工具罪	06
237	破坏计算机信息系统罪	06
238	扰乱无线电通讯管理秩序罪	06
239	聚众扰乱社会秩序罪	06
240	聚众冲击国家机关罪	06
241	聚众扰乱公共场所秩序、交通秩序罪	06
242	投放虚假危险物质罪	06
243	编造、故意传播虚假恐怖信息罪	06
244	聚众斗殴罪	06
245	寻衅滋事罪	06
246	组织、领导、参加黑社会性质组织罪	06
247	入境发展黑社会组织罪	06
248	包庇、纵容黑社会性质组织罪	06
249	传授犯罪方法罪	06
250	非法集会、游行、示威罪	06
251	非法携带武器、管制刀具、爆炸物参加集会、游行、示威罪	06
252	破坏集会、游行、示威罪	06

续表

代码	代码名称	上级代码为“犯罪类型”（符合 11.2.11）
253	侮辱国旗、国徽罪	06
254	组织、利用会道门、邪教组织、利用迷信破坏法律实施罪	06
255	组织、利用会道门、邪教组织、利用迷信致人死亡罪	06
256	聚众淫乱罪	06
257	引诱未成年人聚众淫乱罪	06
258	盗窃、侮辱尸体罪	06
259	赌博罪	06
260	开设赌场罪	06
261	故意延误投递邮件罪	06
262	伪证罪	06
263	辩护人、诉讼代理人毁灭证据、伪造证据、妨害作证罪	06
264	妨害作证罪	06
265	帮助毁灭、伪造证据罪	06
266	打击报复证人罪	06
267	扰乱法庭秩序罪	06
268	窝藏、包庇罪	06
269	拒绝提供间谍犯罪证据罪	06
270	掩饰、隐瞒犯罪所得、犯罪所得收益罪	06
271	拒不执行判决、裁定罪	06

续表

代码	代码名称	上级代码为“犯罪类型”(符合 11.2.11)
272	非法处置查封、扣押、冻结的财产罪	06
273	破坏监管秩序罪	06
274	脱逃罪	06
275	劫夺被押解人员罪	06
276	组织越狱罪	06
277	暴动越狱罪	06
278	聚众持械劫狱罪	06
279	组织他人偷越国(边)境罪	06
280	骗取出境证件罪	06
281	提供伪造、变造的出入境证件罪	06
282	出售出入境证件罪	06
283	运送他人偷越国(边)境罪	06
284	偷越国(边)境罪	06
285	破坏界碑、界桩罪	06
286	破坏永久性测量标志罪	06
287	故意损毁文物罪	06
288	故意损毁名胜古迹罪	06
289	过失损毁文物罪	06
290	非法向外国人出售、赠送珍贵文物罪	06
291	倒卖文物罪	06
292	非法出售、私赠文物藏品罪	06
293	盗掘古文化遗址、古墓葬罪	06

续表

代码	代码名称	上级代码为“犯罪类型”（符合 11.2.11）
294	盗掘古人类化石、古脊椎动物化石罪	06
295	抢夺、窃取国有档案罪	06
296	擅自出卖、转让国有档案罪	06
297	妨害传染病防治罪	06
298	传染病菌种、毒种扩散罪	06
299	妨害国境卫生检疫罪	06
300	非法组织卖血罪	06
301	强迫卖血罪	06
302	非法采集、供应血液、制作、供应血液制品罪	06
303	采集、供应血液、制作、供应血液制品事故罪	06
304	医疗事故罪	06
305	非法行医罪	06
306	非法进行节育手术罪	06
307	妨害动植物防疫、检疫罪	06
308	污染环境罪	06
309	非法处置进口的固体废物罪	06
310	擅自进口固体废物罪	06
311	非法捕捞水产品罪	06
312	非法猎捕、杀害珍贵、濒危野生动物罪	06
313	非法收购、运输、出售珍贵、濒危野生动物、珍贵、濒危野生动物制品罪	06
314	非法狩猎罪	06

续表

代码	代码名称	上级代码为“犯罪类型”(符合 11.2.11)
315	非法占用农用地罪	06
316	非法采矿罪	06
317	破坏性采矿罪	06
318	非法采伐、毁坏国家重点保护植物罪	06
319	非法收购、运输、加工、出售国家重点保护植物、国家重点保护植物制品罪	06
320	盗伐林木罪	06
321	滥伐林木罪	06
322	非法收购、运输盗伐、滥伐的林木罪	06
323	走私、贩卖、运输、制造毒品罪	06
324	非法持有毒品罪	06
325	包庇毒品犯罪分子罪	06
326	窝藏、转移、隐瞒毒品、毒赃罪	06
327	走私制毒物品罪	06
328	非法买卖制毒物品罪	06
329	非法种植毒品原植物罪	06
330	非法买卖、运输、携带、持有毒品原植物种子、幼苗罪	06
331	引诱、教唆、欺骗他人吸毒罪	06
332	强迫他人吸毒罪	06
333	容留他人吸毒罪	06
334	非法提供麻醉药品、精神药品罪	06

续表

代码	代码名称	上级代码为“犯罪类型”(符合 11.2.11)
335	组织卖淫罪	06
336	强迫卖淫罪	06
337	协助组织卖淫罪	06
338	引诱、容留、介绍卖淫罪	06
339	引诱幼女卖淫罪	06
340	传播性病罪	06
341	嫖宿幼女罪	06
342	制作、复制、出版、贩卖、传播淫秽物品牟利罪	06
343	为他人提供书号出版淫秽书刊罪	06
344	传播淫秽物品罪	06
345	组织播放淫秽音像制品罪	06
346	组织淫秽表演罪	06
347	阻碍军人执行职务罪	07
348	阻碍军事行动罪	07
349	破坏武器装备、军事设施、军事通信罪	07
350	过失损坏武器装备、军事设施、军事通信罪	07
351	故意提供不合格武器装备、军事设施罪	07
352	过失提供不合格武器装备、军事设施罪	07
353	聚众冲击军事禁区罪	07
354	聚众扰乱军事管理区秩序罪	07
355	冒充军人招摇撞骗罪	07
356	煽动军人逃离部队罪	07

续表

代码	代码名称	上级代码为“犯罪类型”(符合 11.2.11)
357	雇用逃离部队军人罪	07
358	接送不合格兵员罪	07
359	伪造、变造、买卖武装部队公文、证件、印章罪	07
360	盗窃、抢夺武装部队公文、证件、印章罪	07
361	非法生产、买卖武装部队制式服装罪	07
362	伪造、盗窃、买卖、非法提供、非法使用武装部队专用标志罪	07
363	战时拒绝、逃避征召、军事训练罪	07
364	战时拒绝、逃避服役罪	07
365	战时故意提供虚假敌情罪	07
366	战时造谣扰乱军心罪	07
367	战时窝藏逃离部队军人罪	07
368	战时拒绝、故意延误军事订货罪	07
369	战时拒绝军事征用罪	07
370	贪污罪	08
371	挪用公款罪	08
372	受贿罪	08
373	单位受贿罪	08
374	利用影响力受贿罪	08
375	行贿罪	08
376	对单位行贿罪	08
377	介绍贿赂罪	08

续表

代码	代码名称	上级代码为“犯罪类型”(符合 11.2.11)
378	单位行贿罪	08
379	巨额财产来源不明罪	08
380	隐瞒境外存款罪	08
381	私分国有资产罪	08
382	私分罚没财物罪	08
383	滥用职权罪	09
384	玩忽职守罪	09
385	故意泄露国家秘密罪	09
386	过失泄露国家秘密罪	09
387	徇私枉法罪	09
388	民事、行政枉法裁判罪	09
389	执行判决、裁定失职罪	09
390	执行判决、裁定滥用职权罪	09
391	枉法仲裁罪	09
392	私放在押人员罪	09
393	失职致使在押人员脱逃罪	09
394	徇私舞弊减刑、假释、暂予监外执行罪	09
395	徇私舞弊不移交刑事案件罪	09
396	滥用管理公司、证券职权罪	09
397	徇私舞弊不征、少征税款罪	09
398	徇私舞弊发售发票、抵扣税款、出口退税罪	09
399	违法提供出口退税凭证罪	09

续表

代码	代码名称	上级代码为“犯罪类型”(符合 11.2.11)
400	国家机关工作人员签订、履行合同失职被骗罪	09
401	违法发放林木采伐许可证罪	09
402	环境监管失职罪	09
403	食品监管渎职罪	09
404	传染病防治失职罪	09
405	非法批准征用、占用土地罪	09
406	非法低价出让国有土地使用权罪	09
407	放纵走私罪	09
408	商检徇私舞弊罪	09
409	商检失职罪	09
410	动植物检疫徇私舞弊罪	09
411	动植物检疫失职罪	09
412	放纵制售伪劣商品犯罪行为罪	09
413	办理偷越国(边)境人员出入境证件罪	09
414	放行偷越国(边)境人员罪	09
415	不解救被拐卖、绑架妇女、儿童罪	09
416	阻碍解救被拐卖、绑架妇女、儿童罪	09
417	帮助犯罪分子逃避处罚罪	09
418	招收公务员、学生徇私舞弊罪	09
419	失职造成珍贵文物损毁、流失罪	09
420	运输毒品罪	06
421	贩卖毒品罪	06

续表

代码	代码名称	上级代码为“犯罪类型”(符合 11.2.11)
422	协助组织卖淫罪	02
423	扰乱社会秩序罪	06
424	扰乱公共秩序罪	06
425	容留卖淫罪	02
426	反革命罪	99
427	奸淫幼女罪	04
428	流氓罪	04
429	投机倒把罪	03
430	投毒罪	99
431	勒索罪	05
432	准备实施恐怖活动罪	02
433	宣扬恐怖主义、极端主义、煽动实施恐怖活动罪	02
435	利用极端主义破坏法律实施罪	02
436	强制穿戴宣扬恐怖主义、极端主义服饰、标志罪	02
437	非法持有宣扬恐怖主义、极端主义物品罪	02
438	虐待被监护、看护人罪	04
439	使用虚假身份证件、盗用身份证件罪	06
440	组织考试作弊罪	06
441	非法出售、提供试题、答案罪	06
442	代替考试罪	06
443	拒不履行信息网络安全管理义务罪	06
444	非法利用信息网络罪	06

续表

代码	代码名称	上级代码为“犯罪类型”(符合 11.2.11)
445	帮助信息网络犯罪活动罪	06
446	扰乱国家机关工作秩序罪	06
447	组织、资助非法聚集罪	06
448	编造、故意传播虚假信息罪	06
449	虚假诉讼罪	06
450	泄露不应公开的案件信息罪	06
451	披露、报道不应公开的案件信息罪	06
452	对有影响力的人行贿罪	08
453	利用未公开信息交易罪	03
454	虚开发票罪	03
455	侵犯公民个人信息罪	04
456	非法生产、买卖、运输制毒物品、走私制毒物品罪	06
457	擅自改变武器装备编配用途罪	10
458	盗窃、抢夺武器装备、军用物资罪	10
459	非法出卖、转让武器装备罪	10
460	遗弃武器装备罪	10
461	遗失武器装备罪	10
462	擅自出卖、转让军队房地产罪	10
463	虐待部属罪	10
464	遗弃伤病军人罪	10
465	战时拒不救治伤病军人罪	10
466	战时残害居民、掠夺居民财物罪	10

续表

代码	代码名称	上级代码为“犯罪类型”(符合11.2.11)
467	私放俘虏罪	10
468	虐待俘虏罪	10
469	袭警罪	06
470	高空抛物罪	06
471	妨害安全驾驶罪	02
472	冒名顶替罪	06
473	催收非法债务罪	06
474	侵害英雄烈士名誉、荣誉罪	06
475	组织参与国(境)外赌博罪	06
476	妨害药品管理罪	03
477	非法植入基因编辑、克隆胚胎罪	06
478	危害珍贵、濒危野生动物罪	06
479	危害国家重点保护植物罪	06
480	危险作业罪	02
481	强令、组织他人违章冒险作业罪	02
482	生产、销售、提供假药罪	03
483	生产、销售、提供劣药罪	03
484	欺诈发行证券罪	03
485	为境外窃取、刺探、收买、非法提供商业秘密罪	03
486	负有照护职责人员性侵罪	04
487	侮辱国旗、国徽、国歌罪	06

续表

代码	代码名称	上级代码为“犯罪类型”(符合 11.2.11)
488	非法采集人类遗传资源、走私人类遗传资源材料罪	06
489	非法猎捕、收购、运输、出售陆生野生动物罪	06
490	破坏自然保护地罪	06
491	非法引进、释放、丢弃外来入侵物种罪	06
492	妨害兴奋剂管理罪	06
493	食品、药品监管渎职罪	09

11.2.88　突发事件当前状态

表 254 规定了突发事件当前状态代码。

表 254　突发事件当前状态代码表

代码	代码名称
01	处理中
02	已完结
03	未处理
99	其他

11.2.89　远程视频督导事件分类

表 255 规定了远程视频督导事件分类代码。

表 255　远程视频督导事件分类代码表

代码	代码名称	上级代码
01	工作制度执行类	—
0101	监控室或指挥中心值班不在岗或场面混乱	01

续表

代码	代码名称	上级代码
0102	教育培训过程中教育培训室无人监管或场面混乱	01
0103	心理矫正过程中心理矫正室场面混乱	01
0104	矫正报到预警信息未处置	01
0105	人证比对预警信息未处置	01
0106	社区矫正对象越界预警信息未处置	01
0107	数据分析产生的预警信息未处置	01
0108	下级单位上报问题未处置	01
02	刑罚执行类	—
0201	未进行社区矫正对象入矫报到身份验证	02
0202	未进行入矫宣告	02
0203	未进行日常矫正报到	02
0204	未进行集体教育培训	02
0205	未按规定对社区矫正对象进行训诫谈话	02
0206	未进行矫正解除宣告	02
0207	社区矫正对象脱管未按程序处置	02
03	重大事件处置类	—
0301	重大事件未上报	03
0302	重大事件未处置	03
0303	社区矫正对象聚集闹事未进行应急处置	03
0304	发现社区矫正对象重新犯罪未及时处置	03

11.2.90　事件等级

表256规定了事件等级代码。

表 256　事件等级代码表

代码	代码名称
01	一般
02	重要
03	严重

11.2.91　事件产生方式

表 257 规定了事件产生方式代码。

表 257　事件产生方式代码表

代码	代码名称
01	人工产生
02	自动产生

11.2.92　职务职级

表 258 规定了职务职级代码。

表 258　职务职级代码表

代码	代码名称	上级代码
01	领导职务	—
0101	部长	01
0102	副部长	01
0103	厅长	01
0104	副厅长	01
0105	局长	01
0106	副局长	01
0107	总队长	01
0108	副总队长	01

续表

代码	代码名称	上级代码
0109	处长	01
0110	副处长	01
0111	支队长	01
0112	副支队长	01
0113	科长	01
0114	副科长	01
0115	大队长	01
0116	副大队长	01
0117	股长	01
0118	副股长	01
0119	所长	01
0120	副所长	01
0121	中队长	01
0122	副中队长	01
0123	司法所专职工作人员(包括政法专项、地方行政、事业编制的一般工作人员)	01
0124	主任	01
0125	副主任	01
0199	其他	01
02	职级	—
0210	一级巡视员	02
0211	二级巡视员	02
0212	一级调研员	02

续表

代码	代码名称	上级代码
0213	二级调研员	02
0214	三级调研员	02
0215	四级调研员	02
0216	一级主任科员	02
0217	二级主任科员	02
0218	三级主任科员	02
0219	四级主任科员	02
0220	一级科员	02
0221	二级科员	02
0222	一级警务专员	02
0223	二级警务专员	02
0224	一级高级警长	02
0225	二级高级警长	02
0226	三级高级警长	02
0227	四级高级警长	02
0228	一级警长	02
0229	二级警长	02
0230	三级警长	02
0231	四级警长	02
0232	一级警员	02
0233	二级警员	02
0201	巡视员	02
0202	副巡视员	02

续表

代码	代码名称	上级代码
0203	调研员	02
0204	副调研员	02
0205	主任科员	02
0206	副主任科员	02
0207	科员	02
0208	办事员	02
03	政工职务	—
0301	政委	03
0302	政治教导员	03
0303	政治指导员	03

11.2.93 派驻警察情况

表259规定了派驻警察情况代码。

表259　派驻警察情况代码表

代码	代码名称
01	社区矫正派驻警察情况
0101	监狱挂职警察
0102	监狱借调警察
0103	戒毒所挂职警察
0104	戒毒所借调警察
0109	其他警察

11.2.94 资料类型

表260规定了资料类型代码。

表 260　资料类型代码表

代码	代码名称
01	相关法律法规
02	规范性文件
03	社区矫正实务
04	信息化知识
99	其他

11.2.95　社区矫正案例类型

表 261 规定了社区矫正案例类型代码。

表 261　社区矫正案例类型代码表

代码	代码名称
01	对社区矫正对象依法接收入矫案例
02	社区矫正对象被依法给予警告案例
03	社区矫正对象被收监执行案例
04	对社区矫正对象依法实施社区矫正案例
05	社区矫正对象被依法治安管理处罚案例
06	社区矫正决定和接收案例
07	社区矫正监督管理案例
08	社区矫正教育帮扶案例
09	社区矫正解除和终止案例

11.2.96　自助矫正终端设备类型

表 262 规定了自助矫正终端设备类型代码。

表 262　自助矫正终端设备类型代码表

代码	代码名称
01	移动式
02	落地式
03	桌面式
99	其他

11.2.97　协同机关类型

表 263 规定了协同机关类型代码。

表 263　协同机关类型代码表

代码	代码名称
10	政法委员会
20	人民法院
30	人民检察院
40	公安机关
41	监管场所
50	国家安全机关
60	司法行政机关
61	监狱管理机关
62	社区矫正机构
63	戒毒管理机关
64	强制医疗
65	法律援助中心

11.2.98　身体及病情复查情况

表 264 规定了身体及病情复查情况代码。

表 264　身体及病情复查情况代码表

代码	代码名称
01	病中
02	孕期
03	生活不能自理
04	康复
99	其他

11.2.99　三无人员类型

表 265 规定了三无人员类型代码。

表 265　三无人员类型代码表

代码	代码名称
01	无家可归
02	无亲可投
03	无业可就

11.2.100　出入境证件种类

表 266 规定了出入境证件种类代码。

表 266　出入境证件种类代码表

代码	代码名称
01	普通护照
02	往来港澳通行证及签注
03	前往港澳通行证
04	往来台湾通行证及签注
05	中华人民共和国出入境通行证
06	中华人民共和国边境地区出入境通行证

11.2.101 社区矫正对象帮扶类型

表267规定了社区矫正对象帮扶类型代码。

表267　社区矫正对象帮扶类型代码表

代码	代码名称
01	社区矫正对象权利保障
02	职业技能培训
03	就业指导
04	社会救助
05	社会保险
06	法律援助申请事项办理
99	其他

11.2.102 户籍类型

表268规定了户籍类型代码。

表268　户籍类型代码表

代码	代码名称
01	乡村人口
02	城镇人口

11.2.103 暂予监外执行社区矫正对象身体情况/病情复查情况调整审批类型

表269规定了暂予监外执行社区矫正对象身体情况/病情复查情况调整审批类型代码。

表269　暂予监外执行社区矫正对象身体情况/病情复查情况调整审批类型代码表

代码	代码名称
01	报告身体情况
02	提交复查情况的期限

12 系统安全

应根据国家有关信息安全相关规定,采取相应措施,保证社区矫正基础业务系统信息的准确性、完整性、可靠性、可信性、保密性和防篡改性。应符合以下要求:

a)采用资源和角色等权限控制机制,对用户的业务操作访问权限进行控制;

b)系统在核心的操作环节要保存日志记录,确保每次操作有据可查;

c)建立数据采集、存储、交换和备份的安全管理机制;

d)根据实际情况,通过国家密码主管部门认证的加密技术,保障系统数据安全性。

附录 A
(规范性)社区矫正对象信息采集

A.1 基本要求

社区矫正对象信息应包括社区矫正对象基本信息、个人简历信息、家庭成员及主要社会关系信息、法律文书信息、刑罚执行信息、脱管信息、奖惩信息、解除(终止)矫正信息和漏罪或再犯罪有关情况信息,应符合以下基本要求:

a)社区矫正对象基本信息、个人简历信息、家庭成员及主要社会关系信息、法律文书信息、刑罚执行信息、脱管信息、奖惩信息由县级社区矫正机构填写;

b)解除(终止)矫正信息和漏罪或再犯罪有关情况信息由社区矫正机构和受委托的司法所填写。

A.2 社区矫正对象信息采集表

A.2.1 社区矫正对象基本信息采集表

表 A.1 给出了社区矫正对象基本信息采集表格式。

表 A.1　社区矫正对象基本信息采集表格式

<table>
<tr><td colspan="9">社区矫正对象基本信息</td></tr>
<tr><td>1＊是否调查评估</td><td>○是
○否</td><td colspan="2">2＊调查评估意见</td><td></td><td colspan="2">3＊调查评估意见采信情况</td><td>○采信
○未采信
○其他</td><td rowspan="7">4 照片</td></tr>
<tr><td>5＊矫正类别</td><td colspan="7">○管制　○缓刑　○假释　○暂予监外执行</td></tr>
<tr><td>6＊是否成年</td><td colspan="3">○是　○否</td><td>7 未成年</td><td colspan="3">○年满 16 周岁　○不满 16 周岁</td></tr>
<tr><td>8＊社区矫正对象编号</td><td colspan="7"></td></tr>
<tr><td>9＊姓名</td><td colspan="3"></td><td>10 曾用名</td><td colspan="3"></td></tr>
<tr><td>11＊性别</td><td colspan="3">○男　○女</td><td>12＊民族</td><td colspan="3"></td></tr>
<tr><td>13＊身份证号码</td><td colspan="3"></td><td>14＊出生日期</td><td colspan="3"></td></tr>
<tr><td>15＊有无港澳台
身份证</td><td colspan="2">○有
○无</td><td>16 港澳台身份证件类型</td><td>○香港
○澳门
○台湾</td><td>17 港澳台身份证件号码</td><td colspan="3"></td></tr>
</table>

续表

<table>
<tr><td colspan="7">社区矫正对象基本信息</td></tr>
<tr><td>18＊有无护照</td><td>○有
○无</td><td>19 护照号码</td><td colspan="2"></td><td>20 护照状态</td><td>○社区矫正机构代为保管○被其他机关扣押○自行保存○失效○遗失○注销</td></tr>
<tr><td>21＊有无港澳通行证</td><td>○有
○无</td><td>22 港澳通行证号码</td><td></td><td>23 港澳通行证保存状态</td><td colspan="2">○社区矫正机构代为保管○被其他机关扣押○自行保存○失效○遗失○注销</td></tr>
<tr><td>24＊有无台湾通行证</td><td>○有
○无</td><td>25 台湾通行证号码</td><td></td><td>26 台湾通行证保存状态</td><td colspan="2">○社区矫正机构代为保管○被其他机关扣押○自行保存○失效○遗失○注销</td></tr>
<tr><td>27＊有无港澳居民往来内地通行证</td><td>○有
○无</td><td>28 港澳居民往来内地通行证号码</td><td colspan="2"></td><td>29 港澳居民往来内地通行证保存状态</td><td>○社区矫正机构代为保管○被其他机关扣押○自行保存○失效○遗失○注销</td></tr>
<tr><td>30＊有无台胞证</td><td>○有
○无</td><td>31 台胞证号码</td><td colspan="2"></td><td>32 台胞证保存状态</td><td>○社区矫正机构代为保管○被其他机关扣押○自行保存○失效○遗失○注销</td></tr>
<tr><td colspan="3">33 暂予监外执行人员身体状况</td><td colspan="4">○严重疾病○怀孕或哺乳期○生活不能自理</td></tr>
</table>

续表

社区矫正对象基本信息			
34 最后就诊医院			
35＊有无精神病	○有　○无	36 鉴定机构	
37＊有无传染病	○有　○无	38 具体传染病	○艾滋病○肺结核○病毒性肝炎○传染性非典型肺炎○流行性乙型脑炎○禽流感○麻疹○登革热○狂犬病○淋病、梅毒○新冠肺炎○其他传染病
39＊文化程度	○文盲○小学○初中○高中○中专和中技○大专○本科○硕士○博士及以上(包含博士)○其他	40＊婚姻状况	○未婚○已婚 ○离异○丧偶○其他
41＊捕前职业	○国家工作人员(○国家机关○国有公司或企业○金融机构○事业单位○人民团体○其他)　现役军人　工人(○在业○下岗)　农民(○民工○其他) ○职员　○私营企业主、个体劳动者 ○学生　○离退休人员　○无业人员 ○其他(____)	42＊就业就学情况	○就业 ○无业 ○就学

续表

社区矫正对象基本信息					
43 * 现政治面貌	○中共党员 ○中共预备党员 ○共青团员 ○民革党员 ○民盟盟员 ○民建会员 ○民进会员 ○农工党党员 ○致公党党员 ○九三学社社员 ○台盟盟员 ○无党派民主人士 ○群众	44 * 原政治面貌	○中共党员 ○中共预备党员 ○共青团员 ○民革党员 ○民盟盟员 ○民建会员 ○民进会员 ○农工党党员 ○致公党党员 ○九三学社社员 ○台盟盟员 ○无党派民主人士	45 * 个人联系电话	

续表

社区矫正对象基本信息					
			○群众		
46 原工作单位					
47 现工作单位				48 单位联系电话	
49 * 国籍	○中国籍【□中国大陆□中国香港□中国澳门□中国台湾】○外国籍○无国籍○其他				
50 * 户籍类型	○乡村人口○城镇人口				
51 * 户籍地是否与执行地相同	○相同○不同				
52 * 居住地详细地址	省　市　县(市、区)　乡镇(街道)　村(社区)详细门牌号				
53 户籍详细地址	国家　省　市　县(市、区)　乡镇(街道)　村(社区)详细门牌号				
54 * 是否三无人员	○是　○否				
55 * 社区矫正机构	省(区、市)　(社区矫正机构)				
56 备注					

A.2.2　社区矫正对象个人简历信息采集表

表 A.2 给出了社区矫正对象个人简历信息采集表格式。

表 A.2　社区矫正对象个人简历信息采集表格式

社区矫正对象个人简历信息		
起止日期	所在单位(地区)	职务(身份)

A.2.3　社区矫正对象家庭成员及主要社会关系信息采集表

表 A.3 给出了社区矫正对象家庭成员及主要社会关系信息采集表格式。

表 A.3　社区矫正对象家庭成员及主要社会关系信息采集表格式

社区矫正对象家庭成员及主要社会关系信息			
姓名	关系	工作单位或家庭住址	联系电话

A.2.4　社区矫正对象法律文书信息采集表

表 A.4 给出了社区矫正对象法律文书信息采集表格式。

表 A.4　社区矫正对象法律文书信息采集表格式

社区矫正对象法律文书信息			
1 * 社区矫正决定机关	○人民法院 ○公安机关 ○监狱管理机关	2 * 社区矫正决定机关名称	

续表

<table>
<tr><td colspan="6">社区矫正对象法律文书信息</td></tr>
<tr><td>3＊执行通知书文号</td><td colspan="2"></td><td>4＊执行通知书日期</td><td colspan="2"></td></tr>
<tr><td>5＊交付执行日期</td><td colspan="2"></td><td>6移交罪犯机关</td><td colspan="2">○监狱○看守所○公安机关</td></tr>
<tr><td>7移交罪犯机关名称</td><td colspan="5"></td></tr>
<tr><td>8＊是否有前科劣迹</td><td>○有
○无</td><td>9＊是否累犯</td><td>○是
○否</td><td>10前科劣迹类型</td><td>□行政处罚
□刑事处罚</td></tr>
<tr><td>11＊主要犯罪事实</td><td colspan="5">(主要犯罪事实应当包括犯罪主体、时间、地点、手段、经过和后果等)</td></tr>
</table>

A.2.5 社区矫正对象刑罚执行信息采集表

表A.5给出了社区矫正对象刑罚执行信息采集表格式。

表A.5 社区矫正对象刑罚执行信息采集表格式

<table>
<tr><td colspan="7">社区矫正对象刑罚执行信息</td></tr>
<tr><td>1＊矫正类别</td><td colspan="2">○管制○缓刑○假释○暂予监外执行</td><td>2＊矫正起止日</td><td></td><td>3＊社区矫正期限</td><td></td></tr>
<tr><td>4＊罪名</td><td></td><td>5＊犯罪类型</td><td colspan="4">○危害国家安全○危害公共安全○破坏社会主义市场经济秩序○侵犯公民人身权利、民主权利○侵犯财产○妨害社会管理秩序 ○危害国防利益 ○贪污受贿 ○渎职 ○其他</td></tr>
</table>

<table>
<tr><th colspan="6">社区矫正对象刑罚执行信息</th></tr>
<tr><td>6 管制期限</td><td colspan="2">○6 个月以下○1 年以下○2 年以下 ○3 年以下</td><td>7 缓刑考验期限</td><td colspan="2">○6 个月以下○1 年以下○2 年以下○3 年以下○4 年以下○5 年以下</td></tr>
<tr><td>8 * 是否数罪并罚</td><td>○是
○否</td><td>9 原判刑罚</td><td>○死刑缓期二年执行
○无期
○有期徒刑
○拘役</td><td>10 原判刑期起止日</td><td></td></tr>
<tr><td>11 原判刑期</td><td></td><td>12 有期徒刑期限</td><td>○3 年以下
○5 年以下
○10 年以下
○15 年以下
○20 年以下
○25 年以下</td><td>13 * 附加刑</td><td>○无 □罚金 □剥夺政治权利□没收财产□驱逐出境</td></tr>
<tr><td>14 * 是否“五独”</td><td colspan="2">○否□疆独□藏独□蒙独□台独□港独</td><td>15 * 是否“五涉”</td><td colspan="2">○否□涉恐□涉邪□涉毒□涉黑□涉枪</td></tr>
<tr><td>16 * 是否有“四史”</td><td colspan="5">○否□吸毒史□脱逃史□自杀史□袭警史</td></tr>
</table>

续表

<table>
<tr><td colspan="6">社区矫正对象刑罚执行信息</td></tr>
<tr><td>17＊是否被宣告禁止令</td><td>○是
○否</td><td>18 禁止令内容</td><td></td><td>19 禁止期限起止日</td><td></td></tr>
<tr><td>20＊报到情况</td><td colspan="3">○在规定时限内报到 ○超出规定时限报到 ○未报到且下落不明</td><td>21 未按时报到情况说明</td><td></td></tr>
<tr><td>22＊社区矫正对象接收方式</td><td colspan="3">○自行报到
○狱所押送
○公安机关移送
○其他(____)</td><td>23＊社区矫正对象接收日期</td><td></td></tr>
<tr><td>24＊是否建立矫正小组</td><td colspan="2">○是　○否</td><td>25 矫正小组人员组成情况</td><td colspan="2">□司法所工作人员□公安派出所民警□社会工作者□志愿者□村(居)委会人员□所在单位人员□就读学校人员□家庭成员或监护人□保证人□其他</td></tr>
<tr><td>26＊是否信息化核查</td><td>○是
○否</td><td>27 信息化核查方式</td><td>○基站定位
○移动应用定位
○其他(____)</td><td>28 信息化核查号码</td><td></td></tr>
<tr><td>29＊是否使用电子定位装置</td><td>○是
○否</td><td>30 电子定位装置号码</td><td colspan="3"></td></tr>
<tr><td>31＊是否脱管</td><td colspan="5">○是　○否</td></tr>
</table>

续表

社区矫正对象刑罚执行信息	
32 * 奖惩情况	○是　○否
33 备注	

A.2.6　社区矫正对象脱管信息采集表

表 A.6 给出了社区矫正对象脱管信息采集表格式。

表 A.6　社区矫正对象脱管信息采集表格式

社区矫正对象脱管信息			
发现脱管时间	组织查找情况	查找结果	是否提请收监建议及日期

A.2.7　社区矫正对象奖惩信息采集表

表 A.7 给出了社区矫正对象奖惩信息采集表格式。

表 A.7　社区矫正对象奖惩信息采集表格式

社区矫正对象奖惩信息		
奖惩类别	奖惩时间	奖惩原因
○表扬		(一)服从人民法院判决,认罪悔罪;(二)遵守法律法规;(三)遵守关于报告、会客、外出、迁居等规定,服从社区矫正机构的管理;(四)积极参加教育学习等活动,接受教育矫正的
○减刑		○确有悔改表现○有立功表现○有重大立功表现

续表

社区矫正对象奖惩信息			
奖惩类别		奖惩时间	奖惩原因
○第一次训诫			○不按规定时间报到或者接受社区矫正期间脱离监管,未超过十日的;○违反关于报告、会客、外出、迁居等规定,情节轻微的;○不按规定参加教育学习等活动,经教育仍不改正的;○其他违反监督管理规定,情节轻微的
○第二次训诫			同上
○第三次训诫			同上
○第一次警告			○违反人民法院禁止令,情节轻微的;○不按规定时间报到或者接受社区矫正期间脱离监管,超过十日的;○违反关于报告、会客、外出、迁居等规定,情节较重的;○保外就医的社区矫正对象无正当理由不按时提交病情复查情况,经教育仍不改正的;○受到社区矫正机构两次训诫,仍不改正的;○其他违反监督管理规定,情节较重的。
○第二次警告			同上
○第三次警告			同上
○治安管理处罚	○社区矫正机构提请		○违反监督管理规定○违反人民法院禁止令○其他
	○公安机关依法给予		○违反《违反治安管理处罚法》

续表

社区矫正对象奖惩信息		
奖惩类别	奖惩时间	奖惩原因
○使用电子定位装置		○违反人民法院禁止令的;○无正当理由,未经批准离开所居住的市、县的;○拒不按照规定报告自己的活动情况,被给予警告的;○违反监督管理规定,被给予治安管理处罚的;○拟提请撤销缓刑、假释或者暂予监外执行收监执行的
○提请撤销缓刑		○违反禁止令,情节严重的;○无正当理由不按规定时间报到或者接受社区矫正期间脱离监管,超过一个月的;○因违反监督管理规定受到治安管理处罚,仍不改正的;○受到社区矫正机构两次警告,仍不改正的;○其他违反有关法律、行政法规和监督管理规定,情节严重的情形
○提请撤销假释		○无正当理由不按规定时间报到或者接受社区矫正期间脱离监管,超过一个月的;○受到社区矫正机构两次警告,仍不改正的;○其他违反有关法律、行政法规和监督管理规定,尚未构成新的犯罪的
○提请收监执行		○未经社区矫正机构批准擅自离开居住的市、县,经警告拒不改正,或者拒不报告行踪,脱离监管的;○因违反监督管理规定受到治安管理处罚,仍不改正的;○受到社区矫正机构两次警告的;○保外就医期间不按规定提交病情复查情况,经警告拒不改正的;○其他违反有关法律、行政法规和监督管理规定,情节严重的情形

续表

社区矫正对象奖惩信息		
奖惩类别	奖惩时间	奖惩原因
○逮捕		○可能逃跑的;○具有危害国家安全、公共安全、社会秩序或者他人人身安全现实危险的;○可能对被害人、举报人、控告人或者社区矫正机构工作人员等实施报复行为的;○可能实施新的犯罪的

A.2.8 社区矫正对象解除(终止)矫正信息采集表

表 A.8 给出了社区矫正对象解除(终止)矫正信息采集表格式。

表 A.8 社区矫正对象解除(终止)矫正信息采集表格式

社区矫正对象解除(终止)矫正信息			
1 * 解除矫正类型	○期满解除○特赦○其他	2 * 解除/终止矫正日期	
3 * 终止矫正类型	○撤销缓刑○撤销假释○决定收监执行○死亡○其他		
4 * 撤销缓刑收监执行原因	○违反禁止令,情节严重的;○无正当理由不按规定时间报到或者接受社区矫正期间脱离监管,超过一个月的;○因违反监督管理规定受到治安管理处罚,仍不改正的;○受到社区矫正机构两次警告,仍不改正的;○其他违反有关法律、行政法规和监督管理规定,情节严重的情形;○发现漏罪;○再犯罪		
5 * 撤销假释收监执行原因	○无正当理由不按规定时间报到或者接受社区矫正期间脱离监管,超过一个月的;○受到社区矫正机构两次警告,仍不改正的;○其他违反有关法律、行政法规和监督管理规定,尚未构成新的犯罪的;○发现漏罪;○再犯罪		

续表

社区矫正对象解除(终止)矫正信息					
6＊暂予监外执行收监执行原因	○不符合暂予监外执行条件的;○未经社区矫正机构批准擅自离开居住的市、县,经警告拒不改正,或者拒不报告行踪,脱离监管的;○因违反监督管理规定受到治安管理处罚,仍不改正的;○受到社区矫正机构两次警告的;○保外就医期间不按规定提交病情复查情况,经警告拒不改正的;○暂予监外执行的情形消失后,刑期未满的;○保证人丧失保证条件或者因不履行义务被取消保证人资格,不能在规定期限内提出新的保证人的;○其他违反有关法律、行政法规和监督管理规定,情节严重的情形;○发现漏罪;○再犯罪				
7＊收监执行类型	○撤销缓刑 ○撤销假释 ○对暂予监外执行社区矫正对象决定收监执行 ○其他	8＊是否收监	○是 ○否	9＊收监执行日期	
10 死亡日期		11 死亡类型	○正常 ○非正常	12 具体死因	
13 矫正期间表现	○好 ○较好 ○一般 ○较差 ○差	14 认罪态度	○认罪服法 ○服管不认罪 ○认罪不服管 ○不认罪不服管	15 矫正期间是否参加职业技能培训	○是 ○否
16 矫正期间是否获得职业技能证书	○是 ○否	17 技术特长及等级			
18 危险性评估	○重点帮教对象 ○一般帮教对象	19 家庭关系	○家庭有联系○家庭无联系○离异		

续表

社区矫正对象解除(终止)矫正信息	
20 矫正期间特殊情况备注及帮教建议	
21 备注	

A.2.9　社区矫正对象漏罪或再犯罪有关情况信息采集表

表 A.9 给出了社区矫正对象漏罪或再犯罪有关情况信息采集表格式。

表 A.9　社区矫正对象漏罪或再犯罪有关情况信息采集表格式

社区矫正对象漏罪或再犯罪有关情况					
所涉罪名	侦查机关	被采取强制措施时间	审判机关	罪名	刑期

A.3　社区矫正对象信息采集表填写要求

A.3.1　社区矫正对象基本信息

社区矫正对象基本信息填写要求和是否必填属性应符合表 A.10的规定。

表 A.10　社区矫正对象基本信息

序号	社区矫正对象基本信息	填写要求	是否必填
1	是否调查评估	根据委托机关委托进行调查评估情况的记录,以下情况填“否”: a)未委托; b)交付接收后对社区矫正对象调查走访评估; c)委托机关发起调查委托,因居住地不符合条件等原因而退回委托机关	是
2	调查评估意见	调查评估意见为接受委托的社区矫正机构和社会组织可根据调查评估情况,提出被告人或者罪犯适用社区矫正是否存在社会危险性以及对所居住社区的影响	是
3	调查评估意见采信情况	社区矫正决定机关对《调查评估意见书》的采信情况	是
4	照片	正面免冠二寸彩色证件照,分辨率为 295 × 413,≤100KB,格式为. jpg	否
5	矫正类别	适用社区矫正的类型,包括管制、缓刑、假释、暂予监外执行,符合 11.2.14	是
6	是否成年	以犯罪日为计,具体以判决书认定为准。该项是指社区矫正对象犯罪时是否满 18 周岁。当选择“否”时,不能输入姓名、身份证号,居住地详细门牌号、户籍地详细门牌号、个人简历、家庭成员及主要社会关系等信息,姓名用编号代替	是

续表

序号	社区矫正对象基本信息	填写要求	是否必填
7	未成年	与“是否成年”关联,如选择“否”,则需进一步选择犯罪时是否已满16周岁。选择“是”的,不显示此项	否
8	社区矫正对象编号	系统自动生成。符合11.1.3	是
9	姓名	应与判决书、裁定书或暂予监外执行通知书、执行通知书一致,姓名各字之间不能有空格。9~56项信息如有身份证、户口本与裁判文书不一致,应以裁判文书为准	是
10	曾用名	应与判决书、裁定书或暂予监外执行通知书、执行通知书一致,姓名各字之间不能有空格	否
11	性别	按照身份证或户口本信息选择录入	是
12	民族	符合11.2.80。外国籍人、无国籍人选择其他	是
13	身份证号码	按照身份证和户口本信息填写,系统辨别15或18位身份证号,多位或少位均不能成功录入。如确实没有身份证号码则选择“不详”。(在身份证号处增加一个“不详”的选项)	是
14	出生日期	该项为目录选择,不可手工录入。按照身份证和户口本信息选择。与身份证号码关联。系统限制不应小于14周岁。没有身份证号码的出生日期不做关联	是
15	有无港澳台身份证件	根据实际掌握情况填写	是

续表

序号	社区矫正对象基本信息	填写要求	是否必填
16	港澳台身份证件类型	该项与“有无港澳台身份证件”关联,当选择“有”时必填,香港、澳门可复选	否
17	港澳台身份证件号码	该项与“有无港澳台身份证件”和“港澳台身份证件类型”关联。当选择“有”及相应类型时必填。当复选香港、澳门时,设为香港身份证件、澳门身份证件2项同时填写	否
18	有无护照	外国籍人必填“是”	是
19	护照号码	该项与“有无护照”关联,选择“有”时必填写,与护照信息一致	否
20	护照状态	该项与“有无护照”关联, 选择“有”时必填	否
21	有无港澳通行证	根据实际掌握情况填写	是
22	港澳通行证号码	该项与“有无港澳通行证”关联,与通行证信息一致。当复选时,相应通行证号码同时填写	否
23	港澳通行证保存状态	该项与“有无港澳通行证”关联,选择“有”时必填	否
24	有无台湾通行证	根据实际掌握情况填写	是
25	台湾通行证号码	该项与“有无台湾通行证”关联, 选择“有”时必填	否

续表

序号	社区矫正对象基本信息	填写要求	是否必填
26	台湾通行证保存状态	该项与“有无台湾通行证”关联,选择“有”时必填	否
27	有无港澳居民往来内地通行证	根据实际掌握情况填写	是
28	港澳居民往来内地通行证号码	该项与“有无港澳居民往来内地通行证”关联,选择“有”时必填	否
29	港澳居民往来内地通行证保存状态	该项与“有无港澳居民往来内地通行证”关联,选择“有”时必填	否
30	有无台胞证	根据实际掌握情况填写	是
31	台胞证号码	该项与“有无台胞证”关联,选择“有”时必填	否
32	台胞证保存状态	该项与“有无台胞证”关联,选择“有”时必填	否
33	暂予监外执行人员身体状况	该项与“矫正类别”关联,当选择“暂予监外执行”时,必填,选择其他矫正类别时,该项不显示	否

续表

序号	社区矫正对象基本信息	填写要求	是否必填
34	最后就诊医院	该项与“暂予监外执行人员身体状况”关联，当选择“严重疾病”或“怀孕或哺乳期”时，则必填；就诊医院，指最近一次就诊的医院	否
35	是否有精神病	包括入矫时正患有或入矫后患有并持续到矫正期间的精神病	是
36	鉴定机构	该项与“是否有精神病”关联，当选择“有”时，则必填，选择“无”时，该项不显示。入矫时有判决书认定的以判决书为准，其他的以有资质的确诊机构书面材料为依据填写	否
37	有无传染病	包括入矫时正患有或入矫后患有并持续到矫正期间的传染病	是
38	具体传染病	该项与“是否有传染病”关联，如选择“有”，则应选择相应传染病	否
39	文化程度	按接收时查明情况如实填写，可根据实际情况调整	是
40	婚姻状况	按接收时的婚姻状况填写，可根据实际情况调整	是
41	捕前职业	符合 11.2.84	是
42	就业就学情况	按矫正期间实际情况填写，解除矫正前可修改	是
43	现政治面貌	接收时的政治面貌，符合 GB/T 4762	是

续表

序号	社区矫正对象基本信息	填写要求	是否必填
44	原政治面貌	指因犯罪受党(团、会、盟)处分前政治面貌,符合 GB/T 4762	是
45	个人联系电话	正确填写社区矫正对象本人联系电话,一个人可填写多个联系电话,应是中国大陆联系电话。系统设置识别限制,手机号应是 11 位,固定电话格式为“区号 - 电话号码”,11 或 12 位	是
46	原工作单位	因犯罪受党(团、会、盟)处分前的工作单位。该项与“就业就学情况”关联,如选择“就业”,则应如实填写	否
47	现工作单位	接收时的工作单位。该项与“就业就学情况”关联,如选择“就业”,则应如实填写	否
48	单位联系电话	该项与“就业就学情况”关联,如选择“就业”,则应如实填写	否
49	国籍	符合 11.2.46	否
50	户籍类型	符合 11.2.102,分为乡村人口和城镇人口	否
51	户籍地是否与执行地相同	户籍地和执行地属同一县(市、区、旗)的,应认定户籍地与执行地相同。按照县(市、区)及以上名称是否一致,系统甄别提示	是
52	居住地详细地址	上级机关分配下级地区名称时,写地区名称,不写单位名称。即应显示为××市××县××乡。而不应显示为××市××县司法局××乡司法所。省市县区乡镇街道为目录选择,不可手工录入,详细门牌号等应手工录入	是

续表

序号	社区矫正对象基本信息	填写要求	是否必填
53	户籍详细地址	该项与“国籍(户籍)”关联,要求如下: a)如果“国籍(户籍)”选择“外国籍”,则应选择具体国家或地区名称; b)如果“国籍(户籍)”选择“无国籍”,则户籍地不选择。 该项与身份证或户口本等有效身份证照信息一致。省市县区乡镇街道为目录选择,不可手工录入,详细门牌号等应手工录入	是
54	是否三无人员	是指无家可归、无亲可投、无业可就人员,3 项同时具备则选择“是”,否则选“否”	是
55	社区矫正机构	该项为目录选择,不可手工录入	是
56	备注	—	否

A.3.2　社区矫正对象个人简历信息

社区矫正对象个人简历信息填写要求和是否必填属性应符合表A.11的规定。

表 A.11　社区矫正对象个人简历信息

序号	个人简历信息	填写要求	是否必填
1	起止日	包括学习、工作等经历,应至少录入 2 条以上。简历开始时间按照时间先后顺序填写,起止日期为选择项,符合 GB/T 7408;格式为 YYYY－MM 至 YYYY－MM,写至接受社区矫正时间为止	是

续表

序号	个人简历信息	填写要求	是否必填
2	所在单位(地区)	为对应时间内所在工作单位名称	是
3	职务(身份)	职务(身份)应写明就业或就学的职务或身份	是

A.3.3 社区矫正对象家庭成员及主要社会关系信息

社区矫正对象家庭成员及主要社会关系信息应按照直系亲属、监护人、旁系亲属、矫正小组成员、基层自治组织成员、工作关系、朋友和其他的优先顺序进行填写,至少填写2条,填写要求和是否必填属性应符合表A.12的规定。

表A.12 社区矫正对象家庭成员及主要社会关系信息

序号	家庭成员及主要社会关系信息	填写要求	是否必填
1	姓名	"家庭成员及主要社会关系"人员姓名	是
2	关系	"家庭成员及主要社会关系"人员与社区矫正对象的"关系",包括直系亲属、监护人、旁系亲属、矫正小组成员、基层自治组织成员、工作关系、朋友和其他选项	是
3	工作单位或家庭住址	"家庭成员及主要社会关系"人员工作单位或家庭住址信息	是
4	联系电话	"家庭成员及主要社会关系"人员个人联系电话	是

A.3.4 社区矫正对象法律文书信息

社区矫正对象法律文书信息填写要求和是否必填属性应符合表

A.13 的规定。

表 A.13 社区矫正对象法律文书信息

序号	法律文书信息	填写要求	是否必填
1	社区矫正决定机关	符合 11.2.50。该项与“矫正类别”关联,要求如下: a)“矫正类别”选择“管制”、“缓刑”、“假释”时,则该项选择人民法院; b)“矫正类别”选择“暂予监外执行”时,则该项选择“人民法院”、“公安机关(市级及以上)”或“监狱管理机关”	是
2	社区矫正决定机关名称	该项与“社区矫正决定机关”关联,当选择其中一种社区矫正决定机关类型时,该项相应出现该类型下所有机关名称。该项为目录选择,不可手工录入	是
3	执行通知书文号	按照执行通知书文号填写	否
4	执行通知书日期	按照执行通知书落款日期填写	是
5	交付执行日期	社区矫正机构接到相关部门法律文书的日期	是
6	移送罪犯机关	符合 11.2.51。该项与“矫正类别”关联,要求如下: a)“矫正类别”选择“假释”和“暂予监外执行”时,该项必填; b)“矫正类别”选择“管制”或“缓刑”时,该项不显示	是

续表

序号	法律文书信息	填写要求	是否必填
7	移送罪犯机关名称	该项与“矫正类别”和“移交罪犯机关”关联，要求如下： c)“矫正类别”选择“假释”或“暂予监外执行”时，该项必填； d)“矫正类别”选择“管制”或“缓刑”时，该项不显示； e)“移交罪犯机关”选择其中 1 种类型时，则相应出现该类型下所有移交罪犯机关名称。 该项为目录选择，不可手工录入	否
8	是否有前科劣迹	根据实际情况填写	是
9	是否累犯	缓刑考验期满 5 年内又犯被判处有期徒刑以上的罪的，不应认定为累犯，该项选择“否”	是
10	前科劣迹类型	符合 11.2.52。该项与“是否有前科劣迹”关联，“是否有前科劣迹”选择“有”时，该项选择其中 1 项或 2 项。同时，该项与“是否累犯”关联，“是否累犯”选择“是”时，该项应选择“刑事处罚”	否
11	主要犯罪事实	该项与 A.3.3 的“刑罚执行信息”中“是否数罪并罚”关联，“是否数罪并罚”如选择“是”，该项应填写多条犯罪事实；并应详尽叙述社区矫正对象的犯罪事实，不应为空或填写其他内容。内容应包括犯罪时间、地点、手段、经过和后果等。一般指判决书后“经审理查明，......的内容。1 人涉及多条罪名、多项犯罪事实或犯罪经过复杂的，可写犯罪事实摘要。(系统设置不应少于 30 字)。在“主要犯罪事实”中不应填写未成年人真实姓名，可用“姓 + 某”进行替代，如陈某	是

A.3.5　社区矫正对象刑罚执行信息

社区矫正对象刑罚执行信息填写要求和是否必填属性应符合表 A.14 的规定。

表 A.14　社区矫正对象刑罚执行信息

序号	刑罚执行信息	填写要求	是否必填
1	矫正类别	符合 11.2.14。按照“基本身份信息”中“矫正类别”自动生成,不应再次录入	是
2	矫正起止日	该项与“矫正类别”和“是否减刑”关联。要求如下: a)“矫正类别”选择“假释”时,该项按照裁定书载明的起止日填写,假释矫正期应为考验期,即剩余刑期; b)“矫正类别”选择“暂予监外执行”时,该项只填写开始日期; c)“是否减刑”选择“是”,该项应修改结束时间	是
3	社区矫正期限	要求如下: a)该项与“矫正起止日”关联,根据矫正起止日自动生成; b)该项与“矫正类别”关联,“矫正类别”选择“管制”时,该项一般≤2 年,数罪并罚应≤3 年; c)该项与“是否数罪并罚”和“罪名”关联,该项>2 年时,“是否数罪并罚”应选择“是”,“罪名”应选择≥2 个; d)“矫正类别”选择“缓刑”时,该项应≤5 年。期限应为×年×月。当出现×天时,系统提示核实修改矫正起止日	是

续表

序号	刑罚执行信息	填写要求	是否必填
4	罪名	符合 11.2.87。该项为目录选择,不可手工录入。按照判决书认定的罪名进行选择,数罪并罚可复选。设置"其他"选项,在系统未按刑法修正案进行更新前,可填写新罪名	是
5	犯罪类型	该项与"罪名"关联,根据罪名所属犯罪类型自动归类,不可手工录入	是
6	管制期限	该项与"矫正类别"关联,"矫正类别"选择"管制"时,"缓刑考验期限"隐藏,根据矫正期限自动归类,自动分为"6个月以下"、"1年以下"、"2年以下"和"3年以下"	是
7	缓刑考验期限	该项与"矫正类别"关联,"矫正类别"选择"缓刑"时,"管制期限"隐藏,根据矫正期限自动归类,自动分为"6个月以下"、"1年以下"、"2年以下"、"3年以下"、"4年以下"和"5年以下"	是
8	是否数罪并罚	该项与"主要犯罪事实"、"矫正期限"、"罪名"、"管制期限"和"有期徒刑期限"关联。"管制期限"选择"3年以下",有期徒刑"20年以下"或"25年以下"时,该项应选择"是"	是
9	原判刑罚	该项与"矫正类别"关联。要求如下: a)"矫正类别"选择"假释"和"暂予监外执行"时,应填写第9~12项; b)"矫正类别"选择"管制"和"缓刑"时,该项不填写,系统不显示第9~12项	否

续表

序号	刑罚执行信息	填写要求	是否必填
10	原判刑期起止日	要求如下： a)该项与“矫正起止日”关联，矫正的终止日不应晚于原判刑期终止日； b)该项与“原判刑罚”关联，“原判刑罚”选择“死刑缓期二年执行”或“无期”时，不填写结束日	否
11	原判刑期	该项与“原判刑期起止日”关联，最长不应 >25 年。刑期应为 × 年 × 月。当出现 × 天时，系统提示核实修改原判刑期起止日	是
12	有期徒刑期限	该项与“原判刑罚”关联，“原判刑罚”选择“有期徒刑”时，该项显示；该项应与“原判刑期”所填信息保持一致	否
13	附加刑	应按照生效判决书载明附加刑进行选择。当有附加刑时，可复选	是
14	是否“五独”	该项与“罪名”关联，指台独、港独、蒙独、藏独、疆独，来源于判决书或有关单位书面通报	是

续表

序号	刑罚执行信息	填写要求	是否必填
15	是否“五涉”	该项与“罪名”关联,指涉恐、涉邪、涉毒、涉黑、涉枪,具体如下: a)涉恐罪名包括: 1)组织、领导、参加恐怖组织罪; 2)帮助恐怖活动罪; 3)准备实施恐怖活动罪; 4)宣扬恐怖主义、极端主义、煽动实施恐怖活动罪; 5)利用极端主义破坏法律实施罪; 6)强制穿戴宣扬恐怖主义、极端主义服饰、标志罪; 7)非法持有宣扬恐怖主义、极端主义物品罪。 b)涉邪罪名包括: 1)组织、利用会道门、邪教组织、利用迷信破坏法律实施罪; 2)组织、利用会道门、邪教组织、利用迷信致人重伤、死亡罪。 c)涉毒罪名包括: 1)走私、贩卖、运输、制造毒品罪; 2)非法持有毒品罪; 3)包庇毒品犯罪分子罪; 4)窝藏、转移、隐瞒毒品、毒赃罪; 5)非法生产、买卖、运输制毒物品、走私制毒物品罪; 6)非法种植毒品原植物罪; 7)非法买卖、运输、携带、持有毒品原植物种子、幼苗罪; 8)引诱、教唆、欺骗他人吸毒罪; 9)强迫他人吸毒罪; 10)容留他人吸毒罪; 11)非法提供麻醉药品、精神药品罪。 d)涉黑犯罪包括: 1)组织、领导、参加黑社会性质组织罪; 2)入境发展黑社会组织罪; 3)包庇、纵容黑社会性质组织罪	是

续表

序号	刑罚执行信息	填写要求	是否必填
15	是否“五涉”	e)涉枪犯罪包括: 1)非法制造、买卖、运输、邮寄、储存枪支、弹药、爆炸物罪; 2)违规制造、销售枪支罪; 3)盗窃、抢夺枪支、弹药、爆炸物、危险物质罪; 4)抢劫枪支、弹药、爆炸物、危险物质罪; 5)非法持有、私藏枪支、弹药罪; 6)非法出租、出借枪支罪; 7)丢失枪支不报罪; 8)非法携带枪支、弹药、管制刀具、危险物品危及公共安全罪; 9)走私武器、弹药罪; 10)聚众持械劫狱罪; 11)非法携带武器、管制刀具、爆炸物参加集会、游行、示威罪; 12)武器装备肇事罪; 13)擅自改变武器装备编配用途罪; 14)盗窃、抢夺武器装备、军用物资罪; 15)非法出卖、转让武器装备罪; 16)遗弃武器装备罪; 17)遗失武器装备罪	是
16	是否有“四史”	来源于判决书或有关单位书面通报,根据实际情况填写。“四史”是指社区矫正对象是否有吸毒史、脱逃史、自杀史、袭警史	是
17	是否被宣告禁止令	该项与“矫正类别”和“收监原因”中“违反禁止令”关联,要求如下: a)“矫正类别”选择“管制”、“缓刑”时,应录入该项,并按照生效判决书上载明内容填写; b)“矫正类别”选择“假释”和“暂予监外执行”时,不显示第16~18项; c)“收监原因”选择“违反禁止令”时,该项应填写“是”	是

续表

序号	刑罚执行信息	填写要求	是否必填
18	禁止令内容	该项与“是否被宣告禁止令”关联,按照生效判决书上载明的内容填写	否
19	禁止期限起止日	该项与“是否被宣告禁止令”关联,按照刑事判决书中内容填写	否
20	报到情况	该项与“社区矫正对象接收日期”和“执行通知书日期”关联。社区矫正对象在人民法院判决、裁定生效之日或者离开监所之日起 10 日内到县级社区矫正机构报到的,该项选择“在规定时限内报到”	是
21	未按时报到情况说明	该项与“报到情况”关联。“报到情况”如选择“超出规定时限报到”则应进一步说明详细情况	否
22	社区矫正对象接收方式	该项与“报到情况”关联,“报到情况”如选择“未报到且下落不明”时,则不填写第 21 ~ 27 项。该项与“矫正类别”进行关联提示,不做强制排他性关联。按照工作规定,要求如下: a) 管制、缓刑、假释一般为“自行报到”; b) 暂予监外执行的社区矫正对象一般为公安机关、监狱或者看守所依法移送。 实际执行可能有出入,应按照实际情况填写。 a) ~ b) 规定接收方式以外选择“其他”的,应在输入框中加以说明	是
23	社区矫正对象接收日期	县级社区矫正机构接收社区矫正对象时的时间	是
24	是否建立矫正小组	根据实际情况填写	是

续表

序号	刑罚执行信息	填写要求	是否必填
25	矫正小组人员组成情况	应至少包括司法所工作人员、村(居)委会人员。重点人员的矫正小组应包括派出所民警。至少选择 2 项	否
26	是否信息化核查	信息化核查主要有基站定位和移动应用定位等核查方式。根据实际情况填写	是
27	信息化核查方式	该项与“是否信息化核查”关联,根据实际情况填写	否
28	信息化核查号码	该项与“信息化核查方式”中“基站定位”关联,并采位数校验规则。运营商定位(手机卡基站定位)的应为 1 开头的 11 位号码,电子腕带定位应≥16 位。手机定位软件暂应≥16 位,应具备唯一认证标识	否
29	是否使用电子定位装置	根据实际情况填写	是
30	电子定位装置号码	该项与“是否使用电子定位装置”关联,“是否使用电子定位装置”选择“是”,该项必填	否
31	是否脱管	根据实际情况填写	是
32	奖惩情况	该项如选择“否”,则不出现“奖惩信息”;该项如选择“是”则显示“奖惩信息”	是
33	备注	未尽事宜,应在备注中详细说明	否

A.3.6 社区矫正对象脱管信息

社区矫正对象脱管信息应与表 A.14“刑罚执行信息”中的“是否脱管”关联,当“是否脱管”选择“是”时,应填写社区矫正对象脱管信息,社区矫正对象脱管信息填写要求和是否必填属性应符合表

A. 15的规定。

表 A. 15　脱管信息表

序号	脱管信息	填写要求	是否必填
1	发现脱管时间	社区矫正对象发现脱管时间	是
2	组织查找情况	社区矫正对象脱管后组织查找情况	是
3	查找结果	社区矫正对象查找结果	是
4	是否提请收监建议及日期	是否提请收监执行,及提请收监执行的日期	是

A. 3. 7　社区矫正对象奖惩信息

社区矫正对象奖惩信息应与表 A. 14“刑罚执行”信息中的“矫正类别”相关联,当“矫正类别”为“管制”、“缓刑”或“假释”时,则“警告”类奖惩信息最多填写“三条”;当“矫正类别”选择“暂予监外执行”时,则“警告”类奖惩信息最多填写“两条”,社区矫正对象奖惩信息填写要求和是否必填属性应符合表 A. 16 的规定。

表 A. 16　社区矫正对象奖惩信息

序号	奖惩信息	填写要求	是否必填
1	奖惩类别	符合 11. 2. 77	是
2	奖惩时间	给予社区矫正对象奖惩时间	是
3	奖惩原因	符合 11. 2. 78	是

A. 3. 8　社区矫正对象解除(终止)矫正信息

社区矫正对象解除(终止)矫正信息填写要求和是否必填属性应符合表 A. 17 的规定。

表 A.17　社区矫正对象解除(终止)矫正信息

序号	解除(终止)矫正信息	填写要求	是否必填
1	解除矫正类型	符合 11.2.15。根据实际情况填写,包括期满解除、特赦和其他	是
2	解除/终止矫正日期	“解除矫正类型”选择“期满解除”时,填写该项日期。该项应与 A.3.5 刑罚执行信息中的“矫正起止日”保持一致	是
3	终止矫正类型	符合 11.2.16。根据实际情况填写,包括撤销缓刑、撤销假释、决定收监执行、死亡和其他	是
4	撤销缓刑收监执行原因	主要有以下 7 类原因: a)违反禁止令,情节严重的; b)无正当理由不按规定时间报到或者接受社区矫正期间脱离监管,超过一个月的; c)因违反监督管理规定受到治安管理处罚,仍不改正的; d)受到社区矫正机构两次警告,仍不改正的; e)其他违反有关法律、行政法规和监督管理规定,情节严重的情形; f)发现漏罪; g)再犯罪。 该项与“终止矫正类型”关联,“终止矫正类型”选择“决定收监执行”时,该项必填。且该项为单项选择	是

续表

序号	解除(终止)矫正信息	填写要求	是否必填
5	撤销假释收监执行原因	主要有以下5类原因: a)无正当理由不按规定时间报到或者接受社区矫正期间脱离监管,超过一个月的; b)受到社区矫正机构两次警告,仍不改正的; c)其他违反有关法律、行政法规和监督管理规定,尚未构成新的犯罪的; d)发现漏罪; e)再犯罪。 该项与"终止矫正类型"关联,"终止矫正类型"选择"决定收监执行"时,该项必填。且该项为单项选择	是
6	收监执行原因	主要有以下10类原因: a)不符合暂予监外执行条件的; b)未经社区矫正机构批准擅自离开居住的市、县,经警告拒不改正,或者拒不报告行踪,脱离监管的; c)因违反监督管理规定受到治安管理处罚,仍不改正的; d)受到社区矫正机构两次警告的; e)保外就医期间不按规定提交病情复查情况,经警告拒不改正的; f)暂予监外执行的情形消失后,刑期未满的; g)保证人丧失保证条件或者因不履行义务被取消保证人资格,不能在规定期限内提出新的保证人的; h)其他违反有关法律、行政法规和监督管理规定,情节严重的情形。 i)发现漏罪; j)再犯罪。 该项与"终止矫正类型"关联,"终止矫正类型"选择"决定收监执行"时,该项必填,且为单项选择	是

续表

序号	解除(终止)矫正信息	填写要求	是否必填
7	收监执行类型	该项应与A.3.5刑罚执行信息中的“矫正类别”保持一致	是
8	是否收监	该项与“终止矫正类型”关联,“终止矫正类型”选择“撤销缓刑”“撤销假释”“决定收监执行”时,该项必填	是
9	收监执行日期	该项与“是否收监”关联,“是否收监”选择“否”时,该项不填写	是
10	死亡日期	该项与“终止矫正类型”关联,“终止矫正类型”选择“死亡”,该项应填写“死亡日期”、“死亡类型”和“具体死因”	否
11	死亡类型	符合11.2.17。分“正常死亡”和“非正常死亡”。“正常死亡”指自然死亡,“非正常死亡”指社区矫正对象在社区矫正期间,因火灾、溺水等自然灾难,或工伤、医疗事故、交通事故、自杀、他杀、受伤害等人为事故致死	否
12	具体死因	根据死亡证明书填写,没有死亡证明书的按实际情况填写	否
13	矫正期间表现	该项与“解除矫正类型”关联,“解除矫正类型”选择“期满解除”和“特赦”时,应填写第16~20项	否
14	认罪态度	根据实际情况如实客观填写	否
15	矫正期间是否参加职业技能培训	根据社区矫正期间实际情况填写	否

续表

序号	解除(终止)矫正信息	填写要求	是否必填
16	矫正期间是否获得职业技能证书	根据社区矫正期间实际情况填写	否
17	技术特长及等级	按照社区矫正对象所获得技术证书填写	否
18	危险性评估	根据实际情况填写	否
19	家庭关系	社区矫正对象婚姻状况应指解除矫正时的婚姻状态,与“社区矫正对象基本信息”中婚姻状况不是重复关系	否
20	矫正期间特殊情况备注及帮教建议	根据矫正期间掌握情况填写	否
21	备注	该项与“解除矫正类型”和“终止矫正类型”关联,“解除矫正类型”和“终止矫正类型”选择“其他”时,该项应填写具体情况	否

A.3.9　社区矫正对象漏罪或再犯罪有关情况信息

社区矫正对象漏罪或再犯罪有关情况信息与表 A.17 关联,A.17中撤销缓刑收监执行原因、撤销假释收监执行原因和收监执行原因选择“发现漏罪”和“再犯罪”时必填,填写要求和是否必填属性应符合表 A.18 的规定。

表 A.18 社区矫正对象漏罪或再犯罪有关情况信息

序号	漏罪或再犯罪有关情况	填写要求	是否必填
1	所涉罪名	社区矫正对象在矫正期间发现漏罪的罪名或犯新罪的罪名	是
2	侦查机关	在刑事诉讼活动中,享有国家赋予的侦查权,并对社区矫正对象犯新罪、发现漏罪依法进行侦查的专门机关	是
3	被采取强制措施时间	社区矫正对象因发现漏罪或犯新罪被依法采取强制措施的时间	是
4	审判机关	根据刑事诉讼法关于审判管辖的规定,对社区矫正对象所犯新罪或者漏罪行使管辖权的人民法院	是
5	罪名	经审判机关裁决的社区矫正对象犯新罪或发现的漏罪的名称	是
6	刑罚	对新犯的罪或者新发现的罪作出判决,把前罪和后罪所判处的刑罚,决定执行的刑罚	是

社区矫正定位管理系统技术规范

（2021年12月29日　SF/T 0016—2021）

ICS　35.240.01
CCS　L67

SF

中华人民共和国司法行政行业标准

SF/T 0016—2021
代替 SF/T 0016—2017

社区矫正定位管理系统技术规范

Technical specification for positioning system of community-corrections subject

2021－12－29 发布　　2022－01－07 实施

中华人民共和国司法部　发布

目　次

前言 Ⅱ
1 范围 3
2 规范性引用文件 3
3 术语和定义 3
4 系统建设 3
5 基本功能 5
6 数据采集结构 5
7 代码表 7
8 数据交换 8
9 系统安全 9

前　言

本文件按照 GB/T 1.1—2020《标准化工作导则　第 1 部分:标准化文件的结构和起草规则》的规定起草。

本文件代替 SF/T 0016—2017《全国社区矫正人员定位系统技术规范》,与 SF/T 0016—2017 相比除结构调整和编辑性改动外,主要技术变化如下:

——将标准名称更改为《社区矫正定位管理系统技术规范》;

——增加了规范性引用文件 GB/T 7408、GB/T 22239—2019、GB/T 39477、SF/T 0015—2021、SF/T 0055—2019、SF/T 0056、SF/T 0057 和 SF/T 0081(见第 2 章);

——删除了规范性引用文件 SF/T 0015—2017(见 2017 年版的第 2 章);

——删除了"社区矫正人员定位系统"、"地理信息系统"和"移动定位"术语和定义(见 2017 年版的第 3 章);

——增加了“社区矫正定位管理系统”、“电子定位装置”和“信息化核查终端”术语和定义(见3.1、3.2和3.3);

——将“数据项类型及定义”的内容调整到“数据采集结构”中(见第6章,2017年版的第4章);

——增加了“定位数据库”、“地理信息服务系统”和“地理位置数据分析”的要求(见4.2、4.7和4.8);

——更改了“空间地理数据库建设”中对使用地图的要求(见4.3,2017年版的5.2);

——增加了“信息化核查”功能(见第5章);

——删除了“定位人员基本信息要求”、“社区矫正人员定位平台的功能要求”和“社区矫正人员定位平台的定位技术要求”(见2017年版的5.1、5.3和5.4);

——删除了“系统基本功能要求”中的各级系统功能要求(见2017年版的第6章);

——增加了“社区矫正信息化核查信息”(见6.5);

——删除了“业务流程要求”(见2017年版的第7章);

——更改了“标注点位置信息”内容(见6.7,2017年版的8.5);

——将“编码规则及编码”更改为“代码表”(见第7章,2017年版的第9章);

——删除了“定位成功”和“定位失败”代码(见2017年版的9.4和9.5);

——增加了“定位状态”、“信息化核查状态”和“定位服务提供商”代码表(见7.1、7.2和7.3);

——将“数据交换要求”更改为“数据交换”,并更改了内容(见第8章,2017年版的第10章);

——将“系统安全要求”更改为“系统安全”,并更改了内容(见第9章,2017年版的第11章)。

请注意本文件的某些内容可能涉及专利。本文件的发布机构不承担识别专利的责任。

本文件由司法部社区矫正管理局提出。

本文件由司法部信息中心归口。

本文件起草单位：司法部社区矫正管理局、安徽省司法厅、贵州省司法厅、天津市司法局、云南省司法厅、江西省司法厅、河南省司法厅、中国电子科技集团公司第十五研究所、合肥信息技术服务有限公司、南京鑫攸蓝科技有限公司。

本文件主要起草人：姜爱东、刘晔、陈培勇、肖运出、江铁生、赵晓林、张锡旺、周逸璇、李国栋、乔彬、韩俊、李欣、王峻、魏淑燕、汪奇志、焦小欣、才智、郭彦义、李雪亮、周正、王力贞、马庆、刘凯。

本文件及其所代替文件的历次版本发布情况为：

——2013 年首次发布为 SF 05002—2013，2017 年第一次修订；

——本次为第二次修订。

社区矫正定位管理系统技术规范

1　范围

本文件规定了社区矫正定位管理系统建设、基本功能、数据采集结构、代码表、数据交换和系统安全要求。

本文件适用于全国社区矫正定位管理系统建设与应用。

2　规范性引用文件

下列文件中的内容通过文中的规范性引用而构成本文件必不可少的条款。其中，注日期的引用文件，仅该日期对应的版本适用于本文件；不注日期的引用文件，其最新版本（包括所有的修改单）适用于本文件。

GB/T 7408　数据元和交换格式　信息交换　日期和时间表示法

GB/T 22239—2019　信息安全技术　网络安全等级保护基本

要求

GB/T 39477　信息安全技术　政务信息共享　数据安全技术要求

SF/T 0015—2021　社区矫正基础业务系统技术规范

SF/T 0055—2019　社区矫正术语

SF/T 0056　社区矫正电子定位腕带技术规范

SF/T 0057　智慧矫正　移动应用技术规范

SF/T 0081　智慧矫正　总体技术规范

3　术语和定义

SF/T 0055—2019 界定的以及下列术语和定义适用于本文件。

3.1

社区矫正定位管理系统　positioning system of community-corrections subject

运用计算机技术、地理信息技术、定位技术、通信技术和网络技术等,借助电子定位装置(3.2)和信息化核查终端(3.3),实现对社区矫正对象的位置监控或核查,掌握或限制社区矫正对象的活动范围,加强对其进行监督管理,为社区矫正工作提供决策依据的信息管理系统。

[来源:SF/T 0055—2019,5.5,有修改]

3.2

电子定位装置　electronic positioning device

运用卫星(北斗/GPS)、基站和 WIFI 等定位技术,与社区矫正定位管理系统(3.1)相连接,能够对社区矫正对象进行实时定位和数据收发,准确掌握其活动范围,并具有防拆、防爆、防水等性能的专门的电子设备。

注:电子定位装置包括电子定位腕带等。

3.3

信息化核查终端　informatization verification terminal

利用现代信息技术、互联网和物联网等技术获取并查验社区矫正对象的身份、位置以及活动等信息的设备。

注:信息化核查终端包括手机等。

4　系统建设

4.1　总体要求

4.1.1　应按照 SF/T 0081 的规定,将社区矫正定位管理系统作为社区矫正一体化平台中的定位监管模块进行建设。

4.1.2　应依托省级社区矫正一体化平台实施电子定位监管和信息化核查,并与省级社区矫正一体化平台的其他功能共享数据资源和服务支撑,且对接融合。

4.2　定位数据库

应以省(区、市)为单位建立社区矫正定位数据库,定位数据应包括社区矫正电子定位装置、社区矫正移动应用等发送的位置数据以及信息化核查产生的相关数据。

4.3　地理空间数据库建设

地理空间数据库建设应符合以下要求:

a)各省(区、市)建立完整和安全的地理空间数据库,以供社区矫正机构实施电子定位监督管理实时使用;

b)使用自然资源主管部门提供的部署于国家电子政务外网或其他司法行政系统网络(包含政法专网等)的地图等测绘成果(如"地理信息公共服务平台"等)。

4.4　社区矫正定位方式

应支持卫星、基站和 WIFI 等多种定位方式,宜采用我国自主定位技术。

4.5　运行环境

社区矫正定位管理系统运行环境应符合以下要求:

a)部署于国家电子政务外网或其他司法行政系统网络(包含政法专网等);

b)与定位服务提供商的通信定位接口采取安全交换设施进行数据交换。

4.6 定位移动应用性能

社区矫正定位移动应用性能应符合以下要求：

a)依托省级社区矫正一体化平台定位监管模块，能够通过卫星、基站和 WIFI 等定位方式实现对社区矫正对象的定位和信息化核查信息上报；

b)定位数据的保留存储时间≥3 个月。

4.7 地理信息服务系统

地理信息服务系统应符合以下要求：

a)各省(区、市)建设统一的地理信息服务系统，采用 2000 国家大地坐标系(CGCS 2000)；

b)省级电子地图比例≥1∶50000，所在区市地图比例≥1∶10000；

c)采用开放地理空间信息联盟(OGC)的网络地图瓦片服务(WMTS)标准；

d)支持超文本传输协议(HTTP)和超文本传输安全协议(HTTPS)；

e)支持地图放大、缩小、漫游、全图、地图切换、量算、兴趣点(POI)搜索、电子围栏设置、重点场所和位置标注等基础功能。

4.8 地理位置数据分析

地理位置数据分析应符合以下要求：

a)对特定社区矫正对象进行历史定位轨迹留痕和存储，形成社区矫正对象时空档案，掌握其活动轨迹和异常行为；

b)具备对社区矫正电子定位装置出现异常和人机分离等情况的识别与判定能力，确保社区矫正对象地理位置数据的准确及时有效；

c)具备对地理位置数据置信评估能力，甄别社区矫正对象位置数据质量，确保地理位置数据的真实可靠。

4.9 终端

终端包括电子定位装置和信息化核查终端，应符合 SF/T 0056

和 SF/T 0057 的规定。

5 基本功能

社区矫正定位管理系统应依托省级社区矫正一体化平台进行建设,并应具备以下基本功能:

a)地理信息系统(GIS)基本功能:具有地图的平移、缩放、查询、测距和标注等功能;

b)定位监管:具有对社区矫正对象的空间位置进行实时定位、位置查询、轨迹查询、轨迹回放、越界告警、进入禁止令限制区域告警、关机告警、拆卸告警、低电告警、违反禁止令告警、使用篡改位置 APP 告警和异常告警情况等功能;

c)信息化核查:具有对社区矫正对象的空间位置进行实时查询、轨迹查询、轨迹回放及存储、越界、人机分离及停(关)机记录管理、统计查询功能,并能对社区矫正对象的信息化核查状态进行展示;

d)报警区域管理:具有报警区域设定、修改、越界报警记录和统计查询功能;

e)越界信息管理:具有越界信息提醒、关机信息提醒、信息发送和历史信息统计查询功能;

f)重点区域监控:查询在指定时间内到过指定区域的社区矫正对象;

g)定位策略:提供自动定位功能,且定位次数≥1 次/h,并能对特定社区矫正对象进行实时定位。

6 数据采集结构

6.1 数据采集结构描述

6.1.1 基本描述属性

本文件数据采集结构用数据项名称、标识、数据类型和格式、约束/条件以及说明 5 个基本属性描述,表 1 给出了描述属性和定义及说明。

表 1　数据采集结构基本描述属性

序号	描述属性	定义及说明
1	数据项名称	数据项的中文名称,应对应数据库中的字段名
2	标识	数据项的唯一标识。将数据项中文名称中每个字汉语拼音的首字母大写,并把大写的首字母无间隔顺序组合起来
3	数据类型和格式	说明数据项的数据类型及格式,见 6.1.2
4	约束/条件	说明该数据项是必备的(M)、条件必选的(C)或可选的(O),本文件所有数据项的约束/条件均为“M”
5	说明	对数据项引用的国家标准、行业标准、代码、约束条件、计量单位或其他说明的描述

6.1.2　数据类型和格式

表 2 给出了数据类型和格式说明。

表 2　数据类型和格式说明

序号	数据类型	格式说明
1	ID	15 位十进制整数(占 8 个字节),用作数据记录的唯一标识
2	TN	无符号 1 字节整数,范围:[0,255] 若作为逻辑型使用:0:否;1:是
3	DT	日期 + 时间,根据应用决定时间的表示精度,符合 GB/T 7408,格式为 YYYY-MM-DDThh:mm:ss
4	C	字符串类型,数字表示最大长度 示例:C100 表示最大长度为 100 个拉丁字符的字符串
5	F	浮点型

6.2 社区矫正机构基本信息

表3规定了社区矫正机构基本信息。

表3 社区矫正机构基本信息

序号	数据项名称	标识	数据类型和格式	约束/条件	说明
1	机构编码	JGBM	C18	M	符合 SF/T 0015—2021 中 11.1.1
2	机构名称	JGMC	C60	M	统一社会信用代码证书上的机构名称

6.3 社区矫正对象基本信息

表4规定了社区矫正对象基本信息。

表4 社区矫正对象基本信息

序号	数据项名称	标识	数据类型和格式	约束/条件	说明
1	社区矫正对象编码	SQJZDXBM	C20	M	符合 SF/T 0015—2021 中 11.1.3
2	姓名	XM	C50	M	自填
3	信息化核查号码	XXHXHHM	C20	M	自填
4	电子定位装置编号	DZDWZZHM	C50	M	自填

6.4 社区矫正定位信息

表5规定了社区矫正定位信息。

表5　社区矫正定位信息

序号	数据项名称	标识	数据类型和格式	约束/条件	说明
1	社区矫正对象编码	SQJZDXBM	C20	M	符合 SF/T 0015—2021 中 11.1.3
2	电子定位装置编号	DZDWZZBH	C21	M	自填
3	经度	JD	N8	M	自填
4	纬度	WD	N8	M	自填
5	定位地点位置名称	DWDDWZMC	C50	M	自填
6	定位状态	DWZT	TN	M	符合 7.1
7	定位时间	DWSJ	DT	M	自填
8	定位服务提供商	DWFWTGS	TN	M	符合 7.3

6.5　社区矫正信息化核查信息

表6规定了社区矫正信息化核查信息。

表6　社区矫正信息化核查信息

序号	数据项名称	标识	数据类型和格式	约束/条件	说明
1	社区矫正对象编码	SQJZDXBM	C20	M	符合 SF/T 0015—2021 中 11.1.3
2	信息化核查号码	XXHHCHM	C20	M	自填

续表

序号	数据项名称	标识	数据类型和格式	约束/条件	说明
3	经度	JD	N8	M	自填
4	纬度	WD	N8	M	自填
5	定位地点位置名称	DWDDWZMC	C50	M	自填
6	信息化核查状态	XXHHXZT	C1	M	符合 7.2
7	信息化核查时间	XXHHCSJ	DT	M	自填

6.6 信息发送基本信息

表 7 规定了信息发送基本信息。

表 7　信息发送基本信息

序号	数据项名称	标识	数据类型和格式	约束/条件	说明
1	发送社区矫正对象编码	FSSQJZDXBM	C50	M	符合 SF/T 0015—2021 中 11.1.3
2	接收号码(设备编号)	JSHM	C20	M	自填
3	发送内容	FSNR	C400	M	自填
4	发送时间	FSSJ	DT	M	自填
5	信息编号	XXBH	C50	M	自填

续表

序号	数据项名称	标识	数据类型和格式	约束/条件	说明
6	定位服务提供商	DWFWTGS	TN	M	符合 7.3
7	信息发送状态	XXFSZT	C50	M	符合 7.4
8	信息接收状态	XXJSZT	C50	M	符合 7.5

6.7 标注点位置信息

表 8 规定了标注点位置信息。

表 8 标注点位置信息

序号	数据项名称	标识	数据类型和格式	约束/条件	说明
1	社区矫正机构（受委托的司法所）编码	SQJZJGBM	C50	M	符合 SF/T 0015—2021 中 11.1.1
2	社区矫正机构（受委托的司法所）名称	SQJZJGMC	C100	M	自填
3	社区矫正机构（受委托的司法所）地址信息	SQJZJGDZXX	C200	M	自填
4	经度	JD	F50	M	自填
5	纬度	WD	F50	M	自填

7 代码表

7.1 定位状态

表9规定了定位状态代码表。

表9 定位状态代码表

代码	代码名称
1	正常
2	越界
3	进入禁止令限制区域
4	拆卸
5	低电
6	异常
7	定位超时
8	虚拟定位

7.2 信息化核查状态

表10规定了信息化核查状态代码表。

表10 信息化核查状态代码表

代码	代码名称
1	正常
2	空号
3	关机
4	欠费或号码业务故障
5	定位权限未完全开放
6	通话中或信号不佳

7.3 定位服务提供商

表11规定了定位服务提供商代码表。

表 11　定位服务提供商代码表

代码	代码名称
1	电信
2	联通
3	移动
4	北斗
5	GPS
6	专网系统
7	其他

7.4　信息发送状态

表 12 规定了信息发送状态代码表。

表 12　信息发送状态代码表

代码	代码名称
1	未发送
2	发送成功
3	发送失败

7.5　信息接收状态

表 13 规定了信息接收状态代码表。

表 13　信息接收状态代码表

代码	代码名称
1	未读
2	已读

8　数据交换

8.1　数据交换内容

数据交换内容主要包括社区矫正机构信息和社区矫正对象基本

信息。

8.2　数据交换策略

社区矫止定位管理系统应向定位服务提供商系统主动推送信息。

8.3　数据交换接口

8.3.1　社区矫正机构基本信息数据交换接口

表 14 规定了社区矫正机构基本信息数据交换接口。

表 14　社区矫正机构基本信息数据交换接口

交换格式

```
<ROOT>
    <JGBM>机构编码</JGBM>
    <JGMC>机构名称</JGMC>
</ROOT>
```

交换参数

序号	参数	参数名称	约束/条件	备注
1	机构编码	JGBM	M	—
2	机构名称	JGMC	M	—

8.3.2　社区矫正对象基本信息数据交换接口

表 15 规定了社区矫正对象基本信息数据交换接口。

表 15　社区矫正对象基本信息数据交换接口

交换格式

```
<ROOT>
    <SQJZDXBM>社区矫正对象编码</SQJZDXBM>
    <JGBM>机构编码</JGBM>
    <XM>姓名</XM>
    <DWHM>定位号码</DWHM>
    <DZDWZZBH>电子定位装置编号</DZDWZZBH>
</ROOT>
```

续表

交换参数				
序号	参数	参数名称	约束/条件	备注
1	社区矫正对象编码	SQJZDXBM	M	—
2	机构编码	JGBM	M	—
3	姓名	XM	M	—
4	定位号码	DWHM	M	—
5	电子定位装置编号	DZDWZZBH	M	—

9 系统安全

应按照 GB/T 22239—2019 中信息安全规定，采取相应措施，保证社区矫正定位管理系统信息的准确性、完整性、可靠性、可信性、保密性和防篡改性。应包括但不限于以下要求：

a)采用资源和角色等权限控制机制，对用户的业务操作访问权限进行控制，确保跨系统数据交换防篡改；

b)保存系统核心操作环节的日志记录，确保每次操作有据可查；

c)建立数据采集、存储、交换和备份的安全管理机制；

d)按照 GB/T 39477 的相关规定，采用国家密码主管部门规定的加密技术，保障系统数据安全性。

三、普法宣传工作类

司法部　全国普法办公室
关于开展"全国守法普法示范市（县、区）"创建活动的通知

（2022 年 11 月 1 日　司发通〔2022〕50 号）

各省、自治区、直辖市司法厅（局）、普法依法治理领导小组办公室，新疆生产建设兵团司法局、普法依法治理领导小组办公室：

经中央批准，全国评比达标表彰工作协调小组同意司法部组织开展"全国守法普法示范市（县、区）"创建活动，明确"全国守法普法示范市（县、区）"创建对象为开展守法普法工作取得突出成效的设区的市级、县（市）级行政区域，评估周期为 3 年，首批创建数量不超过 50 个。开展"全国守法普法示范市（县、区）"创建活动，是深入学习贯彻党的二十大精神和习近平法治思想的具体举措，是推进全民守法普法的重要载体，对于全面实施全国"八五"普法规划，推动全民守法普法工作守正创新、提质增效、全面发展具有重要意义。为做好"全国守法普法示范市（县、区）"创建活动，现就有关事项通知如下。

一、深入学习贯彻党的二十大精神和习近平法治思想，准确把握示范创建活动的总体要求

党的十八大以来，以习近平同志为核心的党中央高度重视全民守法普法工作。习近平总书记先后作出一系列重要论述，强调全民守法和普法是全面依法治国的长期基础性工作；强调各级领导干部要做尊法学法守法用法的模范，以实际行动带动全社会崇德向善、尊

法守法；强调建设社会主义法治文化，弘扬社会主义法治精神；强调普法工作要紧跟时代，在针对性和实效性上下功夫。这些重要论述明确了全民守法普法的地位作用、重点任务、重要举措，是习近平法治思想的重要组成部分。党的二十大报告指出，“法治社会是构筑法治国家的基础。弘扬社会主义法治精神，传承中华优秀传统法律文化，引导全体人民做社会主义法治的忠实崇尚者、自觉遵守者、坚定捍卫者。建设覆盖城乡的现代公共法律服务体系，深入开展法治宣传教育，增强全民法治观念。推进多层次多领域依法治理，提升社会治理法治化水平。发挥领导干部示范带头作用，努力使尊法学法守法用法在全社会蔚然成风。”这为新时代全民守法普法工作进一步指明了方向，是我们开展“全国守法普法示范市（县、区）”创建活动的根本遵循。

开展“全国守法普法示范市（县、区）”创建活动，必须深入贯彻落实党的二十大精神，始终紧扣学习宣传贯彻习近平法治思想这一主题主线，深刻领悟“两个确立”的决定性意义，增强“四个意识”、坚定“四个自信”、做到“两个维护”，以使法治成为社会共识和基本准则为目标，着力推动公民法治素养和社会治理法治化水平显著提升，为全面建设社会主义现代化国家、全面推进中华民族伟大复兴营造良好法治环境。

坚持党的全面领导。坚持用习近平新时代中国特色社会主义思想统一思想和行动，以习近平法治思想为引领，把党的全面领导贯穿到“全国守法普法示范市（县、区）”创建活动的全过程和各方面，确保示范创建活动正确政治方向和舆论导向。

坚持以人民为中心。坚持人民群众在示范创建活动中的主体地位，走好示范创建的群众路线，扩大示范创建活动人民群众参与度。把推动依法解决群众急难愁盼实际问题作为示范创建的出发点和落脚点，把人民群众的获得感、满意度作为示范创建的根本标准，教育引导人民群众自觉办事依法、遇事找法、解决问题用法、化解矛盾靠法，让示范创建成果更好地惠及人民群众。

坚持实事求是。严格贯彻落实中央八项规定精神和关于整治形式主义、官僚主义突出问题为基层减负的各项部署要求,坚决反对大范围索要台账、过度留痕的做法,杜绝“靠材料创建”现象,切实避免增加基层工作负担,让基层干部把更多的时间和精力用在解决基层实际问题上,力戒形式主义、官僚主义。

坚持重在创建。处理好广泛参与创建和少数示范命名的关系,坚持过程与结果并重,反对片面追求命名结果,尤其注重激励调动各地积极广泛参与示范创建活动,把示范创建过程变成全面提升全民守法普法整体工作水平的过程。对于命名的示范市(县、区)不能“一命名了之”。各省(区、市)要通过健全制度、创新机制,充分发挥示范地区典型引领作用,真正实现“先进带后进”,把“盆景”变“花园”。

二、以示范创建活动为载体,全面贯彻落实全国“八五”普法规划

开展首批“全国守法普法示范市(县、区)”创建活动,要紧紧围绕党的二十大提出的“努力使尊法学法守法用法在全社会蔚然成风”要求和全国“八五”普法规划确定的目标任务,突出重点,完善制度,加大力度,努力推动全国“八五”普法规划各项措施落到实处。

突出学习宣传习近平法治思想。切实发挥领导干部在学习贯彻习近平法治思想中的“头雁效应”,全面推动习近平法治思想进农村、进社区、进机关、进企业、进校园、进军营、进网络,推动习近平法治思想入脑入心、走深走实。

持续提升公民法治素养。把法治教育纳入干部教育体系,建立领导干部应知应会法律法规清单制度,推动领导干部带头尊法学法守法用法。把法治教育纳入国民教育体系,全面落实《青少年法治教育大纲》,完善政府、司法机关、学校、社会、家庭共同参与的青少年法治教育格局。把法治教育纳入社会教育体系,增强公民权利与义务相一致观念和依法维权意识。把法治教育纳入家庭教育体系,让社会主义法治观念在每一个家庭深深扎根。

加强社会主义法治文化建设。推进法治文化阵地建设,繁荣发展社会主义法治文艺,广泛开展群众性法治文化活动。弘扬社会主义法治精神,传承中华优秀传统法律文化。推动形成守法光荣、违法可耻的社会风尚。

推进普法与依法治理有机融合。教育引导人民群众在参与法治实践中体验法律、学习法律,进而认同法治、践行法治。深化依法治村(社区)、依法治校、依法治企、依法治网,把宪法法律融入百姓日常生活,把依法解决基层群众身边事的过程变成提升公民法治素养的过程。

三、加强组织指导,确保示范创建活动顺利开展

各省(区、市)司法行政、普法依法治理部门要高度重视"全国守法普法示范市(县、区)"创建活动,迅速行动起来,把示范创建活动摆上议事日程。

认真安排部署,加强工作指导。要把深入开展"全国守法普法示范市(县、区)"创建活动作为司法行政系统贯彻落实党的二十大精神的重要举措,把市(县、区)作为贯彻落实党中央决策部署、推进全民守法普法工作的关键环节,及时作出周密部署。结合明年全国"八五"普法规划实施情况中期评估,总结成绩、发现问题、查找差距。加强分类指导,推动市(县、区)党委、政府全面落实党政主要负责人履行推进法治建设第一责任人职责规定,推动各有关部门全面落实"谁执法谁普法"普法责任制。处理好法治政府示范创建与守法普法示范创建的关系,使之相互促进、相得益彰。

注重选树典型,形成长效机制。要深入开展调查研究,全面掌握本省(区、市)各市(县、区)守法普法工作实际情况,有计划、有目标地做好创建推荐的各项准备工作。立足当前,着眼长远,鼓励各市(县、区)结合本地实际,以问题为导向,进行差异化探索创新,及时发现、总结、推广先进经验。加强常态化管理,研究建立健全发挥示范市(县、区)引领带动作用的长效工作机制。

严格创建纪律,实施阳光创建。认真落实中办《创建示范活动管理办法(试行)》要求,切实履行主体责任。严禁弄虚作假,对示范创建活动中存在造假等违规违法行为的,一律取消申报资格;已经命名的,一经发现属实,及时摘牌。严格执行中央八项规定精神,严格执行廉政纪律,坚决防范创建工作中的廉政风险。主动向社会公开和宣传示范创建活动开展情况,自觉接受各种形式的监督。

示范创建活动中的进展情况、典型经验、问题及意见建议,及时报告司法部、全国普法办公室。“全国守法普法示范市(县、区)”创建活动考评指标体系和首批示范创建活动实施方案另发。

四、公共法律服务工作类

司法部办公厅关于印发《现代公共法律服务体系建设评价验收标准》的通知

（2022年6月29日　司办通〔2022〕78号）

各省、自治区、直辖市司法厅（局），新疆生产建设兵团司法局，部机关相关厅局、直属单位：

《现代公共法律服务体系建设评价验收标准》（以下简称《评价验收标准》）已经司法部2022年第6次部长办公会审议通过，现印发给你们。

请相关厅局和直属单位对照本通知附件1（全国性指标），结合各自职责对相关领域全国性工作进行自评并在相应位置打分；请各地对照本通知附件2（地方性指标），对本地工作情况开展自评，逐项进行打分，汇总形成总得分。

请各地和各相关厅局、直属单位对标中办、国办《关于加快推进公共法律服务体系建设的意见》要求和《评价验收标准》，结合自评全面总结本地区本领域公共法律服务体系建设情况，形成总结评估报告（各地不少于3000字，各厅局和直属单位不少于1000字，相关统计数据截至10月31日），连同自评得分表于11月15日前送司法部公共法律服务管理局。

联系人：王樱璇，商洁

联系电话：010－65152075，65152387；65152714（传真）

附件：1. 现代公共法律服务体系建设评价验收标准（全国性指标）

2. 现代公共法律服务体系建设评价验收标准（地方性指标）

附件 1

现代公共法律服务体系建设评价验收标准

（全国性指标）

项目	一级指标	二级指标	三级指标	分值	验收标准	责任单位	得分
一、平台建设和服务(23分)	便捷高效	1. 网络平台建设	中国法律服务网全面建成。	4分	已经建成并正常运营,否则不得分。	信息中心、法援中心	
			提供留言咨询、即时咨询、法律服务机构查询、办事指南等服务。	4分	每有1项服务功能未实现的,扣1分。		
			公共法律服务案例库每年收录案例8000个。	5分	全国每年收录案例每减少1000个，扣1分,扣完为止。	政府法制研究中心	
		2. 全时空服务	网络平台留言咨询300分钟内答复的实现率达100%，推进提供即时咨询服务。	3分	留言咨询1个工作日内答复的,扣1分;72小时内答复的,扣2分。	法援中心	

续表

项目	一级指标	二级指标	三级指标	分值	验收标准	责任单位	得分
一、平台建设和服务(23分)	便捷高效	3. 服务质量监督	对留言咨询问题发布的审核率达100%，对已解答问题抽取3%进行质检。	2分	仅对留言咨询发布进行审核，未对已解答问题抽取3%以上进行质检的，扣1分。	法援中心	
		4. 满意率	中国法律服务网用户满意率达90%以上。	5分	满意率平均低于90%的，每降低1个百分点扣0.5分，扣完为止。	法援中心	
二、法律援助服务（5分）	便捷高效	5. 律师办案占比	律师承办案件量占法律援助案件总量70%以上。	5分	全国范围内律师承办法律援助案件量每减少5个百分点，扣1分，扣完为止。	法律服务局	

续表

项目	一级指标	二级指标	三级指标	分值	验收标准	责任单位	得分
三、调解服务(12分)	便捷高效	6. 调解组织和人员建设	全国行业性、专业性人民调解组织达4.5万个。	5分	每少0.5万个,扣1分,扣完为止。	促进法治局	
			专职人民调解员达38万名。	5分	每少1万名,扣1分,扣完为止。		
			建立国际商事调解中心3-5个。	2分	全国建成3个国际商事调解中心。每少1个,扣0.5分。		
四、村(居)法律顾问服务(10分)	便捷高效	7. 专业人员数	担任村(居)法律顾问的律师、基层法律服务工作者达到20万名。	5分	全国担任村(居)法律顾问的律师或基层法律服务工作者每少1万名,扣1分,扣完为止。	律师局	
		8. 服务能力	全国村(居)法律顾问每年为基层群众性自治组织和村(居)民提供法律咨询、出具法律意见、开展法治宣传教育、代写法律文书、参与化解矛盾纠纷、协助处理信访问题不少于600万件(次)。	5分	村(居)法律顾问提供各类服务总量每少100万件,扣1分,扣完为止。		

续表

项目	一级指标	二级指标	三级指标	分值	验收标准	责任单位	得分
五、律师法律服务（21分）	覆盖城乡	9. 资源跨区域流动	推进“援藏律师团”、“1+1”中国法律援助志愿者行动、远程法律服务、智能法律服务等活动有效开展。	5分	指标所列专项活动持续有效开展，否则不得分。	律师局、中国法律援助基金会	
	便捷高效	10. 律师事务所建设	50人以上的律师事务所1000个，律师事务所在境外开办的分支机构达到200个，具有较强国际竞争力的大型律师事务所达到30家。	2分	指标所列机构每少20家扣0.2分，扣完为止。	律师局	
		11. 律师数	全国律师达到62万名，每万人拥有律师达到4.2名。	4分	全国律师每少1万名，扣0.5分，扣完为止。		
		12. 律师调解工作室	律师调解工作室达1万个。	2分	全国律师调解工作室每减少1000个，扣0.2分。		

续表

项目	一级指标	二级指标	三级指标	分值	验收标准	责任单位	得分
五、律师法律服务（21分）	便捷高效	13. 服务能力	全国律师具备每年办理各类诉讼案件800万件的能力。	4分	全国律师办理诉讼案件能力每减少100万件，扣0.5分。	律师局	
			为党政机关、人民团体、企事业单位担任法律顾问达100万家。	2分	为党政机关、人民团体、企事业单位担任法律顾问每少10万家，扣0.2分。		
		14. 领军律师人才	培养1000名在全国范围内具有领军作用的律师人才。	2分	全国范围内具有领军作用的律师人才每少100名，扣0.2分。		

续表

项目	一级指标	二级指标	三级指标	分值	验收标准	责任单位	得分
六、法律顾问、公职律师、公司律师（6分）	覆盖城乡	15. 覆盖面及队伍数量	中央和国家机关各部门、地方各级党委和政府及所属各工作部门普遍建立以内部法律顾问为主体、外聘法律顾问为补充的法律顾问队伍，外聘法律顾问数量达到2万名。事业单位普遍推行法律顾问制度，外聘法律顾问达到5万名。	2分	全国各级党政机关外聘法律顾问数量每减少1000名，扣0.1分。	律师局	
			各级党政机关公职律师达到3.5万名；中央和国家机关各部委全部设立公职律师、县级以上地方各级党政机关加快发展公职律师队伍。	2分	全国各级党政机关公职律师数每少0.5万名，扣0.5分，扣完为止。		
			国有企业加快发展公司律师队伍、重点民营企业继续推进公司律师试点工作，公司律师达到1.5万名。	2分	全国公司律师总数每少0.5万人，扣0.5分。		

续表

项目	一级指标	二级指标	三级指标	分值	验收标准	责任单位	得分
七、基层法律服务（6分）	覆盖城乡	16.基层法律服务工作者数量	基层法律服务工作者达到8万名，其中乡镇法律服务工作者达到4.5万名。	2分	全国乡镇基层法律服务工作者数量每少0.5万名，扣0.2分。	律师局	
	便捷高效	17.服务能力	为有需求的城乡居民提供民事、行政诉讼代理及非诉讼法律事务代理120万件，参与调解、仲裁活动50万件，解答法律咨询以及代写法律事务文书等350万件（次）。	4分	指标所列各类案件数每少10万件，扣0.5分。		
八、公证服务（6分）	便捷高效	18.服务能力	培育100个服务知识产权、金融等新型业务领域的专业化品牌公证机构，遴选20家全国涉外公证服务示范机构。新任命公证员增长10%。	6分	指标所列机构数每少10家，扣0.5分；全国新任命公证员每减少1个百分点，扣0.1分，扣完为止。	法律服务局	

续表

项目	一级指标	二级指标	三级指标	分值	验收标准	责任单位	得分
九、司法鉴定服务（6分）	便捷高效	19. 服务质量	司法鉴定公信力明显提高，有效投诉率低于万分之八。	2分	全国范围内有效投诉率每增加万分之一，扣0.5分，扣完为止。	法律服务局	
		20. 机构建设	高资质、高水平的司法鉴定机构达到100个，省级司法鉴定专家库基本建成，解决疑难复杂鉴定案件的能力不断提升。	4分	指标所列机构数每少10个，扣0.5分，扣完为止。		
十、仲裁服务（5分）	便捷高效	21. 机构建设	到2022年，建成享有良好国际声誉、具有重要国际影响力的仲裁机构3－5家。遴选一批涉外仲裁服务示范机构。	2分	全国建成3家符合指标要求的仲裁机构。每少1家，扣0.5分。	法律服务局	
		22. 服务能力	年仲裁案件量不低于30万件，近3年累计不低于100万件。	1分	全国年仲裁案件量每少1万件，扣0.2分，扣完为止。		

续表

项目	一级指标	二级指标	三级指标	分值	验收标准	责任单位	得分
十、仲裁服务（5分）	便捷高效	22. 服务能力	涉外仲裁案件年均增长率达10%。	1分	全国近3年涉外仲裁案件年均增长率每减少1个百分点，扣0.1分。	法律服务局	
		23. 服务方式	运用线上方式开展仲裁活动处理案件比例达30%以上。	1分	全国运用线上方式开展仲裁活动处理案件达到当年仲裁案件总量的30%。每减少1个百分点，扣0.1分，扣完为止。		
总分							

注：1. 总分值为100分。
2. 该表内各项指标由责任单位统筹各地和有关部门共同推进完成。

附件 2

现代公共法律服务体系建设评价验收标准

（地方性指标）

项目	一级指标	二级指标	三级指标	分值	验收标准	得分
一、平台建设和服务（23分）	覆盖城乡	1. 实体平台建设	县（市、区）、乡镇（街道）公共法律服务实体平台建成率达 100%。	2 分	县（市、区）公共法律服务实体平台每有 1 个应建未建的，扣 0.2 分，扣完为止。	
				2 分	乡镇（街道）公共法律服务实体平台每有 1 个应建未建的，扣 0.2 分，扣完为止。	
		2. 热线平台建设	省（自治区、直辖市）公共法律服务热线平台建成率达 100%，并实现省级统筹。	2 分	热线平台未实现省级统筹但结合地方实际创新热线平台管理运行模式获得良好效果，或是已经按照国务院要求完成与 12345 政务服务热线归并整合的，不扣分。	
		3. 网络平台建设	各省级公共法律服务网建成率达 100%。	2 分	省级法律服务网已经建成并正常运营，否则不得分。	

续表

项目	一级指标	二级指标	三级指标	分值	验收标准	得分
一、平台建设和服务（23分）	便捷高效	3. 网络平台建设	提供法律服务机构查询、办事指南，基本公共法律服务事项实现网上办理，并对符合条件的提供业务进展网上查询服务（该项指标中的“基本公共法律服务事项”为《全国基本公共法律服务指导标准（2019—2022 年）》中能够进行网上办理的事项）。	2 分	网络平台每有 1 项服务功能未实现的，扣 0.5 分。	
		4. 平台融合	公共法律服务实体、热线、网络平台实现资源共享、信息互通、融合发展，对群众基本服务需求精准匹配、高效服务。	3 分	不同平台仅实现信息互通，服务事项无法在平台间流转办理的，扣 2 分。	
		5. 全时空服务	推进 12348 热线平台提供每周 7×24 小时服务。	2 分	仅在工作日期间提供服务的，扣 1 分。	

续表

项目	一级指标	二级指标	三级指标	分值	验收标准	得分
一、平台建设和服务（23分）	便捷高效	5. 全时空服务	网络平台留言咨询300分钟内答复的实现率达100%，推进提供即时咨询服务。	2分	留言咨询在1个工作日内答复的，扣0.5分；72小时内答复的，扣1分。	
		6. 服务质量监督	对留言咨询问题发布的审核率达100%，对已解答问题抽取3%进行质检。	2分	仅对留言咨询发布进行审核，未对已解答问题抽取3%以上进行质检的，扣1分。	
	均等普惠	7. 免费服务	公共法律服务平台提供法律咨询、法律查询、案例查询、法治宣传教育服务，组织提供人民调解服务、法律援助服务、村居法律顾问服务，提供法律服务机构、人员信息及转介服务，一律免费。	1分	三大平台免费提供指标所列服务事项，否则不得分。	
		8. 满意率	人民群众对实体、热线、网络三大平台服务平均满意率达90%以上。	3分	本地区三大平台满意率平均低于90%的，每降低1个百分点扣0.3分，扣完为止。	

续表

项目	一级指标	二级指标	三级指标	分值	验收标准	得分
二、法律援助服务(13 分)	覆盖城乡	9. 县域覆盖率	法律援助服务实现县域覆盖率达 100%。	1 分	服务县域覆盖率每减少 10 个百分点,扣 0.2 分,扣完为止。	
		10. 机构设置	县级以上法律援助机构依法设立,建成率达 100%。	2 分	县级以上应设未设法律援助机构每少 1 个扣 0.1 分,扣完为止。	
	便捷高效	11. 办案效率	法律援助工作全面实行“马上办、网上办、一次办”,对重点人群开通绿色通道。	1 分	本地区明确提出相关工作要求或建立相应便民服务机制,否则不得分。	
		12. 无障碍服务	法律援助机构普遍提供无障碍设施设备和服务。	1 分	本地区法律援助机构提供无障碍设施和服务实现率达 80% 以上的,不扣分;低于 80% 的,每减少 5 个百分点,扣 0.2 分,扣完为止。	
		13. 经费保障水平	法律援助经费满足办案工作需要。	2 分	本地区各级年度法律援助经费未 100% 纳入当地政府预算并及时足额拨付,每减少 10 个百分点,扣 0.5 分,扣完为止。	

续表

项目	一级指标	二级指标	三级指标	分值	验收标准	得分
二、法律援助服务(13 分)	均等普惠	14. 应援尽援	民事、行政法律援助对困难群众应援尽援。	2 分	本地区已明确经济困难标准但未实现应援尽援的,扣 1 分。	
		15. 值班律师法律帮助	刑事法律援助中,对没有辩护人的犯罪嫌疑人、被告人,值班律师提供法律帮助的覆盖率达 100%。	2 分	值班律师为符合条件并提出申请或接到办案机关通知的刑事法律援助对象提供法律帮助覆盖率每减少 10 个百分点,扣 0.2分。	
		16. 通知辩护	对刑事法律援助案件中符合通知辩护条件的犯罪嫌疑人、被告人,法律援助机构根据人民法院通知,指派律师提供辩护的比例达 100%。	2 分	根据人民法院通知指派律师提供辩护实现率每减少 10 个百分点,扣 0.2 分。	

续表

项目	一级指标	二级指标	三级指标	分值	验收标准	得分
三、法治宣传教育服务（7分）	覆盖城乡	17. 法治文化阵地建设	基本实现全国每个行政村（社区）有1个法治文化阵地。	1分	本地区建有法治文化阵地的行政村占比未达90%的，每减少5个百分点，扣0.2分，扣完为止。	
		18. 法律明白人配备	全国每个行政村有3名以上骨干“法律明白人”。	1分	本地区设有1名以上“法律明白人”的行政村达90%的，扣0.2分；低于90%的，每减少10个百分点，扣0.1分，扣完为止。	
	便捷高效	19. 法治宣传媒介	报社、电台、电视台、新闻网站、融媒体中心等设立法治宣传栏（节）目、开办法治宣传频道。	1分	本地区在指标所列媒介中设有法治宣传栏（节）目或开办法治宣传频道，否则不得分。	
	均等普惠	20. 免费开放	法治文化公园、广场等法治文化阵地免费开放。	1分	指标所列法治文化阵地都免费开放，否则不得分。	
		21. 提供法治文化产品	在每个法治宣传教育基地、阵地提供法治文化产品。	1分	本地区每个基地、阵地提供有宣传册页、专题宣传视频、法律法规文本等相应法治文化产品，否则不得分。	

续表

项目	一级指标	二级指标	三级指标	分值	验收标准	得分
三、法治宣传教育服务（7分）	均等普惠	22. 青少年法治教育	每个中小学配备1名法治副校长。	1分	本地区中小学法治副校长配备率达每减少5个百分点，扣0.1分，扣完为止。	
			设立多功能青少年学生法治教育基地，基本实现全国市、县两级全部建成1个以上多功能青少年学生法治教育基地或法治资源教室。	1分	本地区仅实现县级全部建立的，扣0.2分。	
四、调解服务（7分）	覆盖城乡	23. 人民调解组织覆盖率	村（社区）人民调解组织覆盖率达100%。	2分	每减少10个百分点，扣0.2分。	
			乡镇（街道）人民调解组织覆盖率达100%。	2分	每减少5个百分点，扣0.2分。	
	便捷高效	24. 调解协议履行率	人民调解协议履行率稳步提升。	1分	本地区近3年人民调解协议履行率稳步提升的，或是调解成功率维持在90%以上，否则不得分。	

续表

项目	一级指标	二级指标	三级指标	分值	验收标准	得分
四、调解服务(7分)	均等普惠	25. 免费服务	对有需求的城乡居民免费提供人民调解服务。	2分	按照指标要求免费提供调解服务,否则不得分。	
五、村(居)法律顾问服务(4分)	覆盖城乡	26. 配备率	全国村(居)配备法律顾问的比例达100%。	2分	本地区行政村(居)配备村(居)法律顾问每减少1个百分点,扣0.2分,扣完为止。	
	均等普惠	27. 年服务量	村(居)法律顾问每年为每个基层组织和村(居)免费提供法律服务不少于50个小时。	2分	本地区村(居)法律顾问每年为每个基层组织和村(居)免费提供法律服务的平均时长每少5个小时,扣0.2分。	
六、律师法律服务(9分)	覆盖城乡	28. 县域覆盖率	律师服务县域覆盖率达100%,全国范围内基本解决“无律师县”问题。	2分	本地区律师服务县域覆盖率每减少10个百分点,扣0.2分;每有1个符合相关条件的“无律师县”未设立律师事务所分所或个人所,扣0.1分,扣完为止。	
		29. 资源跨区域流动	推进“援藏律师团”、“1+1”中国法律援助志愿者行动、远程法律服务、智能法律服务等活动有效开展。	2分	本地区指标所列专项活动持续有效开展,否则不得分。	

续表

项目	一级指标	二级指标	三级指标	分值	验收标准	得分
六、律师法律服务(9分)	均等普惠	30. 刑事案件律师辩护率	刑事案件审判阶段律师辩护基本实现全覆盖。	2分	本地区审判阶段普通程序审理的案件律师辩护覆盖率未达到90%,每减少10个百分点,扣0.5分,扣完为止。	
		31. 免费服务	律师依托各级各类公共法律服务平台向人民群众免费提供法律服务实现率达100%。	1分	律师在各级各类公共法律服务平台全部提供免费服务,否则不得分。	
		32. 减免费用	律师事务所办理弱势群体或者与公益活动有关的法律服务事项普遍减免律师服务费。	2分	本地区出台关于减免律师服务费的相关规定或标准,否则不得分。	

续表

项目	一级指标	二级指标	三级指标	分值	验收标准	得分
七、法律顾问、公职律师、公司律师（4分）	便捷高效	33. 有效参与决策	法律顾问、公职律师、公司律师履行职责的范围、程序和方式清晰明确，充分有效参与所在单位依法决策，提出法律意见，促进依法办事。	2分	本地区制定相关文件或作出明确规定，否则不得分。	
	均等普惠	34. 集中调配	根据需要建立公职律师和法律顾问统一服务平台和统筹使用机制，集中配备公职律师、法律顾问为各级各类党政机关提供服务，实现工作覆盖率100%。	2分	未建立相关平台或机制，但是本地区公职律师和法律顾问已实现工作全覆盖的，不扣分。	
八、基层法律服务（2分）	均等普惠	35. 服务收费	基层法律服务工作者依托各级各类公共法律服务平台向人民群众免费提供法律服务实现率达100%。	2分	通过各级各类公共法律服务平台提供服务全部免费，否则不得分。	

续表

项目	一级指标	二级指标	三级指标	分值	验收标准	得分
九、公证服务（10分）	覆盖城乡	36. 县域覆盖率	全国范围内公证服务县域覆盖率达100%。	1分	服务县域覆盖率每减少5个百分点，扣0.1分，扣完为止。	
			公证机构进驻县级公共法律服务中心或县级政务服务中心实现率达100%。	1分	县级公共法律服务中心或政务服务中心公证机构进驻率每减少10个百分点，扣0.1分。	
	便捷高效	37. 跨省通办	公证机构办理“跨省通办”业务实现率达100%。	2分	本地区能办理“跨省通办”业务的公证机构占比每减少10个百分点，扣0.2分。	
		38. 放宽执业区域	对一般性证明事项，公证机构执业区域放宽至省一级的实现率达100%。	2分	本地区根据要求放宽执业区域占比每减少10个百分点，扣0.2分。	
	均等普惠	39. 价格水平	对列入《关系民生的基本公证服务项目清单》的公证事项，原则上实行政府定价或指导价管理。	2分	本地区制定相关文件或作出明确要求，否则不得分。	

续表

项目	一级指标	二级指标	三级指标	分值	验收标准	得分
九、公证服务（10 分）	均等普惠	40. 减免费用	对符合法律援助条件的当事人申请办理公证的，或者符合其他费用减免条件的，按照规定减免费用实现率达 100%。	2 分	本地区出台相关文件或作出专门规定予以明确，否则不得分。	
十、司法鉴定服务（10 分）	覆盖城乡	41. 县域覆盖率	司法鉴定机构布局合理，司法鉴定服务实现县域覆盖率达 100%。	1 分	服务县域覆盖率每减少 10 个百分点，扣 0.1 分。	
	便捷高效	42. 信息公开	省级司法行政机关每年编制并公告司法鉴定人和司法鉴定机构名册，动态更新信息并通过网站公布。	3 分	按照指标要求编制名册但未对名册进行动态更新并及时公布的，扣 1 分。	
		43. 服务质量	司法鉴定人根据人民法院通知出庭率不低于 95%，出庭作证能力不断提升。	2 分	本地区司法鉴定人通知出庭率每低 1 个百分点，扣 0.5 分，扣完为止。	

续表

项目	一级指标	二级指标	三级指标	分值	验收标准	得分
十、司法鉴定服务(10分)	均等普惠	44. 价格水平	实行司法鉴定政府指导价收费的省份的比例达100%。	2分	本地区司法鉴定收费实行政府指导价,否则不得分。	
		45. 费用减免	对符合法律援助条件的当事人申请办理司法鉴定的,或者符合其他费用减免条件的,按照规定减免费用实现率达100%。	2分	本地区制定相关文件或作出专门规定予以明确,否则不得分。	
十一、仲裁服务(4分)	便捷高效	46. 服务质量	仲裁裁决被法院裁定撤销的比例在1%以内。	1分	本地区仲裁裁决被法院裁定撤销的比例≤1%,否则不得分。	
			仲裁裁决被法院裁定不予执行的比例在1%以内。	1分	本地区仲裁裁决被法院裁定不予执行的比例≤1%,否则不得分。	
	均等普惠	47. 参与基层治理	仲裁机构在基层社会治理中发挥积极作用。	2分	本地区出台相关文件或对指标内容提出明确要求,否则不得分。	

续表

项目	一级指标	二级指标	三级指标	分值	验收标准	得分
十二、法律职业资格考试服务(7分)	便捷高效	48. 跨省通办	法律职业资格申请(享受放宽条件政策的除外)实行跨省通办覆盖率达100%。	2分	本地区跨省通办覆盖率每减少1个百分点,扣0.2分,扣完为止。	
		49. 一网通办	法律职业资格管理实行一网通办覆盖率达100%。	2分	本地区一网通办覆盖率每减少1个百分点,扣0.2分,扣完为止。	
		50. 证明事项告知承诺制	法律职业资格申请实行证明事项告知承诺制覆盖率达100%。	2分	本地区告知承诺制覆盖率每减少1个百分点,扣0.2分,扣完为止。	
	均等普惠	51. 信息公开	授予和撤销法律职业资格人员信息公开率达100%。	1分	本地区达到指标要求,否则不得分。	
总分						

注:1. 总分值为100分。

2. 指标中的“……服务实现县域全覆盖”,指相应“服务”能够实现县域全覆盖即可,不要求相应机构设置实现县域全覆盖。

国家知识产权局等 17 部门关于加快推动知识产权服务业高质量发展的意见

（2022 年 12 月 27 日　国知发运字〔2022〕47 号）

各省、自治区、直辖市和新疆生产建设兵团知识产权局、发展改革委、教育厅（委、局）、科技厅（委、局）、工业和信息化厅（经济信息化委）、司法厅（局）、财政厅（局）、人力资源社会保障厅（局）、农业农村（农牧）厅（局、委）、商务厅（局、委）、市场监管局（厅、委）、统计局、版权局、林业和草原主管部门、乡村振兴局，各银保监局，各有关单位：

知识产权服务业贯穿于知识产权制度运行全链条，是推动知识产权高质量创造、高效益运用、高标准保护、高水平管理的重要支撑。为深入贯彻落实《知识产权强国建设纲要（2021—2035 年）》和《“十四五”国家知识产权保护和运用规划》，加快推动知识产权服务业高质量发展，现提出以下意见。

一、总体要求

（一）指导思想。

坚持以习近平新时代中国特色社会主义思想为指导，全面贯彻党的二十大精神，立足新发展阶段，完整、准确、全面贯彻新发展理念，构建新发展格局，落实全国统一大市场建设部署要求，加强知识产权法治保障，支持全面创新，以推动实现知识产权“两个转变”为主线，以打通知识产权创造、运用、保护、管理、服务全链条为目标，以满足创新主体和市场主体服务需求为导向，坚持专业化、市场化、国际化发展方向，优化发展环境，培育服务主体，拓宽服务领域，提升服务能力，加快推动知识产权服务业高质量发展，为加快知识产权强国建设和经济高质量发展提供有力支撑。

（二）基本原则。

坚持市场主导，政府引导。充分发挥市场在资源配置中的决定性作用，促进要素资源有序流动、高效配置。更好发挥政府作用，完善制度体系，规范行业秩序，强化分类指导，搭建数据平台，营造行业高质量发展良好环境。

坚持需求引领，供给对接。以满足经济高质量发展市场需求为导向，激发知识产权服务业发展动能，带动供给侧结构性改革，实现知识产权服务供给与全面创新需求精准对接，更好支撑需求侧潜在发展活力释放。

坚持质量为要，人才为基。牢固树立高质量发展导向，打造以专业、质量、标准、品牌为核心的知识产权服务竞争优势。把人才作为行业发展的第一资源，充分调动人才积极性和创造性，增强知识产权服务业高质量发展的内生动力。

坚持深化改革，创新发展。以改革驱动创新，以创新引领发展，深化“放管服”改革，优化行业准入管理，支持行业开放创新，推动知识产权服务业运用新理念、新技术，促进新业态、新模式发展。

（三）发展目标。

到 2030 年，知识产权服务业专业化、市场化、国际化水平明显提升，基本形成业态丰富、布局合理、行为规范、服务优质、全链条贯通的知识产权服务业高质量发展格局，成为加快知识产权强国建设和经济高质量发展的重要支撑。

——发展环境全面优化。知识产权服务业法律法规体系、政策体系、监管体系健全完善，行业监管更加有力，重点领域违法违规行为显著减少，行业满意度明显提升，规范有序的行业高质量发展环境更趋完善。

——行业贡献持续提升。知识产权服务高质量、多元化供给持续扩大,从事知识产权服务的规模以上机构超过2000家,行业营业收入突破5000亿元,知识产权服务业从业人员达到150万人,执业专利代理师超过5万人,诉讼型人才超过8000人,建设一批融入产业、服务创新、辐射全国的知识产权服务业集聚发展示范区。

——服务体系更加健全。专利、商标、版权、商业秘密、地理标志、植物新品种、集成电路布图设计等不同知识产权类型和代理、法律、运营、信息、咨询等不同业态知识产权服务机构有序发展,形成上下游优势互补、多业态协同发展、区域布局合理的知识产权服务体系。

——支撑作用显著增强。知识产权服务业高端化、国际化、品牌化、标准化建设加快推进,与科技、产业、区域、贸易发展深度融合,对全面创新的支持作用更加凸显。

二、聚焦全面创新需求,激发高质量发展动能

(四)加快知识产权服务业与产业融合发展。引导知识产权服务业聚焦先进制造业等重点领域,面向产业链、创新链开展知识产权专业服务,鼓励知识产权服务资源向先进制造业集群汇聚,促进专利与标准融合创新,推动优质知识产权服务品牌和先进制造业品牌强强联合,助力关键核心技术攻关和知识产权布局突破。推动知识产权服务业面向农业农村,建立供需对接机制,服务保障农业、林草良种技术攻关,促进植物新品种惠农,支撑地理标志保护工程和地理标志农产品保护工程,推进地理标志助力乡村振兴。鼓励知识产权服务业与研发设计、金融服务、检验检测等现代服务业融合发展,创新融入现代服务业和数字经济发展的知识产权服务模式。深化国家级专利导航服务基地建设,促进知识产权服务深度融入产业创新发展。

(五)推动知识产权服务业支撑区域协调发展。引导知识产权服务业科学布局、协调发展,增强服务区域经济发展能力,主动融入区域协调发展战略和区域重大战略。推动东部地区知识产权服务业率先向价值链高端攀升,提升辐射带动能力和国际化水平。鼓励中部、东北地区扩大知识产权服务业规模,提升服务水平。支持西部地区引进和培育优质知识产权服务资源,加快弥补服务短板。支持京津冀、长三角、粤港澳大湾区、成渝地区双城经济圈等区域,打造知识产权国际服务高地。鼓励跨区域知识产权服务合作,促进知识产权服务业梯度转移和有序承接。推进知识产权服务业集聚区优化升级,聚焦区域产业优势,打造知识产权服务集群品牌。

(六)引导知识产权服务业支持企事业单位创新发展。推动知识产权服务优质资源与企业需求精准对接,更新服务理念,创新服务模式,支撑企业创新发展。推动知识产权服务机构加强高水平服务供给,助力大型企业加快国际化布局,深度融入全球产业链和供应链,提升企业国际竞争力,加快建设世界一流企业。鼓励知识产权服务机构深度挖掘专精特新中小企业需求,帮助企业开展高价值专利布局、商标品牌培育、版权成果转化、知识产权风险防范等。推动知识产权服务机构深度参与高校院所创新全过程,主动服务国家战略科技力量,发挥产学研用协同创新效应,着力突破制约产业发展的关键核心技术和共性技术。

(七)推动知识产权服务业助力贸易高质量发展。推动知识产权服务业围绕畅通国内国际双循环,扩大规模,优化结构,增强涉外知识产权服务能力,为企业产品出口、海外投资、技术合作、品牌输出、标准推广等提供专业化服务。加快知识产权服务出口基地建设,培育发展知识产权服务贸易。支持有条件的知识产权服务机构在境外设立分支机构或代表处,鼓励高水平外国机构来华开展知识产权服务。深化外国专利代理机构在华设立常驻代表机构等改革试点。支持在国家自主创新示范区、自贸试验区、国家制造业高质量发展试验区、服务贸易创新发展试点地区、国家服务业扩大开放综合试点示范地区开展知识产权服务业改革开放试点。

三、构建服务新体系,优化高质量服务供给

(八)提升高质量服务供给能力。实施知识产权服务主体培育行动。培育小型知识产权服务机构向精细化、特色化方向发展,为创新主体提供贴身定制服务。培育中型知识产权服务机构向专业化、高端化方向发展,打造具有影响力的专业服务机构。培育大型知识产权服务机构向综合化、国际化方向发展,打造具有国际竞争能力的服务集团,提供全链条知识产权服务。开展知识产权服务品牌价值提升行动,引导服务机构强化品牌意识,加强品牌宣传推广,提高知名度和美誉度。支持知识产权服务机构开展技术创新、产品创新,实施高质量、全过程、精细化管理,加强新技术在知识产权服务业的开发利用,提升知识产权服务专业化、数字化、智能化水平。

(九)优化知识产权代理服务。推动知识产权代理服务树立质优为先的竞争导向,坚决抵制非正常专利申请和恶意商标申请等违法违规行为。着眼高效益运用和高水平保护,优化专利代理服务供给质量和结构,为企业高价值专利布局、创新成果保护、市场运用收益打牢基础。提升商标代理服务水平,加快推动从服务商标申请注册向品牌策划、培育、管理等多元化服务转变。促进版权、地理标志、植物新品种、集成电路布图设计等知识产权代理服务健康发展。

(十)深化知识产权法律服务。充分发挥律师等法律服务队伍职能作用,以更好维护市场主体合法权益为导向,推进知识产权诉讼代理、维权援助、调解等法律服务向专业化方向深入发展。鼓励拓展企业并购、重组、清算、投融资等商业活动中的知识产权法律服务,加强知识产权尽职调查服务,研究制定创业投资的知识产权尽职调查指引,更好为知识产权创新创业提供支持。以更好服务保障高水平对外开放需求为目标,拓展海外知识产权保护服务,支持服务机构参与知识产权海外预警和涉外知识产权维权援助工作,促进企业更加熟悉和更好运用知识产权国际规则,为企业“走出去”保驾护航。

(十一)拓展知识产权运营服务。以促进知识产权市场价值实现为导向,构建完善知识产权运营服务体系,培育发展知识产权运营机构。加快发展知识产权许可、转让等交易经纪服务,畅通知识产权交易流转。积极稳妥发展知识产权金融,拓展知识产权投融资、保险、证券化、信托、担保等增值服务,促进技术要素与资本要素有效融合。支持知识产权评估服务与信息、咨询等服务融通发展,为各类投融资活动和科技成果评价提供重要支撑。鼓励服务机构积极参与或主导专利池构建,助力创新主体提升核心竞争优势。

(十二)增进知识产权信息服务。以提升知识产权服务专业化、智能化为导向,支持商业化知识产权数据库建设和应用产品开发,增强知识产权信息传播利用能力,鼓励各类信息服务平台发挥优势、凝聚合力、提高综合服务效能和竞争力。鼓励市场化知识产权服务机构加强知识产权信息资源深度开发,推动知识产权信息与产业、经济信息互联互通,提升数据资源集成和加工处理分析能力。依法保护知识产权信息安全,促进知识产权信息服务健康发展。

(十三)拓宽知识产权咨询服务。以推动提升创新主体、市场主体知识产权科学管理水平为导向,加快培育知识产权专业咨询机构,积极拓展知识产权咨询服务领域,大力发展知识产权战略咨询、管理咨询、实务咨询等专业服务。鼓励知识产权咨询服务机构聚焦产业发展需求,深入开展专利导航、标准贯彻、标准必要专利指引等专业服务。鼓励市场化知识产权服务机构开展公益知识产权咨询服务,助力增强全民知识产权意识。

(十四)促进新业态新模式发展。以更好满足市场主体个性化、多样化服务需求为导向,支持知识产权服务机构利用大数据、云计算、区块链、人工智能等现代信息和数字技术,培育服务业态,创新服务产品,拓展服务模式,细化服务分工,发展智慧服务,形成知识产权服务业竞争优势和新的增长点。聚焦战略前沿领域,构建多元化应用场景,发展全链条知识产权服务,集成知识产权服务功能,为创新主体提供集成化知识产权解决方案。

四、深化"放管服"改革,优化高质量发展环境

(十五)优化行业准入。完善没有专利代理师资格证人员担任专利代理机构股东的条件。推动国防专利代理机构优化调整。畅通专利代理合伙制企业转为有限责任公司制企业通道。完善专利代理师执业备案制度,优化完善专利代理师执业条件,探索将企业、高校和科研院所知识产权管理工作经历视为实习经历。研究完善商标代理机构和从业人员执业备案条件。规范版权代理秩序。

（十六）强化政府监管。推进完善知识产权服务业监管法律法规体系。针对社会影响恶劣、严重破坏行业秩序的违法违规行为，深入开展专项整治行动，突出人员监管，引导服务机构健康规范发展。创新丰富监管工具，增强监管效能，深化“双随机一公开”监管，形成规范经营行为、降低执法成本、强化监管震慑的综合效应。深化信用监管，实施知识产权服务信用评价，完善信用联合惩戒激励机制。推进大数据监管，加强审查、执法、司法等相关数据监测，健全服务质量监测机制，提升监管的精准性和有效性。

（十七）完善行业自律。健全地方知识产权服务行业组织，推动完善全国性知识产权服务综合性行业组织建设。健全行业自律制度，加强行业自律管理，积极配合政府部门对不规范行为实施联动监管，探索开展从业人员能力评价。强化行业组织在政策制定宣贯、行业诉求反映等方面的作用，促进政府部门与服务机构良性互动。制定知识产权服务业相关业务指引，制定推广知识产权服务合同示范文本。设立知识产权志愿服务网点，支持公益代理和维权援助。

（十八）加强社会监督。完善行业举报投诉规则，畅通社会公众举报投诉渠道。加强知识产权服务机构和从业人员经营、质量、信用等相关信息公开，便利市场主体、创新主体查询辨别、评估风险、正确选择。鼓励新闻媒体和社会公众共同开展行业监督评议和第三方服务质量调查，充分发挥社会监督作用，推动服务机构全面履行社会责任。

（十九）推动机构自治。推动知识产权服务机构和从业人员切实履行主体责任，提高依法执业、质量至上的责任意识。完善年度报告制度，引导知识产权服务机构在经营行为上全面自查、主动整改，促进合法规范经营。发挥标准管理手段的引导作用，推进实施服务质量承诺，引导知识产权服务机构提升自治水平。引导知识产权服务机构和从业人员规范举办和参加各类活动，增强服务大局的自觉性。

五、强化发展要素支撑，夯实高质量发展基础

（二十）筑牢行业高质量发展的数据基础。按照“统筹规划、分类推进、试点先行”的原则，指导建设知识产权服务业高质量发展数据底座平台，汇集整合质量、业务、信用等方面数据，加强政府引导和政策联动，强化数据监管和信用评价，引导和优化服务供需对接，支撑知识产权服务业数字化转型和高质量发展。支持在专利导航、标准贯彻等领域先行探索，发挥国家专利导航综合服务平台和全国知识管理标准化技术委员会标准推广应用综合服务平台作用，提升专利导航、标准贯彻数字化服务水平和服务效能。

（二十一）加强知识产权服务业人才队伍建设。推进建立多层次、分类别的知识产权服务业人才进阶式培养体系，推动知识产权学科专业教育与职业发展相衔接，完善知识产权相关学科专业课程设置，打造一支具有理工、法学、经济、管理等学科专业背景的复合型高素质知识产权服务业人才队伍。研究允许取得一定理工科课程学分的知识产权等专业毕业生参加专利代理师资格考试。引导用人单位合理确定知识产权服务业人才的工资待遇，推动出台知识产权服务业人才在积分落户、人才引进等方面的优惠政策。

（二十二）完善行业标准和分级分类评价体系。鼓励政府部门、行业协会、社会团体、服务机构积极参与构建涵盖基础标准、支撑标准、产品标准、质量标准的知识产权服务业标准体系。建立知识产权服务业标准化试点基地，开展知识产权服务机构贯标行动，引导知识产权服务质量提升。建立知识产权服务业分级分类评价标准，指导行业协会等单位和组织对服务机构和从业人员开展分级分类评价工作，强化评价工作质量导向，加强信用联动和评价结果应用，推进实施分级分类管理。

（二十三）加强基础研究和统计调查。推动在行业协会等单位设立知识产权服务业研究基地，加强对知识产权服务业宏观政策、重大问题及新业态发展等研究。完善知识产权服务业统计调查方法和指标体系，分领域开展统计调查，及时发布知识产权服务业发展报

告。加强知识产权服务业对国民经济、科技创新、产业发展、国际贸易贡献度的研究。

（二十四）加强行业文化建设。深入开展行风建设活动，引导树立诚信为本、质量至上的执业理念，积极弘扬工匠精神，提高行业从业荣誉感和社会公信力，推动服务机构自觉抵制违法违规、恶意低价竞争、不正当竞争等行为。通过论坛研讨、典型案例、媒体宣传等方式增进行业交流和扩大社会影响力，营造行业有序发展的良好文化氛围。探索构建知识产权服务职业共同体，完善职业沟通交流机制，提升职业荣誉感。

六、组织保障

（二十五）加强组织领导。坚持和加强党对知识产权服务业发展的全面领导，研究推动成立行业党组织，发挥行业发展的政治引领作用，提高行业党建水平。推进知识产权服务机构加强党的建设，充分发挥基层党组织战斗堡垒作用和党员先锋模范作用。依托国务院知识产权战略实施工作部际联席会议和地方知识产权战略实施统筹协调机制，强化对知识产权服务业发展和监管重大问题的协调指导，统筹部署相关任务措施，逐项抓好落实。

（二十六）强化政策支持。支持符合条件的知识产权服务机构申报高新技术企业、技术先进型服务企业、专精特新中小企业等，落实中小企业相关财税支持政策。鼓励地方加大知识产权服务业集聚发展支持力度，研究制定知识产权服务机构在土地、房屋、租金等方面的优惠政策。鼓励金融机构开发适应知识产权服务业特点的融资和保险产品。有序推动政府资金带动和引导社会资本投资知识产权运营等服务业态，鼓励各类知识产权运营基金重点支持知识产权运营服务业态发展。建立健全知识产权服务机构参与服务各级各类科技计划项目工作机制。

（二十七）加强监督评价。国家知识产权局会同相关部门建立部门协同、央地协同、区域协同的监督机制，细化知识产权服务业高质量发展评价指标，加大监督评价工作力度，推动各项工作落细落实。

五、公证工作类

司法部办公厅关于推进海外远程视频公证试点工作的通知

（2022 年 5 月 5 日　司办通〔2022〕57 号）

各省、自治区、直辖市司法厅（局），新疆生产建设兵团司法局：

自 2020 年启动海外远程视频公证试点工作以来，试点公证机构与试点驻外使领馆（或中国签证申请服务中心，以下简称签证中心）积极协作，充分满足试点地区我国公民的公证服务需求，试点工作得到一致认可和普遍好评。为进一步满足旅居海外的我国公民的公证服务需求，巩固扩大"我为群众办实事"活动成果，经商外交部，司法部决定进一步扩大海外远程视频公证试点。经各地推荐，综合考虑公证需求量、实力信誉、软硬件设施等条件，确定 94 家公证机构（名单见附件 1）与驻外使领馆共同开展海外远程视频公证试点。现将有关事项通知如下。

一、总体要求

坚持以习近平新时代中国特色社会主义思想为指导，深入贯彻落实习近平法治思想，践行以人民为中心的发展思想，坚持稳中求进工作总基调，遵循稳妥务实、循序渐进、真实合法的原则，充分尊重公证当事人意愿和实际需求，严格按照《公证法》《公证程序规则》和相关规定办理公证事项，确保海外远程视频公证试点工作依法依规有序推进。

二、适用对象、业务范围及工作要求

（一）适用对象

申请办理海外远程视频公证的当事人应当是具有中华人民共和

国国籍的大陆地区居民，并在外交部试点馆（名单见附件2）所在国长期居住（指已在所在国连续停留达180天，或已获得所在国永久、长期居留身份证件，或工作、学习等长期签证的情形）。当事人需要其他人员提供语言或行为辅助，不能直接与公证员交流的，不适用海外远程视频公证。

（二）业务范围

1. 申请办理的公证事项系驻外使领馆不具备办理条件，且公证书原则上在国内（除港澳台地区）使用，当事人自愿选择其国内住所地、经常居住地、行为地、事实发生地的试点公证机构办理海外远程视频公证。

试点公证机构应当遵守公证执业区域的规定和要求，涉及不动产的公证应当按照《公证法》第二十五条第二款的规定办理。

2. 可申请办理海外远程视频公证的事项包括：声明、委托（包括涉房产、股权、继承等财产类事务）、婚姻状况、国籍、姓名、出生、死亡、亲属关系、无犯罪记录、经历、学历、证书（执照）、文书上的签名、印鉴、文本相符公证等。

涉及处分财产的声明公证应当符合以下条件：（1）为公证机构办理关联公证事项时所需；（2）当事人承诺将其手写签名的声明书纸质文本原件，通过试点使领馆或签证中心邮寄给公证机构存档。

涉及处分财产的委托公证应当符合以下条件：（1）受托人是委托人的近亲属；（2）该处分遵循公平原则；（3）受托人无转委托权；（4）处分价款全部转入委托人本人在国内的银行账户。

（三）工作要求

1. 坚持便利当事人原则。当事人可以向试点公证机构或试点馆、签证中心提出远程视频公证申请。试点公证机构应当按照当事人申办的公证事项，一次性告知当事人办理公证的条件、程序、期限以及需要提交的材料、获取材料的途径和方式。试点公证机构经审核符合办理条件并决定受理的，由试点公证机构与当事人、试点馆或签证中心共同商定办理时间。当事人须本人前往试点馆或签证中心指定的海外远程视频公证现场完成公证程序。办理公证所需书面材料，当事人提交或签署完毕后，由试点馆或签证中心即时封存并向国内邮寄。

2. 严格遵守办证程序。试点公证机构应当综合运用人口数据库、护照、出入境等信息核查确认当事人的国籍以及所处地点，利用身份证识别系统、活体人脸识别比对、交叉印证等方式核实当事人身份；严格按照《公证法》《公证程序规则》有关规定和业务指引，通过视频连线方式与当事人进行深入、有效地互动交流，对当事人真实意愿、办证目的、申请公证的事项以及所提供的证明材料等进行核实，确保当事人陈述与事实相符，并告知其所办理的公证事项的法律意义及后果。试点公证机构应当对办证过程全程录音录像，按要求将相关信息同步录入公证登记簿，及时做好办证形成的电子数据、文书等材料的立卷归档工作；相关电子数据应当独立存放并异地备份，确保安全可查、可调阅。

3. 依法保障当事人权益。具有《公证程序规则》第五十条情形之一的，试点公证机构应当终止公证。试点公证机构应当告知和提醒当事人在包括但不限于因受胁迫导致其人身或意思表达不自由时，向公证员发出终止办理的信号；当事人发出明确的终止办理信号的，或者公证员认为申请人所处环境、语言表达、身体状况等可能影响其真实意思表达的，应当终止办理。当事人认为公证书有错误或对公证书内容等有异议的，试点公证机构应当按规定程序妥善处理。

三、组织实施

（一）建立动态调整发布机制。试点公证机构和试点馆名录由司法部、外交部协商一致发布，并根据业务办理和运行情况动态调整。试点公证机构应当通过办证大厅、官网、媒体等公布海外远程视频公证办证指南，包括试点公证机构和试点馆地址、办公时间、收费标准及方式、所需材料、联系方式等信息，并做好对外宣传和咨询应答工作。

（二）强化沟通协调配合。试点公证机构和公证员应当严格依法履行公证职责，依照法律法规和司法部有关规定、行业办证指引办理公证事项，保证公证质量，承担相应法律责任。经商外交部，由试点馆、签证中心负责与试点公证机构和当事人的协调联络、现场协助核验当事人身份及全程见证当事人办理公证并录音录像、邮寄书面材料等事务，落实场地和设施配备，确保视频公证过程规范、有序、流畅，试点馆监督指导签证中心实施海外远程视频公证相关服务工作。

（三）配齐配全设施设备。试点公证机构应当设立办理海外远程视频公证的专门场所，配置电脑、视频通讯、打印扫描等软硬件设备，配备必要的办公桌椅。试点公证机构应当使用专门办理远程视频公证的信息系统，且具有人脸识别、活体检测、电子签名、视频连线、视频录制等功能，原则上不得使用社会公用视频软件，保证数据传输安全可靠。

（四）严格执行收费规定。海外远程视频公证费用应当坚持公平公开原则，严格执行《国家发展改革委、司法部关于进一步完善公证服务价格形成机制的意见》（发改价格〔2021〕1081 号）相关规定，按照试点公证机构所在地规定的收费标准，由当事人直接向试点公证机构交纳。当事人撤回公证申请的，试点公证机构预收的公证费用按相关规定处理。经商外交部，试点馆不向当事人收取视频公证费用，签证中心可以向当事人收取服务费，但不在公证收费范围。

（五）做好组织实施保障。各地要高度重视，精心组织、周密部署，指导、监督试点公证机构严格按照《公证法》和相关规定办理海外远程视频公证事项，不断规范服务行为，优化工作流程，加强技能培训，改善服务设施，全面提升服务品质，为当事人提供优质、高效、便捷的公证服务。要加强与试点馆和本地区政府外事部门的协调沟通，共同研究、推动解决工作中遇到的问题，确保试点工作规范、有序开展。要组织做好试点工作总结宣传，加大对经验做法、典型模式和工作成效的宣传力度，为试点工作营造良好氛围。

各地在试点中的经验做法、遇到的情况和问题，要及时向司法部报告，并抄送外交部。

附件:1. 参与海外远程视频公证试点公证机构名单
2. 参与海外远程视频公证试点驻外使领馆所在地名单

附件 1

参与海外远程视频公证试点公证机构名单

(共 94 家)

北京市
北京市长安公证处、北京市方圆公证处

天津市
天津市北方公证处、天津市和信公证处、天津市津滨公证处

河北省
石家庄市燕赵公证处、唐山市华忆公证处、邯郸市赵都公证处

山西省
太原市城北公证处、太原市城西公证处、太原市城南公证处

内蒙古自治区
包头市方正公证处、呼和浩特市蒙正公证处、呼和浩特市正信公证处

吉林省
长春市国安公证处

辽宁省

辽宁省公证处、大连市公证处、盘锦市兴盛公证处

黑龙江省

哈尔滨市哈尔滨公证处、哈尔滨国信公证处

上海市

上海市东方公证处、上海市徐汇公证处、上海市张江公证处、上海市新虹桥公证处、上海市临港公证处

江苏省

南京市南京公证处、南京市石城公证处、苏州市苏州公证处、南通市南通公证处

浙江省

杭州市国立公证处、杭州市杭州互联网公证处、温州市华东公证处、文成县公证处、义乌市公证处、宁波市天一公证处、青田县公证处

安徽省

合肥市徽元公证处、芜湖市法信公证处、六安市江淮公证处

福建省

福州市闽江公证处、厦门市公证处、漳州市龙海公证处、厦门市鹭江公证处、福清市玉融公证处

江西省

南昌市赣江公证处、南昌市豫章公证处、南昌市大成公证处

山东省

济南市泉城公证处、济南市齐鲁公证处、青岛市黄海公证处

河南省

郑州市黄河公证处、郑州市大豫公证处、郑州市华夏公证处

湖北省

武汉市尚信公证处、襄阳市襄阳公证处、宜昌市三峡公证处

湖南省

长沙市长沙公证处、长沙市华湘公证处、郴州市福城公证处

广东省

广州市南方公证处、广州市南沙公证处、深圳市前海公证处、珠海市横琴公证处、江门市五邑公证处

广西壮族自治区

南宁市桂南公证处、南宁市北部湾公证处、南宁市东博公证处

海南省

海口市南海公证处、三亚市凤凰公证处

重庆市

重庆市公证处、重庆市国信公证处、重庆市中信公证处

四川省

成都市律政公证处、成都市国力公证处、成都市蜀都公证处

贵州省
贵阳市国信公证处、遵义市法信公证处

云南省
昆明市明信公证处、昆明市国信公证处、昆明市国正公证处

西藏自治区
拉萨市阳光公证处

陕西省
西安市汉唐公证处

甘肃省
兰州市国信公证处、兰州恒信公证处、兰州飞天公证处

青海省
西宁市夏都公证处、西宁市永信公证处

宁夏回族自治区
银川市国信公证处、银川市国安公证处、银川市国立公证处

新疆维吾尔自治区
乌鲁木齐市法诺公证处、乌鲁木齐市中信公证处、伊宁市白杨公证处

新疆生产建设兵团
乌鲁木齐西域公证处

附件 2

参与海外远程视频公证试点驻外使领馆所在地名单

（共 65 馆）

亚洲（22 馆）

韩国、越南、泰国、新加坡、马来西亚、印度尼西亚、尼泊尔、菲律宾、东帝汶

大阪、名古屋、福冈、釜山、光州、胡志明市、古晋、泗水、棉兰、清迈、宋卡、伊斯坦布尔、迪拜

欧洲（24 馆）

英国、德国、意大利、葡萄牙、瑞士、荷兰、比利时、奥地利、丹麦、瑞典、芬兰、挪威、罗马尼亚、波兰、捷克、希腊

法兰克福、慕尼黑、汉堡、杜塞尔多夫、米兰、佛罗伦萨、苏黎世、哥德堡

大洋洲（7 馆）

澳大利亚

悉尼、墨尔本、珀斯、布里斯班、阿德莱德、奥克兰

非洲（4 馆）

肯尼亚、博茨瓦纳

约翰内斯堡、开普敦

美洲（8 馆）

加拿大、墨西哥、阿根廷

纽约、多伦多、蒙特利尔、卡尔加里、圣保罗

六、司法鉴定工作类

关于印发《生态环境损害赔偿管理规定》的通知

（2022 年 4 月 26 日　环法规〔2022〕31 号）

各省、自治区、直辖市人民政府，新疆生产建设兵团：

《生态环境损害赔偿管理规定》已经中央全面深化改革委员会审议通过。现印发给你们，请结合实际认真贯彻落实。

生态环境损害赔偿管理规定

第一章　总　　则

第一条　为规范生态环境损害赔偿工作，推进生态文明建设，建设美丽中国，根据《生态环境损害赔偿制度改革方案》和《中华人民共和国民法典》《中华人民共和国环境保护法》等法律法规的要求，制定本规定。

第二条　以习近平新时代中国特色社会主义思想为指导，全面贯彻党的十九大和十九届历次全会精神，深入贯彻习近平生态文明思想，坚持党的全面领导，坚持以人民为中心的发展思想，坚持依法治国、依法行政，以构建责任明确、途径畅通、技术规范、保障有力、赔偿到位、修复有效的生态环境损害赔偿制度为目标，持续改善环境质量，维护国家生态安全，不断满足人民群众日益增长的美好生活需要，建设人与自然和谐共生的美丽中国。

第三条 生态环境损害赔偿工作坚持依法推进、鼓励创新，环境有价、损害担责，主动磋商、司法保障，信息共享、公众监督的原则。

第四条 本规定所称生态环境损害，是指因污染环境、破坏生态造成大气、地表水、地下水、土壤、森林等环境要素和植物、动物、微生物等生物要素的不利改变，以及上述要素构成的生态系统功能退化。

违反国家规定造成生态环境损害的，按照《生态环境损害赔偿制度改革方案》和本规定要求，依法追究生态环境损害赔偿责任。

以下情形不适用本规定：

（一）涉及人身伤害、个人和集体财产损失要求赔偿的，适用《中华人民共和国民法典》等法律有关侵权责任的规定；

（二）涉及海洋生态环境损害赔偿的，适用海洋环境保护法等法律及相关规定。

第五条 生态环境损害赔偿范围包括：

（一）生态环境受到损害至修复完成期间服务功能丧失导致的损失；

（二）生态环境功能永久性损害造成的损失；

（三）生态环境损害调查、鉴定评估等费用；

（四）清除污染、修复生态环境费用；

（五）防止损害的发生和扩大所支出的合理费用。

第六条 国务院授权的省级、市地级政府（包括直辖市所辖的区县级政府，下同）作为本行政区域内生态环境损害赔偿权利人。赔偿权利人可以根据有关职责分工，指定有关部门或机构负责具体工作。

第七条 赔偿权利人及其指定的部门或机构开展以下工作：

（一）定期组织筛查案件线索，及时启动案件办理程序；

（二）委托鉴定评估，开展索赔磋商和作为原告提起诉讼；

(三)引导赔偿义务人自行或委托社会第三方机构修复受损生态环境,或者根据国家有关规定组织开展修复或替代修复;

(四)组织对生态环境修复效果进行评估;

(五)其他相关工作。

第八条 违反国家规定,造成生态环境损害的单位或者个人,应当按照国家规定的要求和范围,承担生态环境损害赔偿责任,做到应赔尽赔。民事法律和资源环境保护等法律有相关免除或者减轻生态环境损害赔偿责任规定的,按相应规定执行。

赔偿义务人应当依法积极配合生态环境损害赔偿调查、鉴定评估等工作,参与索赔磋商,实施修复,全面履行赔偿义务。

第九条 赔偿权利人及其指定的部门或机构,有权请求赔偿义务人在合理期限内承担生态环境损害赔偿责任。

生态环境损害可以修复的,应当修复至生态环境受损前的基线水平或者生态环境风险可接受水平。赔偿义务人根据赔偿协议或者生效判决要求,自行或者委托开展修复的,应当依法赔偿生态环境受到损害至修复完成期间服务功能丧失导致的损失和生态环境损害赔偿范围内的相关费用。

生态环境损害无法修复的,赔偿义务人应当依法赔偿相关损失和生态环境损害赔偿范围内的相关费用,或者在符合有关生态环境修复法规政策和规划的前提下,开展替代修复,实现生态环境及其服务功能等量恢复。

第十条 赔偿义务人因同一生态环境损害行为需要承担行政责任或者刑事责任的,不影响其依法承担生态环境损害赔偿责任。赔偿义务人的财产不足以同时承担生态环境损害赔偿责任和缴纳罚款、罚金时,优先用于承担生态环境损害赔偿责任。

各地可根据案件实际情况,统筹考虑社会稳定、群众利益,根据赔偿义务人主观过错、经营状况等因素分类处置,探索分期赔付等多样化责任承担方式。

有关国家机关应当依法履行职责,不得以罚代赔,也不得以赔代罚。

第十一条 赔偿义务人积极履行生态环境损害赔偿责任的，相关行政机关和司法机关，依法将其作为从轻、减轻或者免予处理的情节。

对生效判决和经司法确认的赔偿协议，赔偿义务人不履行或者不完全履行义务的，依法列入失信被执行人名单。

第十二条 对公民、法人和其他组织举报要求提起生态环境损害赔偿的，赔偿权利人及其指定的部门或机构应当及时研究处理和答复。

第二章 任务分工

第十三条 生态环境部牵头指导实施生态环境损害赔偿制度，会同自然资源部、住房和城乡建设部、水利部、农业农村部、国家林草局等相关部门负责指导生态环境损害的调查、鉴定评估、修复方案编制、修复效果评估等业务工作。科技部负责指导有关生态环境损害鉴定评估技术研究工作。公安部负责指导公安机关依法办理涉及生态环境损害赔偿的刑事案件。司法部负责指导有关环境损害司法鉴定管理工作。财政部负责指导有关生态环境损害赔偿资金管理工作。国家卫生健康委会同生态环境部开展环境健康问题调查研究、环境与健康综合监测与风险评估。市场监管总局负责指导生态环境损害鉴定评估相关的计量和标准化工作。

最高人民法院、最高人民检察院分别负责指导生态环境损害赔偿案件的审判和检察工作。

第十四条 省级、市地级党委和政府对本地区的生态环境损害赔偿工作负总责，应当加强组织领导，狠抓责任落实，推进生态环境损害赔偿工作稳妥、有序进行。党委和政府主要负责人应当履行生态环境损害赔偿工作第一责任人职责；党委和政府领导班子其他成员应当根据工作分工，领导、督促有关部门和单位开展生态环境损害赔偿工作。

各省级、市地级党委和政府每年应当至少听取一次生态环境损害赔偿工作情况的汇报，督促推进生态环境损害赔偿工作，建立严考核、硬约束的工作机制。

第三章 工作程序

第十五条 赔偿权利人应当建立线索筛查和移送机制。

赔偿权利人指定的部门或机构，应当根据本地区实施方案规定的任务分工，重点通过以下渠道定期组织筛查发现生态环境损害赔偿案件线索：

（一）中央和省级生态环境保护督察发现的案件线索；

（二）突发生态环境事件；

（三）资源与环境行政处罚案件；

（四）涉嫌构成破坏环境资源保护犯罪的案件；

（五）在生态保护红线等禁止开发区域、国家和省级国土空间规划中确定的重点生态功能区发生的环境污染、生态破坏事件；

（六）日常监管、执法巡查、各项资源与环境专项行动发现的案件线索；

（七）信访投诉、举报和媒体曝光涉及的案件线索；

（八）上级机关交办的案件线索；

（九）检察机关移送的案件线索；

（十）赔偿权利人确定的其他线索渠道。

第十六条 在全国有重大影响或者生态环境损害范围在省域内跨市地的案件由省级政府管辖；省域内其他案件管辖由省级政府确定。

生态环境损害范围跨省域的，由损害地相关省级政府共同管辖。相关省级政府应加强沟通联系，协商开展赔偿工作。

第十七条 赔偿权利人及其指定的部门或机构在发现或者接到

生态环境损害赔偿案件线索后，应当在三十日内就是否造成生态环境损害进行初步核查。对已造成生态环境损害的，应当及时立案启动索赔程序。

第十八条　经核查，存在以下情形之一的，赔偿权利人及其指定的部门或机构可以不启动索赔程序：

（一）赔偿义务人已经履行赔偿义务的；

（二）人民法院已就同一生态环境损害形成生效裁判文书，赔偿权利人的索赔请求已被得到支持的诉讼请求所全部涵盖的；

（三）环境污染或者生态破坏行为造成的生态环境损害显著轻微，且不需要赔偿的；

（四）承担赔偿义务的法人终止、非法人组织解散或者自然人死亡，且无财产可供执行的；

（五）赔偿义务人依法持证排污，符合国家规定的；

（六）其他可以不启动索赔程序的情形。

赔偿权利人及其指定的部门或机构在启动索赔程序后，发现存在以上情形之一的，可以终止索赔程序。

第十九条　生态环境损害索赔启动后，赔偿权利人及其指定的部门或机构，应当及时进行损害调查。调查应当围绕生态环境损害是否存在、受损范围、受损程度、是否有相对明确的赔偿义务人等问题开展。调查结束应当形成调查结论，并提出启动索赔磋商或者终止索赔程序的意见。

公安机关在办理涉嫌破坏环境资源保护犯罪案件时，为查明生态环境损害程度和损害事实，委托相关机构或者专家出具的鉴定意见、鉴定评估报告、专家意见等，可以用于生态环境损害调查。

第二十条　调查期间，赔偿权利人及其指定的部门或机构，可以根据相关规定委托符合条件的环境损害司法鉴定机构或者生态环境、自然资源、住房和城乡建设、水利、农业农村、林业和草原等国务院相关主管部门推荐的机构出具鉴定意见或者鉴定评估报告，也可以与赔偿义务人协商共同委托上述机构出具鉴定意见或者鉴定评估报告。

对损害事实简单、责任认定无争议、损害较小的案件,可以采用委托专家评估的方式,出具专家意见;也可以根据与案件相关的法律文书、监测报告等资料,综合作出认定。专家可以从市地级及以上政府及其部门、人民法院、检察机关成立的相关领域专家库或者专家委员会中选取。鉴定机构和专家应当对其出具的鉴定意见、鉴定评估报告、专家意见等负责。

第二十一条 赔偿权利人及其指定的部门或机构应当在合理期限内制作生态环境损害索赔磋商告知书,并送达赔偿义务人。

赔偿义务人收到磋商告知书后在答复期限内表示同意磋商的,赔偿权利人及其指定的部门或机构应当及时召开磋商会议。

第二十二条 赔偿权利人及其指定的部门或机构,应当就修复方案、修复启动时间和期限、赔偿的责任承担方式和期限等具体问题与赔偿义务人进行磋商。磋商依据鉴定意见、鉴定评估报告或者专家意见开展,防止久磋不决。

磋商过程中,应当充分考虑修复方案可行性和科学性、成本效益优化、赔偿义务人赔偿能力、社会第三方治理可行性等因素。磋商过程应当依法公开透明。

第二十三条 经磋商达成一致意见的,赔偿权利人及其指定的部门或机构,应当与赔偿义务人签署生态环境损害赔偿协议。

第二十四条 赔偿权利人及其指定的部门或机构和赔偿义务人,可以就赔偿协议向有管辖权的人民法院申请司法确认。

对生效判决和经司法确认的赔偿协议,赔偿义务人不履行或不完全履行的,赔偿权利人及其指定的部门或机构可以向人民法院申请强制执行。

第二十五条 对未经司法确认的赔偿协议,赔偿义务人不履行或者不完全履行的,赔偿权利人及其指定的部门或机构,可以向人民法院提起诉讼。

第二十六条 磋商未达成一致的,赔偿权利人及其指定的部门或机构,应当及时向人民法院提起诉讼。

第二十七条 赔偿权利人及其指定的部门或机构,应当组织对受损生态环境修复的效果进行评估,确保生态环境得到及时有效修复。

修复效果未达到赔偿协议或者生效判决规定修复目标的,赔偿权利人及其指定的部门或机构,应当要求赔偿义务人继续开展修复,直至达到赔偿协议或者生效判决的要求。

第四章 保障机制

第二十八条 完善从事生态环境损害鉴定评估活动机构的管理制度,健全信用评价、监督惩罚、准入退出等机制,提升鉴定评估工作质量。

省级、市地级党委和政府根据本地区生态环境损害赔偿工作实际,统筹推进本地区生态环境损害鉴定评估专业力量建设,满足生态环境损害赔偿工作需求。

第二十九条 国家建立健全统一的生态环境损害鉴定评估技术标准体系。

科技部会同相关部门组织开展生态环境损害鉴定评估关键技术方法研究。生态环境部会同相关部门构建并完善生态环境损害鉴定评估技术标准体系框架,充分依托现有平台建立完善服务于生态环境损害鉴定评估的数据平台。

生态环境部负责制定生态环境损害鉴定评估技术总纲和关键技术环节、基本生态环境要素、基础方法等基础性技术标准,商国务院有关主管部门后,与市场监管总局联合发布。

国务院相关主管部门可以根据职责或者工作需要,制定生态环境损害鉴定评估的专项技术规范。

第三十条 赔偿义务人造成的生态环境损害无法修复的,生态环境损害赔偿资金作为政府非税收入,实行国库集中收缴,全额上缴本级国库,纳入一般公共预算管理。赔偿权利人及其指定的部门或机构根据磋商协议或生效判决要求,结合本区域生态环境损害情况开展替代修复。

第三十一条 赔偿权利人及其指定的部门或机构可以积极创新公众参与方式,邀请相关部门、专家和利益相关的公民、法人、其他组织参加索赔磋商、索赔诉讼或者生态环境修复,接受公众监督。

生态环境损害调查、鉴定评估、修复方案编制等工作中涉及公共利益的重大事项,生态环境损害赔偿协议、诉讼裁判文书、赔偿资金使用情况和生态环境修复效果等信息应当依法向社会公开,保障公众知情权。

第三十二条 建立生态环境损害赔偿工作信息和重大案件信息的报告机制。

省级生态环境损害赔偿制度改革工作领导小组办公室于每年 1 月底前,将本地区上年度工作情况报送生态环境部。生态环境部于每年 3 月底前,将上年度全国生态环境损害赔偿工作情况汇总后,向党中央、国务院报告。

第三十三条 生态环境损害赔偿工作纳入污染防治攻坚战成效考核以及环境保护相关考核。

生态环境损害赔偿的突出问题纳入中央和省级生态环境保护督察范围。中央和省级生态环境保护督察发现需要开展生态环境损害赔偿工作的,移送有关地方政府依照本规定以及相关法律法规组织开展索赔。

建立重大案件督办机制。赔偿权利人及其指定的部门或机构应当对重大案件建立台账,排出时间表,加快推进。

第三十四条 赔偿权利人及其指定的部门或机构的负责人、工作人员,在生态环境损害赔偿过程中存在滥用职权、玩忽职守、徇私舞弊等情形的,按照有关规定交由纪检监察机关依纪依法处理,涉嫌犯罪的,移送司法机关,依法追究刑事责任。

第三十五条 对在生态环境损害赔偿工作中有显著成绩,守护好人民群众优美生态环境的单位和个人，按规定给予表彰奖励。

第五章 附 则

第三十六条 本规定由生态环境部会同相关部门负责解释。

第三十七条 本规定中的期限按自然日计算。

第三十八条 本规定自印发之日起施行。法律、法规对生态环境损害赔偿有明确规定的，从其规定。

司法部办公厅关于组建全国司法鉴定专家库的通知

（2022年5月19日　司办通〔2022〕65号）

各省、自治区、直辖市司法厅（局），新疆生产建设兵团司法局：

为深入学习贯彻习近平法治思想，认真贯彻落实习近平总书记关于加强公共法律服务工作和法律服务队伍建设的重要指示精神，进一步加强司法鉴定专家队伍建设，充分发挥专家作用，提高司法鉴定质量和公信力，经推荐审核，司法部组建了全国司法鉴定专家库。

现将全国司法鉴定专家库专家名单（试行）印发你们。各地要高度重视，充分发挥专家在司法鉴定政策咨询、准入评审、质量管理、行业监管等方面作用，依法依规开展工作，不断提高司法鉴定管理工作专业化、规范化水平，推动司法鉴定行业高质量发展。

全国司法鉴定专家库专家名单(试行)

(按姓氏笔画排序,共183人)

一、技术咨询类分库(173人)

(一)法医类鉴定(95人)

1. 法医病理鉴定专业组(25人)

王旭(济宁医学院司法鉴定中心)、王杰、王慧君、王德明、邓建强、左芷津、成建定、刘新社、李秀荣、李剑波、何方刚、何颂跃、张海东、陈峰、陈忆九、周韧、周亦武、官大威、孟刚、侯碧海、秦志强、莫耀南、高彩荣、崔文、蔡继峰

2. 法医临床鉴定专业组(31人)

王旭(法大法庭科学技术鉴定研究所)、邓振华、左敏、卢英强、史希杰、刘子龙、闫平、许小明、孙秀琴、李军、杨海云、吴茂旺、何松国、沈忆文、张煦、张广政、陈腾、赵丽萍、钟庆旭、姜相明、夏文涛、顾姗智、徐红平、郭兆明、陶春、常林、盛延良、葛建荣、景丽、廖毅、瞿志雄

3. 法医精神病鉴定专业组(12人)

马长锁、王小平、邱德胜、况利、张聪沛、陈清刚、邵阳、武克文、赵虎、贾福军、韩臣柏、蔡伟雄

4. 法医物证鉴定专业组(16人)

王景舟、邓亚军、朱波峰、孙宏钰、李生斌、李成涛、李学博、吴元明、周惠英、徐恩萍、黄江、黄代新、梁伟波、焦谊、廖世秀、樊爱英

5. 法医毒物鉴定专业组(11人)

马安德、马春玲、刘伟、贠克明、杨娅、吴何坚、沈敏、周永平、倪志

宇、路帆、廖林川

（二）物证类鉴定(34 人)

1. 文书鉴定专业组(16 人)

方邡、申群翼、司永红、李冰、李丽娜、杨旭、杨春松、沈晓林、其美次仁、胡向阳、胡海洋、侯德福、施少培、袁军、贾治辉、薛建国

2. 痕迹鉴定专业组(13 人)

冯浩、米文忠、许洪国、李山桥、李国庆、杨勇、张守伟、陈强、陈宏云、沈鸿斌、周维新、黄孙俊、程军伟

3. 微量物证鉴定专业组(5 人)

王元凤、刘振刚、张永丰、罗仪文、韩放

（三）声像资料鉴定(17 人)

1. 录音鉴定专业组(4 人)

李志军、杨俊杰、张振锋、曹洪林

2. 图像鉴定专业组(4 人)

卢伟平、李军宏、吴启、郝新华

3. 电子数据鉴定专业组(9 人)

王永全、苏菡、杨卫军、吴松洋、陈龙、赵兴文、郭弘、涂敏、谢朝化

（四）环境损害司法鉴定(27 人)

1. 污染物性质鉴定专业组(4 人)

马栋、叶脉、史晓燕、张后虎

2. 地表水与沉积物鉴定专业组(4 人)

刘源月、李宗逊、易皓、徐灏龙

3. 空气污染鉴定专业组(3 人)

吕晓彤、刘伟民、张振文

4. 土壤与地下水鉴定专业组(4 人)

邢洁、李芸、汪德生、焦文涛

5. 近岸海洋与海岸带鉴定专业组(3 人)

马启敏、孔德洋、高振会

6. 生态系统鉴定专业组(5 人)

刘贤词、江波、陈玉成、唐彬、蔡俊雄

7. 其他鉴定专业组(4 人)

王红、张强、妙旭华、章正勇

二、决策咨询类分库(82 人)

(一)政策研究(15 人)

王旭(法大法庭科学技术鉴定研究所)、王万华、王志国、王敏远、左芷津、杜志淳、李生斌、吴何坚、陈忆九、陈如超、顾永忠、徐代化、郭华、常林、韩春晖

(二)准入评审(35 人)

马栋、王永全、王德明、方邡、邓振华、邢洁、江波、许洪国、贠克明、苏菡、李山桥、李成涛、李宗逊、杨娅、杨春松、沈敏、汪德生、况利、张守伟、陈清刚、陈腾、官大威、秦志强、侯德福、徐红平、徐恩萍、徐灏龙、黄代新、崔文、韩臣柏、谢朝化、程军伟、蔡伟雄、蔡俊雄、廖林川

(三)质量管理与行业监管(33 人)

马春玲、王红、方建新、邓建强、左敏、卢英强、冯浩、刘子龙、李军、李芸、李志军、李剑波、杨旭、吴元明、吴松洋、何方刚、何松国、何颂跃、陈龙、陈玉成、张后虎、张振文、罗仪文、侯碧海、施少培、贾治辉、夏文涛、徐代化、高彩荣、郭弘、陶春、黄江、廖毅

司法部办公厅关于印发《司法鉴定专家库管理办法(试行)》的通知

(2022年5月19日　司办通〔2022〕66号)

各省、自治区、直辖市司法厅(局),新疆生产建设兵团司法局:

为规范管理司法鉴定专家库,我们研究制定了《司法鉴定专家库管理办法(试行)》,现印发你们,请认真贯彻执行。

司法鉴定专家库管理办法(试行)

第一条　为深入学习贯彻习近平法治思想,规范司法鉴定专家库管理,充分发挥专家在司法鉴定政策咨询、准入评审、质量管理、行业监管等方面作用,加强专家队伍建设,提高司法鉴定质量和公信力,根据《全国人民代表大会常务委员会关于司法鉴定管理问题的决定》等规定,结合司法鉴定工作实际,制定本办法。

第二条　司法部负责组建、管理全国司法鉴定专家库(以下简称国家库)。

省级司法行政机关根据本地实际负责组建、管理省级司法鉴定专家库(以下简称地方库)。必要时,省级司法行政机关可以委托司法鉴定行业协会组建、管理专家库。

第三条 国家库专家按照政治统领、择优选聘、突出重点、兼顾平衡、满足需要、动态优化的原则聘任与管理。

第四条 国家库下设技术咨询类分库和决策咨询类分库。

技术咨询类分库下设法医类、物证类、声像资料、环境损害司法鉴定四个子库；决策咨询类分库下设政策研究、准入评审、质量管理与行业监管三个子库。技术咨询类各子库下设不同专业组。原则上一名专家只能被推荐参加一个分库中的一个专业组；确有需要的，可同时被推荐技术咨询类和决策咨询类分库。

第五条 国家库专家聘期为五年，可以连续聘任。聘期内，可以根据需要动态管理、调整优化专家库。

第六条 进入国家库的专家应当具备以下条件：

（一）坚持正确政治方向，拥护中国共产党领导、拥护社会主义法治，忠诚履行中国特色社会主义法律服务工作者的职责使命，热爱司法鉴定事业；

（二）熟悉司法鉴定相关法律、法规、规章和政策，有良好的法治素养；

（三）熟悉掌握司法鉴定相关标准和技术规范、评审规则，工作经验丰富；

（四）具有良好的职业道德和职业操守，坚守执业底线；

（五）司法鉴定人及技术专家应具有高级职称，从事司法鉴定相关工作十年以上，工作业绩突出；

（六）法律专家应具有扎实的专业功底，理论研究成果丰硕，在相关专业领域有一定的知名度、影响力；

（七）身体健康，能够履行工作职责，年龄一般不超过 70 周岁；

（八）法律、行政法规、规章规定的其他条件。

第七条 国家库专家应当在自愿基础上，通过省级司法行政机关推荐，经审核符合条件的，按照选聘方式入库。

已经建立地方库的省份，应当优先从地方库中推荐国家库人选。

根据工作需要，司法部可以根据入库条件，依规定程序，邀请一定数量的知名专家入库。

第八条 入库专家按照科学严谨、客观公正、实事求是、清正廉洁的原则开展工作。

第九条 入库专家在履行职责期间享有下列权利：

（一）了解委托事项相关信息；

（二）对委托事项进行论证、评议、表决；

（三）客观公正地提出专家咨询意见；

（四）与委托机关约定的其他权利。

第十条 入库专家在履行职责期间承担下列义务：

（一）遵守司法鉴定法律、法规、规章和政策；

（二）遵守司法鉴定标准和技术规范、评审规则；

（三）保守国家秘密、商业秘密、技术秘密和个人隐私；

（四）遵守法律、法规和规章关于回避的规定；

（五）与委托机关约定的其他义务。

第十一条 入库专家工作职责：

（一）为司法鉴定法律、法规、规章和政策的制定、修订提出意见建议；

（二）参加司法鉴定标准和技术规范的制定、修订；

（三）参加司法鉴定机构准入登记评审、司法鉴定人执业能力考核工作；

（四）参加“双随机、一公开”监督抽查、文书质量评查、能力验证等司法鉴定专项评查核查工作；

（五）参加涉及重大、疑难、复杂鉴定案件投诉举报的专家论证工作；

（六）通过适当途径和方式对引发社会广泛关注的鉴定事项向公众进行说明解释；

（七）接受办案机关或者其他行政机关邀请参加专家论证工作；

（八）参加与司法鉴定行业监管相关的其他工作。

第十二条 依托国家库成立全国司法鉴定准入登记专家评审委

员会,按照《法医类　物证类　声像资料司法鉴定机构登记评审细则》《环境损害司法鉴定机构登记评审细则》规定的程序开展工作。

第十三条　司法部组织开展全国性司法鉴定专项评查核查的,优先从国家库中抽取专家参加。

第十四条　地方库专家可以接受司法鉴定行业协会邀请,参加涉及重大、疑难、复杂鉴定案件投诉举报的技术争议解决等专家论证工作,形成专家意见。难以形成明确一致意见的,国家库专家可以接受司法鉴定行业协会邀请参加专家论证工作,形成专家最终意见,作为处理投诉举报的参考。

第十五条　有下列情形之一的,入库专家将被调整出库:

(一)主动申请退出的;

(二)无法继续履行职责的;

(三)在履行职责过程中存在违法违规行为的;

(四)不履职尽责或者无正当理由拒不履行职责的;

(五)受到刑事处罚或者开除公职处分的;

(六)其他不适合担任专家库成员的情形。

因第(三)至(五)项情形被调整出库的人员,不得再次入库。

第十六条　入库专家在履行职责期间产生的劳务费、差旅费等按照有关规定执行。

第十七条　司法部通过官方网站等方式向社会公布入库专家名单,接受社会监督。

第十八条　入库专家在工作中存在滥用职权、玩忽职守、徇私舞弊等违法违规行为的,按照有关规定承担相应责任;构成犯罪的,移送司法机关依法追究刑事责任。

第十九条　省级司法行政机关参照本办法,制定司法鉴定地方专家库管理的具体规定。

第二十条　本办法自发布之日起施行。

司法部关于印发《司法鉴定机构内部复核工作规定(试行)》的通知

(2022年12月2日　司规〔2022〕3号)

各省、自治区、直辖市司法厅(局),新疆生产建设兵团司法局:

《司法鉴定机构内部复核工作规定(试行)》已经2022年11月24日第9次部长办公会议审议通过,现予印发,请认真贯彻执行。

司法鉴定机构内部复核工作规定(试行)

第一条　为规范司法鉴定机构内部复核工作,加强风险控制机制建设,强化监督管理,切实预防和减少司法鉴定执业风险,着力消除质量隐患,防止错误和虚假鉴定,不断提高司法鉴定质量和公信力,根据《全国人民代表大会常务委员会关于司法鉴定管理问题的决定》《司法鉴定程序通则》《司法部关于进一步深化改革　强化监管　提高司法鉴定质量和公信力的意见》等有关规定,制定本规定。

第二条　司法鉴定机构内部复核指司法鉴定人完成鉴定后,正式出具司法鉴定意见书之前,司法鉴定机构内部指定具有相应资质的人员对鉴定程序和鉴定意见进行复核,并提出复核意见的活动。

第三条　司法鉴定机构内部复核应当坚持依法依规、客观公正、有错必纠、严格有效的原则。

第四条 司法鉴定机构内部复核一般包括确定复核人、复核鉴定程序、复核鉴定意见、形成复核意见等工作流程。

第五条 司法鉴定人完成鉴定后，司法鉴定机构应当指定具有相应资质的人员对鉴定程序和鉴定意见进行复核；涉及复杂、疑难、特殊技术问题或者重新鉴定的鉴定事项，可以组织三名以上的专家进行复核。有条件的司法鉴定机构可以组建内部复核部门，专责开展本机构内部复核工作。

复核人应当符合下列要求：

（一）拥护中国共产党的领导，拥护社会主义法治，认真负责，专业精通，经验丰富，责任心强；

（二）一般为本机构具有相应资质的鉴定人，必要时也可从专家库或者相关机构邀请相关专家等担任；

（三）执业范围或专业特长应当涵盖复核鉴定事项对应的专业领域，但非本案鉴定人；

（四）专业技术职称或者从事相关司法鉴定业务年限一般不低于本案鉴定人；

（五）符合法律、法规、规章关于回避的规定；

（六）按照有关规定应当具备的其他要求。

第六条 对鉴定程序的复核包括以下内容：

（一）委托主体是否适当；

（二）司法鉴定委托书等形式要件是否完整清晰；

（三）委托事项是否超出本机构司法鉴定业务范围，鉴定要求是否超出本机构技术条件或者鉴定能力、是否符合执业规则或者相关技术要求，鉴定用途是否合法或者违背社会公德，决定受理委托时限是否符合规定；

（四）鉴定材料的接收、提取、保管、使用，以及现场勘查、身体检查和样本取证等是否符合鉴定要求；

（五）鉴定人的资质、数量等是否符合鉴定要求，是否存在需要回避情形；

（六）鉴定过程是否实时记录并签名，记录是否载明主要的鉴定方法和过程，是否载明检验结果、检测数据以及仪器设备等使用情况，记录的内容是否真实、客观、准确、完整，鉴定过程的各种文书是否符合文本格式要求；

（七）是否属于重新鉴定、补充鉴定，是否存在终止鉴定等情形；

（八）是否在规定或约定时限内完成鉴定；

（九）鉴定程序是否符合法律、法规、规章及相关规定的其他要求。

第七条 对鉴定意见的复核包括以下内容：

（一）司法鉴定意见书（送核稿）的文本格式、形式要件等是否完整、准确、恰当，制作是否规范；

（二）技术标准、技术规范和技术方法的遵守和采用是否符合要求；

（三）鉴定过程的描述是否全面、准确，是否载明人员、时间、地点、内容，鉴定材料及其选取和使用等情况，是否载明适用的技术标准、技术规范和技术方法，检验、检测所使用的仪器设备、方法和主要结果等（有特殊要求的除外）；

（四）分析说明是否通过鉴定材料和检验结果、检测数据、专家意见等进行鉴别和判断；

（五）鉴定意见表述是否清晰、完整、准确；

（六）鉴定意见是否符合法律、法规、规章及相关规定的其他要求。

第八条 复核人应当在完成复核工作后提出复核意见，按格式要求制作复核意见书（见附件），或者在司法鉴定意见书底稿和（或）检查、检验、检测记录等上面标记复核意见，复核意见书或标记花脸稿应当签名并存入鉴定档案。多名复核人参加复核工作时，根据多数复核人的意见形成最终复核意见，有异议的应当注明。

复核意见与鉴定意见不一致或者存在重大分歧时，司法鉴定机构应当组织鉴定人按照复核意见认真核查鉴定意见，必要时组织相关鉴定人或者专家进行论证，鉴定意见确实存在问题和瑕疵的，鉴定人应当及时进行纠正。鉴定人不认同复核意见，坚持鉴定意见的应当注明。

第九条 司法鉴定机构应当落实主体责任，建立完善内部复核工作机制，细化复核程序，加强内部管理，不断完善内部质量管理控制体系和风险防控体系。复核人应当认真履责，客观公正、科学严谨地开展复核工作，存在敷衍塞责、疏忽大意或者弄虚作假等违法违规行为的，依法依规承担相应责任。

第十条 司法行政机关应当加强监督检查，把内部复核制度落实情况作为司法鉴定机构诚信等级评估和高资质、高水平司法鉴定机构建设等的重要内容，督促指导司法鉴定机构切实承担主体责任，全面落实内部复核工作各项要求。对于未建立内部复核制度或者内部复核工作落实不到位的司法鉴定机构，应当依法依规进行处理。

司法鉴定协会应当充分发挥行业自律作用，督促指导司法鉴定机构健全完善内部复核工作机制，积极协助司法鉴定机构邀请专家参与内部复核工作，强化内部管理，加强风险防控，不断提高司法鉴定质量。对于未落实内部复核工作要求的司法鉴定机构依规给予行业惩戒。

第十一条 本规定适用于经司法行政机关登记的司法鉴定机构和司法鉴定人开展司法鉴定业务所涉及的内部复核工作。

第十二条 本规定自发布之日起实施。

附件：司法鉴定内部复核意见书

附件

司法鉴定内部复核意见书

（编号）________

一、基本情况：

（一）司法鉴定案件编号：

（二）司法鉴定人：

（三）司法鉴定意见：

二、复核意见：

（一）关于鉴定程序：

1. 委托及受理是否符合要求：□是　□否

存在问题：________________________________

2. 鉴定材料及获取是否符合要求：□是　□否

存在问题：________________________________

3. 鉴定人是否符合要求：□是　□否

存在问题：________________________________

4. 鉴定过程记录及文本格式等是否符合要求：□是　□否

存在问题：________________________________

5. 是否属于涉及复杂、疑难、特殊技术问题或者重新鉴定的鉴定事项：□是　□否

存在问题：________________________________

6. 其他：

（二）关于鉴定意见：

1. 司法鉴定意见书（送核稿）文本格式等是否符合要求：□是　□否

存在问题：________________________________

2. 技术标准、技术规范和技术方法遵守和采用是否符合要求：□是　□否

存在问题：____________________

3. 鉴定过程表述及内容是否符合要求：□是　□否

存在问题：____________________

4. 分析说明表述及内容是否符合要求：□是　□否

存在问题：____________________

5. 鉴定意见表述及内容是否符合要求：□是　□否

存在问题：____________________

6. 其他：

复核人签名：

日期：×年×月×日

注：司法鉴定机构可以根据案件所涉鉴定事项特点和本规定所列复核内容，进一步细化复核意见书。

七、律师工作类

最高人民法院　最高人民检察院　公安部司法部关于进一步深化刑事案件律师辩护全覆盖试点工作的意见

（2022年10月12日　司发通〔2022〕49号）

各省、自治区、直辖市高级人民法院、人民检察院、公安厅（局）、司法厅（局），新疆维吾尔自治区高级人民法院生产建设兵团分院、新疆生产建设兵团人民检察院、公安局、司法局：

2017年10月，最高人民法院、司法部印发《关于开展刑事案件律师辩护全覆盖试点工作的办法》，在北京等8个省（直辖市）开展刑事案件审判阶段律师辩护全覆盖试点工作。2018年12月，最高人民法院、司法部印发通知，将试点工作扩大至全国，对于审判阶段被告人没有委托辩护人的案件，由人民法院通知法律援助机构指派律师为其提供辩护或者由值班律师提供法律帮助，切实保障被告人合法权益。试点工作开展以来，各地加强统筹部署，理顺沟通衔接机制，加强法律援助质量监管，取得了积极成效。截至目前，全国共有2594个县（市、区）开展了审判阶段刑事案件律师辩护全覆盖试点工作，占县级行政区域总数的90%以上。2021年，各地因开展试点增加法律援助案件32万余件，占审判阶段刑事法律援助案件总数的63.6%，因开展试点值班律师提供法律帮助的案件55万余件，刑事案件律师辩护率大幅提高，刑事案件被告人人权司法保障进一步增强。但是，各地在工作中也暴露出律师资源不均、经费保障不足、工作衔接不畅等问题，需要通过深化试点加以解决。与此同时，认罪认罚从宽制度的广泛适用，也对审查起诉阶段律师辩护和值班律师法律帮助提出了更高要求。

2022年1月1日起，法律援助法正式施行，标志着我国法律援助事业进入了高质量发展的新阶段。法律援助法对扩大通知辩护范围、发挥值班律师法律帮助作用等作出明确规定，为深化刑事案件律师辩护全覆盖试点工作提供了依据。为贯彻落实法律援助法，进一步加强刑事案件犯罪嫌疑人、被告人人权司法保障，现就深化刑事案件律师辩护全覆盖试点工作提出如下意见。

一、充分认识深化刑事案件律师辩护全覆盖试点工作的重大意义

1. 深化刑事案件律师辩护全覆盖试点工作，是全面贯彻习近平法治思想，落实以人民为中心发展思想的必然要求。以人民为中心是习近平法治思想的根本立场。推进全面依法治国，根本目的是依法保障人民权益。在刑事案件中，对犯罪嫌疑人、被告人权利的保障程度，不仅关系他们的切身利益，也体现了司法文明水平。深化刑事案件律师辩护全覆盖试点工作，在审判阶段全覆盖基础上，逐步把全覆盖延伸到审查起诉阶段，能更好发挥值班律师法律帮助作用，为犯罪嫌疑人、被告人提供更广泛、更深入、更有效的刑事辩护或法律帮助，让每一名犯罪嫌疑人、被告人都能在刑事诉讼中感受到公平正义。

2. 深化刑事案件律师辩护全覆盖试点工作，是贯彻落实法律援助法，不断健全完善法律援助制度的内在要求。2021年8月，全国人大常委会审议通过法律援助法，这是我国法律援助事业法治化制度化发展的里程碑。法律援助法提出了新时代法律援助工作的指导思想和基本原则，扩大了法律援助范围，明确了提高法律援助质量、加强法律援助保障的具体举措，对新时代法律援助工作提出了新的更高要求。深化刑事案件律师辩护全覆盖试点工作，不仅是落实法律援助法有关规定的具体举措，也是进一步扩大刑事法律援助覆盖范围、不断健全完善法律援助制度的现实需要。

3. 深化刑事案件律师辩护全覆盖试点工作，是全面贯彻宽严相济刑事政策,精准适用认罪认罚从宽制度的重要举措。推行认罪认罚从宽制度是司法领域推动国家治理体系和治理能力现代化的重要举措,在及时有效惩治犯罪、加强人权司法保障、优化司法资源配置、提高刑事诉讼效率等方面意义重大。深化刑事案件律师辩护全覆盖试点工作,在办理认罪认罚案件中,提高辩护律师参与率,能充分发挥辩护律师、值班律师在引导犯罪嫌疑人、被告人理解认罪认罚法律后果,就罪名认定、量刑建议、案件处理提出法律意见等方面的作用,为准确适用认罪认罚从宽制度创造积极条件。

二、巩固审判阶段刑事案件律师辩护全覆盖试点工作成效

4. 抓紧实现县域工作全覆盖。尚未实现审判阶段律师辩护全覆盖的省(自治区)司法厅要切实克服律师资源、经费保障等方面的困难,加快工作进度,尽快实现县级行政区域试点工作全覆盖,年底前基本实现审判阶段律师辩护全覆盖。

5. 从有形覆盖转向有效覆盖。各地要对照法律援助法和最高人民法院、司法部《关于扩大刑事案件律师辩护全覆盖试点范围的通知》等文件要求,及时总结审判阶段律师辩护全覆盖试点工作,找准工作中的薄弱环节,加强重要业务数据统计分析,提炼好经验好做法,充分发挥辩护律师、值班律师在审判阶段的职能作用,不断提高审判阶段律师辩护全覆盖试点工作质效。

三、开展审查起诉阶段律师辩护全覆盖试点工作

6. 确定试点区域。各司法厅(局)根据本地工作实际,商检察机关于今年 11 月底前确定 2 至 3 个地市(直辖市的区县)开展审查起诉阶段律师辩护全覆盖试点。已先行开展此项工作的地区,可以根据原工作方案进行。

7. 确定通知辩护范围。犯罪嫌疑人没有委托辩护人,且具有可能判处三年以上有期徒刑、本人或其共同犯罪嫌疑人拒不认罪、案情重大复杂、可能造成重大社会影响情形之一的,人民检察院应当通知法律援助机构指派律师为其提供辩护。已先行开展试点的地区,可以结合本地实际扩大通知辩护案件范围。

8. 确定工作程序。人民检察院自收到移送审查起诉的案件材料之日起三日内，应当告知犯罪嫌疑人有权委托辩护人。犯罪嫌疑人具有本意见第七条规定情形的，人民检察院应当告知其如果不委托辩护人，将通知法律援助机构指派律师为其提供辩护。犯罪嫌疑人决定不自行委托辩护人的，人民检察院应当记录在案并将通知辩护公函送交法律援助机构。通知辩护公函应当载明犯罪嫌疑人的姓名、涉嫌的罪名、羁押场所或者住所、通知辩护的理由、检察人员姓名和联系方式等。法律援助机构应当自收到通知辩护公函之日起三日内，确定承办律师并将辩护律师姓名、所属单位及联系方式函告人民检察院。

9. 辩护律师职责。辩护律师依照刑事诉讼法、律师法等规定，依法履行辩护职责。在审查起诉阶段，辩护律师应当向犯罪嫌疑人释明认罪认罚从宽的法律规定和法律后果，依法向犯罪嫌疑人提供法律咨询、程序选择建议、申请变更强制措施、提出羁押必要性审查申请等法律帮助。犯罪嫌疑人自愿认罪认罚的，辩护律师应当对刑事诉讼法第一百七十三条第二款规定的事项提出意见。法律援助机构指派的辩护律师应当自接到指派通知之日起及时阅卷、会见犯罪嫌疑人。对人民检察院拟建议适用速裁程序办理的犯罪嫌疑人认罪认罚案件，辩护律师应当在人民检察院办案期限内完成阅卷、会见。

10. 切实保障律师辩护权。人民检察院应当依法保障辩护律师会见、阅卷等诉讼权利，为辩护律师履行职责提供便利。人民检察院作出退回补充侦查、延长审查起诉期限、提起公诉、不起诉等重大程序性决定的，应当依法及时告知辩护律师，及时向辩护律师公开案件的流程信息。

11. 及时安排阅卷。辩护律师提出阅卷要求的，人民检察院应当及时安排阅卷，因工作等原因无法及时安排的，应当向辩护律师说明，并自即日起三个工作日内安排阅卷，不得限制辩护律师合理的阅卷次数和时间。有条件的地方可以设立阅卷预约平台，推行电子化阅卷，允许下载、刻录案卷材料。

12. 做好法律帮助衔接。犯罪嫌疑人没有委托辩护人的，也不属于本意见第七条规定由法律援助机构指派律师提供辩护情形的，人民检察院应当及时通知法律援助机构安排值班律师提供法律帮助。

13. 拒绝辩护处理。属于法律援助法第二十五条第一款、本意见第七条规定的应当通知辩护情形，犯罪嫌疑人拒绝法律援助机构指派的律师为其辩护的，人民检察院应当查明原因。理由正当的，应当准许，但犯罪嫌疑人必须另行委托辩护人；犯罪嫌疑人未另行委托辩护人的，应当书面通知法律援助机构另行指派律师为其提供辩护。犯罪嫌疑人拒绝法律援助机构指派的律师为其辩护，坚持自己行使辩护权，人民检察院准许的，法律援助机构应当作出终止法律援助的决定；对于有正当理由要求更换律师的，法律援助机构应当另行指派律师为其提供辩护。

四、实质发挥值班律师法律帮助作用

14. 完善值班律师派驻。人民法院、人民检察院、公安机关应当为法律援助工作站提供必要办公场所和设施，加快推进法律援助工作站建设。司法行政机关和法律援助机构应当根据当地律师资源状况、法律帮助需求灵活采用现场值班、电话值班、网络值班等多种形式，确保值班律师法律帮助全覆盖。

15. 落实权利告知。人民法院、人民检察院、公安机关应当在侦查、审查起诉、审判各阶段分别告知没有辩护人的犯罪嫌疑人、被告人有权约见值班律师获得法律帮助，并为犯罪嫌疑人、被告人约见值班律师提供便利。前一诉讼程序犯罪嫌疑人、被告人拒绝值班律师法律帮助的，后一诉讼程序的办案机关仍需告知其有权获得值班律师法律帮助，有关情况应当记录在案。

16. 及时通知值班律师。犯罪嫌疑人、被告人没有委托辩护人，法律援助机构也没有指派律师提供辩护的，犯罪嫌疑人、被告人申请约见值班律师的，人民法院、人民检察院、公安机关可以直接送达现场派驻的值班律师或即时通知电话、网络值班律师。不能直接安排或即时通知的，应当在二十四小时内将法律帮助通知书送达法律援助机构。法律援助机构应当在收到法律帮助通知书之日起两个工作日内确定值班律师,并将值班律师姓名、单位、联系方式告知办案机关。除通知值班律师到羁押场所提供法律帮助的情形外,人民检察院、人民法院可以商法律援助机构简化通知方式和通知手续。办案机关应当为值班律师与犯罪嫌疑人、被告人会见提供便利。

17. 切实保障值班律师权利。犯罪嫌疑人、被告人没有辩护人的,人民法院、人民检察院、公安机关应当在侦查、审查逮捕、审查起诉和审判阶段分别听取值班律师意见,充分发挥值班律师在各个诉讼阶段的法律帮助作用。人民法院、人民检察院、公安机关应当依法保障值班律师会见等诉讼权利。涉嫌危害国家安全犯罪、恐怖活动犯罪案件,在侦查期间,犯罪嫌疑人会见值班律师的,应当经侦查机关许可;侦查机关同意值班律师会见的,应当及时通知值班律师。值班律师会见犯罪嫌疑人、被告人时不被监听。案件移送审查起诉后,值班律师可以查阅案卷材料,了解案情,人民检察院、人民法院应当及时安排,并提供便利。已经实现卷宗电子化的地方,人民检察院、人民法院可以安排在线阅卷。对于值班律师数量有限、案件量较大的地区,值班律师可采取集中查阅案卷方式。

18. 值班律师依法履行职责。值班律师提供法律帮助应当充分了解案情,对于案情较为复杂的案件,应当在查阅案卷材料并向犯罪嫌疑人、被告人充分释明相关诉讼权利和程序规定后对案件处理提出意见。犯罪嫌疑人、被告人自愿认罪认罚的,值班律师应当结合案情向犯罪嫌疑人、被告人释明认罪认罚的性质和法律规定,对人民检察院指控的罪名、量刑建议、诉讼程序适用等提出意见,在犯罪嫌疑人签署具结书时在场。

19. 值班律师的控告申诉。值班律师在提供法律帮助过程中,认为人民法院、人民检察院、公安机关及其工作人员明显违反法律规定,阻碍其依法提供法律帮助,侵犯律师执业权利的,有权向同级或者上一级人民检察院申诉或者控告。人民检察院对申诉或者控告应当及时审查,情况属实的,通知有关机关予以纠正。

五、健全完善衔接配合机制

20. 健全协调会商机制。人民法院、人民检察院、公安机关、司法行政机关要加强协同配合，建立健全联席会议、定期会商通报等协调机制，明确刑事案件律师辩护全覆盖试点工作联络员，及时沟通工作进展情况，协调解决工作中的困难问题。

21. 建立信息共享机制。人民法院、人民检察院、公安机关、司法行政机关要及时共享重要业务数据，建立工作台账，统一统计口径，做好统计分析，加强业务指导。

22. 提高衔接效率。加强信息化建设，推动实现律师辩护全覆盖试点工作通知、指派等各项流程电子化，进一步提高工作效率，给律师开展工作留出必要充足时间，为辩护律师、值班律师履职创造积极条件。

23. 强化律师权利保障。人民法院、人民检察院、公安机关、司法行政机关要切实保障辩护律师、值班律师各项权利，不得阻碍或变相阻碍辩护律师、值班律师依法行使诉讼权利。

六、加强组织领导

24. 争取党委政府支持。各地要积极争取各级党委、政府的重视支持，主动向党委、政府汇报工作，切实落实党委、政府保障职责。

25. 解决律师资源不足问题。建立健全法律服务资源依法跨区域流动机制，鼓励和支持律师事务所、律师等到律师资源严重不足的地区服务。建立完善律师资源动态调配机制，律师资源不平衡问题突出的地方以省级司法行政机关为主统筹调配，其他地方原则上以地市司法行政机关为主统筹调配，采取对口支援等方式提高法律援助服务能力。引导和规范法律援助机构具有律师资格或者法律职业资格的工作人员、具有律师执业证书的法律援助志愿者参与刑事法律援助工作，深入挖掘刑事法律援助人员潜力，进一步充实队伍力量。加强法律援助志愿服务工作，深入开展“1+1”中国法律援助志愿者行动、“援藏律师服务团”等法律援助项目，选派法律援助志愿律师到没有律师和律师资源严重不足的地区服务。

26. 解决经费保障不足问题。人民法院、人民检察院、公安机关应当配合司法行政机关加强与财政部门沟通协调，共同推动落实法律援助法有关法律援助业务经费保障相关规定，增加法律援助办案经费，动态调整法律援助补贴标准，切实保障办案工作需要。加大中央补助地方法律援助办案专款总量，发挥好中央补助专款的示范导向作用。司法行政机关应当根据案件难易和参与案件程度，合理确定法律援助补贴标准，推行办案补贴与服务质量挂钩的差别补贴机制，提高法律援助经费使用效率。

27. 强化指导监督。各级司法行政机关律师工作部门牵头做好试点工作，统筹调配律师资源，组织引导律师积极履行法律援助义务，加强律师权利保障和执业监管。法律援助管理部门要做好相关保障工作，协调有关部门落实试点工作经费，建立完善法律援助工作异地协作机制，加强对法律援助质量的指导监督。律师协会要发挥行业协会自身优势，配合法律援助管理部门做好律师参与法律援助工作培训等工作。法律援助机构要严格依法做好受理、审查、指派律师等工作，综合运用案卷检查、征询司法机关意见等措施，督促法律援助人员提升服务质量。

全国律师综合管理信息系统技术规范

（2021 年 12 月 29 日　SF/T 0022—2021）

ICS　35.240.01
CCS　L67

SF

中华人民共和国司法行政行业标准

SF/T 0022—2021
代替 SF/T 0022—2017

全国律师综合管理信息系统技术规范

Technical specification for national integrated management information system for lawyer

2021－12－29 发布　　2022－01－07 实施

中华人民共和国司法部　发 布

目　次

前　言
1　范围
2　规范性引用文件
3　术语和定义
4　系统功能
4.1　司法行政机关的功能
4.2　律师协会的功能
4.3　律师事务所的功能
4.4　律师的功能
4.5　实习人员的功能
5　业务流程
5.1　符号说明
5.2　律师事务所名称预核准流程
5.3　律师执业、律师事务所设立许可事项办理流程
5.4　实习人员申请审批流程
5.5　律师年度考核流程
5.6　律师事务所年度检查考核流程
5.7　业务报表上报流程
5.8　中央单位公职律师和中央企业公司律师证书颁发事项办理流程
5.9　中央单位公职律师和中央企业公司律师年度考核流程
5.10　外国律师事务所申请设立驻华代表处和派驻代表行政许可事项办理流程
5.11　港澳台律师事务所申请设立驻内地(大陆)代表处和派驻代表行政许可事项办理流程
5.12　外国律师事务所驻华代表处或港澳台律师事务所驻内地

(大陆)代表处年度检验流程
6 数据库建设
7 数据结构
7.1 数据结构描述
7.2 基础数据
7.3 行政管理
7.4 党建信息管理
7.5 诚信信息管理
7.6 行业管理
8 编码规则和代码表
8.1 编码规则
8.2 代码表
9 数据交换
9.1 数据交换内容
9.2 数据交换方式
9.3 数据交换接口
10 系统安全

前 言

本文件按照 GB/T 1.1—2020《标准化工作导则 第1部分:标准化文件的结构和起草规则》的规定起草。

本文件代替 SF/T 0022—2017《全国律师综合管理信息系统技术规范》,与 SF/T 0022—2017 相比,除结构调整和编辑性改动外,主要技术变化如下:

——删除了“引言”(见2017版“引言”);

——删除了规范性引用文件 GB/T 2261.2、GB/T 10114、GB 11643 和 GA/T 517,增加了规范性引用文件 GB/T 2659、GB/T 4761、GB/T 4762、GB/T 6865、GB/T 7408、司发通

[2009]第165号和律发通[2021]3号(见第2章,2017版第2章);

——删除了术语"社会律师"、"律师执业证"、"律师年度考核"、"实习证"、"行政许可"和"电子执业证",增加了术语"律师"、"从业人员"、"外国律师事务所驻华代表处"、"香港、澳门和台湾律师事务所驻内地(大陆)代表处"和"律师执业电子证照",更改了术语"实习人员"和"律师事务所"的定义(见第3章,2017版第3章);

——将第4章标题更改为"系统功能",并更改了内容(见第4章,2017版第4章);

——将第5章标题更改为"数据库建设",并更改了内容(见第5章,2017版第5章);

——将第6章标题更改为"业务流程",并更改了内容(见第6章,2017版第6章);

——将第7章标题更改为"数据结构",并更改了内容(见第7章,2017版第7章);

——将第8章标题更改为"编码规则和代码表",并更改了内容(见第8章,2017版第8章);

——将第9章标题更改为"数据交换",并更改了内容(见第9章,2017版第9章);

——将第10章标题更改为"系统安全",并更改了内容(见第10章,2017版第10章);

——删除第11章"系统安全要求"(见2017版第11章)。

请注意本文件的某些内容可能涉及专利。本文件的发布机构不承担识别专利的责任。

本文件由司法部律师工作局、中华全国律师协会提出。

本文件由司法部信息中心归口。

本文件起草单位:司法部律师工作局、中华全国律师协会、上海同道信息技术有限公司。

本文件主要起草人：柳春霞、张大维、王永、刘博卿、王依、赵玉叶、陈博、刘大宁、万常芹、高敏、叶顶富、张靖杰、邵亦舒。

本文件及其所代替文件的历次版本发布情况为：

——2017 年首次发布为 SF/T 0022—2017；

——本次为第一次修订。

全国律师综合管理信息系统技术规范

1 范围

本文件规定了全国律师综合管理信息系统的系统功能、业务流程、数据库建设、数据结构、编码规则和代码表、数据交换以及系统安全的要求。

本文件适用于全国律师综合管理信息系统的规划、设计、建设与应用。

2 规范性引用文件

下列文件中的内容通过文中的规范性引用而构成本文件必不可少的条款。其中，注日期的引用文件，仅该日期对应的版本适用于本文件；不注日期的引用文件，其最新版本（包括所有的修改单）适用于本文件。

GB/T 2260 中华人民共和国行政区划代码

GB/T 2261.1 个人基本信息分类与代码 第 1 部分：人的性别代码

GB/T 2659 世界各国和地区名称代码

GB/T 3304 中国各民族名称的罗马字母拼写法和代码

GB/T 4658 学历代码

GB/T 4761 家庭关系代码

GB/T 4762 政治面貌代码

GB/T 6864　中华人民共和国学位代码

GB/T 6865　语种熟练程度和外语考试等级代码

GB/T 7408　数据元和交换格式　信息交换　日期和时间表示法

GB 32100　法人和其他组织统一社会信用代码编码规则

司发通[2009]第165号　司法部关于启用新版律师和事务所执业证书有关问题的通知

律发通[2021]3号　中华全国律师协会关于印发新修订《申请律师执业人员实习管理规则》的通知

3　术语和定义

下列术语和定义适用于本文件。

3.1　*律师* lawyer

依法取得"律师执业证书",接受委托或者指定,为当事人或者所在单位提供法律服务的执业人员。

注:律师包括专职律师(含香港居民律师、澳门居民律师和台湾居民律师)、兼职律师、公职律师、公司律师、法律援助律师和军队律师等。

3.2　*实习人员* trainee

取得律师资格证书或者法律职业资格证书之后,在律师执业机构进行实务训练学习的法律从业人员(3.3)。

3.3　*从业人员* employee

与律师事务所(3.4)签订劳动合同或者聘用合同,从事律师执业或者相关工作的人员。

注:从业人员包括在律师事务所执业的律师、行政辅助人员、实习人员、法律顾问、在其他机构执业的律师、在外国律师事务所驻华代表处(3.5)以及香港、澳门和台湾律师事务所驻内地(大陆)代表处(3.6)的代表和雇员等。

3.4　*律师事务所* law firm

经中华人民共和国司法行政机关审批设立的律师执业机构。

3.5　外国律师事务所驻华代表处 representative office of foreign law firm in China

经中华人民共和国司法行政机关许可,在中国设立从事法律服务活动的外国律师事务所代表机构。

3.6　香港、澳门和台湾律师事务所驻内地(大陆)代表处 representative office of Hong Kong, Macao and Taiwan law firm in mainland China

经中华人民共和国省级司法行政机关许可,在内地(大陆)设立从事法律服务活动的香港、澳门和台湾律师事务所代表机构。

3.7　律师执业电子证照 electronic license for lawyer's practice

由中华人民共和国司法行政机关依法出具的、由计算机等电子设备生成、传输和存储具有法律效力的律师执业证和律师事务所(3.4)执业许可证数据文件。

4　系统功能

4.1　司法行政机关的功能

全国律师综合管理信息系统根据司法行政机关的行政级别设置不同层级的子系统,具备不同的事项对应的功能。具体如下:

a)系统层级分别为:部级、省级、市级和县级子系统;

b)功能包括但不限于:初审、审核、查询、制证和管理。

表1规定了事项和司法行政机关不同层级子系统功能的对应关系。

表1　事项和司法行政机关不同层级子系统功能的对应关系

序号	事项名称	司法行政机关			
		部级	省级	市级	县级
1	律师事务所名称预核准	检索	审核	—	—
2	律师行政许可管理	中央单位公职律师和中央企业公司律师审核	审核	初审	查询

续表

序号	事项名称	司法行政机关			
		部级	省级	市级	县级
3	律师事务所制证管理	查询	制证	查询	查询
4	律师事务所行政许可管理	查询	审核	初审	查询
5	律师制证管理	中央单位公职律师和中央企业公司律师制证	制证	查询	查询
6	律师事务所信息管理	管理	管理	管理	管理
7	律师信息管理	管理	管理	管理	管理
8	律师事务所行政处罚信息管理	查询	管理	管理	管理
9	律师事务所行业处分信息管理	查询	查询	查询	查询
10	律师行政处罚信息管理	查询	管理	管理	管理
11	律师行业处分信息管理	查询	查询	查询	查询
12	实习申请管理	查询	查询	查询	查询
13	实习制证管理	—	—	—	—
14	实习人员管理	查询	查询	查询	查询
15	实习变更管理	查询	查询	查询	查询
16	律师年度考核	中央单位公职律师和中央企业公司律师年度审核	查询	备案	初审
17	律师事务所年度检查考核	查询	管理	审查	初审
18	业务数据上报	管理	审核	审核	审核
19	公职律师工作机构管理	管理	管理	查询	查询

续表

序号	事项名称	司法行政机关			
		部级	省级	市级	县级
20	公司律师工作机构管理	管理	管理	查询	查询
21	外国律师事务所驻华代表处行政审批	审核	初审	—	—
22	港澳台律师事务所驻内地(大陆)代表处行政审批	查询	审核	—	—
23	外国律师事务所驻华代表处或港澳台律师事务所驻内地(大陆)代表处制证	制证	制证	—	—
24	外国律师事务所驻华代表处或港澳台律师事务所驻内地(大陆)代表处代表制证	制证	制证	—	—
25	外国律师事务所驻华代表处或港澳台律师事务所驻内地(大陆)代表处信息管理	管理	管理	—	—
26	外国律师事务所驻华代表处或港澳台律师事务所驻内地(大陆)代表处代表信息管理	管理	管理	—	—
27	外国律师事务所驻华代表处或港澳台律师事务所驻内地(大陆)代表处代表行政处罚信息管理	查询	管理	—	—
28	外国律师事务所驻华代表处或港澳台律师事务所驻内地(大陆)代表处行政处罚信息管理	查询	管理	—	—

续表

序号	事项名称	司法行政机关			
		部级	省级	市级	县级
29	法律援助机构管理	管理	管理	查询	查询
30	培训管理	查询	查询	查询	查询
31	律师协会行业组织管理	查询	查询	查询	查询
32	专业律师评定管理	查询	查询	查询	查询
33	党组织管理	查询	查询	查询	查询
34	党员管理	查询	查询	查询	查询

4.2 律师协会的功能

全国律师综合管理信息系统根据律师协会任职级别（见8.2.73）设置不同层级的子系统，具备不同的事项对应的功能。具体如下：

a）系统层级分别为：中华全国律师协会（以下简称“全国律协”）、省级地方律师协会和市级地方律师协会子系统；

b）功能包括但不限于：评定、公示、审核、查询、管理和制证。

表2规定了事项和律师协会不同层级子系统功能的对应关系。

表2 事项和律师协会不同层级子系统功能的对应关系

序号	事项名称	律师协会		
		全国律协	省级地方律师协会	市级地方律师协会
1	律师事务所行政许可管理	查询	查询	查询
2	律师事务所制证管理	查询	查询	查询
3	律师行政许可管理	查询	查询	查询
4	律师制证管理	查询	查询	查询

续表

序号	事项名称	律师协会		
		全国律协	省级地方律师协会	市级地方律师协会
5	律师事务所信息管理	管理	管理	管理
6	律师信息管理	管理	管理	管理
7	律师事务所行政处罚信息管理	查询	查询	查询
8	律师事务所行业处分信息管理	查询	管理	管理
9	律师行政处罚信息管理	查询	查询	查询
10	律师行业处分信息管理	查询	管理	管理
11	实习申请管理	查询	审核	审核
12	实习制证管理	—	制证	制证
13	实习人员管理	查询	管理	管理
14	实习变更管理	查询	审核	审核
15	律师年度考核	查询	评定	评定
16	律师事务所年度检查考核	查询	查询	查询
17	业务数据上报	查询	查询	查询
18	公职律师工作机构管理	查询	查询	查询
19	公司律师工作机构管理	查询	查询	查询
20	法律援助机构管理	查询	查询	查询
21	培训管理	管理	管理	管理
22	律师协会行业组织管理	管理	管理	管理
23	专业律师评定管理	管理	管理	管理
24	党组织管理	管理	管理	管理
25	党员管理	管理	管理	管理

4.3 律师事务所的功能

全国律师综合管理信息系统为律师事务所应提供以下功能：

a)律师事务所对本所信息管理维护；

b)律师事务所申请参加年度执业考核的填报和律师评议；

c)律师事务所对本所从业人员信息维护；

d)律师事务所申办行政许可事项；

e)本律师事务所业务信息上报。

4.4 律师的功能

全国律师综合管理信息系统为律师应提供以下功能：

a)律师对本人信息档案进行管理维护；

b)律师申请参加执业年度考核的填报；

c)律师对本人培训情况查询。

4.5 实习人员的功能

全国律师综合管理信息系统为实习人员应提供以下功能：

a)实习人员提交实习申请；

b)实习人员进行信息上报；

c)实习人员办理实习变更申请业务；

d)实习人员对本人信息维护管理。

5 业务流程

5.1 符号说明

本文件流程图中所使用的图形符号、符号名称和说明见表3。

表3 图形符号

图形符号	符号名称	说明
⬭	进程	业务过程中的活动
●	开始	业务过程的开始
◉	结束	业务过程的终结
◇	判定条件	业务过程流转的判断条件
→	状态转移	业务过程不同活动之间的状态转移

5.2 律师事务所名称预核准流程

律师事务所名称预核准流程涉及的角色应包括申请人、省级司法行政机关和司法部，环节包括预核准申请、初审和终审。图1规定了律师事务所名称预核准流程，流程说明如下：

a)预核准申请：律师事务所设立申请人向省级司法行政机关提交名称预核准申请；

b)初审：省级司法行政机关接收名称预核准申请并进行审核，其中：

1)审核通过，提交司法部名称检索；

2)审核不通过，告知申请人重新选报或补报备选名称。

c)检索：司法部进行名称检索。其中：

1)名称检索通过的，告知省级司法行政机关，结束流程；

2)名称检索不通过的，告知省级司法行政机关，结束流程。

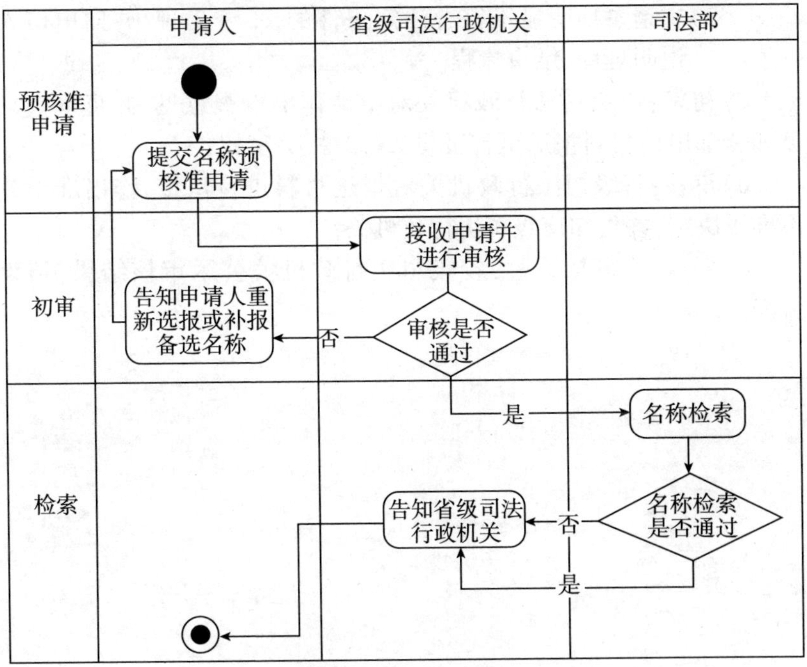

图1　律师事务所名称预核准流程图

5.3 律师执业、律师事务所设立许可事项办理流程

律师执业、律师事务所设立许可事项办理流程涉及的角色应包括申请人、市级司法行政机关和省级司法行政机关，环节包括申请、受理审查、初审、审核和公示。图2规定了律师执业、律师事务所设立许可事项办理流程，流程说明如下：

a)申请：申请人向市级司法行政机关提交申请，并提交相关材料；

b)受理审查：市级司法行政机关接收申请材料，并根据情况分别作出以下处理：

1)申请材料齐全、符合法定形式的，予以受理；

2)申请材料不齐全或者不符合法定形式的，告知申请人需要补正；

3)申请事项明显不符合法定条件的，不予受理，并向申请人说明理由，结束流程。

c)初审：市级司法行政机关对申请作出审查意见，并将审查意见和全部申请材料报送至省级司法行政机关审核；

d)审核：省级司法行政机关对报送材料进行审核，作出准予或不准予决定，并告知市级司法行政机关；

e)公示：若审核通过，省级司法行政机关公示审核结果，结束流程。

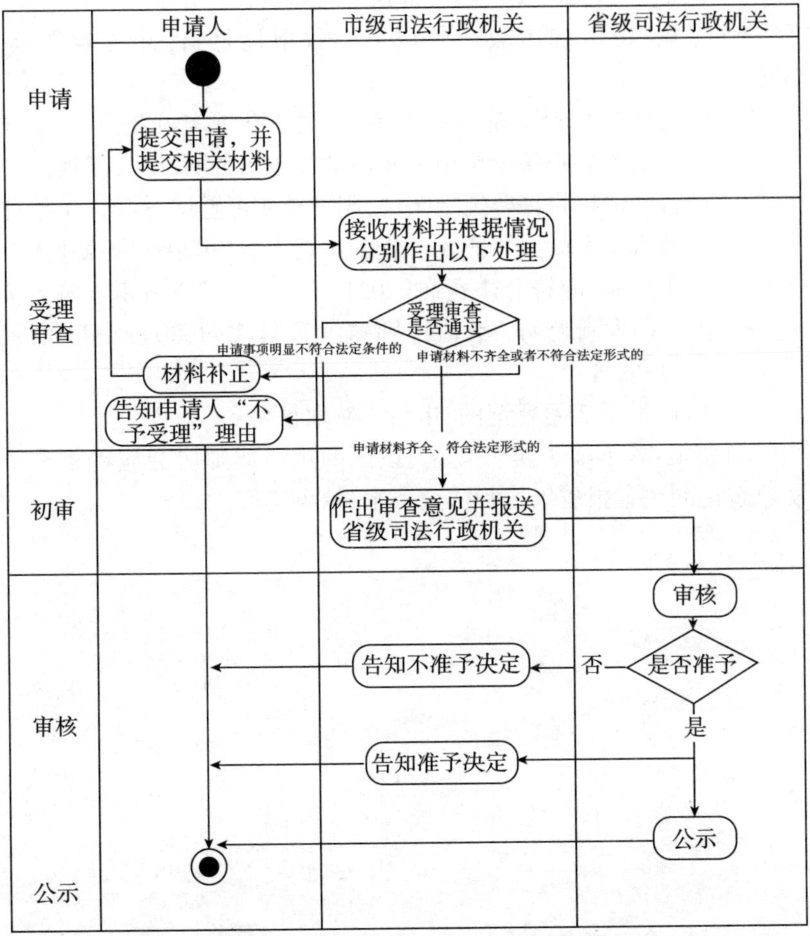

图 2　律师执业、律师事务所设立许可事项办理流程图

5.4　实习人员申请审批流程

实习人员申请审批流程涉及的角色应包括申请人和同意接收其实习的律师事务所住所地设区的市级律师协会（以下简称“设区的市级律师协会”），环节包括申请、审核、领证、备案。图 3 规定了实习人员申请审批流程，流程说明如下：

a)申请:申请人提交实习申请及相关材料;

b)审核:设区的市级律师协会接收申请材料,并进行审核,其中:

1)若申请材料不符合规定条件,则不准予实习登记,并通知申请人和拟接受申请人实习的律师事务所,结束流程;

2)若申请材料符合规定条件,则准予实习登记,打印《申请律师执业人员实习证》,并告知申请人。《申请律师执业人员实习证》应符合律发通[2021]3号《中华全国律师协会关于印发新修订〈申请律师执业人员实习管理规则〉的通知》的规定。

c)领证:准予实习登记的,申请人领取证件;

d)备案:若不准予实习登记,设区的市级律师协会应将不准予实习登记的决定报省级律师协会备案,结束流程。

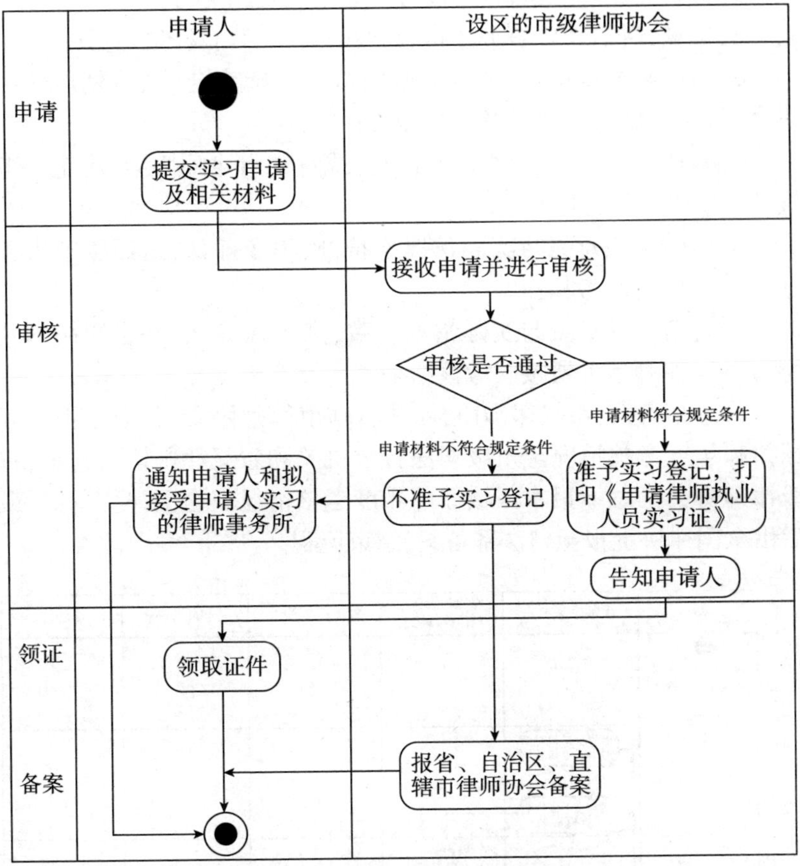

图3　实习人员申请审批流程图

5.5　律师年度考核流程

律师年度考核流程涉及的角色应包括律师、律师事务所、市级律师协会(或直辖市律师协会)、市级司法行政机关、省级律师协会、全国律协和司法部,环节包括材料提交、考核评议、报送考核意见、确认考核结果和总结备案。图4规定了律师年度考核流程,流程说明如下:

a）材料提交：律师填报年度考核登记表及相关材料；

b）考核评议：律师事务所接收材料，对律师出具考核意见；

c）报送考核意见：律师事务所向市级律师协会（或直辖市律师协会）报送年度考核意见及考核相关材料；

d）确认考核结果：市级律师协会（或直辖市律师协会）决定对考核结果予以确认，其中：

1）若考核意见与实际情况不符，则不予确认，退回律师事务所重新考核；

2）若考核意见与实际情况一致，则予以确认，并告知律师及律师事务所接收考核结果。

e）总结备案：市级律师协会（或直辖市律师协会）汇总上报本区域律师年度考核情况至市级司法行政机关和省级律师协会备案，省级律师协会汇总上报本区域律师年度考核情况至全国律协备案，最后由全国律协上报至司法部备案，结束流程。

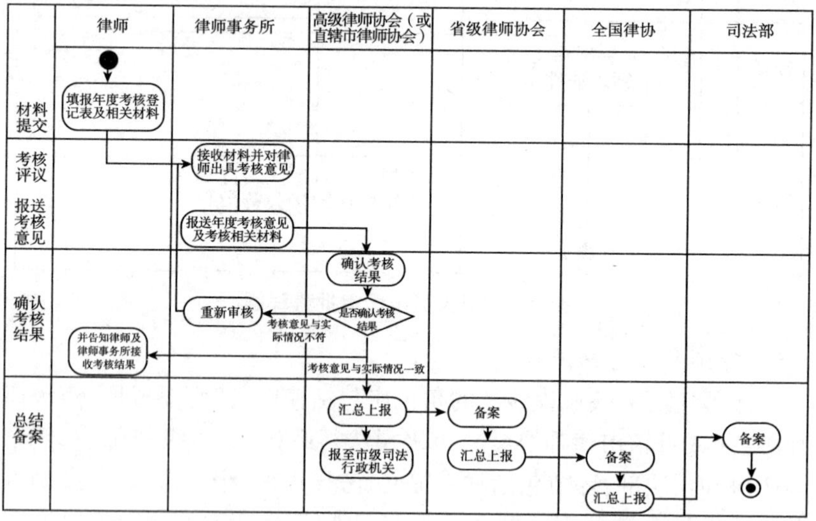

图4　律师年度考核流程图

5.6 律师事务所年度检查考核流程

律师事务所年度检查考核流程涉及的角色应包括律师事务所、县级司法行政机关、市级司法行政机关和省级司法行政机关，环节包括材料提交、初审、审查和备案。图5规定了律师事务所年度检查考核流程，流程说明如下：

a）材料提交：律师事务所提交考核材料；

b）初审：县级司法行政机关接收材料并进行初审，出具考核意见，其中：

1）若材料不齐全，则退回律师事务所补正材料；

2）若材料齐全，由县级司法行政机关出具初审意见和考核等次评定建议，并报送市级司法行政机关。

c）审查：市级司法行政机关审查评定，其中：

1）若材料不符合规定，则退回县级司法行政机关重新审查；

2）若材料符合规定，则评定考核等次并告知县级司法行政机关和律师事务所。

d）备案：市级司法行政机关将本行政区域开展律师事务所年度检查考核情况总结及考核结果报省级司法行政机关备案，结束流程。

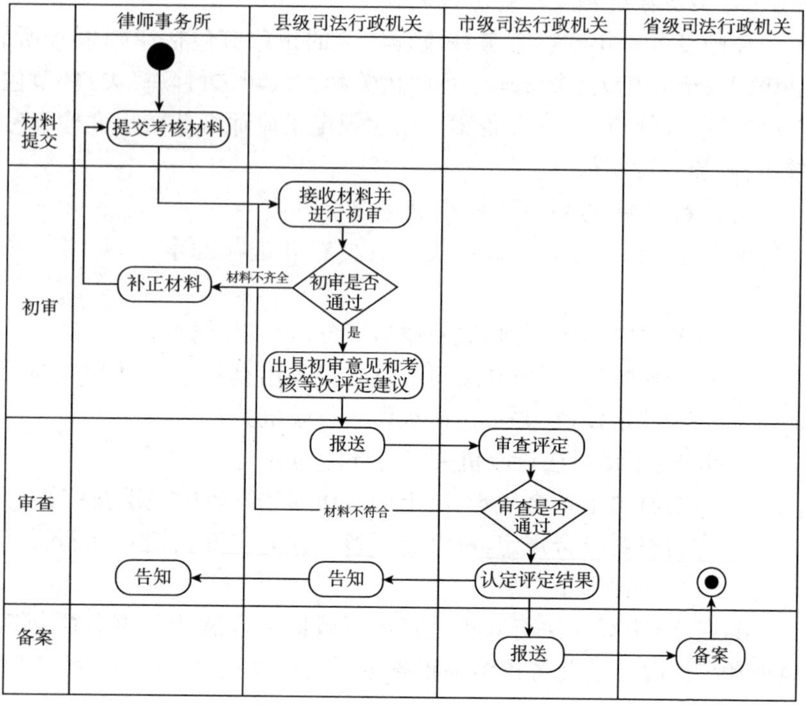

图 5　律师事务所年度检查考核流程图

5.7　业务报表上报流程

业务报表上报流程涉及的角色应包括律师事务所、县级司法行政机关、市级司法行政机关、省级司法行政机关和司法部，环节包括填报报表和逐级审核汇总。图 6 规定了业务报表上报流程。流程说明如下：

a) 填报报表：律师事务所按季进行业务报表填报，填报后向县级司法行政机关提交；

b) 逐级审核汇总：县级司法行政机关、市级司法行政机关和省级司法行政机关逐级审核报表，其中：

1) 若报表有误，则逐级退回至律师事务所；

2) 若报表无误，则汇总并将辖区内律师事务所报表上报至上一级司法行政机关。

3)汇总上报,县级司法行政机关、市级司法行政机关和省级司法行政机关分别向上一级司法行政机关上报汇总报表,最后上报至司法部接收查看,结束流程。

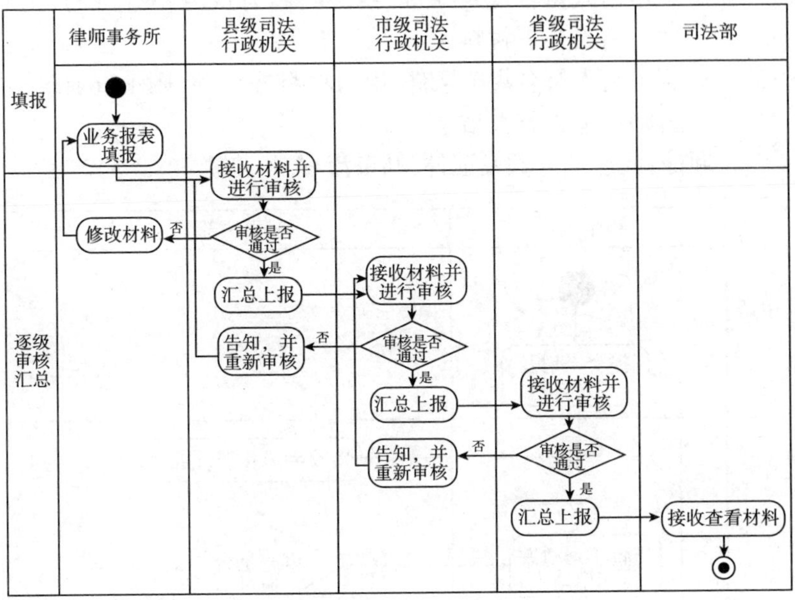

图6　业务报表上报流程图

5.8　中央单位公职律师和中央企业公司律师证书颁发事项办理流程

中央单位公职律师和中央企业公司律师证书颁发事项办理流程涉及的角色应包括申请人和司法部,环节包括申请、审查和颁证。图7规定了中央单位公职律师和中央企业公司律师行政许可事项办理流程。流程说明如下:

a）申请：申请人提交申请及相关材料；

b）审查：司法部接收申请，并对申请单位提交的材料进行审查，其中：

1）若申请人不符合规定条件，则审查不通过并告知申请人；

2）若申请人符合规定条件、申请材料有误或不齐全的，则通知申请人补正材料。

3）若申请人符合规定条件、申请材料齐全的，则审查通过，并告知申请人审查结果。

c）颁证：向申请人颁发证件，结束流程。

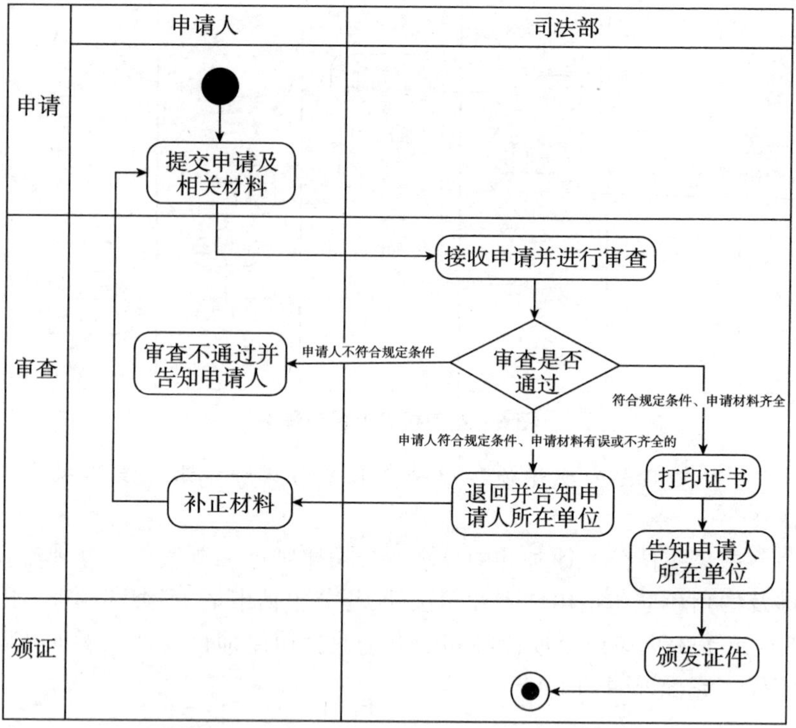

图7　中央单位公职律师和中央企业公司律师证书颁发事项办理流程图

5.9 中央单位公职律师和中央企业公司律师年度考核流程

中央单位公职律师和中央企业公司律师年度考核流程涉及的角色应包括中央单位公职律师和中央企业公司律师(以下简称“中央两公律师”)、中央两公律师所在单位(以下简称“所在单位”)和司法部,环节包括启动、提交材料、评定考核等次、签署本人意见、备案。图8规定了中央单位公职律师和中央企业公司律师年度考核流程。流程说明如下:

a)启动:司法部启动年度考核;

b)提交材料:中央两公律师填报年度考核登记表及相关材料;

c)评定考核等次:所在单位接收材料并对中央两公律师进行考核,确定律师年度考核结果,其中包括:

1)中央两公律师所在部门填写初评意见;

2)中央两公律师日常业务管理部门出具评语并提出考核等次建议,分为“称职”、“基本称职”和“不称职”三个等次;

3)组织人事部门确定考核等次;

4)所在单位向中央两公律师反馈考核结果。

d)签署本人意见:中央两公律师接收所在单位反馈的年度考核结果,并在考核登记表上签署本人意见。

e)备案:所在单位汇总报送本单位年度考核材料至司法部备案,结束流程。

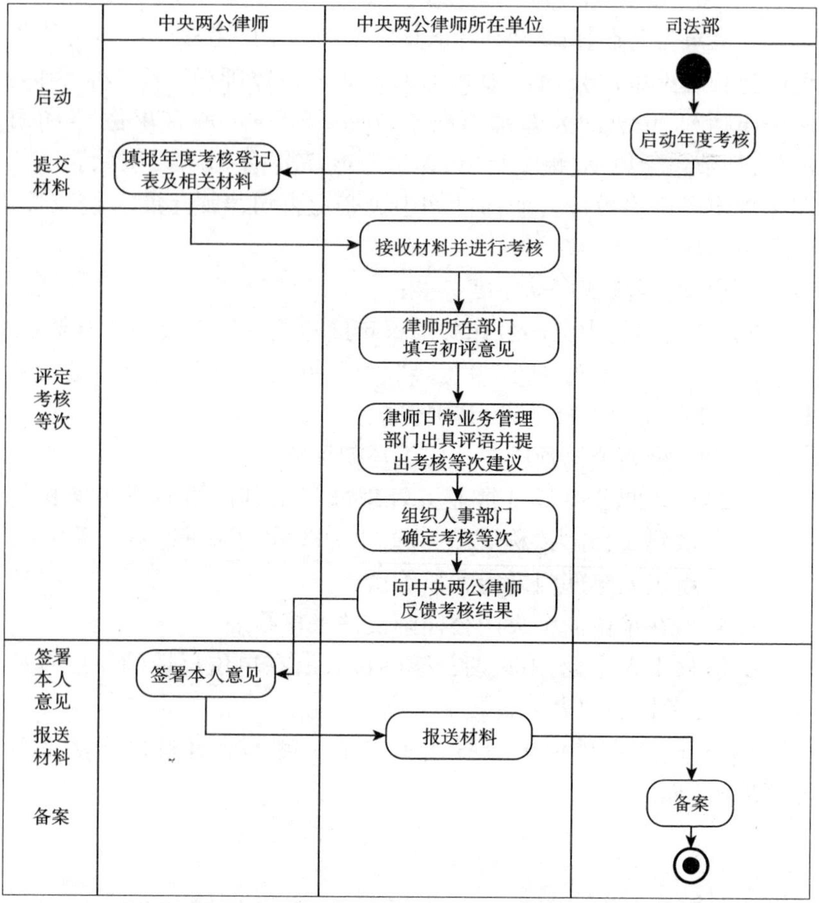

图8　中央单位公职律师和中央企业公司律师年度考核流程图

5.10　外国律师事务所申请设立驻华代表处和派驻代表行政许可事项办理流程

外国律师事务所申请设立驻华代表处和派驻代表行政许可事项办理流程涉及的角色应包括申请人、省级司法行政机关和司法部，环节包括申请、初审、现场核验、审查审核、审批审核和公示。图9规定了外国律师事务所申请设立驻华代表处和派驻代表行政许可事项办理流程。流程说明如下：

a) 申请：申请人提交申请及相关材料；

b) 初审：省级司法行政机关接收申请材料，并对申请进行初审，其中：

1) 若申请材料不符合规定，则退回并告知申请人补正材料；
2) 若申请材料符合规定，则初审通过并告知申请人进行现场核验。

c) 现场核验：申请人线下递交材料，省级司法行政机关现场接收材料并进行核验，其中：

1) 若申请材料不符合规定，则出具不予受理意见，并制发《不予受理通知书》至申请人；
2) 若申请材料符合规定，则出具受理意见，并制发《受理通知书》至申请人。

d) 审查审核：省级司法行政机关对申请材料进行审查审核，其中：

1) 若申请材料符合规定，省级司法行政机关向司法部报送《行政审批审查意见书》；
2) 在审核决定前申请人撤回申请的，制发《终止行政审批决定书》。

e) 审批审核：司法部对申请进行审批审核，形成准予或不准予意见，其中：

1) 若申请材料符合规定，则出具准予意见并填写批准文号及审批文件，制作相关文书；
2) 若申请材料不符合规定，则出具不准予意见，并向申请人书面告知理由。

f) 公示：若审核通过，司法部公示审核结果，结束流程。

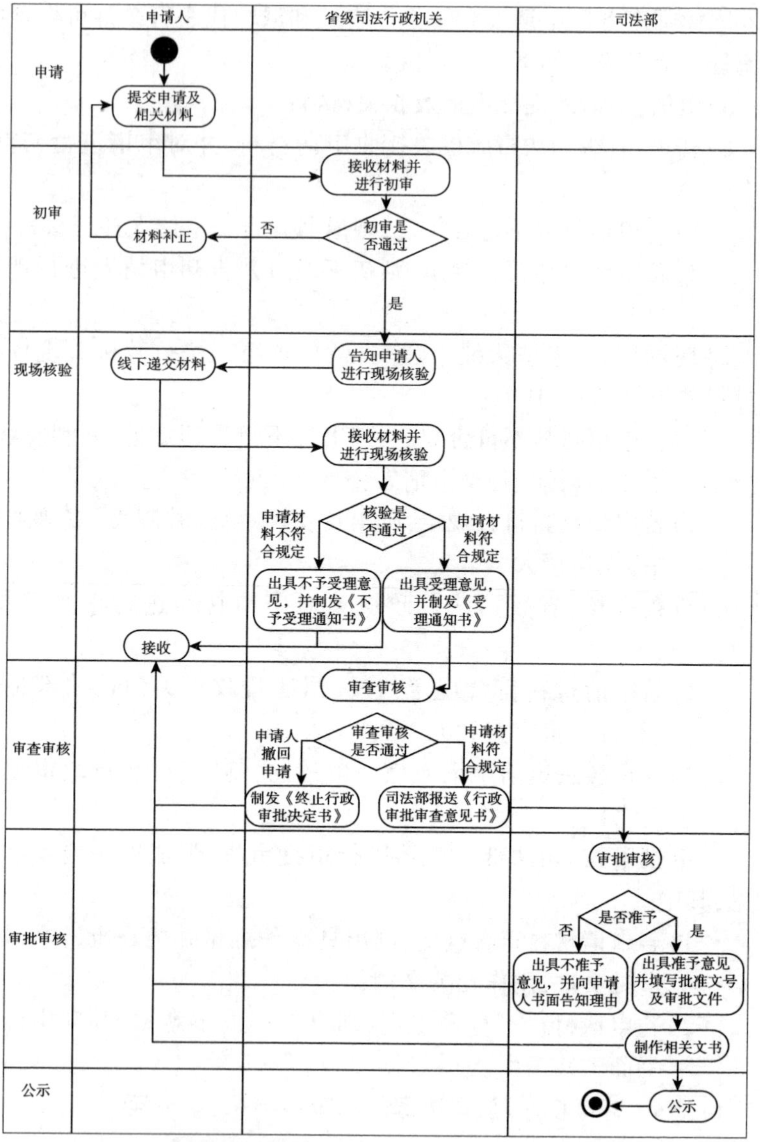

图9　外国律师事务所申请设立驻华代表处和派驻代表行政许可事项办理流程图

5.11 港澳台律师事务所申请设立驻内地(大陆)代表处和派驻代表行政许可事项办理流程

港澳台律师事务所申请设立驻内地(大陆)代表处和派驻代表行政许可事项办理流程涉及的角色应包括申请人和省级司法行政机关,环节包括申请、受理审查、审查审核和公示。图10规定了港澳台律师事务所申请设立驻内地(大陆)代表处和派驻代表行政许可事项办理流程。流程说明如下:

a)申请:申请人提交申请及相关材料;

b)受理审查:省级司法行政机关接收材料并进行受理审查,其中:

1)材料不全的,则退回并告知申请人补正材料;

2)审查通过的,告知申请人,并制发《受理通知书》;

3)审查不通过的,告知申请人,并制发《不予受理通知书》。

c)审查审核:省级司法行政机关对申请进行审查审核,形成准予或不准予意见,其中:

1)若申请材料符合规定,则出具准予意见并填写批准文号及审批文件,制作相关文书;

2)若申请材料不符合规定,则出具不准予意见,并向申请人书面告知理由。

3)在审核决定前申请人撤回申请的,制发《终止行政审批决定书》。

d)公示:省级司法行政机关公示审核结果,结束流程。

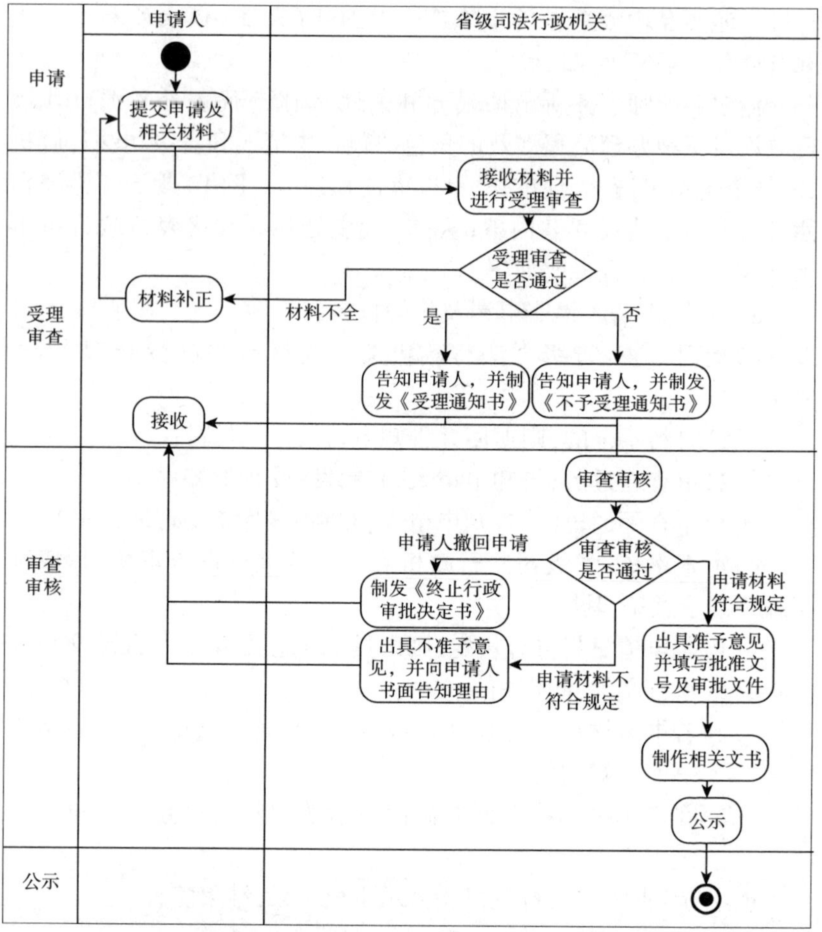

图10　港澳台律师事务所申请设立驻内地(大陆)代表处和派驻代表行政许可事项办理流程图

5.12　外国律师事务所驻华代表处或港澳台律师事务所驻内地(大陆)代表处年度检验流程

外国律师事务所驻华代表处或港澳台律师事务所驻内地(大陆)代表处年度检验流程涉及的角色应包括外国律师事务所驻华代表处或港澳台律师事务所驻内地(大陆)代表处(以下简称"代表

处”)省级司法行政机关和司法部,包括提交、审查和备案环节。图11规定了外国律师事务所驻华代表处或港澳台律师事务所驻内地(大陆)代表处年度检验流程。流程说明如下:

a)提交:代表处提交年度检验材料;

b)审查:省级司法行政机关审查年度检验材料,出具检验意见并反馈至代表处,同时把材料报送至司法部;

c)备案:司法部对年度检验意见进行备案,结束流程。

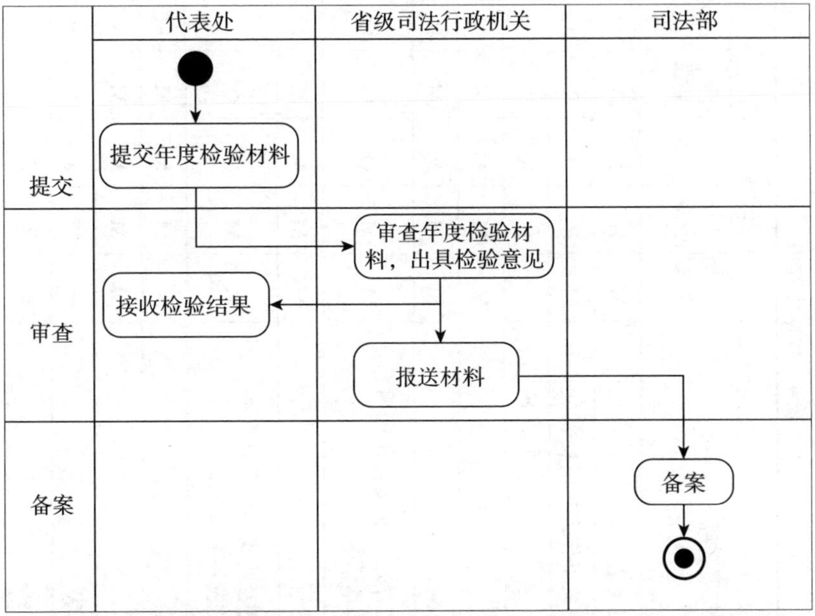

图11 外国律师事务所驻华代表处或港澳台律师事务所驻内地(大陆)代表处年度检验流程图

6 数据库建设

全国律师综合管理信息系统中司法行政机关和律师协会数据库建设应符合表4的要求。表4中“M、R和O”的含义如下:

a)M:表示必备,且生成数据;

b)R:表示必备,数据只读,不能修改;

c)O:表示可选,即可根据自身业务需要进行配备。

表 4　数据库建设

序号	数据库表名称	司法行政机关				律师协会		
		部级	省级	市级	县级	全国律协	省级地方律师协会	市级地方律师协会
1	司法行政(部/省/市)机关表	M	R	R	R	M	R	R
2	司法行政(部/省/市)机关工作人员信息表	M	R	R	R	M	R	R
3	律师协会表	M	R	R	R	M	R	R
4	律师事务所基本信息表	M	M	M	M	M	M	M
5	律师事务所境外分支机构表	R	M	M	M	R	M	M
6	外国律师事务所驻华代表处或港澳台律师事务所驻内地(大陆)代表处基本情况表	M	M	O	O	O	O	O
7	专兼职律师基本信息表	M	M	M	M	M	M	M
8	外国律师事务所驻华代表处或港澳台律师事务所驻内地(大陆)代表处代表基本情况表	M	M	O	O	O	O	O
9	公职律师基本情况表	M	M	M	M	M	M	M
10	公司律师基本情况表	M	M	M	M	M	M	M
11	法律援助律师基本情况表	M	M	M	M	M	M	M
12	实习人员基本情况表	R	R	R	R	R	M	M

续表

序号	数据库表名称	司法行政机关				律师协会		
		部级	省级	市级	县级	全国律协	省级地方律师协会	市级地方律师协会
13	外国律师事务所驻华代表处或港澳台律师事务所驻内地(大陆)代表处雇员基本情况表	M	M	O	O	O	O	O
14	行政辅助人员基本情况表	M	M	M	M	M	M	M
15	公职律师工作机构表	R	M	M	M	R	R	R
16	公司律师工作机构表	R	M	M	M	R	R	R
17	法律援助机构表	R	M	M	M	O	O	O
18	从业人员教育经历表	M	R	O	O	O	O	O
19	从业人员专业资质表	M	R	O	O	O	O	O
20	从业人员语言能力表	M	M	M	M	M	M	M
21	从业人员工作经历表	M	M	M	M	M	M	M
22	从业人员家庭成员表	M	M	M	M	M	M	M
23	行政许可事项表	M	M	M	M	M	M	M
24	行政许可申请表	M	M	M	M	M	M	M
25	行政许可事项材料清单	M	O	O	O	M	O	O

续表

序号	数据库表名称	司法行政机关				律师协会		
		部级	省级	市级	县级	全国律协	省级地方律师协会	市级地方律师协会
26	行政许可申请材料清单表	M	M	R	R	M	R	R
27	律师事务所变更事项表	M	O	O	O	R	O	O
28	外国律师事务所驻华代表处或港澳台律师事务所驻内地（大陆）代表处变更事项表	M	O	O	O	R	O	O
29	律师事务所年度检查考核表	M	M	R	R	R	R	R
30	律师年度考核表	M	M	O	O	O	O	O
31	外国律师事务所驻华代表处或港澳台律师事务所驻内地（大陆）代表处年度检验表	R	M	R	R	R	R	R
32	外国律师事务所驻华代表处或港澳台律师事务所驻内地（大陆）代表处年度检验的代表名单表	M	M	O	O	O	O	O
33	律师事务所执业许可证书表	M	M	O	O	O	O	O
34	律师执业证表	M	R	R	R	M	M	M
35	外国律师事务所驻华代表处或港澳台律师事务所驻内地（大陆）代表处执业许可证表	R	M	O	O	R	O	O

续表

序号	数据库表名称	司法行政机关				律师协会		
		部级	省级	市级	县级	全国律协	省级地方律师协会	市级地方律师协会
36	外国律师事务所驻华代表处或港澳台律师事务所驻内地(大陆)代表处代表执业证表	R	M	O	O	R	O	O
37	外国律师事务所驻华代表处或港澳台律师事务所驻内地(大陆)代表处雇员证表	R	M	O	O	R	O	O
38	律师执业年限表	M	R	O	O	O	O	O
39	律师执业经历表	M	R	O	O	O	O	O
40	行政检查表	M	R	O	O	O	O	O
41	党组织表	M	O	O	O	M	M	M
42	党员表	M	O	O	O	M	M	M
43	党代表表	M	O	O	O	M	M	M
44	律师事务所表彰奖励情况表	R	M	M	M	R	M	M
45	律师事务所行政处罚记录表	R	M	M	M	R	R	R
46	律师事务所行业处分记录表	R	R	R	R	R	M	M
47	外国律师事务所驻华代表处或港澳台律师事务所驻内地(大陆)代表处行政处罚记录表	R	M	O	O	R	O	O

续表

序号	数据库表名称	司法行政机关				律师协会		
		部级	省级	市级	县级	全国律协	省级地方律师协会	市级地方律师协会
48	外国律师事务所驻华代表处或港澳台律师事务所驻内地(大陆)代表处代表行政处罚记录表	R	M	O	O	R	O	O
49	从业人员表彰奖励记录表	M	M	M	M	M	M	M
50	从业人员行政处罚记录表	M	M	M	M	M	R	R
51	从业人员行业处分记录表	M	R	R	R	M	M	M
52	从业人员社会任职表	M	O	O	O	M	M	M
53	从业人员参政议政表	M	O	O	O	M	M	M
54	律师代表大会表	R	R	R	R	M	M	M
55	律师代表大会代表表	R	R	R	R	M	M	M
56	委员会表	O	O	O	O	M	M	M
57	委员会委员表	O	O	O	O	M	M	M
58	申请律师执业实习人员信息登记表	R	R	R	R	R	M	M
59	实习证表	R	R	R	R	R	M	M
60	实习集中培训结业证书表	O	O	O	O	R	M	M

续表

序号	数据库表名称	司法行政机关				律师协会		
		部级	省级	市级	县级	全国律协	省级地方律师协会	市级地方律师协会
61	实习台账表	O	O	O	O	R	M	M
62	实习结业考核表	O	O	O	O	R	M	M
63	实习鉴定表	O	O	O	O	R	M	M
64	实习变更记录表	O	O	O	O	R	M	M
65	实习申请教育经历表	R	R	R	R	R	M	M
66	实习申请工作经历表	R	R	R	R	R	M	M
67	维护律师执业权利表	R	O	O	O	M	M	M
68	投诉表	M	M	M	M	M	M	M
69	从业人员律师协会任职表	R	O	O	O	M	M	M
70	律师事务所会费记录表	R	O	O	O	R	M	M
71	律师会费记录表	R	O	O	O	R	M	M
72	培训记录表	R	O	O	O	M	M	M
73	专业律师评定表	R	O	O	O	R	M	M

7 数据结构

7.1 数据结构描述

7.1.1 基本描述属性

本文件数据结构使用数据项名称、标识、数据类型和格式、约束/条件以及说明 5 个基本属性描述,描述属性和定义及说明见表 5。

表 5 数据结构基本描述属性

序号	描述属性	定义及说明
1	数据项名称	数据项的中文名称,应对应数据库中的字段名
2	标识	数据项的唯一标识。将数据项中文名称中每个字汉语拼音的首字母大写,并把大写的首字母无间隔顺序组合起来
3	数据类型和格式	说明数据项的数据类型及格式,符合 7.1.2
4	约束/条件	说明该数据项是必备的、条件必选的或可选的,符合 7.1.3
5	说明	对数据项引用的国家标准、行业标准、代码、计量单位或其他说明的描述

7.1.2 数据类型和格式

数据类型和格式说明见表 6。

表 6 数据类型和格式说明

序号	数据类型	格式说明
1	ID	一组 32 位数的 16 进制数字所构成,用作数据记录唯一标识
2	TN	有符号 1 字节整数,范围[0,255] 若作为逻辑型使用,0:否;1:是
3	SN	有符号 2 字节整数,范围:[-32768,32767]
4	N	有符号 4 字节整数,范围:[-2147483648,2147483647]

续表

序号	数据类型	格式说明
5	F	浮点型,占用 4 字节
6	D	日期,格式为 YYYYMMDD,符合 GB/T 7408 的规定
7	T	时间,格式:hhmmss,符合 GB/T 7408 的规定
9	DT	日期 + 时间,格式为 YYYYMMDDThhmmss,符合 GB/T 7408 的规定
10	C 数字	字符串类型,数字表示最大长度 例:C100 表示最大长度为 100 个拉丁字符(字符)的字符串
11	BB	用 BASE64 编码的 BLOB(二进制大数据量对象)
12	CB	CLOB(字符大数据量对象)

7.1.3 约束/条件

表示数据项是必备的、条件必选的或可选的,具体如下:

a)M:表示该数据项是必备的;

b)C:表示该数据项在一定条件下必选,当满足约束条件中所定义的条件时应选择,具体条件在说明里描述;

c)O:表示该数据项根据实际应用是可选的。

7.2 基础数据

7.2.1 司法行政(部/省/市)机关表

表 7 规定了司法行政(部/省/市)机关表。

表 7 司法行政(部/省/市)机关表

序号	数据项名称	标识	数据类型和格式	约束/条件	说明
1	司法行政(部/省/市)机关 ID	SFXZJGID	ID	M	—

续表

序号	数据项名称	标识	数据类型和格式	约束/条件	说明
2	名称	MC	C50	M	自填,统一社会信用代码证上的机构名称
3	简称	JC	C20	M	自填
4	上级司法行政机关 ID	SJSFXZJGID	ID	C	省级以下司法行政机关必填
5	机关层级	JGCJ	C16	M	符合 8.2.5
6	机构编码	JGBM	ID	M	符合 8.1.1
7	所在行政地区	SZXZDQ	C6	M	符合 GB/T 2260
8	主体 ID	ZTID	ID	M	—
9	住所	ZS	C200	M	自填
10	邮政编码	YZBM	C6	M	自填
11	联系电话	LXDH	C40	M	自填

7.2.2 司法行政(部/省/市)机关工作人员信息表

表 8 规定了司法行政(部/省/市)机关工作人员信息表。

表 8 司法行政(部/省/市)机关工作人员信息表

序号	数据项名称	标识	数据类型和格式	约束/条件	说明
1	工作人员 ID	GZRYID	ID	M	—
2	姓名	XM	C50	M	自填
3	工作单位	GZDW	ID	M	7.2.1 中司法行政(部/省/市)机关 ID
4	部门	BM	C20	M	自填

续表

序号	数据项名称	标识	数据类型和格式	约束/条件	说明
5	职务	ZW	C20	C	自填
6	联系电话	LXDH	C40	C	自填
7	性别	XB	C1	M	符合 GB/T 2261.1
8	主体 ID	ZTID	ID	M	—

7.2.3 律师协会表

表 9 规定了律师协会表。

表 9 律师协会表

序号	数据项名称	标识	数据类型和格式	约束/条件	说明
1	律师协会 ID	LSXHID	ID	M	—
2	主管机关	ZGJG	ID	M	7.2.1 中司法行政(部/省/市)机关 ID
3	律师协会名称	LSXHMC	C100	M	自填
4	机构编码	JGBM	C16	M	符合 8.1.1
5	LOGO	LOGO	BB	C	自填
6	简称	JC	C20	M	自填
7	网站地址	WZDZ	C200	C	自填
8	主体 ID	ZTID	ID	M	—
9	住所	ZS	C200	M	自填
10	邮政编码	YZBM	C6	M	自填
11	联系电话	LXDH	C40	M	自填
12	电子邮箱	DZYX	C100	C	自填

7.2.4 律师事务所基本信息表

表10规定了律师事务所基本信息表。

表10 律师事务所基本情况表

序号	数据项名称	标识	数据类型和格式	约束/条件	说明
1	律师事务所ID	LSSWSID	ID	M	—
2	律师事务所名称	LSSWSMC	C100	M	自填
3	主体ID	ZTID	ID	M	—
4	英文名称	YWMC	C200	C	自填
5	拼音	PY	C200	M	系统根据全称、简称、曾用名自动生成全拼和简拼。
6	简称	JC	C50	M	自填
7	曾用名	CYM	C100	C	自填
8	统一社会信用代码	TYSHXYDM	C18	M	符合GB 32100
9	主管机关	ZGJG	ID	M	7.2.1中司法行政(部/省/市)机关ID
10	组织形式	ZZXS	C2	M	符合8.2.8
11	负责人ID	FZRID	ID	M	7.2.7中律师ID
12	合伙人	HHR	CB	C	当组织形式为普通合伙或特殊的普通合伙时,该项必填

续表

序号	数据项名称	标识	数据类型和格式	约束/条件	说明
13	发证日期	FZRQ	D	M	自填，符合 GB/T 7408
14	发证机关	FZJG	ID	M	7.2.1 中司法行政(部/省/市)机关 ID
15	设立资产	SLZC	C20	M	自填
16	住所地	ZSD	C6	M	符合 GB/T 2260
17	住所地地址	ZSDDZ	C200	M	自填
18	住所邮编	ZSYB	C6	M	自填
19	联系电话	LXDH	C40	M	自填
20	传真	CZ	C50	C	自填
21	单位网站	DWWZ	C200	C	自填
22	电子邮箱	DZYX	C100	C	自填
23	党组织类型	DZZXS	C2	M	符合 8.2.43
24	党组织名称	DZZMC	C100	C	当党组织类型不是“无”时，该项必填
25	总分所形式	ZFSXS	C2	M	符合 8.2.9
26	准予设立时间	PZSLSJ	DT	M	自填
27	成立年限	CLNX	N	M	自填
28	批准文号	PZWH	C50	M	自填
29	考核年度	KHNF	N	M	自填
30	考核状态	KHZT	C2	M	符合 8.2.29
31	考核结果	KHJG	C2	M	符合 8.2.30

续表

序号	数据项名称	标识	数据类型和格式	约束/条件	说明
32	LOGO	LOGO	BB	C	自填
33	律师事务所办公室照片	LSSWSBGSZP	BB	C	自填
34	所属总所ID	SSZSID	ID	C	当总分所形式为分所时,该项必填
35	机构简介	JGJJ	CB	C	自填
36	业务专长	YWZC	C255	C	自填
37	所属律师协会	SSLSXH	ID	M	7.2.3中律师协会ID
38	执业状态	ZYZT	C2	M	符合8.2.7

7.2.5 律师事务所境外分支机构表

表11规定了律师事务所境外分支机构表。

表11 律师事务所境外分支机构表

序号	数据项名称	标识	数据类型和格式	约束/条件	说明
1	境外分支机构ID	JWFZJGID	ID	M	—
2	所属律师事务所ID	SSLSSWSID	ID	M	7.2.4中律师事务所ID
3	国家/地区	GJDQ	C3	M	符合GB/T 2659
4	分支机构中文名称	FZJGZWMC	C100	M	自填
5	分支机构英文名称	FZJGYWMC	C200	M	自填

续表

序号	数据项名称	标识	数据类型和格式	约束/条件	说明
6	设立日期	SLRQ	D	M	自填，符合 GB/T 7408
7	负责人	FZR	ID	M	7.2.7 中律师 ID
8	负责人执业证号	FZRZYZH	C17	M	自填，符合司发通[2009]第 165 号
9	驻在地址	ZZDZ	C200	M	自填
10	分支机构类型	FZJGLX	C2	M	符合 8.2.76
11	设立方式	SLFS	C2	M	符合 8.2.77
12	批准(登记)机构	PZDJJG	ID	M	7.2.1 中司法行政(部/省/市)机关 ID
13	业务范围	YWFW	C255	M	自填
14	联系人	LXR	C50	M	自填
15	联系电话	LXDH	C40	M	自填
16	联系传真	LXCZ	C50	M	自填
17	联系邮箱	LXYX	C100	M	自填
18	执业状态	ZYZT	C2	M	符合 8.2.7

7.2.6 外国律师事务所驻华代表处或港澳台律师事务所驻内地(大陆)代表处基本情况表

表 12 规定了外国律师事务所驻华代表处或港澳台律师事务所驻内地(大陆)代表处表。

表 12　外国律师事务所驻华代表处或港澳台律师事务所驻内地(大陆)代表处基本情况表

序号	数据项名称	标识	数据类型和格式	约束/条件	说明
1	代表处 ID	DBCID	ID	M	—
2	主体 ID	ZTID	ID	M	—
3	代表处中文名称	DBCZWMC	C100	M	自填
4	代表处英文名称	DBCYWMC	C200	M	自填
5	代表处总部中文名称	DBCZBZWMC	C100	M	自填
6	代表处总部英文名称	DBCZBYWMC	C200	M	自填
7	代表处总部中文地址	DBCZBZWDZ	C200	M	自填
8	代表处总部英文地址	DBCZBYWDZ	C200	M	自填
9	代表处总部负责人中文姓名	DBCZBFZRZWXM	C50	M	自填
10	代表处总部负责人英文姓名	DBCZBFZRYWXM	C50	M	自填
11	代表处类别	DBCLB	C2	M	符合 8.2.10
12	首席代表中文姓名	SXDBZWXM	C50	M	自填

续表

序号	数据项名称	标识	数据类型和格式	约束/条件	说明
13	首席代表英文姓名	SXDBYWXM	C50	M	自填
14	住所中文地址	ZSZWDZ	C100	M	自填
15	住所英文地址	ZSYWDZ	C200	M	自填
16	邮政编码	YZBM	C6	M	自填
17	联系电话	LXDH	C40	M	自填
18	传真号码	CZHM	C50	O	自填
19	电子邮箱	DZYX	C100	O	自填
20	事务所网站	SWSWZ	C200	O	自填
21	雇员人数	GYRS	N	M	自填
22	批准文号	PZWH	C50	M	自填
23	准予设立时间	PZSLSJ	D	M	自填
24	发证机关	FZJG	ID	M	7.2.1 中司法行政（部/省/市）机关 ID
25	主管机关	ZGJG	ID	M	7.2.1 中司法行政（部/省/市）机关 ID
26	发证日期	FZRQ	D	M	自填，符合 GB/T 7408
27	统一社会信用代码	TYSHXYDM	C18	M	符合 GB 32100
28	注册资本	ZCZB	C30	M	自填

续表

序号	数据项名称	标识	数据类型和格式	约束/条件	说明
29	注册币种	ZCBZ	C10	M	自填
30	业务范围	YWFW	C255	M	自填
31	执业状态	ZYZT	C2	M	符合 8.2.75
32	检验年度	JYNF	N	M	自填
33	检验结果	JYJG	C2	M	符合 8.2.34

7.2.7 专兼职律师基本情况表

表 13 规定了专兼职律师基本情况表。

表 13 专兼职律师基本情况表

序号	数据项名称	标识	数据类型和格式	约束/条件	说明
1	律师 ID	LSID	ID	M	—
2	姓名	XM	C50	M	自填
3	主体 ID	ZTID	ID	M	—
4	姓名拼音	XMPY	C100	M	系统生成
5	出生日期	CSRQ	D	M	自填，符合 GB/T 7408
6	性别	XB	C1	M	符合 GB/T 2261.1
7	曾用名	CYM	C50	O	自填
8	政治面貌	ZZMM	C2	M	符合 GB/T 4762
9	党内职务	DNZW	C10	C	符合 8.2.45，党籍为正式党员时，该项必填

续表

序号	数据项名称	标识	数据类型和格式	约束/条件	说明
10	民族	MZ	C2	M	符合 GB/T 3304
11	籍贯	JG	C6	M	符合 GB/T 2260
12	户籍所在地	HJSZD	C12	M	符合 GB/T 2260
13	毕业院校	BYYX	C50	M	自填
14	最高学历	ZGXL	C5	M	符合 GB/T 4658
15	最高学位	ZGXW	C3	M	符合 GB/T 6864
16	专业	ZY	C50	M	自填
17	是否法学专业	SFFXZY	TN	O	自填
18	证件类别	ZJLB	C2	M	符合 8.2.17
19	证件编号	ZJBH	C50	M	自填,根据证件类型填写证件编号
20	联系电话	LXDH	C40	O	自填
21	联系地址	LXDZ	C200	M	自填
22	联系地址邮编	LXDZYB	C6	M	自填
23	手机号码	SJHM	C11	M	自填,格式为 11 位手机号
24	电子邮箱	DZYX	C100	M	自填
25	证件照片	ZJZP	BB	M	自填
26	人事档案存放地	RSDACFD	C12	M	符合 GB/T 2260
27	人事档案存放机构	RSDACFJG	C50	M	自填

续表

序号	数据项名称	标识	数据类型和格式	约束/条件	说明
28	人事档案编号	RSDABH	C20	M	自填
29	执业机构	ZYJG	ID	M	7.2.4 中律师事务所 ID
30	执业证类别	ZYZLB	C2	M	符合 8.2.36
31	执业证号	ZYZH	C17	M	自填，符合司发通[2009]第165号
32	发证日期	FZRQ	D	M	自填，符合 GB/T 7408
33	发证机关	FZJG	ID	M	7.2.1 中司法行政(部/省/市)机关 ID
34	执业状态	ZYZT	C2	M	符合 8.2.11
35	职业资格证书类别	ZYZGZSLB	C2	M	符合 8.2.14
36	职业资格证书取得方式	ZYZGZSQDFS	C2	M	符合 8.2.15
37	职业资格证书取得日期	ZYZGZSQDRQ	D	M	自填，符合 GB/T 7408
38	职业资格证书取得地	ZYZGZSQDD	C12	M	符合 GB/T 2260
39	职业资格证书编号	ZYZGZSBH	C50	M	自填

续表

序号	数据项名称	标识	数据类型和格式	约束/条件	说明
40	从业人员技术资格证书级别	ZYZGZSLX	C2	M	符合 8.2.16
41	首次执业日期	SCZYRQ	D	M	自填，符合 GB/T 7408
42	现批准执业日期	XPZZYRQ	D	M	自填，符合 GB/T 7408
43	注销日期	ZXRQ	D	C	自填，符合 GB/T 7408
44	吊销日期	DXRQ	D	C	自填，符合 GB/T 7408
45	执业年限	ZYNX	N	M	自填
46	首次执业地	SCZYD	C6	M	符合 GB/T 2260
47	上一次参加考核年度	SYCCJKHND	N	M	自填
48	考核状态	KHZT	C2	M	符合 8.2.31
49	年度考核结果	NDKHJG	C2	M	符合 8.2.32
50	主管机关	ZGJG	ID	M	7.2.1 中司法行政(部/省/市)机关 ID
51	所属律师协会	SSLSXH	ID	M	7.2.3 中律师协会 ID
52	所内身份	SNSF	C2	M	符合 8.2.12
53	派驻状态	PZZT	C2	M	符合 8.2.18

续表

序号	数据项名称	标识	数据类型和格式	约束/条件	说明
54	兼职律师工作单位	JZLSGZDW	C100	C	执业证类别为兼职时,该项必填
55	律师简介	LSJJ	CB	C	自填
56	律师职称	LSZC	C2	M	符合 8.2.13
57	专业资质	ZYZZ	C255	O	自填
58	业务专长	YWZC	C255	C	自填
59	是否公开照片	SFGKZP	TN	M	自填
60	是否公开联系方式	SFGKLXFS	TN	M	自填

7.2.8 外国律师事务所驻华代表处或港澳台律师事务所驻内地(大陆)代表处代表基本情况表

表 14 规定了外国律师事务所驻华代表处或港澳台律师事务所驻内地(大陆)代表处代表基本情况表。

表 14 外国律师事务所驻华代表处或港澳台律师事务所驻内地(大陆)代表处代表基本情况表

序号	数据项名称	标识	数据类型和格式	约束/条件	说明
1	代表 ID	DBID	ID	M	—
2	代表中文名称	DBZWMC	C50	M	自填
3	主体 ID	ZTID	ID	M	—
4	执业机构	ZYJG	ID	M	7.2.6 中代表处 ID

续表

序号	数据项名称	标识	数据类型和格式	约束/条件	说明
5	拼音	PY	C100	M	由系统根据姓名、曾用名生成全拼和简拼
6	执业证号	ZYZH	C8	M	自填,符合8.1.5
7	取得律师执业资格的国家/地区	QDLSZYZGDGJDQ	C3	M	符合GB/T 2659
8	英文名称	YWMC	C100	M	自填
9	出生日期	CSRQ	D	M	自填,符合GB/T 7408
10	性别	XB	C1	M	符合GB/T 2261.1
11	国家/地区	GJ	C50	M	自填
12	执业状态	ZYZT	C2	M	符合8.2.78
13	代表处职务	DBCZW	C2	M	符合8.2.79
14	证件类别	ZJLB	C2	M	符合8.2.17
15	证件编号	ZJBH	C50	M	自填,根据证件类型填写证件编号
16	联系地址	LXDZ	C200	M	自填
17	联系地址邮编	LXDZYB	C6	M	自填
18	联系电话	LXDH	C40	M	自填
19	电子邮箱	DZYX	C100	M	自填
20	手机号码	SJHM	C11	M	自填
21	证件照片	ZJZP	BB	M	自填
22	业务专长	YWZC	C255	M	自填

续表

序号	数据项名称	标识	数据类型和格式	约束/条件	说明
23	主管机关	ZGJG	ID	M	7.2.1 中司法行政(部/省/市)机关 ID
24	发证机关	FZJG	ID	M	7.2.1 中司法行政(部/省/市)机关 ID
25	发证日期	FZRQ	D	M	自填,符合 GB/T 7408
26	所属律师协会	SSLSXH	ID	M	7.2.3 中律师协会 ID

7.2.9 公职律师基本情况表

表 15 规定了公职律师基本情况表。

表 15 公职律师基本情况表

序号	数据项名称	标识	数据类型和格式	约束/条件	说明
1	公职律师 ID	GZLSID	ID	M	—
2	姓名	XM	C50	M	自填
3	主体 ID	ZTID	ID	M	—
4	姓名拼音	XMPY	C100	M	自填
5	出生日期	CSRQ	D	M	自填,符合 GB/T 7408
6	性别	XB	C1	M	符合 GB/T 2261.1
7	曾用名	CYM	C50	M	自填
8	政治面貌	ZZMM	C2	M	符合 GB/T 4762
9	民族	MZ	C2	M	符合 GB/T 3304

续表

序号	数据项名称	标识	数据类型和格式	约束/条件	说明
10	籍贯	JG	C6	M	符合 GB/T 2260
11	户籍所在地	HJSZD	C12	M	符合 GB/T 2260
12	毕业院校	BYYX	C50	M	自填
13	最高学历	ZGXL	C2	M	符合 GB/T 4658
14	最高学位	ZGXW	C3	M	符合 GB/T 6864
15	证件类别	ZJLB	C2	M	符合 8.2.17
16	证件编号	ZJBH	C50	M	自填,根据证件类型填写证件编号
17	联系地址	LXDZ	C200	M	自填
18	联系地址邮编	LXDZYB	C6	M	自填
19	手机号码	SJHM	C11	M	自填,格式为 11 位手机号
20	电子邮箱	DZYX	C100	M	自填
21	证件照片	ZJZP	BB	M	自填
22	人事档案存放地	RSDACFD	C12	M	符合 GB/T 2260
23	人事档案存放机构	RSDACFJG	C100	M	自填
24	人事档案编号	RSDABH	C50	M	自填
25	执业机构	ZYJG	ID	M	7.2.15 中机构 ID
26	工作部门	GZBM	C50	M	自填

续表

序号	数据项名称	标识	数据类型和格式	约束/条件	说明
27	主管机关	ZGJG	ID	M	7.2.1 中司法行政(部/省/市)机关 ID
28	执业证类别	ZYZLB	C2	M	固定为公职律师
29	执业证号	ZYZH	C17	M	自填,符合司发通[2009]第 165 号
30	发证日期	FZRQ	D	M	自填,符合 GB/T 7408
31	发证机关	FZJG	ID	M	7.2.1 中司法行政(部/省/市)机关 ID
32	执业状态	ZYZT	C2	M	符合 8.2.11
33	职业资格证书类别	ZYZGZSLB	C2	M	符合 8.2.14
34	职业资格证书取得方式	ZYZGZSQDFS	C2	M	符合 8.2.15
35	职业资格证书取得日期	ZYZGZSQDRQ	D	M	自填,符合 GB/T 7408
36	职业资格证书取得地	ZYZGZSQDD	C6	M	符合 GB/T 2260
37	职业资格证书编号	ZYZGZSBH	C50	M	自填

续表

序号	数据项名称	标识	数据类型和格式	约束/条件	说明
38	首次执业日期	SCZYRQ	D	M	自填,符合 GB/T 7408
39	现批准执业日期	XPZZYRQ	D	M	自填,符合 GB/T 7408
40	执业年限	ZYNX	N	M	自填
41	首次执业地	SCZYD	C6	M	符合 GB/T 2260
42	上一次参加考核考核年度	SYCCJKHKHND	N	M	自填
43	考核状态	KHZT	C2	M	符合 8.2.31
44	考核结果	KHJG	C2	M	符合 8.2.32
45	所属律师协会	SSLSXH	ID	M	7.2.3 中律师协会 ID
46	律师简介	LSJJ	CB	M	自填
47	业务专长	YWZC	C255	M	自填
48	专业资质	ZYZZ	C255	O	自填
49	单位职务	DWZW	C20	M	自填

7.2.10 公司律师基本情况表

表 16 规定了公司律师基本情况表。

表 16　公司律师基本情况表

序号	数据项名称	标识	数据类型和格式	约束/条件	说明
1	公司律师 ID	GSLSID	ID	M	—
2	姓名	XM	C50	M	自填
3	主体 ID	ZTID	ID	M	—
4	姓名拼音	XMPY	C100	O	自填
5	出生日期	CSRQ	D	M	自填,符合 GB/T 7408
6	性别	XB	C1	M	符合 GB/T 2261.1
7	曾用名	CYM	C50	O	自填
8	政治面貌	ZZMM	C2	M	符合 GB/T 4762
9	民族	MZ	C2	M	符合 GB/T 3304
10	籍贯	JG	C6	M	符合 GB/T 2260
11	户籍所在地	HJSZD	C12	M	符合 GB/T 2260
12	毕业院校	BYYX	C50	M	自填
13	最高学历	ZGXL	C2	M	符合 GB/T 4658
14	最高学位	ZGXW	C3	M	符合 GB/T6864
15	证件类别	ZJLB	C2	M	符合 8.2.17
16	证件编号	ZJBH	C50	M	自填,根据证件类型填写证件编号
17	联系地址	LXDZ	C200	M	自填
18	联系地址邮编	LXDZYB	C6	M	自填
19	手机号码	SJHM	C11	M	自填,格式为 11 位手机号

续表

序号	数据项名称	标识	数据类型和格式	约束/条件	说明
20	电子邮箱	DZYX	C100	M	自填
21	证件照片	ZJZP	BB	M	自填
22	人事档案存放地	RSDACFD	C12	M	符合 GB/T 2260
23	人事档案存放机构	RSDACFJG	C100	M	自填
24	人事档案编号	RSDABH	C50	M	自填
25	执业机构	ZYJG	ID	M	7.2.16 中机构 ID
26	工作部门	GZBM	C50	M	自填
27	执业类别	ZYZLB	C2	M	固定为公司律师
28	执业证号	ZYZH	C17	M	符合司发通[2009]第 165 号
29	发证日期	FZRQ	D	M	自填,符合 GB/T 7408
30	发证机关	FZJG	ID	M	7.2.1 中司法行政(部/省/市)机关 ID
31	执业状态	ZYZT	C2	M	符合 8.2.11
32	职业资格证书类别	ZYZGZSLB	C2	M	符合 8.2.14
33	职业资格证书取得方式	ZYZGZSQDFS	C2	M	符合 8.2.15

续表

序号	数据项名称	标识	数据类型和格式	约束/条件	说明
34	职业资格证书取得日期	ZYZGZSQDRQ	D	M	自填，符合 GB/T 7408
35	职业资格证书取得地	ZYZGZSQDD	C6	M	符合 GB/T 2260
36	职业资格证书编号	ZYZGZSBH	C50	M	自填
37	首次执业日期	SCZYRQ	D	M	自填，符合 GB/T 7408
38	首次执业地	SCZYD	C6	M	符合 GB/T 2260
39	现批准执业日期	XPZZYRQ	D	M	自填，符合 GB/T 7408
40	执业年限	ZYNX	N		自填
41	上一次参加考核年度	SYCCJKHND	N	M	自填
42	考核状态	KHZT	C2	M	符合 8.2.31
43	考核结果	KHJG	C2	M	符合 8.2.32
44	主管机关	ZGJG	ID	M	7.2.1 中司法行政（部/省/市）机关 ID
45	所属律师协会	SSLSXH	ID	M	7.2.3 中律师协会 ID
46	律师简介	LSJJ	CB	M	自填

续表

序号	数据项名称	标识	数据类型和格式	约束/条件	说明
47	业务专长	YWZC	C255	O	自填
48	专业资质	ZYZZ	C255	O	自填
49	单位职务	DWZW	C20	M	自填

7.2.11　法律援助律师基本情况表

表17规定了法律援助律师基本情况表。

表17　法律援助律师基本情况表

序号	数据项名称	标识	数据类型和格式	约束/条件	说明
1	法律援助律师ID	FLYZLSID	ID	M	—
2	姓名	XM	C50	M	自填
3	主体ID	ZTID	ID	M	—
4	姓名拼音	XMPY	C100	O	自填
5	出生日期	CSRQ	D	M	自填，符合 GB/T 7408
6	性别	XB	C1	M	符合 GB/T 2261.1
7	曾用名	CYM	C50	O	自填
8	政治面貌	ZZMM	C2	M	符合 GB/T 4762
9	民族	MZ	C2	M	符合 GB/T 3304
10	籍贯	JG	C6	M	符合 GB/T 2260
11	户籍所在地	HJSZD	C12	M	符合 GB/T 2260

续表

序号	数据项名称	标识	数据类型和格式	约束/条件	说明
12	毕业院校	BYYX	C50	M	自填
13	最高学历	ZGXL	C2	M	符合 GB/T 4658
14	最高学位	ZGXW	C3	M	符合 GB/T6864
15	证件类别	ZJLB	C2	M	符合 8.2.17
16	证件编号	ZJBH	C50	M	自填,根据证件类型填写证件编号
17	联系地址	LXDZ	C200	M	自填
18	联系地址邮编	LXDZYB	C6	M	自填
19	手机号码	SJHM	C11	M	自填,格式为 11 位手机号
20	电子邮箱	DZYX	C100	M	自填
21	证件照片	ZJZP	BB	M	自填
22	人事档案存放地	RSDACFD	C12	M	符合 GB/T 2260
23	人事档案存放机构	RSDACFJG	C100	M	自填
24	人事档案编号	RSDABH	C50	M	自填
25	执业机构	ZYJG	ID	M	7.2.17 中机构 ID
26	执业类别	ZYZLB	C2	M	固定为法律援助律师
27	执业证号	ZYZH	C17	M	符合司发通[2009]第 165 号

续表

序号	数据项名称	标识	数据类型和格式	约束/条件	说明
28	发证日期	FZRQ	D	M	自填，符合 GB/T 7408
29	发证机关	FZJG	ID	M	7.2.1 中司法行政（部/省/市）机关 ID
30	执业状态	ZYZT	C2	M	符合 8.2.11
31	职业资格证书类别	ZYZGZSLB	C2	M	符合 8.2.14
32	职业资格证书取得方式	ZYZGZSQDFS	C2	M	符合 8.2.15
33	职业资格证书取得日期	ZYZGZSQDRQ	D	M	自填，符合 GB/T 7408
34	职业资格证书取得地	ZYZGZSQDD	C6	M	符合 GB/T 2260
35	职业资格证书编号	ZYZGZSBH	C50	M	自填
36	首次执业日期	SCZYRQ	D	M	自填，符合 GB/T 7408
37	现批准执业日期	XPZZYRQ	D	M	自填，符合 GB/T 7408
38	执业年限	ZYNX	N		自填
39	首次执业地	SCZYD	C6	M	符合 GB/T 2260

续表

序号	数据项名称	标识	数据类型和格式	约束/条件	说明
40	上一次参加考核年度	SYCCJKHND	N	M	自填
41	考核状态	KHZT	C2	M	符合 8.2.31
42	年度考核结果	NDKHJG	C2	M	符合 8.2.32
43	主管机关	ZGJG	ID	M	7.2.1 中司法行政（部/省/市）机关 ID
44	所属律师协会	SSLSXH	ID	M	符合 7.2.3 律师协会 ID
45	律师简介	LSJJ	CB	M	自填
46	业务专长	YWZC	C255	O	自填
47	专业资质	ZYZZ	C255	O	自填

7.2.12 实习人员基本情况表

表 18 规定了实习人员基本情况表。

表 18 实习人员基本情况表

序号	数据项名称	标识	数据类型和格式	约束/条件	说明
1	实习人员 ID	SXRYID	ID	M	—
2	姓名	XM	C50	M	自填
3	主体 ID	ZTID	ID	M	—
4	姓名拼音	XMPY	C100	M	自填

续表

序号	数据项名称	标识	数据类型和格式	约束/条件	说明
5	出生日期	CSRQ	D	M	自填,符合 GB/T 7408
6	性别	XB	C1	M	符合 GB/T 2261.1
7	曾用名	CYM	C50	O	自填
8	政治面貌	ZZMM	C2	M	符合 GB/T 4762
9	民族	MZ	C2	M	自填,符合 GB/T 3304
10	籍贯	JG	C6	M	符合 GB/T 2260
11	户籍所在地	HJSZD	C12	M	符合 GB/T 2260
12	毕业院校	BYYX	C50	M	自填
13	最高学历	ZGXL	C2	M	自填,符合 GB/T 4658
14	最高学位	ZGXW	C3	M	自填,符合 GB/T 6864
15	证件类别	ZJLB	C2	M	符合 8.2.17
16	证件编号	ZJBH	C50	M	自填,根据证件类型填写证件编号
17	联系地址	LXDZ	C200	M	自填
18	联系地址邮编	LXDZYB	C6	M	自填
19	手机号码	SJHM	C11	M	自填,格式为 11 位手机号
20	电子邮箱	DZYX	C100	M	自填

续表

序号	数据项名称	标识	数据类型和格式	约束/条件	说明
21	证件照片	ZJZP	BB	M	自填
22	人事档案存放地	RSDACFD	C12	M	符合 GB/T 2260
23	人事档案存放机构	RSDACFJG	C100	M	自填
24	人事档案编号	RSDABH	C50	M	自填
25	实习机构	SXJGID	ID	M	自填
26	实习类别	SXLB	C2	M	符合 8.2.19
27	指导律师	ZDLSID	ID	M	自填
28	实习证号	SXZH	C13	M	自填,符合 8.1.3
29	实习开始日期	SXKSRQ	D	M	自填,符合 GB/T 7408
30	实习结束日期	SXJSRQ	D	M	自填,符合 GB/T 7408
31	实习结业日期	SXJYRQ	D	M	自填,符合 GB/T 7408
32	职业资格证书编号	ZYZGZSBH	C50	M	自填
33	职业资格证书取得日期	ZYZGZSQDRQ	D	M	自填
34	职业资格证书类别	ZGZLB	C2	M	符合 8.2.14

续表

序号	数据项名称	标识	数据类型和格式	约束/条件	说明
35	职业资格证书取得方式	ZYZGZSQDFS	C2	M	符合 8.2.15
36	资格证取得地	ZGZQDD	C12	M	符合 GB/T 2260
37	结业考核情况	JYKHQK	C2	C	当实习状态为注销或已结业时,该项必填,符合 8.2.20
38	实习状态	SXZT	C2	M	符合 8.2.21
39	所属律师协会	SSLSXH	ID	M	7.2.3 中律师协会 ID

7.2.13　外国律师事务所驻华代表处或港澳台律师事务所驻内地(大陆)代表处雇员基本情况表

表 19 规定了外国律师事务所驻华代表处或港澳台律师事务所驻内地(大陆)代表处雇员基本情况表。

表 19　外国律师事务所驻华代表处或港澳台律师事务所驻内地(大陆)代表处雇员基本情况表

序号	数据项名称	标识	数据类型和格式	约束/条件	说明
1	雇员 ID	GYID	ID	M	—
2	代表处 ID	DBCID	ID	M	7.2.6 中代表处 ID
3	雇员证号	GYZH	C8	M	自填,符合 8.1.6
4	姓名	XM	C50	M	自填

续表

序号	数据项名称	标识	数据类型和格式	约束/条件	说明
5	主体 ID	ZTID	ID	M	—
6	姓名拼音	XMPY	C100	M	系统根据姓名生成全拼和简拼
7	所内职务	SNZW	C20	M	自填
8	证件类别	ZJLB	C2	M	符合 8.2.17
9	证件编号	ZJBH	C50	M	自填,根据证件类型填写证件编号
10	职业资格证书编号	ZYZGZSBH	C50	M	自填
11	职业资格证书取得日期	ZYZGZSQDRQ	D	M	自填,符合 GB/T 7408
12	职业资格证书类别	ZYZGZSLB	C2	M	符合 8.2.14
13	职业资格证书取得方式	ZYZGZSQDFS	C2	M	符合 8.2.15
14	职业资格证书取得地	ZYZGZSQDD	C12	M	符合 GB/T 2260
15	联系地址	LXDZ	C200	M	自填
16	联系地址邮编	LXDZYB	C6	M	自填
17	手机号码	SJHM	C11	M	自填,格式为 11 位手机号
18	电子邮箱	DZYX	C100	M	自填

续表

序号	数据项名称	标识	数据类型和格式	约束/条件	说明
19	证件照片	ZJZP	BB	M	自填
20	在职状态	ZZZT	C2	M	符合 8.2.22

7.2.14　行政辅助人员基本情况表

表 20 规定了行政辅助人员基本情况表。

表 20　行政辅助人员基本情况表

序号	数据项名称	标识	数据类型和格式	约束/条件	说明
1	行政辅助人员 ID	XZFZRYID	ID	M	—
2	姓名	XM	C50	M	自填
3	主体 ID	ZTID	ID	M	—
4	工作单位	GZDW	ID	M	自填
5	姓名拼音	XMPY	C100	O	自填
6	出生日期	CSRQ	D	M	自填,符合 GB/T 7408
7	性别	XB	C1	M	符合 GB/T 2261.1
8	曾用名	CYM	C50	O	自填
9	所内职务	SNZW	C20	M	自填
10	在职状态	ZZZT	C2	M	符合 8.2.22
11	职业资格证书编号	ZYZGZSBH	C50	O	自填

续表

序号	数据项名称	标识	数据类型和格式	约束/条件	说明
12	职业资格证书取得日期	ZYZGZSQDRQ	D	O	自填，符合 GB/T 7408
13	职业资格证书类别	ZYZGZSLB	C2	O	符合 8.2.14
14	职业资格证书取得方式	ZYZGZSQDFS	C2	M	符合 8.2.15
15	职业资格证书取得地	ZYZGZSQDD	C12	O	符合 GB/T 2260
16	政治面貌	ZZMM	C2	M	符合 GB/T 4762
17	民族	MZ	C2	M	自填，符合 GB/T 3304
18	籍贯	JG	C6	M	符合 GB/T 2260
19	户籍所在地	HJSZD	C12	M	符合 GB/T 2260
20	毕业院校	BYYX	C50	M	自填
21	最高学历	ZGXL	C2	M	自填，符合 GB/T 4658
22	最高学位	ZGXW	C3	M	自填，符合 GB/T 6864
23	证件类别	ZJLB	C2	M	符合 8.2.17
24	证件编号	ZJBH	C50	M	自填，根据证件类型填写证件编号
25	联系地址	LXDZ	C200	M	自填

续表

序号	数据项名称	标识	数据类型和格式	约束/条件	说明
26	联系地址邮编	LXDZYB	C6	M	自填
27	手机号码	SJHM	C11	M	自填，格式为11位手机号
28	电子邮箱	DZYX	C100	M	自填
29	证件照片	ZJZP	BB	O	自填
30	人事档案存放地	RSDACFD	C12	M	符合 GB/T 2260
31	人事档案存放机构	RSDACFJG	C100	M	自填
32	人事档案编号	RSDABH	C50	M	自填

7.2.15 公职律师工作机构表

表21规定了公职律师工作机构表。

表21 公职律师工作机构表

序号	数据项名称	标识	数据类型和格式	约束/条件	说明
1	机构 ID	JGID	ID	M	—
2	主体 ID	ZTID	ID	M	—
3	上级机构	SJJG	ID	C	自填
4	统一社会信用代码	TYSHXYDM	C18	M	符合 GB 32100
5	名称	MC	C100	M	自填

续表

序号	数据项名称	标识	数据类型和格式	约束/条件	说明
6	简称	JC	C20	M	自填
7	所在行政区	SZXZQ	C6	M	符合 GB/T 2260
8	联系地址	LXDZ	C200	M	自填
9	联系人	LXR	C50	M	自填
10	联系电话	LXDH	C40	M	自填

7.2.16 公司律师工作机构表

表 22 规定了公司律师工作机构表。

表 22 公司律师工作机构表

序号	数据项名称	标识	数据类型和格式	约束/条件	说明
1	机构 ID	JGID	ID	M	—
2	主体 ID	ZTID	ID	M	—
3	上级机构 ID	SJJGID	ID	C	自填
4	统一社会信用代码	TYSHXYDM	C18	M	符合 GB 32100
5	名称	MC	C100	M	自填
6	简称	JC	C20	M	自填
7	所在行政区	SZXZQ	C6	M	符合 GB/T 2260
8	联系地址	LXDZ	C200	M	自填
9	联系人	LXR	C50	M	自填
10	联系电话	LXDH	C40	M	自填

7.2.17 法律援助机构表

表 23 规定了法律援助机构表。

表 23　法律援助机构表

序号	数据项名称	标识	数据类型和格式	约束/条件	说明
1	机构 ID	JGID	ID	M	—
2	主体 ID	ZTID	ID	M	—
3	统一社会信用代码	TYSHXYDM	C18	M	符合 GB 32100
4	名称	MC	C100	M	自填
5	简称	JC	C20	M	自填
6	所在行政区	SZXZQ	C6	M	符合 GB/T 2260
7	联系地址	LXDZ	C200	M	自填
8	联系人	LXR	C50	M	自填
9	联系电话	LXDH	C40	M	自填

7.2.18　从业人员教育经历表

表 24 规定了从业人员教育经历表。

表 24　从业人员教育经历表

序号	数据项名称	标识	数据类型和格式	约束/条件	说明
1	教育经历 ID	JYJLID	ID	M	—
2	所属从业人员 ID	SSCYRYID	ID	M	专兼职律师为 7.2.7 中律师 ID； 公职律师为 7.2.9 中公职律师 ID； 公司律师为 7.2.10 中公司律师 ID； 法律援助律师为 7.2.11 中法律援助律师 ID； 实习人员为 7.2.12 中实习人员 ID； 行政辅助人员为 7.2.14 中行政辅助人员 ID

续表

序号	数据项名称	标识	数据类型和格式	约束/条件	说明
3	国家/地区	GJDQ	C3	M	符合 GB/T 2659
4	毕业院校	BYYX	C50	M	自填
5	开始日期	KSRQ	D	M	自填,符合 GB/T 7408
6	结束日期	JSRQ	D	M	自填,符合 GB/T 7408
7	获得学历	HDXL	C2	M	自填,符合 GB/T 4658
8	获得学位	HDXW	C3	M	自填,符合 GB/T6864
9	专业	ZY	C50	M	自填
10	是否全日制	SFQRZ	TN	M	自填
11	是否法学专业	SFFXZY	TN	M	自填

7.2.19 从业人员专业资质表

表 25 规定了从业人员专业资质表。

表 25 从业人员专业资质表

序号	数据项名称	标识	数据类型和格式	约束/条件	说明
1	专业资质 ID	ZYZZID	ID	M	—
2	评定机构	PDJG	C100	C	自填
3	评定日期	PDRQ	D	C	自填,符合 GB/T 7408
4	所属从业人员 ID	SSCYRYID	ID	M	专兼职律师为 7.2.7 中律师 ID; 公职律师为 7.2.9 中公职律师 ID; 公司律师为 7.2.10 中公司律师 ID; 法律援助律师为 7.2.11 中法律援助律师 ID; 实习人员为 7.2.12 中实习人员 ID; 行政辅助人员为 7.2.14 中行政辅助人员 ID

续表

序号	数据项名称	标识	数据类型和格式	约束/条件	说明
5	资质名称	ZZMC	C50	M	自填
6	证书扫描件	ZSSMJ	BB	M	自填

7.2.20　从业人员语言能力表

表26规定了从业人员语言能力表。

表26　从业人员语言能力表

序号	数据项名称	标识	数据类型和格式	约束/条件	说明
1	语言能力ID	YYNLID	ID	M	—
2	所属从业人员ID	SSCYRYID	ID	M	专兼职律师为7.2.7中律师ID； 公职律师为7.2.9中公职律师ID； 公司律师为7.2.10中公司律师ID； 法律援助律师为7.2.11中法律援助律师ID； 实习人员为7.2.12中实习人员ID； 行政辅助人员为7.2.14中行政辅助人员ID
3	证书名称	ZSMC	C50	M	自填
4	证明扫描件	ZMSMJ	BB	M	自填
5	语种	YZ	C20	M	自填
6	水平	SP	C3	M	符合GB/T 6865

7.2.21 从业人员工作经历表

表27规定了从业人员工作经历表。

表27 从业人员工作经历表

序号	数据项名称	标识	数据类型和格式	约束/条件	说明
1	工作经历ID	GZJLID	ID	M	—
2	所属从业人员ID	SSCYRYID	ID	M	专兼职律师为7.2.7中律师ID; 公职律师为7.2.9中公职律师ID; 公司律师为7.2.10中公司律师ID; 法律援助律师为7.2.11中法律援助律师ID; 实习人员为7.2.12中实习人员ID; 行政辅助人员为7.2.14中行政辅助人员ID
3	国家/地区	GJDQ	C3	M	符合GB/T 2659
4	工作单位	GZDW	C100	M	自填
5	开始日期	KSRQ	D	M	自填,符合GB/T 7408
6	结束日期	JSRQ	D	C	当前正在工作的经历没有结束日期
7	工作职务/职称	GZZWZC	C20	M	自填
8	岗位种类	GWZL	C20	M	原有岗位种类

7.2.22 从业人员家庭成员表

表28规定了从业人员家庭成员表。

表 28　从业人员家庭成员表

序号	数据项名称	标识	数据类型和格式	约束/条件	说明
1	家庭成员ID	JTCYID	ID	M	—
2	所属从业人员ID	SSCYRYID	ID	M	专兼职律师为 7.2.7 中律师 ID; 公职律师为 7.2.9 中公职律师 ID; 公司律师为 7.2.10 中公司律师 ID; 法律援助律师为 7.2.11 中法律援助律师 ID; 实习人员为 7.2.12 中实习人员 ID; 行政辅助人员为 7.2.14 中行政辅助人员 ID
3	姓名	XM	C50	M	自填
4	国家/地区	GJ	C3	M	符合 GB/T 2659
5	关系	GX	C2	M	符合 GB/T 4761
6	工作单位	GZDW	C100	M	自填
7	联系电话	LXDH	C40	M	自填

7.3　行政管理

7.3.1　行政许可事项表

表 29 规定了行政许可事项表。

表 29　行政许可事项表

序号	数据项名称	标识	数据类型和格式	约束/条件	说明
1	事项 ID	SXID	ID	M	—
2	事项代码	SXDM	C2	M	符合 8.2.23
3	事项名称	SXMC	C2	M	符合 8.2.23
4	分项代码	FXDM	C2	M	符合 8.2.24
5	分项名称	FXMC	C2	M	符合 8.2.24
6	许可内容	XKNR	C500	M	自填
7	许可条件依据范围	XKTJYJFW	C500	M	自填
8	许可决定依据范围	XKJDYJFW	C500	M	自填
9	材料审批依据事项	CLSPYJSX	C500	M	自填
10	相关法律法规规章范围	XGFLFGGZFW	C500	M	自填

7.3.2　行政许可申请表

表 30 规定了行政许可申请表。

表 30　行政许可申请表

序号	数据项名称	标识	数据类型和格式	约束/条件	说明
1	申请 ID	SQID	ID	M	—
2	行政许可事项 ID	XZXKSXID	ID	M	7.3.1 中事项 ID
3	申请编号	SQBH	C50	M	自填
4	许可主体	XKZT	ID	M	自填

续表

序号	数据项名称	标识	数据类型和格式	约束/条件	说明
5	申请人姓名	SQRXM	C50	M	自填
6	许可机关	XKJG	C50	M	7.2.1 中的名称
7	申请时间	SQSJ	DT	M	自填，符合 GB/T 7408
8	受理时间	SLSJ	DT	M	自填，符合 GB/T 7408
9	审批时间	SPSJ	DT	M	自填，符合 GB/T 7408
10	办结时间	BJSJ	DT	M	自填，符合 GB/T 7408
11	行政许可结果	XZXKJG	C2	M	符合 8.2.25
12	状态	ZT	C2	M	符合 8.2.26
13	批准决定书扫描件	PZJDSSMJ	BB	M	自填

7.3.3 行政许可事项材料清单

表 31 规定了行政许可事项材料清单表。

表 31 行政许可事项材料清单表

序号	数据项名称	标识	数据类型和格式	约束/条件	说明
1	材料 ID	CLID	ID	M	—
2	事项 ID	SXID	ID	M	7.3.1 中事项 ID

续表

序号	数据项名称	标识	数据类型和格式	约束/条件	说明
3	编号	BH	C50	M	自填
4	材料类型	CLLX	C20	M	自填
5	材料名称	CLMC	C100	M	自填
6	纸质材料份数	ZZCLFS	N	M	自填
7	材料形式	CLXS	C20	M	自填
8	是否必要	SFBY	TN	M	自填
9	示例	SL	C500	M	自填
10	来源渠道	LYQD	C100	M	自填

7.3.4　行政许可申请材料清单表

表 32 规定了行政许可申请材料清单表。

表 32　行政许可申请材料清单表

序号	数据项名称	标识	数据类型和格式	约束/条件	说明
1	申请 ID	SQID	ID	M	7.3.2 中申请 ID
2	申请材料 ID	SQCLID	ID	M	—
3	编号	BH	C50	M	自填
4	许可事项材料清单 ID	XKSXCLQDID	ID	M	—
5	材料名称	CLMC	C100	M	自填
6	文件	WJ	BB	M	自填
7	备注	BZ	C500	M	自填

7.3.5　律师事务所变更事项表

表 33 规定了律师事务所变更事项表。

表 33　律师事务所变更事项表

序号	数据项名称	标识	数据类型和格式	约束/条件	说明
1	变更事项 ID	BGSXID	ID	M	—
2	律师事务所 ID	LSSWSID	ID	M	7.2.4 中律师事务所 ID
3	变更类别	BGLB	C2	M	符合 8.2.27
4	变更日期	BGRQ	D	M	自填
5	变更描述	BGMS	C500	M	自填

7.3.6　外国律师事务所驻华代表处或港澳台律师事务所驻内地(大陆)代表处变更事项表

表 34 规定了外国律师事务所驻华代表处或港澳台律师事务所驻内地(大陆)代表处变更事项表。

表 34　外国律师事务所驻华代表处或港澳台律师事务所驻内地(大陆)代表处变更事项表

序号	数据项名称	标识	数据类型和格式	约束/条件	说明
1	变更事项 ID	BGSXID	ID	M	—
2	代表处 ID	DBCID	ID	M	7.2.6 中代表处 ID
3	变更事项名称	BGSXMC	C50	M	符合 8.2.28
4	变更事项情况说明	BGSXQKSM	C500	M	自填
5	变更批准日期	BGPZRQ	D	M	自填，符合 GB/T 7408

7.3.7 律师事务所年度检查考核表

表 35 规定了律师事务所年度检查考核表。

表 35 律师事务所年度检查考核表

序号	数据项名称	标识	数据类型和格式	约束/条件	说明
1	年度年检考核 ID	NDNJKHID	ID	M	—
2	律师事务所 ID	LSSWSID	ID	M	7.2.4 中律师事务所 ID
3	考核年度	KHND	N	M	自填
4	考核机关	KHJG	C100	M	自填
5	考核状态	KHZT	C2	M	符合 9.29
6	年度考核结果	NDKHJG	C2	M	符合 9.30
7	考核日期	KHRQ	D	M	自填，符合 GB/T 7408

7.3.8 律师年度考核表

表 36 规定了律师年度考核表。

表 36 律师年度考核表

序号	数据项名称	标识	数据类型和格式	约束/条件	说明
1	律师年度考核 ID	LSNDKHID	ID	M	—
2	律师 ID	LSID	ID	M	专兼职律师为 7.2.7 中律师 ID； 公职律师为 7.2.9 中公职律师 ID； 公司律师为 7.2.10 中公司律师 ID； 法律援助律师为 7.2.11 中法律援助律师 ID

续表

序号	数据项名称	标识	数据类型和格式	约束/条件	说明
3	考核年度	KHND	N	M	自填
4	执业机构	ZYJG	C100	M	自填
5	考核机关	KHJG	C100	M	自填
6	考核状态	KHZT	C2	M	符合 8.2.31
7	年度考核结果	NDKHJG	C2	M	符合 8.2.32
8	考核日期	KHRQ	D	M	自填,符合 GB/T 7408
9	备案日期	BARQ	D	M	自填,符合 GB/T 7408
10	备案机关	BAJG	C100	M	自填

7.3.9 外国律师事务所驻华代表处或港澳台律师事务所驻内地(大陆)代表处年度检验表

表 37 规定了外国律师事务所驻华代表处或港澳台律师事务所驻内地(大陆)代表处年度检验表。

表 37 外国律师事务所驻华代表处或港澳台律师事务所驻内地(大陆)代表处年度检验表

序号	数据项名称	标识	数据类型和格式	约束/条件	说明
1	年度检验 ID	NDJYID	ID	M	—
2	所属代表处 ID	SSDBCID	ID	M	7.2.6 中代表处 ID
3	代表处中文名称	DBCZWMC	C100	M	自填
4	代表处英文名称	DBCYWMC	C200	M	自填

续表

序号	数据项名称	标识	数据类型和格式	约束/条件	说明
5	代表处总部中文名称	DBCZBZWMC	C100	M	自填
6	代表处总部英文名称	DBCZBYWMC	C200	M	自填
7	代表处总部中文地址	DBCZBZWDZ	C200	M	自填
8	代表处总部英文地址	DBCZBYWDZ	C200	M	自填
9	代表处总部负责人中文姓名	DBCZBZWXM	C50	M	自填
10	代表处总部负责人英文姓名	DBCZBYWXM	C100	M	自填
11	代表处类别	DBCLB	C2	M	符合 8.2.10
12	首席代表中文姓名	SXDBZWXM	C50	M	自填
13	首席代表英文姓名	SXDBYWXM	C100	M	自填
14	住所中文地址	ZSZWDZ	C200	M	自填
15	住所英文地址	ZSYWDZ	C200	M	自填
16	批准文号	PZWH	C50	M	自填
17	批准设立日期	PZSLRQ	D	M	自填，符合 GB/T 7408

续表

序号	数据项名称	标识	数据类型和格式	约束/条件	说明
18	发证机关	FZJG	ID	M	7.2.1 中司法行政（部/省/市）机关 ID
19	主管机关	ZGJG	ID	M	7.2.1 中司法行政（部/省/市）机关 ID
20	发证日期	FZRQ	D	M	自填，符合 GB/T 7408
21	统一社会信用代码	TYSHXYDM	C18	M	符合 GB 32100
22	检验年度	JYND	N	M	自填
23	检验结果	JYJG	C2	M	符合 8.2.34
24	检验状态	JYZT	C2	M	符合 8.2.33
25	考核意见	KHYJ	C100	M	自填
26	保险文件	BXWJ	BB	M	自填
27	证明文件	ZMWJ	BB	M	自填
28	财务报表	CWBB	BB	M	自填
29	工作报告	GZBG	BB	M	自填
30	主营业务	ZYYW	C255	M	自填
31	增值税	ZZS	F	M	自填
32	营业税	YYS	F	M	自填
33	企业所得税	QYSDS	F	M	自填

续表

序号	数据项名称	标识	数据类型和格式	约束/条件	说明
34	代表个人所得税	DBGRSDS	F	M	自填
35	合计	HJ	F	M	自填
36	总收入	ZSR	F	M	自填

7.3.10 外国律师事务所驻华代表处或港澳台律师事务所驻内地(大陆)代表处年度检验的代表名单表

表 38 规定了外国律师事务所驻华代表处或港澳台律师事务所驻内地(大陆)代表处年度检验的代表名单表。

表 38 外国律师事务所驻华代表处或港澳台律师事务所驻内地(大陆)代表处年度检验的代表名单表

序号	数据项名称	标识	数据类型和格式	约束/条件	说明
1	年度检验的代表名单 ID	NDJYDDBMDID	ID	M	—
2	所属代表 ID	SSDBID	ID	M	7.2.8 中代表 ID
3	代表姓名	DBXM	C50	M	自填
4	性别	XB	C1	M	符合 GB/T 2261.1
5	检验年度	JYND	N	M	自填
6	证件类别	ZJLB	C2	M	符合 8.2.17
7	证件编号	ZJBH	C50	M	自填,根据证件类型填写证件编号
8	执业证号	ZYZH	C20	M	符合 8.1.5

7.3.11 律师事务所执业许可证书表

表39规定了律师事务所执业许可证书表。

表39 律师事务所执业许可证书表

序号	数据项名称	标识	数据类型和格式	约束/条件	说明
1	执业证ID	ZYZID	ID	M	—
2	所属律师事务所ID	SSLSSWSID	ID	M	7.2.4中律师事务所ID
3	律师事务所名称	LSSWSMC	C100	M	自填
4	统一社会信用代码	TYSHXYDM	C18	M	自填,符合GB 32100
5	组织形式	ZZXS	C2	M	符合8.2.8
6	负责人	FZR	C50	M	自填,律师,存在非律师情形
7	合伙人	HHR	CB	M	自填,合伙所有
8	发证日期	FZRQ	D	M	自填,符合GB/T 7408
9	发证机关	FZJG	ID	M	7.2.1中司法行政(部/省/市)机关ID
10	设立资产	SLZC	F	M	自填
11	住所地	ZSD	C6	M	符合GB/T 2260
12	住所地地址	ZSDDZ	C200	M	自填
13	正文流水号	ZWLSH	C50	M	自填

续表

序号	数据项名称	标识	数据类型和格式	约束/条件	说明
14	副本流水号	FBLSH	C50	M	自填
15	执业许可证书状态	ZYXKZSZT	C2	M	符合 8.2.35
16	律师执业电子证照文件	DZZZWJ	BB	M	自填
17	律师执业电子证照签名	DZZZQM	C500	M	自填

7.3.12 律师执业证表

表 40 规定了律师执业证表。

表 40 律师执业证表

序号	数据项名称	标识	数据类型和格式	约束/条件	说明
1	律师执业证 ID	LSZYZID	ID	M	—
2	所属律师 ID	SSLSID	ID	M	专兼职律师为 7.2.7 中律师 ID; 公职律师为 7.2.9 中公职律师 ID; 公司律师为 7.2.10 公司律师 ID; 法律援助律师为 7.2.11中法律援助律师 ID

续表

序号	数据项名称	标识	数据类型和格式	约束/条件	说明
3	姓名	XM	C50	M	自填
4	证件编码	ZJBM	C18	M	自填
5	执业证状态	ZYZZT	C2	M	符合 8.2.37
6	发证日期	FZRQ	D	M	自填,符合 GB/T 7408
7	发证机关	FZJG	ID	M	7.2.1 中司法行政(部/省/市)机关 ID
8	执业机构	ZYJG	C100	M	自填
9	执业证类别	ZYZLB	C2	M	符合 8.2.36
10	执业证号	ZYZH	C17	M	符合司发通[2009]第165号
11	证书流水号	ZSLSH	C50	M	自填
12	律师执业电子证照文件	DZZZWJ	BB	M	自填
13	律师执业电子证照签名	DZZZQM	C500	M	自填

7.3.13 外国律师事务所驻华代表处或港澳台律师事务所驻内地(大陆)代表处执业许可证表

表 41 规定了外国律师事务所驻华代表处或港澳台律师事务所驻内地(大陆)代表处执业许可证表。

表 41　外国律师事务所驻华代表处或港澳台律师事务所驻内地(大陆)代表处执业许可证表

序号	数据项名称	标识	数据类型和格式	约束/条件	说明
1	执业许可证 ID	ZYXKZID	ID	M	—
2	所属代表处 ID	SSDBCID	ID	M	7.2.6 中代表处 ID
3	代表处总部中文名称	DBCZBZWMC	C100	M	自填
4	代表处总部英文名称	DBCZBYWMC	C200	M	自填
5	代表处总部中文地址	DBCZBZWDZ	C200	M	自填
6	代表处总部英文地址	DBCZBYWDZ	C200	M	自填
7	代表处总部负责人中文姓名	DBCZBFZRZWXM	C50	M	自填
8	代表处总部负责人英文姓名	DBCZBFZRYWXM	C100	M	自填
9	代表处中文名称	DBCZWMC	C100	M	自填
10	代表处英文名称	DBCYWMC	C100	M	自填
11	首席代表中文姓名	SXDBZWXM	C50	M	自填
12	首席代表英文姓名	SXDBYWXM	C100	M	自填

续表

序号	数据项名称	标识	数据类型和格式	约束/条件	说明
13	住所中文地址	ZSZWDZ	C200	M	自填
14	住所英文地址	ZSYWDZ	C200	M	自填
15	统一社会信用代码	TYSHXYDM	C18	M	符合 GB 32100
16	电子证照签名	DZZZQM	C500	M	自填
17	电子证照文件	DZZZWJ	BB	M	自填

7.3.14 外国律师事务所驻华代表处或港澳台律师事务所驻内地(大陆)代表处代表执业证表

表 42 规定了外国律师事务所驻华代表处或港澳台律师事务所驻内地(大陆)代表处代表执业证表。

表 42 外国律师事务所驻华代表处或港澳台律师事务所驻内地(大陆)代表处代表执业证表

序号	数据项名称	标识	数据类型和格式	约束/条件	说明
1	执业证 ID	ZYZID	ID	M	—
2	所属代表 ID	SSDBID	ID	M	7.2.8 中代表 ID
3	姓名	XM	C50	M	自填
4	外文名字	WWMZ	C50	M	自填
5	证件类别	ZJLB	C2	M	符合 8.2.17
6	证件编号	ZJBH	C50	M	自填,根据证件类型填写证件编号
7	发证机关	FZJG	ID	M	7.2.1 中司法行政(部/省/市)机关 ID

续表

序号	数据项名称	标识	数据类型和格式	约束/条件	说明
8	发证日期	FZRQ	D	M	自填,符合 GB/T 7408
9	执业证号	ZYZH	C20	M	符合 8.1.5
10	执业机构	ZYJG	ID	M	自填
11	性别	XB	C1	M	符合 GB/T 2261.1
12	出生日期	CSRQ	D	M	自填,符合 GB/T 7408
13	职务	ZW	C20	M	自填
14	国家/地区	GJ	C50	M	自填
15	电子证照签名	DZZZQM	C500	M	自填
16	电子证照文件	DZZZWJ	BB	M	自填

7.3.15　外国律师事务所驻华代表处或港澳台律师事务所驻内地(大陆)代表处雇员证表

表 43 规定了外国律师事务所驻华代表处或港澳台律师事务所驻内地(大陆)代表处雇员证表。

表 43　外国律师事务所驻华代表处或港澳台律师事务所驻内地(大陆)代表处雇员证表

序号	数据项名称	标识	数据类型和格式	约束/条件	说明
1	雇员证 ID	GYZID	ID	M	—
2	所属雇员 ID	SSGYID	ID	M	7.2.13 中雇员 ID
3	姓名	XM	C50	M	自填
4	执业机构	ZYJG	ID	M	自填
5	雇员证号	GYZH	C20	M	见 8.1.6

续表

序号	数据项名称	标识	数据类型和格式	约束/条件	说明
6	发证机关	FZJG	ID	M	7.2.1 中司法行政(部/省/市)机关 ID
7	发证日期	FZRQ	D	M	自填,符合 GB/T 7408
8	性别	XB	C1	M	符合 GB/T 2261.1
9	出生日期	CSRQ	D	M	自填,符合 GB/T 7408
10	职务	ZW	C20	M	自填
11	身份证号码	SFZHM	C18	M	自填
12	电子证照签名	DZZZQM	C500	M	自填
13	电子证照文件	DZZZWJ	BB	M	自填

7.3.16 律师执业年限表

表 44 规定了律师执业年限表。

表 44 律师执业年限表

序号	数据项名称	标识	数据类型和格式	约束/条件	说明
1	执业年限 ID	ZYNXID	ID	M	—
2	所属律师 ID	SSLSID	ID	M	专兼职律师为 7.2.7 中律师 ID; 公职律师为 7.2.9 中公职律师 ID; 公司律师为 7.2.10 中公司律师 ID; 法律援助律师为 7.2.11 中法律援助律师 ID

续表

序号	数据项名称	标识	数据类型和格式	约束/条件	说明
3	开始日期	KSRQ	D	M	自填,符合 GB/T 7408
4	结束日期	JSRQ	D	C	该段执业经历结束后,自填,符合 GB/T 7408
5	执业机构	ZYJG	ID	M	自填
6	执业年限	ZYNX	N	M	自填

7.3.17　律师执业经历表

表 45 规定了律师执业经历表。

表 45　律师执业经历表

序号	数据项名称	标识	数据类型和格式	约束/条件	说明
1	执业经历 ID	ZYJLID	ID	M	—
2	所属律师 ID	SSLSID	ID	M	专兼职律师为 7.2.7 中律师 ID; 公职律师为 7.2.9 中公职律师 ID; 公司律师为 7.2.10 中公司律师 ID; 法律援助律师为 7.2.11 中法律援助律师 ID
3	执业经历开始日期	ZYJLKSRQ	D	M	自填,符合 GB/T 7408
4	行政许可事项类别	XKSXLB	C2	M	符合 8.2.38
5	事项描述	SXMS	C500	M	自填

7.3.18 行政检查表

表46规定了行政检查表。

表46 行政检查表

序号	数据项名称	标识	数据类型和格式	约束/条件	说明
1	行政检查记录ID	XZJCBJLID	ID	M	—
2	被检查对象类型	BJDDXLX	C2	M	符合8.2.40
3	被检查对象	BJCDX	ID	M	被检查对象ID,可以是律师事务所,也可以是律师,及其他主体
4	检查类别	JCLB	C2	M	符合8.2.39
5	检查方式	JCFS	C2	M	符合8.2.41
6	检查内容	JCNR	C1000	M	自填
7	检查结果	JCJG	C2	M	符合8.2.42
8	检查时间	JCSJ	DT	M	自填,符合GB/T 7408
9	执法人员	ZFRY	C100	M	自填
10	行政检查机关	XZJCJG	C100	M	自填

7.4 党建信息管理

7.4.1 党组织表

表47规定了党组织表。

表 47　党组织表

序号	数据项名称	标识	数据类型和格式	约束/条件	说明
1	党组织 ID	DZZID	ID	M	—
2	党组织编号	DZZBH	C12	M	自填
3	上级党组织	SJDZZ	C100	M	自填
4	党组织名称	DZZMC	C100	M	自填
5	党组织类型	DZZLX	C2	M	符合 8.2.43
6	党组织隶属	DZZLS	C2	M	符合 8.2.44
7	党组织隶属类别	DZZLSLB	C50	M	自填
8	成立日期	CLRQ	D	M	自填,符合 GB/T 7408
9	党组织书记	DZZSJ	C50	M	自填
10	党组织副书记	DZZFSJ	C50	O	自填
11	组织委员	ZZWY	C50	O	自填
12	宣传委员	XCWY	C50	O	自填
13	纪委委员	JWWY	C50	O	自填
14	党建指导员	DJZDY	C50	O	自填

7.4.2　党员表

表 48 规定了党员表。

表 48　党员表

序号	数据项名称	标识	数据类型和格式	约束/条件	说明
1	党员 ID	DYID	ID	M	—
2	姓名	XM	C50	M	自填

续表

序号	数据项名称	标识	数据类型和格式	约束/条件	说明
3	党组织 ID	DZZID	ID	M	自填
4	加入当前党组织时间	JRDQDZZSJ	DT	M	自填,符合 GB/T 7408
5	转正日期	ZZRQ	D	M	党籍状态为正式党员时必填,符合 GB/T 7408
6	政治面貌	ZZMM	C2	M	自填,符合 GB/T 4762
7	党内职务	DNZW	C2	M	符合 8.2.45
8	入党日期	RDRQ	D	M	自填,符合 GB/T 7408
9	党员类型	DYLX	C2	M	符合 8.2.46
10	入党介绍人	RDJSR	C50	M	自填
11	党籍状态	DJZT	C2	M	符合 8.2.47

7.4.3 党代表表

表 49 规定了党代表表。

表 49 党代表表

序号	数据项名称	标识	数据类型和格式	约束/条件	说明
1	党代表 ID	DDBID	ID	M	—
2	参政级别	CZJB	C50	M	自填
3	所在行政地区	SZXZDQ	C6	M	符合 GB/T 2260
4	任期	RQ	SN	M	自填

续表

序号	数据项名称	标识	数据类型和格式	约束/条件	说明
5	任期开始日期	RQKSRQ	D	M	自填,符合 GB/T 7408
6	任期结束日期	RQJSRQ	D	M	自填,符合 GB/T 7408

7.5 诚信信息管理

7.5.1 律师事务所表彰奖励情况表

表50规定了律师事务所表彰奖励情况表。

表50 律师事务所表彰奖励情况表

序号	数据项名称	标识	数据类型和格式	约束/条件	说明
1	奖励记录ID	JLJLID	ID	M	—
2	所属律师事务所ID	SSLSSWSID	ID	M	7.2.4中律师事务所ID
3	获奖等级	HJDJ	C2	M	符合8.2.48
4	表彰奖励名称	BZJLMC	C200	M	自填
5	事由	SY	C500	M	自填
6	奖励决定机关	JLJDJG	C100	M	自填
7	奖励决定日期	JLJDRQ	D	M	自填,符合 GB/T 7408
8	奖励证明文件扫描件	JLZMWJSMJ	BB	M	自填

7.5.2 律师事务所行政处罚记录表

表51规定了律师事务所行政处罚记录表。

表 51　律师事务所行政处罚记录表

序号	数据项名称	标识	数据类型和格式	约束/条件	说明
1	行政处罚记录ID	XZCFJLID	ID	M	—
2	所属律师事务所 ID	SSLSSWSID	ID	M	7.2.4 中律师事务所 ID
3	行政处罚日期	XZCFRQ	D	M	自填，符合 GB/T 7408
4	行政处罚期满日期	XZCFQMRQ	D	M	自填，符合 GB/T 7408
5	行政处罚种类	XZCFZL	C2	M	符合 8.2.49
6	行政处罚决定内容	XZCFJDNR	C1000	M	自填
7	行政处罚事由	XZCFSY	C500	M	自填
8	行政处罚决定机关	XZCFJDJG	C100	M	自填
9	行政处罚决定文号	XZCFJDWH	C50	M	自填
10	行政处罚决定书扫描件	XZCFJDSSMJ	BB	M	自填

7.5.3　律师事务所行业处分记录表

表 52 规定了律师事务所行业处分记录表。

表 52　律师事务所行业处分记录表

序号	数据项名称	标识	数据类型和格式	约束/条件	说明
1	行业处分记录ID	HYCFJLID	ID	M	—
2	所属律师事务所 ID	SSLSSWSID	ID	M	7.2.4 中律师事务所 ID
3	行业处分事由	HYCFSY	C500	M	自填
4	行业处分种类	HYCFZL	C2	M	符合 8.2.50
5	行业处分决定机关	HYCFJDJG	C100	M	自填
6	行业处分决定日期	HYCFJDRQ	D	M	自填,符合 GB/T 7408
7	行业处分期满日期	HYCFQMRQ	D	M	自填,符合 GB/T 7408
8	行业处分决定文号	HYCFJDWH	C50	M	自填
9	行业处分决定书扫描件	HYCFJDSSMJ	BB	M	自填

7.5.4　外国律师事务所驻华代表处或港澳台律师事务所驻内地(大陆)代表处行政处罚记录表

表 53 规定了外国律师事务所驻华代表处或港澳台律师事务所驻内地(大陆)代表处行政处罚记录表。

表 53　外国律师事务所驻华代表处或港澳台律师事务所驻内地(大陆)代表处行政处罚记录表

序号	数据项名称	标识	数据类型和格式	约束/条件	说明
1	行政处罚记录 ID	ID	ID	M	系统自动分配
2	所属代表处 ID	SSDBCID	ID	M	7.2.6 中代表处 ID
3	决定日期	CFRQ	D	M	自填
4	处罚种类	CFZL	C2	M	符合 8.2.49
5	处罚事由	CFSY	C500	M	自填
6	决定机关	CFJDJG	C100	M	自填
7	决定文号	CFJDWH	C50	M	自填
8	处罚决定书扫描件	CFJDSSMJ	BB	M	自填

7.5.5　外国律师事务所驻华代表处或港澳台律师事务所驻内地(大陆)代表处代表行政处罚记录表

表 54 规定了外国律师事务所驻华代表处或港澳台律师事务所驻内地(大陆)代表处代表行政处罚记录表。

表 54　外国律师事务所驻华代表处或港澳台律师事务所驻内地(大陆)代表处代表行政处罚记录表

序号	数据项名称	标识	数据类型和格式	约束/条件	说明
1	行政处罚记录 ID	ID	ID	M	系统自动分配
2	所属代表 ID	SSDBID	ID	M	7.2.8 中代表 ID
3	处罚决定日期	CFRQ	D	M	自填
4	处罚种类	CFZL	C2	M	符合 8.2.52

续表

序号	数据项名称	标识	数据类型和格式	约束/条件	说明
5	处罚事由	CFSY	C500	M	自填
6	处罚决定机关	CFJDJG	C100	M	自填
7	处罚决定文号	CFJDWH	C50	M	自填
8	处罚决定书扫描件	CFJDSSMJ	BB	M	自填

7.5.6　从业人员表彰奖励记录表

表 55 规定了从业人员表彰奖励记录表。

表 55　从业人员表彰奖励记录表

序号	数据项名称	标识	数据类型和格式	约束/条件	说明
1	表彰奖励记录 ID	BZJLJLID	ID	M	—
2	所属人员 ID	SSRYID	ID	M	专兼职律师为 7.2.7 中律师 ID; 公职律师为 7.2.9 中公职律师 ID; 公司律师为 7.2.10 中公司律师 ID; 法律援助律师为 7.2.11 中法律援助律师 ID; 实习人员为 7.2.12 中实习人员 ID; 行政辅助人员为 7.2.14 中行政辅助人员 ID
3	表彰等级	BZDJ	C2	M	符合 8.2.51

续表

序号	数据项名称	标识	数据类型和格式	约束/条件	说明
4	表彰奖励名称	BZJLMC	C200	M	自填
5	事由	SY	C500	M	自填
6	奖励决定机关	JLJDJG	C100	M	自填
7	奖励决定日期	JLJDRQ	D	M	自填,符合 GB/T 7408
8	奖励证明文件扫描件	JLZMWJSMJ	BB	M	自填

7.5.7 从业人员行政处罚记录表

表 56 规定了从业人员行政处罚记录表。

表 56 从业人员行政处罚记录表

序号	数据项名称	标识	数据类型和格式	约束/条件	说明
1	行政处罚记录ID	XZCFJLID	ID	M	—
2	所属人员 ID	SSRYID	ID	M	专兼职律师为 7.2.7 中律师 ID; 公职律师为 7.2.9 中公职律师 ID; 公司律师为 7.2.10 中公司律师 ID; 法律援助律师为 7.2.11 中法律援助律师 ID; 实习人员为 7.2.12 中实习人员 ID; 行政辅助人员为 7.2.14 中行政辅助人员 ID

续表

序号	数据项名称	标识	数据类型和格式	约束/条件	说明
3	行政处罚事由	XZCFSY	C500	M	自填
4	行政处罚种类	XZCFZL	C2	M	符合 8.2.52
5	行政处罚决定内容	XZCFJDNR	C1000	M	自填
6	行政处罚决定机关	XZCFJDJG	C100	M	自填
7	行政处罚决定日期	XZCFJDRQ	D	M	自填，符合 GB/T 7408
8	行政处罚期满日期	XZCFQMRQ	D	M	自填，符合 GB/T 7408
9	行政处罚决定书文号	XZCFJDSWH	C50	M	自填
10	行政处罚决定书扫描件	XZCFJDSSMJ	BB	M	自填

7.5.8 从业人员行业处分记录表

表 57 规定了从业人员行业处分记录表。

表 57 从业人员行业处分记录表

序号	数据项名称	标识	数据类型和格式	约束/条件	说明
1	行业处分记录 ID	HYCFJLID	ID	M	—

续表

序号	数据项名称	标识	数据类型和格式	约束/条件	说明
2	所属人员 ID	SSRYID	ID	M	专兼职律师为 7.2.7 中律师 ID; 公职律师为 7.2.9 中公职律师 ID; 公司律师为 7.2.10 中公司律师 ID; 法律援助律师为 7.2.11 中法律援助律师 ID; 实习人员为 7.2.12 中实习人员 ID; 行政辅助人员为 7.2.14 中行政辅助人员 ID
3	行业处分事由	HYCFSY	C500	M	自填
4	行业处分决定内容	HYCFJDNR	C1000	M	自填
5	行业处分类别	HYCFZL	C2	M	符合 8.2.53
6	行业处分决定机关	HYCFJDJG	C100	M	自填
7	行业处分决定日期	HYCFJDRQ	D	M	自填,符合 GB/T 7408
8	行业处分期满日期	HYCFQMRQ	D	M	自填,符合 GB/T 7408
9	行业处分决定书文号	HYCFJDSWH	C50	M	自填

续表

序号	数据项名称	标识	数据类型和格式	约束/条件	说明
10	行业处分决定书扫描件	HYCFJDSSMJ	BB	M	自填

7.5.9 从业人员社会任职表

表 58 规定了从业人员社会任职表。

表 58 从业人员社会任职表

序号	数据项名称	标识	数据类型和格式	约束/条件	说明
1	社会任职记录 ID	SHRZJLID	ID	M	—
2	所属人员 ID	SSRYID	ID	M	专兼职律师为 7.2.7 中律师 ID; 公职律师为 7.2.9 中公职律师 ID; 公司律师为 7.2.10 中公司律师 ID; 法律援助律师为 7.2.11 中法律援助律师 ID; 实习人员为 7.2.12 中实习人员 ID; 行政辅助人员为 7.2.14 中行政辅助人员 ID
3	任职机构	RZJG	C100	M	自填
4	开始任职日期	KSRZRQ	D	M	自填,符合 GB/T 7408
5	结束任职日期	JSRZRQ	D	O	自填,符合 GB/T 7408

续表

序号	数据项名称	标识	数据类型和格式	约束/条件	说明
6	任职部门	RZBM	C50	M	自填
7	职务	ZW	C20	M	自填

7.5.10　从业人员参政议政表

表59规定了从业人员参政议政表。

表59　从业人员参政议政表

序号	数据项名称	标识	数据类型和格式	约束/条件	说明
1	从业人员参政议政ID	CYRYCZYZID	ID	M	—
2	所属人员ID	SSRYID	ID	M	专兼职律师为7.2.7中律师ID； 公职律师为7.2.9中公职律师ID； 公司律师为7.2.10中公司律师ID； 法律援助律师为7.2.11中法律援助律师ID； 实习人员为7.2.12中实习人员ID； 行政辅助人员为7.2.14中行政辅助人员ID
3	参政议政类别	CZYZLB	C2	M	符合8.2.54

续表

序号	数据项名称	标识	数据类型和格式	约束/条件	说明
4	参政级别	CZJB	C2	M	符合 8.2.55
5	所在行政地区	SZXZDQ	C6	M	符合 GB/T 2260
6	任期	RQ	C20	M	自填
7	任期开始日期	RQKSRQ	D	M	自填,符合 GB/T 7408
8	任期结束日期	RQJSRQ	D	M	自填,符合 GB/T 7408

7.6 行业管理

7.6.1 律师代表大会表

表 60 规定了律师代表大会表。

表 60 律师代表大会表

序号	数据项名称	标识	数据类型和格式	约束/条件	说明
1	代表大会 ID	DBDHID	ID	M	—
2	律师协会	LSXH	ID	M	7.2.3 中律师协会 ID
3	届别	JB	C20	M	自填
4	代表大会名称	DBDHMC	C100	M	自填
5	届别开始日期	JBKSRQ	D	M	自填,符合 GB/T 7408
6	届别结束日期	JBJSRQ	D	M	自填,符合 GB/T 7408
7	是否当届	SFDJ	TN	M	自填

7.6.2 律师代表大会律师代表表

表 61 规定了律师代表大会律师代表表。

表 61　律师代表大会律师代表表

序号	数据项名称	标识	数据类型和格式	约束/条件	说明
1	律师代表 ID	LSDBID	ID	M	—
2	代表姓名	DBXM	C50	M	自填
3	主体 ID	ZTID	ID	M	—
4	所属代表大会	SSDBDH	ID	M	自填
5	代表类别	DBLB	C2	M	符合 8.2.56
6	代表大会任职	DBDHRZ	C2	M	符合 8.2.57
7	状态	ZT	C50	M	自填
8	工作单位	GZDW	C100	M	自填
9	性别	XB	C1	M	符合 GB/T 2261.1

7.6.3　委员会表

表 62 规定了委员会表。

表 62　委员会表

序号	数据项名称	标识	数据类型和格式	约束/条件	说明
1	委员会 ID	WYHID	ID	M	—
2	序号	XH	N	M	自填
3	委员会名称	WYHMC	C100	M	自填
4	简称	JC	C50	M	自填
5	委员会类别	WYHLB	C2	M	符合 8.2.58
6	开始日期	KSRQ	D	M	自填,符合 GB/T 7408
7	结束日期	JSRQ	D	M	自填,符合 GB/T 7408

7.6.4 委员会委员表

表63规定了委员会委员表。

表63 委员会委员表

序号	数据项名称	标识	数据类型和格式	约束/条件	说明
1	委员会委员ID	WYHWYID	ID	M	—
2	所属委员会	SSWYH	ID	M	7.6.3中委员会ID
3	序号	XH	N	M	自填
4	姓名	XM	C50	M	自填
5	职务	ZW	C2	M	见8.2.59
6	状态	ZT	C2	M	见8.2.60

7.6.5 申请律师执业实习人员信息登记表

表64规定了申请律师执业实习人员信息登记表。

表64 申请律师执业实习人员信息登记表

序号	数据项名称	标识	数据类型和格式	约束/条件	说明
1	申请ID	SQID	ID	M	自填
2	主体ID	ZTID	ID	M	自填
3	申请编号	SQBH	C50	M	符合8.1.2
4	申请人姓名	SQRXM	C50	M	自填
5	姓名拼音	XMPY	C100	O	自填
6	职业资格证书编号	ZYZGZSBH	C50	M	自填
7	职业资格证书取得日期	ZYZGZSQDRQ	DT	M	自填，符合GB/T 7408

续表

序号	数据项名称	标识	数据类型和格式	约束/条件	说明
8	职业资格证书类别	ZYZGZSLB	C2	M	符合 8.2.14
9	职业资格证书取得方式	ZYZGZSQDFS	C2	M	符合 8.2.15
10	职业资格证书取得地	ZYZGZSQDD	C12	M	符合 GB/T 2260
11	申请时间	SQSJ	DT	M	自填,符合 GB/T 7408
12	申请状态	SQZT	C2	M	符合 8.2.61
13	出生日期	CSRQ	D	M	自填,符合 GB/T 7408
14	性别	XB	C1	M	符合 GB/T 2261.1
15	实习机构	SXJG	C100	M	自填
16	实习类别	SXLB	C2	M	符合 8.2.19
17	指导律师	ZDLS	C50	M	自填
18	政治面貌	ZZMM	C2	M	自填,符合 GB/T 4762
19	民族	MZ	C2	M	自填,符合 GB/T 3304
20	籍贯	JG	C6	M	符合 GB/T 2260
21	户籍所在地	HJSZD	C12	M	符合 GB/T 2260
22	毕业院校	BYYX	C50	M	自填

续表

序号	数据项名称	标识	数据类型和格式	约束/条件	说明
23	最高学历	ZGXL	C2	M	自填,符合 GB/T 4658
24	最高学位	ZGXW	C3	M	自填,符合 GB/T 6864
25	证件类别	ZJLB	C2	M	符合 8.2.17
26	证件编号	ZJBH	C50	M	自填,根据证件类型填写证件编号
27	联系地址	LXDZ	C200	M	自填
28	联系地址邮编	LXDZYB	C6	M	自填
29	联系电话	LXDH	C40	M	自填,格式为固定电话"区号-号码"
30	手机号码	SJHM	C11	M	自填,格式为 11 位手机号
31	电子邮箱	DZYX	C100	M	自填
32	证件照片	ZJZP	BB	M	自填
33	人事档案存放地	RSDACFD	C12	M	符合 GB/T 2260
34	人事档案存放机构	RSDACFJG	C100	M	自填
35	人事档案编号	RSDABH	C50	M	自填

7.6.6 实习证表

表 65 规定了实习证表。

表 65　实习证表

序号	数据项名称	标识	数据类型和格式	约束/条件	说明
1	实习证 ID	SXZID	ID	M	—
2	所属实习人员	SSSXRY	ID	M	自填
3	实习证号	SXZH	C14	M	符合 8.1.3
4	发证日期	FZRQ	D	M	自填,符合 GB/T 7408
5	实习开始时间	SXKSSJ	DT	M	自填,符合 GB/T 7408
6	实习结束时间	SXJSSJ	DT	M	自填,符合 GB/T 7408
7	实习机构	SXJG	C100	M	自填
8	实习类别	SXLB	C2	M	符合 8.2.19
9	指导律师	ZDLS	C50	M	自填
10	身份证号	SFZH	C18	M	自填
11	性别	XB	C1	M	符合 GB/T 2261.1
12	状态	ZT	C2	M	符合 8.2.62

7.6.7 实习集中培训结业证书表

表 66 规定了实习集中培训结业证书表。

表 66　实习集中培训结业证书表

序号	数据项名称	标识	数据类型和格式	约束/条件	说明
1	结业证书 ID	JYZSID	ID	M	—
2	证书编号	ZSBH	C50	M	自填

续表

序号	数据项名称	标识	数据类型和格式	约束/条件	说明
3	发证日期	FZRQ	D	M	自填,符合 GB/T 7408
4	有效日期	YXRQ	D	M	自填,符合 GB/T 7408
5	姓名	XM	C50	M	自填,符合 GB/T 7408
6	证件编号	ZJBH	C50	M	自填,根据证件类型填写证件编号
7	结业成绩	JYCJ	N	M	自填
8	证书状态	ZSZT	C2	M	符合 8.2.63

7.6.8 实习台账表

表 67 规定了实习台账表。

表 67 实习台账表

序号	数据项名称	标识	数据类型和格式	约束/条件	说明
1	实习台账记录 ID	SXTZJLID	ID	M	—
2	所属实习人员	SSSXRY	ID	M	自填
3	台账类别	TZLB	C2	M	符合 8.2.64
4	状态	ZT	C2	M	符合 8.2.65
5	填报时间	TBSJ	DT	M	自填,符合 GB/T 7408
6	开始时间	KSSJ	DT	M	自填,符合 GB/T 7408
7	结束时间	JSSJ	DT	M	自填,符合 GB/T 7408
8	工作小结	GZXJ	C1000	M	自填
9	指导律师点评	ZDLSDP	C1000	M	自填

7.6.9　实习结业考核表

表68规定了实习结业考核表。

表68　实习结业考核表

序号	数据项名称	标识	数据类型和格式	约束/条件	说明
1	结业考核记录ID	JYKHJLID	ID	M	—
2	所属实习人员	SSSXRY	ID	M	自填
3	申请时间	SQSJ	DT	M	自填,符合GB/T 7408
4	面试时间	MSSJ	DT	M	自填,符合GB/T 7408
5	申请状态	SQZT	C2	M	符合8.2.66
6	考核意见	KHYJ	C500	M	自填
7	考核结果	KHJG	C2	M	符合8.2.67
8	考核处理意见	KHCLYJ	C2	M	符合8.2.68

7.6.10　实习鉴定表

表69规定了实习鉴定表。

表69　实习鉴定表

序号	数据项名称	标识	数据类型和格式	约束/条件	说明
1	实习鉴定表ID	SXJDBID	ID	M	—
2	所属实习人员	SSSXRY	ID	M	自填
3	个人总结	GRZJ	C3000	M	自填
4	品行鉴定	PXJD	C200	M	自填
5	执业能力	ZYNL	C200	M	自填

续表

序号	数据项名称	标识	数据类型和格式	约束/条件	说明
6	指导律师意见	ZDLSYJ	C500	M	自填
7	协会意见	XHYJ	C500	M	自填

7.6.11　实习变更记录表

表 70 规定了实习变更记录表。

表 70　实习变更记录表

序号	数据项名称	标识	数据类型和格式	约束/条件	说明
1	实习变更记录 ID	SXBGJLID	ID	M	—
2	所属实习人员	SSSXRY	ID	M	自填
3	变更类别	BGLB	C2	M	符合 8.2.69
4	变更前实习机构	BGQSXJG	C100	M	自填
5	变更前指导律师	BGQZDLS	C50	M	自填
6	变更前实习状态	BGQXSZT	C2	M	自填
7	变更前实习结束日期	BGQSXJSRQ	D	M	自填，符合 GB/T 7408
8	变更后实习机构	BGHSXJG	C100	M	自填
9	变更后指导律师	BGHZDLS	C50	M	自填
10	变更后实习状态	BGHSXZT	C2	M	自填
11	变更后实习结束日期	BGHSXJSRQ	D	M	自填，符合 GB/T 7408
12	变更状态	BGZT	C2	M	符合 8.2.70

7.6.12 实习申请教育经历表

表71规定了实习申请教育经历表。

表71 实习申请教育经历表

序号	数据项名称	标识	数据类型和格式	约束/条件	说明
1	教育经历记录ID	JYJLJLID	ID	M	—
2	国家/地区	GJDQ	C3	M	符合GB/T 2659
3	毕业院校	BYYX	C50	M	自填
4	开始日期	KSRQ	D	M	自填,符合GB/T 7408
5	结束日期	JSRQ	D	M	自填,符合GB/T 7408
6	获得学历	HDXL	C2	M	自填,符合GB/T 4658
7	获得学位	HDXW	C3	M	自填,符合GB/T6864
8	专业	ZY	C50	M	自填
9	是否全日制	SFQRZ	TN	M	自填
10	是否法学专业	SFFXZY	TN	M	自填

7.6.13 实习申请工作经历表

表72规定了实习申请工作经历表。

表72 实习申请工作经历表

序号	数据项名称	标识	数据类型和格式	约束/条件	说明
1	工作经历记录ID	GZJLJLID	ID	M	—
2	国家/地区	GJDQ	C3	M	符合GB/T 2659

续表

序号	数据项名称	标识	数据类型和格式	约束/条件	说明
3	工作单位	GZDW	C100	M	自填
4	开始日期	KSRQ	D	M	自填,符合 GB/T 7408
5	结束日期	JSRQ	D	C	当前正在工作的经历没有结束日期
6	工作职务/职称	GZZWZC	C20	M	自填
7	岗位种类	GWZL	C20	M	原有岗位种类

7.6.14 维护律师执业权利表

表 73 规定了维护律师执业权利表。

表 73 维护律师执业权利表

序号	数据项名称	标识	数据类型和格式	约束/条件	说明
1	维权记录 ID	WQJLID	ID	M	—
2	申请人姓名	SQRXM	C50	M	自填
3	申请时间	SQSJ	DT	M	自填,符合 GB/T 7408
4	申请人单位	SQRDW	C100	M	自填
5	申请人职务	SQRZW	C20	M	自填
6	申请人身份证号	SQRSFZH	C18	M	自填
7	申请人联系方式	SQRLXFS	C11	M	自填
8	申请人执业证号	SQRZYZH	C17	M	自填,符合司发通[2009]第 165 号

续表

序号	数据项名称	标识	数据类型和格式	约束/条件	说明
9	申请人通讯地址	SQRTXDZ	C200	M	自填
10	侵权人姓名	QQRXM	C50	M	自填
11	侵权人单位	QQRDW	C100	M	自填
12	侵权人职务	QQRZW	C20	O	自填
13	侵权事由	QQSY	C500	M	自填
14	维权要求	WQYQ	C500	M	自填
15	处理状态	CLZT	C2	M	符合 8.2.71

7.6.15 投诉表

表 74 规定了投诉表。

表 74 投诉表

序号	数据项名称	标识	数据类型和格式	约束/条件	说明
1	投诉记录 ID	TSJLID	ID	M	—
2	投诉人姓名	TSRXM	C50	M	自填
3	投诉时间	TSSJ	DT	M	自填,符合 GB/T 7408
4	投诉人地址	TSRDZ	C200	M	自填
5	投诉人联系方式	TSRLXFS	C11	M	自填
6	被投诉人姓名	BTSRXM	C50	M	自填
7	被投诉人联系方式	BTSRLXFS	C11	M	自填
8	被投诉人单位	BTSRDW	C100	M	自填

续表

序号	数据项名称	标识	数据类型和格式	约束/条件	说明
9	被投诉人执业证号	BTSRZYZH	C17	M	自填,符合司发通[2009]第165号
10	投诉事由	TSSY	C500	M	自填
11	投诉要求	TSYQ	C500	M	自填
12	处理状态	CLZT	C2	M	符合8.2.72
13	处理结果	CLJG	C200	O	自填

7.6.16　从业人员律师协会任职表

表75规定了从业人员律师协会任职表。

表75　从业人员律师协会任职表

序号	数据项名称	标识	数据类型和格式	约束/条件	说明
1	律师协会任职记录ID	LSXHRZJLID	ID	M	—
2	所属人员ID	SSRYID	ID	M	专兼职律师为7.2.7中律师ID; 公职律师为7.2.9中公职律师ID; 公司律师为7.2.10中公司律师ID; 法律援助律师为7.2.11中法律援助律师ID; 实习人员为7.2.12中实习人员ID; 行政辅助人员为7.2.14中行政辅助人员ID

续表

序号	数据项名称	标识	数据类型和格式	约束/条件	说明
3	律师协会名称	LSXHMC	C100	M	自填
4	所在行政地区	SZXZDQ	C6	M	符合 GB/T 2260
5	级别	JB	C2	M	符合 8.2.73
6	任职部门	RZBM	C50	M	自填
7	部门名称	BMMC	C50	O	自填
8	职务	ZW	C20	M	符合 8.2.74

7.6.17 律师事务所会费记录表

表 76 规定了律师事务所会费记录表。

表 76 律师事务所会费记录表

序号	数据项名称	标识	数据类型和格式	约束/条件	说明
1	会费记录 ID	HFJLID	ID	M	—
2	所属律师事务所 ID	SSLSSWSID	ID	M	7.2.4 中律师事务所 ID
3	缴费律师事务所	JFLSSWS	C100	M	自填
4	缴纳会费	JNHF	F	M	自填
5	缴费时间	JFSJ	DT	M	自填,符合 GB/T 7408
6	缴费年份	JFNF	N	M	自填
7	是否缴纳	SFJN	TN	M	自填

7.6.18 律师会费记录表

表 77 规定了律师会费记录表。

表 77　律师会费记录表

序号	数据项名称	标识	数据类型和格式	约束/条件	说明
1	缴费记录 ID	JFJLID	ID	M	—
2	缴费律师	JFLS	ID	M	专兼职律师为 7.2.7 中律师 ID; 公职律师为 7.2.9 中公职律师 ID; 公司律师为 7.2.10 中公司律师 ID; 法律援助律师为 7.2.11 中法律援助律师 ID
3	缴纳金额	JNHF	F	M	自填
4	缴费时间	JFSJ	DT	M	自填,符合 GB/T 7408
5	缴费年份	JFNF	N	M	自填
6	是否缴纳	SFJN	TN	M	自填

7.6.19　培训记录表

表 78 规定了培训记录表。

表 78　培训记录表

序号	数据项名称	标识	数据类型和格式	约束/条件	说明
1	培训记录 ID	PXJLID	ID	M	—
2	学员	XY	ID	M	自填
3	培训主题	PXZT	C200	M	自填
4	课时	KS	N	M	自填
5	主办单位	ZBDW	C100	M	自填
6	培训日期	PXRQ	D	M	自填,符合 GB/T 7408

7.6.20　专业律师评定表

表 79 规定了专业律师评定表。

表 79　专业律师评定表

序号	数据项名称	标识	数据类型和格式	约束/条件	说明
1	专业评定 ID	ZYPDID	ID	M	—
2	律师	LS	ID	M	7.2.7 中律师 ID
3	专业领域	ZYLY	C200	M	自填
4	评定机构	PDJG	C100	M	自填
5	评定日期	PDRQ	D	M	自填,符合 GB/T 7408

8　编码规则和代码表

8.1　编码规则

8.1.1　机构编码

机构编码采用 4 段 16 位阿拉伯数字代码表示,第 1 ~ 6 位是行政区划代码,第 7 ~ 10 位是机构类别代码,第 11 ~ 12 位是单位编码,第 13 ~ 16 位是内设部门顺序码。应符合以下要求:

a)6 位行政区划代码为"省(区、市)、地(市、州、盟)、县(市、区)",符合 GB/T 2260 的规定,所在司法行政机关的行政区划代码不足 6 位的在后面加"0"补齐;

b)4 位机构类别代码符合 8.2.1 的规定;

c)2 位单位编码从 01 开始,至 99 截止,不复用;

d)4 位内设部门顺序码从 0000 开始,至 9999 截止,不复用。

机构编码结构如图 12 所示。

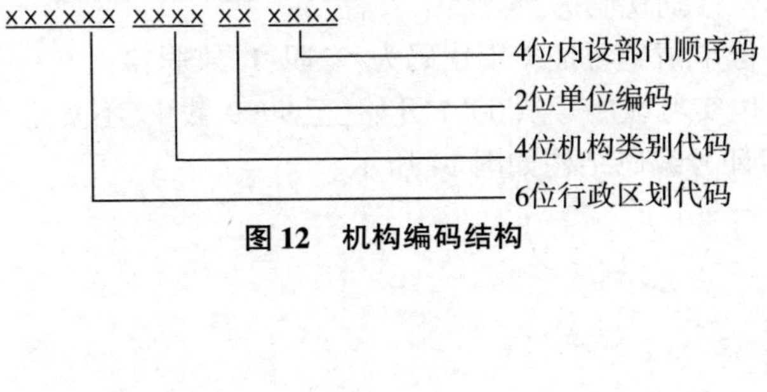

图 12　机构编码结构

8.1.2　实习申请编号编码

实习申请编号编码采用4段13位阿拉伯数字代码表示,第1位是实习申请代码,第2~5位是实习申请时间代码,第6~9位是行政区划代码,第10~13位是实习申请流水号。应符合以下要求:

a)1位实习申请代码固定为“1”;

b)4位实习申请时间代码符合GB/T 7408,格式为YYMM;

c)4位行政区划代码符合GB/T 2260;

d)4位实习申请流水号从0001开始,至9999截止,不复用。

实习申请编号编码结构如图13所示。

图13　实习申请编号编码结构

8.1.3　实习证号编码

实习证号编码采用5段14位阿拉伯数字代码表示,第1~4位是行政区划代码,第5~8位是实习证取得时间代码,第9位是性别代码,第10位是申请实习证类别代码,第11~14位是实习证序号。应符合以下要求:

a)4位行政区划代码符合GB/T 2260;

b)4位实习证取得时间代码符合GB/T 7408,格式为YYMM;

c)1位性别代码为:男性:0,女性:1;

d)1位申请实习证类别代码为:专职:1,兼职:2;

e)4位实习证序号从0001开始,至9999截止,不复用。

实习证号编码结构如图14所示。

图 14　实习证号编码结构

8.1.4　司法行政(部/省/市)机关人员编码

司法行政(部/省/市)机关人员编码采用 2 段 20 位阿拉伯数字代码表示,第 1～16 位是司法行政机关编码,第 17～20 位是数字顺序码。应符合以下要求:

a)16 位司法行政机关编码,符合 8.1.1 的规定;

b)4 位数字顺序码从 0001 开始,至 9999 截止,不复用。

司法行政(部/省/市)机关人员编码结构如图 15 所示。

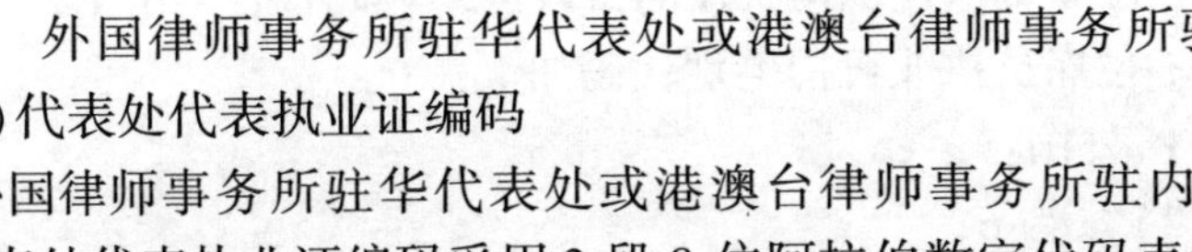

图 15　司法行政(部/省/市)机关人员编码结构

8.1.5　外国律师事务所驻华代表处或港澳台律师事务所驻内地(大陆)代表处代表执业证编码

外国律师事务所驻华代表处或港澳台律师事务所驻内地(大陆)代表处代表执业证编码采用 3 段 8 位阿拉伯数字代码表示。第 1～2 位是代表执业机构所在地行政区划代码。第 3 位是代表执业机构类别代码。第 4～8 位是执业证序号。应符合以下要求:

a)2 位代表执业机构所在地行政区划代码符合 GB/T 2260;

b)1 位代表执业机构类别代码如下:

1)外国:1;

2)香港:2;

3)澳门:3;

4)台湾:4。

c)5 位执业证序号从 00001 开始,至 99999 截止,不复用。

外国律师事务所驻华代表处或港澳台律师事务所驻内地(大陆)代表处代表执业证编码结构如图 16 所示。

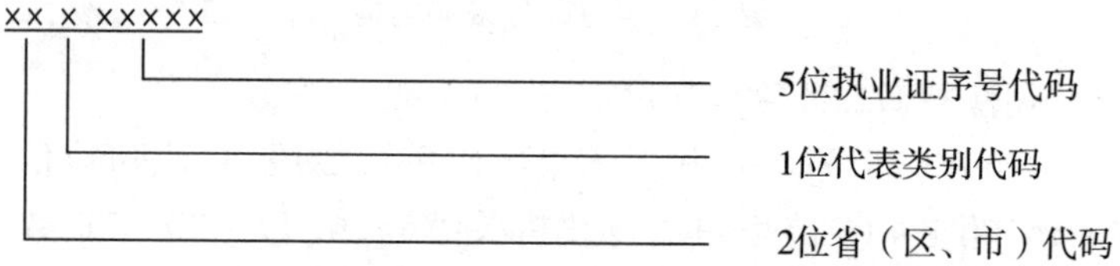

图 16　外国律师事务所驻华代表处或港澳台律师事务所驻内地(大陆)代表处代表执业证编码结构

8.1.6　外国律师事务所驻华代表处或港澳台律师事务所驻内地(大陆)代表处雇员证编码

外国律师事务所驻华代表处或港澳台律师事务所驻内地(大陆)代表处雇员证编码采用 3 段 8 位阿拉伯数字代码表示。第 1 ~ 2 位是雇员执业机构所在地行政区划代码。第 3 位是雇员执业机构类别代码。第 4 ~ 8 位是雇员执业证序号。应符合以下要求:

a)2 位雇员执业机构所在的行政区划代码符合 GB/T 2260;

b)1 位雇员执业机构类别代码如下:

1)外国:5;

2)香港:6;

3)澳门:7;

4)台湾:8。

c)5 位雇员执业证序号从 00001 开始,至 99999 截止,不复用。

外国律师事务所驻华代表处或港澳台律师事务所驻内地(大陆)代表处雇员证编码结构如图 17 所示。

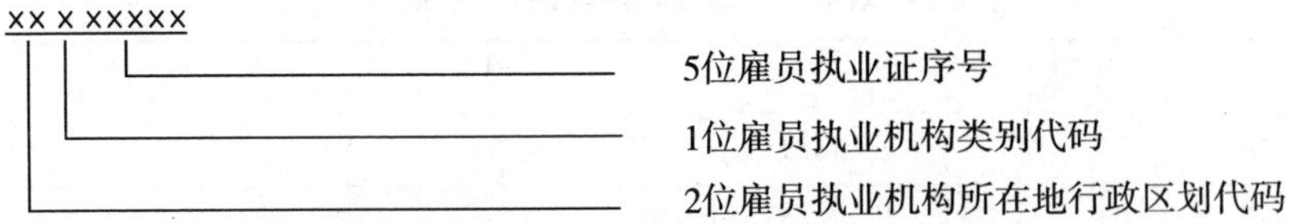

图17　外国律师事务所驻华代表处或港澳台律师事务所驻内地(大陆)代表处雇员证编码结构

8.2　代码表

8.2.1　机构类别代码表

表80规定了机构类别代码表。

表80　机构类别代码表

代码	代码名称	上级代码
01	司法行政机关(单位)	—
0101	司法行政机关	01
0199	其他机构	01
02	法律服务行业协会	—
0201	律师协会	02
03	法律服务机构	—
0301	律师事务所	03
0302	公职律师工作机构	03
0303	公司律师工作机构	03
0304	法律援助机构	03

8.2.2　机构隶属层级代码表

表81规定了机构隶属层级代码表。

表 81　机构隶属层级代码表

代码	代码名称
01	部级
02	省(区、市)级
03	地(市、州、盟)级
04	县(市、区)级
05	所(乡镇、街道)级
99	其他

8.2.3　机构行政级别代码表

表 82 规定了机构行政级别代码表。

表 82　机构行政级别代码表

代码	代码名称
1	正厅级
2	副厅级
3	正处级
4	副处级
5	正科级
6	副科级
7	股级
8	未定级别
9	其他

8.2.4　机构直属关系代码表

表 83 规定了机构直属关系代码表。

表 83　机构直属关系代码表

代码	代码名称
01	部直属
02	省直属
03	市级
04	县级
05	所级

8.2.5　司法行政机关层级代码表

表 84 规定了司法行政机关层级代码表。

表 84　司法行政机关层级代码表

代码	代码名称
01	部级
02	省(区、市)级
03	市(区、地、州、盟)级
04	县(市、区、旗)级
99	其他

8.2.6　工作人员工作单位代码表

表 85 规定了工作人员工作单位代码表。

表 85　工作人员工作单位代码表

代码	代码名称
01	司法行政机关
02	律师协会

8.2.7　律师事务所执业状态代码表

表 86 规定了律师事务所执业状态代码表。

表 86　律师事务所执业状态代码表

代码	代码名称
01	正常执业
02	注销执业证
03	吊销执业证
04	停业整顿处罚中

8.2.8　律师事务所组织形式代码表

表 87 规定了律师事务所组织形式代码表。

表 87　律师事务所组织形式代码表

代码	代码名称
01	特殊的普通合伙
02	普通合伙
03	个人
04	国资
注:特殊的普通合伙中包括香港、澳门律师事务所与内地律师事务所合伙联营。	

8.2.9　律师事务所总分所形式代码表

表 88 规定了律师事务所总分所形式代码表。

表 88　律师事务所总分所形式代码表

代码	代码名称
01	总所
02	分所

8.2.10　外国律师事务所驻华代表处或港澳台律师事务所驻内地(大陆)代表处类别代码表

表 89 规定了外国律师事务所驻华代表处或港澳台律师事务所驻内地(大陆)代表处类别代码表。

表 89　外国律师事务所驻华代表处或港澳台律师事务所驻内地(大陆)代表处类别代码表

代码	代码名称
01	外国律师事务所
02	香港律师事务所
03	澳门律师事务所
04	台湾律师事务所

8.2.11　律师执业状态代码表

表 90 规定了律师执业状态代码表。

表 90　律师执业状态代码表

代码	代码名称
01	正常执业
02	注销执业证
03	吊销执业证
04	停止执业处罚中
05	本所停业整顿中

8.2.12　律师事务所从业人员所内身份代码表

表 91 规定了律师事务所从业人员所内身份代码表。

表 91　律师事务所从业人员所内身份代码表

代码	代码名称
01	负责人
02	合伙人
03	派驻律师
04	聘用专职律师
05	聘用兼职律师

续表

代码	代码名称
06	实习人员
07	会计
08	秘书
09	行政人员
10	法律顾问(不限于外籍)
99	其他

8.2.13 律师职称代码表

表92规定了律师职称代码表。

表92 律师职称代码表

代码	代码名称
01	一级律师
02	二级律师
03	三级律师
04	四级律师
05	无

8.2.14 律师职业资格证书类别代码表

表93规定了律师职业资格证书类别代码表。

表93 律师职业资格证书类别代码表

代码	代码名称
01	法律职业资格证
02	律师资格证
03	特许律师执业

8.2.15 律师职业资格证书取得方式代码表

表 94 规定了律师职业资格证书取得方式代码表。

表 94 律师职业资格证书取得方式代码表

代码	代码名称
01	考试
02	考核

8.2.16 从业人员技术资格证书级别代码表

表 95 规定了从业人员技术资格证书级别代码表。

表 95 从业人员技术资格证书级别代码表

代码	代码名称
01	初级
02	中级
03	副高级
04	正高级

8.2.17 从业人员证件类别代码表

表 96 规定了从业人员证件类别代码表。

表 96 从业人员证件类别代码表

代码	代码名称
01	居民身份证
02	港澳通行证
03	台湾同胞回乡证
04	护照
99	其他

8.2.18 派驻状态代码表

表 97 规定了派驻状态代码表。

表 97　派驻状态代码表

代码	代码名称
01	未派驻
02	派驻外地
03	派驻本地
04	派驻调回

8.2.19　实习人员实习类别代码表

表 98 规定了实习人员实习类别代码表。

表 98　实习人员实习类别代码表

代码	代码名称
01	专职
02	兼职

8.2.20　实习人员考核情况代码表

表 99 规定了实习人员考核情况代码表。

表 99　实习人员考核情况代码表

代码	代码名称
01	考核中
02	考核合格
03	延长实习期
04	2 年内禁止申请实习
05	5 年内禁止申请实习

8.2.21　实习状态代码表

表 100 规定了实习状态代码表。

表 100　实习状态代码表

代码	代码名称
01	已批准
02	待领证
03	已领证
04	已参加集中培训
05	已结业
06	已注销
07	已撤销

8.2.22　行政辅助人员在职状态代码表

表 101 规定了行政辅助人员在职状态代码表。

表 101　行政辅助人员在职状态代码表

代码	代码名称
01	在职
02	离职
03	退休

8.2.23　行政许可事项名称代码表

表 102 规定了行政许可事项名称代码表。

表 102　行政许可事项名称代码表

代码	代码名称
01	律师事务所设立许可
02	律师事务所分所设立许可
03	律师执业许可
04	台湾居民申请在大陆从事律师职业核准
05	外国律师事务所驻华代表机构代表执业核准

续表

代码	代码名称
06	外国律师事务所驻华代表机构设立审核
07	香港、澳门律师事务所驻内地代表机构代表执业核准
08	香港、澳门律师事务所驻内地代表机构设立审核
09	香港、澳门永久性居民中的中国居民申请在内地从事律师职业核准

8.2.24　行政许可分项名称代码表

表 103 规定了行政许可分项名称代码表。

表 103　行政许可分项名称代码表

代码	代码名称
01	律师事务所分所设立审核
02	律师事务所分所变更审核
03	律师事务所分所执业证注销审核
04	律师事务所分所名称变更审核
05	律师事务所分所负责人变更审核
06	申请合并律师事务所审核
07	申请设立特殊的普通合伙律师事务所审核
08	律师事务所组织形式变更审核
09	律师事务所负责人变更审核
10	律师事务所章程和合伙协议同时变更审核
11	申请设立普通合伙律师事务所审核
12	申请分立律师事务所审核
13	律师事务所章程变更审核
14	申请设立个人律师事务所审核
15	律师事务所名称变更审核
16	律师事务所合伙协议变更审核

续表

代码	代码名称
17	律师事务所执业证注销审核
18	律师执业机构变更审核
19	重新申请律师兼职执业审核
20	公司律师工作证注销审核
21	公职律师工作证注销审核
22	公司律师执业审核
23	公职律师执业审核
24	首次申请律师专职执业审核
25	首次申请律师兼职执业审核
26	律师专职执业变更为兼职执业审核
27	律师兼职执业变更为专职执业审核
28	律师执业证注销审核
29	重新申请律师专职执业审核
30	台湾居民申请在大陆重新从事律师职业核准
31	台湾居民在大陆从事律师职业执业证申请注销
32	台湾居民申请在大陆从事律师职业核准
33	台湾居民在大陆从事律师职业执业机构变更登记
34	外国律师事务所驻华代表机构代表申请执业核准
35	外国律师事务所驻华代表机构代表执业证申请注销
36	外国律师事务所驻华代表机构中文名称变更审核
37	外国律师事务所驻华代表机构分立审核
38	外国律师事务所驻华代表机构住所变更审核
39	外国律师事务所驻华代表机构休业核准
40	外国律师事务所驻华代表机构执业证申请注销

续表

代码	代码名称
41	外国律师事务所驻华代表机构英文名称变更审核
42	申请设立外国律师事务所驻华代表机构审核
43	外国律师事务所驻华代表机构合并审核
44	外国律师事务所驻华代表机构跨市搬迁审核
45	外国律师事务所驻华代表机构首席代表变更审核
46	外国律师事务所驻华代表机构减少代表审核
47	外国律师事务所驻华代表机构增派代表审核
48	香港、澳门律师事务所驻内地代表机构代表申请执业核准
49	香港、澳门律师事务所驻内地代表机构代表执业证申请注销
50	香港、澳门律师事务所驻内地代表机构中文名称变更审核
51	申请设立香港、澳门律师事务所驻内地代表机构审核
52	香港、澳门律师事务所驻内地代表机构执业证申请注销
53	香港、澳门律师事务所驻内地代表机构合并审核
54	香港、澳门律师事务所驻内地代表机构首席代表变更审核
55	香港、澳门律师事务所驻内地代表机构住所变更审核
56	香港、澳门律师事务所驻内地代表机构英文名称变更审核
57	香港、澳门律师事务所驻内地代表机构增加新任代表审核
58	香港、澳门律师事务所驻内地代表机构分立审核
59	香港、澳门律师事务所驻内地代表机构减少代表审核
60	取得内地法律职业资格的香港、澳门居民申请在内地重新从事律师职业核准
61	香港、澳门居民在内地从事律师职业执业机构变更登记
62	香港、澳门居民在内地从事律师职业执业证申请注销
63	取得内地法律职业资格的香港、澳门居民申请在内地从事律师职业核准

8.2.25 行政许可结果代码表

表104规定了行政许可结果代码表。

表104 行政许可结果代码表

代码	代码名称
01	撤销
02	准予
03	不准予
04	通过
05	受理未通过
06	终止

8.2.26 行政许可状态代码表

表105规定了行政许可状态代码表。

表105 行政许可状态代码表

代码	代码名称
01	提交申请
02	补正材料
03	申请人放弃申请
04	受理
05	不受理
06	撤回
07	审查意见准予
08	审查意见不准予
09	审查意见终止
10	决定准予
11	决定不准予
12	决定终止

8.2.27 律师事务所变更事项类别代码表

表 106 规定了律师事务所变更事项类别代码表。

表 106 律师事务所变更事项类别代码表

代码	代码名称
01	变更住所
02	变更名称
03	变更组织形式
04	变更负责人
05	变更合伙人

8.2.28 外国律师事务所驻华代表处或港澳台律师事务所驻内地(大陆)代表处变更事项名称代码表

表 107 规定了外国律师事务所驻华代表处或港澳台律师事务所驻内地(大陆)代表处变更事项名称代码表。

表 107 外国律师事务所驻华代表处或港澳台律师事务所驻内地(大陆)代表处变更事项名称代码表

代码	代码名称
01	变更住所
02	变更首席代表

8.2.29 律师事务所考核状态代码表

表 108 规定了律师事务所考核状态代码表。

表 108 律师事务所考核状态代码表

代码	代码名称
01	已考核
02	未参加考核
03	新设立不要求参加考核
04	考核过程中
05	暂缓考核

8.2.30 律师事务所年度考核结果代码表

表109规定了律师事务所年度考核结果代码表。

表109 律师事务所年度考核结果代码表

代码	代码名称
01	合格
02	不合格

8.2.31 律师考核状态代码表

表110规定了律师考核状态代码表。

表110 律师考核状态代码表

代码	代码名称
01	已考核
02	未参加考核
03	考核不评定等次
04	新执业不要求参加考核
05	考核过程中
06	暂缓考核

8.2.32 律师年度考核结果代码表

表111规定了律师年度考核结果代码表。

表111 律师年度考核结果代码表

代码	代码名称
01	称职
02	基本称职
03	不称职

8.2.33 外国律师事务所驻华代表处或港澳台律师事务所驻内地(大陆)代表处年度检验状态代码表

表112规定了外国律师事务所驻华代表处或港澳台律师事务所驻内地(大陆)代表处年度检验状态代码表。

表112 外国律师事务所驻华代表处或港澳台律师事务所驻内地(大陆)代表处年度检验状态代码表

代码	代码名称
01	未提交
02	已提交
03	已评定
04	已完成

8.2.34 外国律师事务所驻华代表处或港澳台律师事务所驻内地(大陆)代表处年度检验结果代码表

表113规定了外国律师事务所驻华代表处或港澳台律师事务所驻内地(大陆)代表处年度检验结果代码表。

表113 外国律师事务所驻华代表处或港澳台律师事务所驻内地(大陆)代表处年度检验结果代码表

代码	代码名称
01	通过
02	不通过

8.2.35 律师事务所执业证状态代码表

表114规定了律师事务所执业证状态代码表。

表114 律师事务所执业证状态代码表

代码	代码名称
01	有效
02	收回

续表

代码	代码名称
03	遗失
04	损坏
05	吊销
06	注销

8.2.36　律师执业证类别代码表

表 115 规定了律师执业证类别代码表。

表 115　律师执业证类别代码表

代码	代码名称
01	专职律师
02	兼职律师
03	香港居民律师
04	澳门居民律师
05	台湾居民律师
06	公职律师
07	公司律师
08	法律援助律师
09	军队律师

8.2.37　律师执业证状态代码表

表 116 规定了律师执业证状态代码表。

表 116　律师执业证状态代码表

代码	代码名称
01	有效
02	收回

续表

代码	代码名称
03	遗失
04	损坏
05	吊销
06	注销

8.2.38 律师执业经历事项类别代码表

表 117 规定了律师执业经历事项类别代码表。

表 117　律师执业经历事项类别代码表

代码	代码名称
01	首次执业
02	重新执业
03	变更执业机构
04	变更执业类别
05	注销执业证
06	入伙
07	退伙
08	派驻
09	派驻调回

8.2.39 行政检查类别代码表

表 118 规定了行政检查类别代码表。

表 118　行政检查类别代码表

代码	代码名称
01	普查
02	抽查
03	点名检查

8.2.40 行政检查被检查对象类型代码表

表 119 规定了行政检查被检查对象类型代码表。

表 119 行政检查被检查对象类型代码表

代码	代码名称
01	律师事务所
02	律师
03	外国律师事务所驻华代表处或港澳台律师事务所驻内地(大陆)代表处
04	外国律师事务所驻华代表处或港澳台律师事务所驻内地(大陆)代表处代表

8.2.41 行政检查检查方式代码表

表 120 规定了行政检查检查方式代码表。

表 120 行政检查检查方式代码表

代码	代码名称
01	书面检查
02	实地检查
03	书面与实地检查相结合

8.2.42 行政检查检查结果代码表

表 121 规定了行政检查检查结果代码表。

表 121 行政检查检查结果代码表

代码	代码名称
01	合格
02	基本合格
03	不合格

8.2.43　党组织类型代码表

表 122 规定了党组织类型代码表。

表 122　党组织类型代码表

代码	代码名称
01	党委
02	党总支
03	独立党支部
04	联合党支部
05	无

8.2.44　党组织隶属代码表

表 123 规定了党组织隶属代码表。

表 123　党组织隶属代码表

代码	代码名称
01	司法行政机关
02	律师协会
03	地方机关党委
04	新社会组织党组织
99	其他

8.2.45　党内职务代码表

表 124 规定了党内职务代码表。

表 124　党内职务代码表

代码	代码名称
01	书记
02	副书记
03	组织委员
04	宣传委员
05	纪委委员

8.2.46 党员类型代码表

表125规定了党员类型代码表。

表125 党员类型代码表

代码	代码名称
01	正式党员
02	预备党员

8.2.47 党员状态代码表

表126规定了党员状态代码表。

表126 党员状态代码表

代码	代码名称
01	正式党员
02	停止党籍
03	预备党员
04	死亡

8.2.48 律师事务所表彰等级代码表

表127律师事务所表彰等级代码表。

表127 律师事务所表彰等级代码表

代码	代码名称
01	国家级
02	省部级
99	其他

8.2.49 律师事务所行政处罚类别代码表

表128律师事务所行政处罚类别代码表。

表 128　律师事务所行政处罚类别代码表

代码	代码名称
01	警告
02	罚款
03	停业整顿
04	吊销执业证
05	没收违法所得

8.2.50　律师事务所行业处分类别代码表

表 129 规定了律师事务所行业处分类别代码表。

表 129　律师事务所行业处分类别代码表

代码	代码名称
01	训诫
02	警告
03	通报批评
04	公开谴责
05	中止会员权利
06	取消会员资格

8.2.51　从业人员表彰等级代码表

表 130 规定了从业人员表彰等级代码表。

表 130　从业人员表彰等级代码表

代码	代码名称
01	国家级
02	省部级
99	其他

8.2.52 从业人员行政处罚类别代码表

表 131 规定了从业人员行政处罚类别代码表。

表 131 从业人员行政处罚类别代码表

代码	代码名称
01	警告
02	罚款
03	停业执业三个月以下
04	停业执业三月以上六月以下
05	停业执业六月以上一年以下
06	吊销执业证
07	没收违法所得

8.2.53 从业人员行业处分类别代码表

表 132 规定了从业人员行业处分类别代码表。

表 132 从业人员行业处分类别代码表

代码	代码名称
01	训诫
02	警告
03	通报批评
04	公开谴责
05	中止会员权利
06	取消会员资格

8.2.54 从业人员参政议政类别代码表

表 133 规定了从业人员参政议政类别代码表。

表 133　从业人员参政议政类别代码表

代码	代码名称
01	人大代表
02	政协委员

8.2.55　从业人员参政议政级别代码表

表 134 规定了从业人员参政议政级别代码表。

表 134　从业人员参政议政级别代码表

代码	代码名称
01	全国
02	省/自治区/直辖市
03	地市
04	县/区
05	乡/镇

8.2.56　律师代表大会代表类别代码表

表 135 规定了律师代表大会代表类别代码表。

表 135　律师代表大会代表类别代码表

代码	代码名称
01	个人
02	团体
03	特邀

8.2.57　律师代表大会代表任职代码表

表 136 规定了律师代表大会代表任职代码表。

表 136　律师代表大会代表任职代码表

代码	代码名称
01	会长

续表

代码	代码名称
02	副会长
03	常务理事
04	理事
05	监事长
06	副监事长
07	监事
08	代表

8.2.58 委员会类别代码表

表 137 规定了委员会类别代码表。

表 137 委员会类别代码表

代码	代码名称
01	专门委员会
02	专业委员会

8.2.59 委员会委员职位代码表

表 138 规定了委员会委员职位代码表。

表 138 委员会委员职位代码表

代码	代码名称
01	主任
02	副主任
03	委员

8.2.60 委员会委员状态代码表

表 139 规定了委员会委员状态代码表。

表 139　委员会委员状态代码表

代码	代码名称
01	正常
02	离职

8.2.61　实习申请状态代码表

表 140 规定了实习申请状态代码表。

表 140　实习申请状态代码表

代码	代码名称
01	申请中
02	已提交
03	已受理
04	已核准
05	已否决
06	已撤销

8.2.62　实习证状态代码表

表 141 规定了实习证状态代码表。

表 141　实习证状态代码表

代码	代码名称
01	有效
02	无效

8.2.63　实习结业证书状态代码表

表 142 规定了实习结业证书状态代码表。

表 142　实习结业证书状态代码表

代码	代码名称
01	有效
02	失效

8.2.64 实习台账类别代码表

表143规定了实习台账类别代码表。

表143 实习台账类别代码表

代码	代码名称
01	日志
02	周记
03	月报

8.2.65 实习台账状态代码表

表144规定了实习台账状态代码表。

表144 实习台账状态代码表

代码	代码名称
01	拟草中
02	已提交
03	已点评
04	已审核

8.2.66 实习结业考核申请状态代码表

表145规定了实习结业考核申请状态代码表。

表145 实习结业考核申请状态代码表

代码	代码名称
01	申请中
02	已安排
03	已考核

8.2.67 实习结业考核结果代码表

表146规定了实习结业考核结果代码表。

表 146　实习结业考核结果代码表

代码	代码名称
01	合格
02	不合格
03	缺考

8.2.68　实习结业考核处理意见代码表

表 147 规定了实习结业考核处理意见代码表。

表 147　实习结业考核处理意见代码表

代码	代码名称
01	延长实习期 3 个月
02	延长实习期 6 个月
03	延长实习期 12 个月
04	重新申请实习
05	2 年内不得申请实习
06	5 年内不得申请实习

8.2.69　实习变更记录变更类别代码表

表 148 规定了实习变更记录变更类别代码表。

表 148　实习变更记录变更类别代码表

代码	代码名称
01	变更实习机构
02	变更指导律师
03	申请注销
04	暂停实习
05	延长实习时间

8.2.70 实习变更记录变更状态代码表

表149规定了实习变更记录变更状态代码表。

表149 实习变更记录变更状态代码表

代码	代码名称
01	已提交
02	审核中
03	已核准
04	已处理
05	已取消

8.2.71 维权处理状态代码表

表150规定了维权处理状态代码表。

表150 维权处理状态代码表

代码	代码名称
01	待受理
02	已受理
03	已结案
04	已撤销

8.2.72 投诉处理状态代码表

表151规定了投诉处理状态代码表。

表151 投诉处理状态代码表

代码	代码名称
01	已登记
02	已受理
03	不予受理
04	审核中
05	已立案

续表

代码	代码名称
06	不予立案
07	已结案
08	已撤销

8.2.73 律师协会任职级别代码表

表152规定了律师协会任职级别代码表。

表152 律师协会任职级别代码表

代码	代码名称
01	全国律协
02	省/自治区/直辖市律师协会(省级地方律师协会)
03	地市律师协会(市级地方律师协会)
04	县(区)律师协会(县级地方律师协会)

8.2.74 律师协会任职职务代码表

表153规定了律师协会任职职务代码表。

表153 律师协会任职职务代码表

代码	代码名称
01	会长
02	副会长
03	常务理事
04	理事
05	监事长
06	监事
07	主任
08	副主任
99	其他

8.2.75　外国律师事务所驻华代表处或港澳台律师事务所驻内地(大陆)代表处执业状态代码表

表154规定了外国律师事务所驻华代表处或港澳台律师事务所驻内地(大陆)代表处执业状态代码表。

表154　外国律师事务所驻华代表处或港澳台律师事务所驻内地(大陆)代表处执业状态代码表

代码	代码名称
01	正常
02	停业整顿
03	休业

8.2.76　律师事务所境外分支机构类型代码表

表155规定了律师事务所境外分支机构类型代码表。

表155　律师事务所境外分支机构类型代码表

代码	代码名称
01	律师事务所
02	代表处
03	法律服务公司
04	其他

8.2.77　律师事务所境外分支机构设立方式代码表

表156规定了律师事务所境外分支机构设立方式代码表。

表156　律师事务所境外分支机构设立方式代码表

代码	代码名称
01	单独出资设立
02	与驻在国(地区)律师事务所联合出资
03	整体收购驻在国(地区)律师事务所
04	其他

8.2.78　外国律师事务所驻华代表处或港澳台律师事务所驻内地(大陆)代表处代表执业状态代码表

表157规定了外国律师事务所驻华代表处或港澳台律师事务所驻内地(大陆)代表处代表执业状态代码表。

表157　外国律师事务所驻华代表处或港澳台律师事务所驻内地(大陆)代表处代表执业状态代码表

代码	代码名称
01	正常
02	限期停业

8.2.79　外国律师事务所驻华代表处或港澳台律师事务所驻内地(大陆)代表处代表职务代码表

表158规定了外国律师事务所驻华代表处或港澳台律师事务所驻内地(大陆)代表处代表职务代码表。

表158　外国律师事务所驻华代表处或港澳台律师事务所驻内地(大陆)代表处代表职务代码表

代码	代码名称
01	首席代表
02	代表

9　数据交换

9.1　数据交换内容

数据交换内容应包括但不限于基础数据、行政管理信息、党建信息、诚信信息和行业管理信息,具体如下:

a)基础数据包括但不限于:

1)律师事务所基本信息(符合7.2.4);

2)律师事务所境外分支机构(符合7.2.5);

3)专兼职律师基本情况(符合7.2.7);

4)公职律师基本情况(符合7.2.9);

5)公司律师基本情况(符合7.2.10);
6)法律援助律师基本情况(符合7.2.11);
7)实习人员基本情况(符合7.2.12);
8)行政辅助人员基本情况(符合7.2.14);
9)公职律师工作机构(符合7.2.15);
10)公司律师工作机构(符合7.2.16);
11)法律援助机构(符合7.2.17);
12)从业人员教育经历(符合7.2.18);
13)从业人员专业资质(符合7.2.19);
14)从业人员语言能力(符合7.2.20);
15)从业人员工作经历(符合7.2.21);
16)从业人员家庭成员(符合7.2.22);
17)律师事务所变更事项(符合7.3.5);
18)行政检查(符合7.3.18)。

b)行政管理信息包括但不限于:
1)律师事务所;
2)律师各类行政审批数据;
3)制证数据;
4)律师事务所名称预核准数据。

c)党建信息包括但不限于:
1)党组织(符合7.4.1);
2)党员(符合7.4.2);
3)党代表(符合7.4.3)。

d)诚信信息包括但不限于:
1)律师事务所表彰奖励情况(符合7.5.1);
2)律师事务所行政处罚记录(符合7.5.2);
3)律师事务所行业处分记录(符合7.5.3);
4)从业人员表彰奖励记录(符合7.5.4);
5)从业人员行政处罚记录(符合7.5.5);

6）从业人员行业处分记录（符合7.5.6）；
7）从业人员社会任职（符合7.5.7）；
8）从业人员参政议政（符合7.5.8）。

e）行业管理信息包括但不限于：

1）律师代表大会（符合7.6.1）；
2）律师代表大会律师代表（符合7.6.2）；
3）委员会（符合7.6.3）；
4）委员会委员（符合7.6.4）；
5）申请律师执业实习人员信息登记（符合7.6.5）；
6）实习证（符合7.6.6）；
7）实习台账（符合7.6.8）；
8）实习结业考核（符合7.6.9）；
9）实习鉴定（符合7.6.10）；
10）实习变更记录（符合7.6.11）；
11）实习申请教育经历（符合7.6.12）；
12）实习申请工作经历（符合7.6.13）；
13）维护律师执业权利（符合7.6.14）；
14）投诉（符合7.6.15）；
15）从业人员律师协会任职（符合7.6.16）；
16）律师事务所会费记录（符合7.6.17）；
17）律师会费记录（符合7.6.18）；
18）培训记录（符合7.6.19）；
19）专业律师评定（符合7.6.20）。

9.2 数据交换方式

9.2.1 实时数据交换

针对需要实时反馈结果的业务数据，应采用实时数据交换。

律师综合管理信息系统中应进行实时数据交换的业务数据包括但不限于：行政管理信息中需要进行数据比对的新设立的或变更的律师事务所和律师信息，实时数据交换接口应符合9.3的规定。

9.2.2　延时数据交换

所有不需要实时反馈结果的业务数据,则采用延时数据交换,延时数据交换时将需要封装的数据封装成 json 字符串入,并用消息队列(MQ)进行数据交换。

律师综合管理信息系统中应进行延时数据交换的业务数据包括但不限于:

a)基础数据;

b)党建信息;

c)诚信信息;

d)行业管理信息。

9.3　数据交换接口

9.3.1　新设立的律师事务所信息数据交换接口

表 159 规定了新设立的律师事务所信息数据交换接口格式及参数说明。

表 159　新设立的律师事务所信息数据交换接口格式及参数说明

接口描述:用于新设立律师事务所,将数据同步到部级律师综合管理信息系统					
请求参数说明					
序号	参数	参数类型	参数名称	是否必备	备注
1	LSSWSMC	C100	律师事务所名称	是	—
2	TYSHXYDM	C18	统一社会信用代码	是	—
3	ZZXS	C2	组织形式	是	—
4	ZSD	C6	住所地	是	住所地行政区划代码(6 位),符合 GB/T 2260
5	ZSDDZ	C200	住所地地址	是	

续表

请求参数说明					
序号	参数	参数类型	参数名称	是否必备	备注
6	ZGJG	C6	主管机关	是	主管机关所在地行政区划代码(6位),符合 GB/T 2260
7	ZYSLSJ	D	准予设立时间	是	符合 GB/T 7408
8	SLZC	F	设立资产	是	单位万元
9	PZWH	C50	批准文号	是	—
10	FZR	C50	负责人	是	—
11	HHR	CB	合伙人	是	字符(姓名),多个合伙人间请用英文逗号分割合伙所该项为必填
12	LXDH	C40	联系电话	是	—
13	FZSJ	D	发证时间	否	符合 GB/T 7408
14	DZYX	C100	电子邮箱	否	—
15	DWWZ	C200	单位网址	否	—
16	CZHM	C50	传真号码	否	—

返回结果说明				
序号	参数	参数类型	参数名称	备注
1	code	N	结果代码	—
2	description	C500	结果描述	—
3	ID	ID	数据 ID	唯一标识

9.3.2 新设立的律师事务所分所信息数据交换接口

表160规定了新设立的律师事务所分所信息数据交换接口格式及参数说明。

表160　新设立的律师事务所分所信息数据交换接口格式及参数说明

接口描述:用于新设立律师事务所分所,将数据同步到部级律师综合管理信息系统					
请求参数说明					
序号	参数	参数类型	参数名称	是否必备	备注
1	LSSWSMC	C100	律师事务所名称	是	—
2	ZSMC	C100	总所名称	否	—
3	TYSHXYDM	C18	统一社会信用代码	是	—
4	ZSD	C6	住所地	是	住所地行政区划代码(6位),符合GB/T 2260
5	ZSDDZ	C200	住所地地址	是	—
6	ZGJGID	C6	主管机关代码	是	主管机关所在地行政区划代码(6位),符合GB/T 2260
7	ZYSLSJ	D	准予设立时间	是	符合GB/T 7408
8	SLZC	F	设立资产	是	单位万元
9	PZWH	C50	批准文号	是	—
10	FZR	C50	负责人	是	姓名

续表

请求参数说明					
序号	参数	参数类型	参数名称	是否必备	备注
11	PZLS	CB	派驻律师	是	姓名,多个派驻律师之间用英文逗号分割,合伙所该项为必填
12	LXDH	C40	联系电话	是	—
13	FZSJ	D	发证时间	否	符合 GB/T 7408
14	DZYX	C100	电子邮箱	否	—
15	DWWZ	C200	单位网址	否	—
16	CZHM	C50	传真号码	否	—
返回结果说明					
序号	参数	参数类型	参数名称		备注
1	code	N	结果代码		—
2	description	C500	结果描述		—
3	ID	ID	数据 ID		唯一标识

9.3.3 律师事务所行政许可事项变更登记信息数据交换接口

表 161 规定了律师事务所行政许可事项变更登记信息数据交换接口格式及参数说明。

表161　律师事务所行政许可事项变更登记信息数据交换接口格式及参数说明

接口描述:用于律师事务所发生行政许可变更,将数据同步到部级律师综合管理信息系统					
请求参数说明					
序号	参数	参数类型	参数名称	是否必备	备注
1	XZXKSXLB	C10	行政许可事项类别	是	—
2	LSSWSMC	C100	律师事务所名称	是	如变更,则为变更后名称
3	TYSHXYDM	C18	统一社会信用代码	是	—
4	ZZXS	C10	组织形式	是	—
5	ZSD	C6	住所地	是	住所地行政区划代码(6位),符合GB/T 2260
6	ZSDDZ	C200	住所地地址	是	—
7	ZGJGID	C6	主管机关代码	是	主管机关所在地行政区划代码(6位),符合GB/T 2260
8	ZYSLSJ	D	准予设立时间	是	符合GB/T 7408
9	SLZC	F	设立资产	是	单位万元
10	PZWH	C50	批准文号	是	—
11	FZR	C50	负责人	是	负责人身份证号

续表

请求参数说明					
序号	参数	参数类型	参数名称	是否必备	备注
12	HHR	CB	合伙人	是	合伙人的身份证号,多个合伙人之间用英文逗号分割变更合伙人时,此项为必填
13	LXDH	C40	联系电话	否	—
14	DZYX	C100	电子邮箱	否	—
15	DWWZ	C200	单位网址	否	—
16	CZHM	C50	传真号码	否	—

返回结果说明				
序号	参数	参数类型	参数名称	备注
1	code	N	结果代码	—
2	description	C500	结果描述	—
3	ID	ID	数据 ID	唯一标识
4	TYSHXYDM	C18	统一社会信用代码	—

9.3.4 律师事务所注销信息数据交换接口

表 162 规定了律师事务所注销信息交换接口格式及参数说明。

表 162　注销律师事务所信息数据交换接口格式及参数说明

接口描述:用于律师事务所办理律所终止(注销),与部级律师综合管理信息系统进行同步					
请求参数说明					
序号	参数	参数类型	参数名称	是否必备	备注
1	LSSWSMC	C100	律师事务所名称	是	字符(如变更,则为变更后名称)
2	TYSHXYDM	C18	统一社会信用代码	是	—
3	ZYSLSJ	D	准予设立时间	是	符合 GB/T 7408
4	PZWH	C50	批准文号	是	—
返回结果说明					
序号	参数	参数类型	参数名称		备注
1	code	N	结果代码		—
2	description	C500	结果描述		—

9.3.5　律师事务所吊销信息数据交换接口

表 163 规定了律师事务所吊销信息数据交换接口格式及参数说明。

表 163　吊销律师事务所信息数据交换接口格式及参数说明

接口描述:用于律师事务所终止(吊销),与部级律师综合管理信息系统进行同步					
请求参数说明					
序号	参数	参数类型	参数名称	是否必备	备注
1	LSSWSMC	C100	律师事务所名称	是	字符(如变更,则为变更后名称)

续表

请求参数说明					
序号	参数	参数类型	参数名称	是否必备	备注
2	TYSHXYDM	C18	统一社会信用代码	是	—
3	ZYSLSJ	D	准予设立时间	是	符合 GB/T 7408
4	PZWH	C50	批准文号	是	—
返回结果说明					
序号	参数	参数类型	参数名称		备注
1	code	N	结果代码		—
2	description	C500	结果描述		—

9.3.6 许可律师执业(重新执业)登记信息数据交换接口

表164规定了许可律师执业(重新执业)登记信息数据交换接口格式及参数说明。

表164 许可律师(重新)执业登记信息数据交换接口格式及参数说明

接口描述:用于律师执业(重新执业),与部级律师综合管理信息系统进行同步					
请求参数说明					
序号	参数	参数类型	参数名称	是否必备	备注
1	XM	C50	姓名	是	—
2	YWXM	C50	英文姓名	否	—
3	ZYJG	C100	执业机构	是	—
4	ZYLB	C2	执业类别	是	符合8.2.36
5	CSRQ	D	出生日期	是	符合 GB/T 7408

续表

请求参数说明					
序号	参数	参数类型	参数名称	是否必备	备注
6	XB	C1	性别	是	符合 GB/T 2261.1
7	ZYZGZSBH	C50	职业资格证书编号	是	—
8	ZYZGZSLB	C2	职业资格证书类别	是	符合 8.2.14
9	ZYZGZQDRQ	D	职业资格证书取得日期	是	符合 GB/T 7408
10	ZZMM	C10	政治面貌	是	符合 GB/T 4762
11	MZ	C10	民族	是	符合 GB/T 3304
12	JG	C6	籍贯	是	籍贯所在地行政区划代码(6 位),符合 GB/T 2260
13	ZGXL	C5	最高学历	是	符合 GB/T 4658
14	ZGXW	C3	最高学位	是	符合 GB/T 6864
15	ZJLB	C2	证件类别	是	符合 8.2.17
16	ZJBH	C50	证件编号	是	自填,根据证件类型填写证件编号
17	LXDH	C40	联系电话	否	—
18	SJHM	C11	手机号码	是	—
19	DZYX	C100	电子邮箱	否	—
20	SCZYRQ	D	首次执业日期	是	符合 GB/T 7408

续表

请求参数说明					
序号	参数	参数类型	参数名称	是否必备	备注
21	SCZYD	C6	首次执业地	是	首次执业地所在地行政区划代码（6 位），符合 GB/T 2260
22	SFPZ	TN	是否派驻	是	—
23	SFHHR	TN	是否合伙人	是	—
24	SFFZR	TN	是否负责人	是	—
25	PZWH	C50	批准文号	是	—
26	PZSJ	D	批准时间	是	符合 GB/T 7408
27	FZSJ	D	发证时间	否	符合 GB/T 7408
返回结果说明					
序号	参数	参数类型	参数名称		备注
1	code	N	结果代码		—
2	description	C500	结果描述		—
3	ID	ID	数据 ID		唯一标识
4	ZYZH	C17	执业证号		符合司发通[2009]第 165 号

9.3.7 律师行政许可事项变更登记信息数据交换接口

表 165 规定了律师行政许可事项变更登记信息数据交换接口格式及参数说明。

表 165　律师行政许可事项变更登记信息数据交换接口格式及参数说明

接口描述:用于律师行政许可事项变更,将数据同步到部级律师综合管理信息系统					
请求参数说明					
序号	参数	参数类型	参数名称	是否必备	备注
1	XZXKSXLB	C2	行政许可事项类别	是	—
2	XM	C50	姓名	是	字符
3	ZYJG	C100	执业机构	是	字符,变更后的执业机构名称
4	ZYLB	C2	执业类别	是	符合 8.2.36
5	ZYZH	C17	执业证号	是	符合司发通[2009]第 165 号
6	ZJBH	C50	证件编号	是	自填,根据证件类型填写证件编号
7	PZWH	C50	批准文号	是	
8	PZSJ	D	批准时间	是	符合 GB/T 7408
返回结果说明					
序号	参数	参数类型	参数名称		备注
1	code	N	结果代码		—
2	description	C500	结果描述		—
3	ID	ID	数据 ID		唯一标识
4	ZYZH	C17	执业证号		符合司发通[2009]第 165 号

9.3.8 律师注销信息数据交换接口

表166规定了律师注销信息数据交换接口格式及参数说明。

表166 律师注销信息数据交换接口格式及参数说明

接口描述:用于律师注销,将数据同步到部级律师综合管理信息系统					
请求参数说明					
序号	参数	参数类型	参数名称	是否必备	备注
1	XM	C50	姓名	是	—
2	ZJBH	C50	证件编号	是	自填,根据证件类型填写证件编号
3	ZYZH	C17	执业证号	是	符合司发通[2009]第165号
4	PZWH	C50	批准文号	是	—
5	PZSJ	D	批准时间	是	符合GB/T 7408
返回结果说明					
序号	参数	参数类型	参数名称		备注
1	code	N	结果代码		—
2	description	C500	结果描述		—

9.3.9 律师吊销信息数据交换接口

表167规定了律师吊销信息数据交换接口格式及参数说明。

表 167　律师吊销信息数据交换接口格式及参数说明

接口描述:用于律师吊销,将数据同步到部级律师综合管理信息系统					
请求参数说明					
序号	参数	参数类型	参数名称	是否必备	备注
1	XM	C50	姓名	是	—
2	ZJBH	C50	证件编号	是	自填,根据证件类型填写证件编号
3	ZYZH	C17	执业证号	是	符合司发通[2009]第165号
4	PZWH	C50	批准文号	是	—
5	PZSJ	D	批准时间	是	符合 GB/T 7408
返回结果说明					
序号	参数	参数类型	参数名称		备注
1	code	N	结果代码		—
2	description	C500	结果描述		—

9.3.10　派驻分所执业(出)信息数据交换接口

表 168 规定了派驻分所执业(出)信息数据交换接口格式及参数说明。

表 168　派驻分所执业(出)信息数据交换接口格式及参数说明

接口描述:用于将本地总所的律师派出到外地分所执业,将数据同步到部级律师综合管理信息系统					
请求参数说明					
序号	参数	参数类型	参数名称	是否必备	备注
1	XM	C50	姓名	是	—
2	ZJBH	C50	证件编号	是	自填,根据证件类型填写证件编号
3	ZYZH	C17	执业证号	是	符合司发通[2009]第165号
5	NPZJG	C100	拟派驻机构	否	—
6	PZWH	C50	批准文号	是	—
7	PZSJ	D	批准时间	是	符合 GB/T 7408
返回结果说明					
序号	参数	参数类型	参数名称		备注
1	code	N	结果代码		—
2	description	C500	结果描述		—
3	ID	ID	数据 ID		唯一标识
4	ZYZH	C17	执业证号		符合司发通[2009]第165号

9.3.11　派入地制证(出)信息数据交换接口

表 169 规定了派入地制证(出)信息数据交换接口格式及参数说明。

表 169　派入地制证(出)信息数据交换接口格式及参数说明

接口描述:用于有转入派驻律师,将数据同步到部级律师综合管理信息系统,并获得律师最新的执业证号					
请求参数说明					
序号	参数	参数类型	参数名称	是否必备	备注
1	XM	C50	姓名	是	—
2	ZJBH	C50	证件编号	是	自填,根据证件类型填写证件编号
3	ZYZH	C17	执业证号	是	符合司发通[2009]第 165 号
4	ZYJG	C100	执业机构	是	派驻后的执业机构名称
5	PZSJ	D	批准时间	是	符合 GB/T 7408
返回结果说明					
序号	参数	参数类型	参数名称		备注
1	code	N	结果代码		—
2	description	C500	结果描述		—
3	ID	ID	数据 ID		唯一标识
4	ZYZH	C17	执业证号		符合司发通[2009]第 165 号

9.3.12 派驻律师撤回派驻(出)信息数据交换接口

表170规定了派驻律师撤回派驻(出)信息数据交换接口格式及参数说明。

表170 派驻律师撤回派驻(出)信息数据交换接口格式及参数说明

接口描述:用于为派驻律师撤回总所,将数据同步到部级律师综合管理信息系统					
请求参数说明					
序号	参数	参数类型	参数名称	是否必备	备注
1	XM	C50	姓名	是	—
2	ZJBH	C50	证件编号	是	自填,根据证件类型填写证件编号
3	ZYZH	C17	执业证号	是	符合司发通[2009]第165号
4	ZYJG	C100	执业机构	否	—
5	PZSJ	D	批准时间	是	符合GB/T 7408
返回结果说明					
序号	参数	参数类型	参数名称		备注
1	code	N	结果代码		—
2	description	C500	结果描述		—
3	result	C50	数据结果		—

9.3.13 派驻律师撤回总所制证(入)信息数据交换接口

表171规定了派驻律师撤回总所制证(入)信息数据交换接口格式及参数说明。

表 171　撤回总所制证(入)信息数据交换接口格式及参数说明

接口描述:用于将撤回的派驻律师并调入总所,将数据同步到部级律师综合管理信息系统,并为其重新制作执业证书

请求参数说明

序号	参数	参数类型	参数名称	是否必备	备注
1	XM	C50	姓名	是	—
2	ZJBH	C50	证件编号	是	自填,根据证件类型填写证件编号
3	ZYZH	C17	执业证号	是	符合司发通[2009]第 165 号
4	ZYJG	C100	执业机构	否	—
5	PZSJ	D	批准时间	是	符合 GB/T 7408

返回结果说明

序号	参数	参数类型	参数名称	备注
1	code	N	结果代码	—
2	description	C500	结果描述	—
3	result	C50	数据结果	返回执业证号

9.3.14　律师事务所执业许可证书登记信息数据交换接口

表 172 规定了律师事务所执业许可证书登记信息数据交换接口格式及参数说明。

表 172　律师事务所执业许可证书登记信息数据交换接口格式及参数说明

<table>
<tr><td colspan="6">接口描述:用于新登记的律师事务所执业证信息,将数据同步到部级律师综合管理信息系统</td></tr>
<tr><td colspan="6">请求参数说明</td></tr>
<tr><td>序号</td><td>参数</td><td>参数类型</td><td>参数名称</td><td>是否必备</td><td>备注</td></tr>
<tr><td>1</td><td>XM</td><td>C50</td><td>姓名</td><td>是</td><td></td></tr>
<tr><td>2</td><td>TYSHXYDM</td><td>C18</td><td>统一社会信用代码</td><td>是</td><td>符合 GB 32100</td></tr>
<tr><td>3</td><td>FBLSH</td><td>C50</td><td>副本流水号</td><td>是</td><td>—</td></tr>
<tr><td>4</td><td>ZBLSH</td><td>C50</td><td>正本流水号</td><td>是</td><td>—</td></tr>
<tr><td>5</td><td>PZSJ</td><td>D</td><td>批准时间</td><td>否</td><td>符合 GB/T 7408</td></tr>
<tr><td>6</td><td>PZWH</td><td>C50</td><td>批准文号</td><td>否</td><td>—</td></tr>
<tr><td>7</td><td>FZSJ</td><td>D</td><td>发证时间</td><td>是</td><td>符合 GB/T 7408</td></tr>
<tr><td colspan="6">返回结果说明</td></tr>
<tr><td>序号</td><td>参数</td><td>参数类型</td><td colspan="2">参数名称</td><td>备注</td></tr>
<tr><td>1</td><td>code</td><td>N</td><td colspan="2">结果代码</td><td>—</td></tr>
<tr><td>2</td><td>description</td><td>C500</td><td colspan="2">结果描述</td><td>—</td></tr>
</table>

9.3.15　律师执业证书登记信息数据交换接口

表 173 规定了律师执业证书登记信息数据交换接口格式及参数说明。

表 173　律师执业证书登记信息数据交换接口格式及参数说明

接口描述:用于登记已经发放的新律师执业证书信息,将数据同步到部级律师综合管理信息系统					
请求参数说明					
序号	参数	参数类型	参数名称	是否必备	备注
1	XM	C50	姓名	是	
2	ZJBH	C50	证件编号	是	自填,根据证件类型填写证件编号
3	ZYZH	C17	执业证号	是	符合司发通[2009]第165号
4	ZYJG	C100	执业机构	是	—
5	ZSLSH	C50	证书流水号	是	—
6	PZSJ	D	批准时间	是	符合 GB/T 7408
7	PZWH	C50	批准文号	是	—
8	FZSJ	D	发证时间	是	符合 GB/T 7408
返回结果说明					
序号	参数	参数类型	参数名称		备注
1	code	N	结果代码		—
2	description	C500	结果描述		—

9.3.16　律师事务所名称字号申请信息查询接口

表 174 规定了律师事务所名称字号申请信息查询接口格式及参数说明。

表 174　律师事务所名称字号申请信息查询接口格式及参数说明

接口描述:用于向部级律师综合管理信息系统提交新的律师事务所名称字号申请信息					
请求参数说明					
序号	参数	参数类型	参数名称	是否必备	备注
1	SQZH	C50	申请字号	是	—
2	SQLB	C50	申请类别	是	—

返回结果说明				
序号	参数	参数类型	参数名称	备注
1	code	N	结果代码	—
2	description	C500	结果描述	—
3	SFTG	TN	是否通过	—
4	JCJG	C5	检查结果	—

9.3.17　申请名称预核准登记信息数据交换接口

表 175 规定了申请名称预核准登记信息数据交换接口格式及参数说明。

表 175　申请名称预核准登记信息数据交换接口格式及参数说明

接口描述:用于向部级律师综合管理信息系统提交名称预核准申请事项信息					
请求参数说明					
序号	参数	参数类型	参数名称	是否必备	备注
1	SQZH	C50	申请字号	是	多个字号之间用逗号分割
1	SQZH	C50	申请字号	是	—

续表

请求参数说明					
序号	参数	参数类型	参数名称	是否必备	备注
2	SQLB	C50	申请类别	是	—
3	SQRXM	C50	申请人姓名	是	—
4	SJHM	C11	手机号码	是	—
5	QHDM	C6	地区代码	是	所在地行政区划代码(6位),符合GB/T 2260
6	BZSM	C50	备注说明	否	—

返回结果说明				
序号	参数	参数类型	参数名称	备注
1	code	N	结果代码	—
2	description	C500	结果描述	—
3	result	C50	数据结果	申请编号

10 系统安全

应根据国家有关信息安全相关规定,采取相应措施,保障律师综合管理信息系统信息的准确性、完整性、可靠性、可信性、保密性和防篡改性。应符合以下要求:

a)采用资源和角色等权限控制机制,对用户的业务操作访问权限进行控制;

b)系统在核心的操作环节保存日志记录,确保每次操作有据可查;

c)建立数据采集、存储、交换和备份的安全管理机制。

八、国家统一法律职业资格考试工作类

中共中央组织部　最高人民法院　最高人民检察院　司法部印发《关于建立法律职业人员统一职前培训制度的指导意见》的通知

（2022 年 2 月 28 日　司发〔2022〕1 号）

各省、自治区、直辖市党委组织部、高级人民法院、人民检察院、司法厅（局），新疆生产建设兵团党委组织部、新疆维吾尔自治区高级人民法院生产建设兵团分院、新疆生产建设兵团人民检察院、司法局：

现将《关于建立法律职业人员统一职前培训制度的指导意见》印发你们，请结合实际认真贯彻执行。

关于建立法律职业人员统一职前培训制度的指导意见

为认真贯彻实施中共中央办公厅、国务院办公厅《关于完善国家统一法律职业资格制度的意见》（厅字〔2015〕25 号），推动建设一支德才兼备的高素质社会主义法治工作队伍，现就建立实施法律职业人员统一职前培训制度提出如下意见。

一、总体要求

1. 指导思想。坚持以习近平新时代中国特色社会主义思想为指导,深入学习贯彻习近平法治思想,全面贯彻落实党的十九大和十九届历次全会精神,深入贯彻中央全面依法治国工作会议精神,深化法治人才供给侧结构性改革,建立实施法律职业人员统一职前培训制度,提高法治人才培养质量,努力建设一支忠于党、忠于国家、忠于人民、忠于法律的社会主义法治工作队伍,为推进国家治理体系和治理能力现代化提供有力法治人才保障。

2. 基本原则。

——坚持党的领导。把党的领导贯彻到法律职业人员统一职前培训组织实施工作的各方面和全过程,坚定不移走中国特色社会主义法治道路,确保党对职前培训工作的领导落到实处。

——突出政治标准。坚持把政治标准作为第一标准,按照政治过硬、业务过硬、责任过硬、纪律过硬、作风过硬的要求,加强对政治忠诚、政治定力、政治担当、政治能力、政治自律等方面的培训考核,严把培训考核工作的政治关,确保法律职业人员绝对忠诚可靠。

——强化能力训练。遵循法律职业人才特殊的职业素养、职业能力、职业操守要求,有针对性地加强思想淬炼、政治历练、实践锻炼、专业训练,加大法律职业立场、伦理、技能的培训力度,提高法律职业人员的职业素养和专业水平。

——加强分类指导。按照"统一标准、分系统实施"和"先选后训""谁选谁训"要求,综合考虑地区经济社会发展状况、不同法律职业岗位、不同地区人才需求差异和法律职业用人部门需要等因素,坚持联系实际、分类指导、按需施教,有序有效组织实施职前培训工作,提高职前培训的针对性和实效性。

3. 发展目标。坚持革命化、正规化、专业化、职业化,健全完善法律职业人员职前培训制度,使参训人员达到从事法律职业所需要的初任标准,成为政治强、业务精、作风正,忠诚、干净、担当的社会主义法治人才。在此基础上,推动建成具有中国特色的社会主义法律职业人员统一职前培训制度，为实现让人民群众在每一项法律制度、每一个执法决定、每一宗司法案件中都感受到公平正义的目标提供有力人才保障。

二、健全法律职业人员职前培训管理机制

4. 协调机构。法律职业人员统一职前培训指导委员会统筹协调全国职前培训管理工作，指导、督促各部门实施职前培训工作，负责职前培训考核标准的确定等工作。司法部法律职业资格管理局承担职前培训指导委员会的有关具体工作，会同最高人民法院政治部、最高人民检察院政治部等部门做好职前培训的统一标准等相关规范工作。

5. 责任分工。中央和国家机关法律职业用人部门以及有关行业主管部门，负责本系统法律职业人员职前培训的组织管理、统筹协调等工作。地方各级法律职业用人部门以及有关行业主管部门在本系统上级部门和本地区组织部门的指导或者领导下，配合做好本系统本地区法律职业人员职前培训相关工作。

6. 实施机构。具备条件的培训机构或者有关行业自律组织，具体实施法律职业人员职前培训工作。最高人民法院、最高人民检察院、司法部等中央国家机关法律职业用人部门根据有关标准和程序确定法律职业人员职前培训机构名单。省（区、市）有关行业自律组织可根据需要，委托市（地、州、盟）行业自律组织承担职前培训实施工作。

三、建立法律职业人员职前培训运行机制

7. 培训对象。取得法律职业资格的人员，初任法官、检察官、仲裁员（法律类），申请律师、公证员执业，应当参加职前培训，培训合格方可准予从事相关法律职业。因地制宜、有序推进行政机关中初次从事行政处罚决定法制审核、行政复议、行政裁决和法律顾问的公务员（含参照公务员法管理人员，下同）的职前培训工作。司法行政机关可根据法律职业用人部门委托，对行政机关中初次从事行政处罚决定法制审核、行政复议、行政裁决和法律顾问的公务员开展职前培训工作。

对于已经从事相关法律职业或者已经参加职前培训合格的人员，转换法律职业或者变更法律职业岗位的，以及根据法官法第十五条、检察官法第十五条公开选拔的法官、检察官，根据律师法第八条考核准予执业的律师和公证法第十九条考核任命的公证员，由中央和国家机关法律职业用人部门以及有关行业主管部门根据需要确定参加职前培训。

8. 培训方式。职前培训分为两个阶段，分别为：集中教学阶段，岗位实习和综合训练阶段。集中教学培训采取集中脱产培训、现场模拟诉讼、远程视频教学、网上学习平台自学等线下和线上相结合的方式进行。适应法律职业实战性、实践性特征，坚持实用实效导向，岗位实习和综合训练采用实务导师指导方式，运用案例教学、现场模拟和实战演练等方法进行，增强适应新时代发展要求的本领。推进跨地区、跨法律职业部门共同开展法官、检察官、律师等法律职业人员统一职前培训。

9. 培训内容。集中教学阶段、岗位实习和综合训练阶段的具体科目、课程设置和具体要求，在职前培训大纲中规定。

集中教学阶段主要讲授政治理论、职业道德和法律实务等知识。(1)提升政治能力。坚持以习近平新时代中国特色社会主义思想为指导，深入学习贯彻习近平法治思想，教育引导广大参训人员拥护中国共产党领导，拥护社会主义法治，始终把握正确政治方向，增强“四个意识”、坚定“四个自信”、做到“两个维护”，提高政治判断力、政治领悟力和政治执行力，矢志不渝做中国特色社会主义法治道路的坚定信仰者、忠实实践者。(2)注重职业伦理培养。加强理想信念教育，深入开展社会主义核心价值观教育和社会主义法治理念教育，培养知荣辱、讲正气、作奉献的法律职业人员。坚持严明党纪国法与职业纪律相结合，以忠诚、为民、担当、公正、廉洁为主要内容，强化法律职业伦理训练，完善职业道德评价机制，培养法律职业人员树立崇尚法治、恪守良知、理性公允的职业品格，精益求精钻研业务的专业精神。(3)增强业务能力。聚焦能力短板,强化案例和实践教学,通过专业思维的培养、专业方法的掌握、专业技术的运用,提高法律职业人员的法律政策运用能力、重大风险防控能力、复杂事件处置能力、群众工作能力、科技应用能力、舆论引导能力,确保参训人员尽快实现从熟悉法学理论知识到熟练掌握法律实务技能的转变,提高专业化水平。法律职业用人部门以及有关行业主管部门可结合实际,有针对性地开展少数民族语言法律知识、国际法律实务等方面的教学,培养造就适应新时代要求的专门性人才和复合型人才。

岗位实习和综合训练阶段,实行教、学、练、战一体化培训模式,在实务导师指导下,主要通过参与审判、检察、律师、公证、仲裁、行政复议、行政裁决、行政处罚决定法制审核案件办理等业务实践,通过从事审查案件材料、草拟法律文书等辅助事务,提高参训人员的实战能力。

10. 培训时间。初任法官、检察官、仲裁员(法律类),申请律师、公证员执业的职前培训时间为一年。其中,集中教学的时间不少于一个月,岗位实习和综合训练的时间和具体安排由法律职业用人部门根据实际确定。行政机关中初次从事行政处罚决定法制审核、行政复议、行政裁决和法律顾问的公务员的职前培训时间由法律职业用人部门根据实践需要确定。

法律职业用人部门以及有关行业主管部门应当依法并结合实际,加强本单位本系统法律职业人员初任培训、实习和职前培训工作统筹,协调好职前培训与在职培训的关系,提高培训的实用性、实效性。

11. 培训考核。培训考核工作由培训实施机构负责,实行平时学分制考核和集中测试考核相结合的方式,强化培训全过程管理和考核评估。集中教学、岗位实习和综合训练两个阶段,分别进行考核、合并计算成绩。实习实训期满后,实务导师应及时向考核部门提交书面鉴定报告,作为对参训人员考核的重要依据。考核合格的,由中央和国家机关法律职业用人部门或者有关行业自律组织颁发培训合格证书。

四、完善法律职业人员职前培训保障机制

12. 培训大纲、教材。培训大纲分为共同科目和专业科目。司法部会同最高人民法院、最高人民检察院和有关部门，研究制定法律职业人员统一职前培训共同科目的大纲，并编写培训教材。中央和国家机关法律职业用人部门以及有关行业主管部门可根据本系统法律职业人员特点，编写本系统专业科目大纲及培训教材。加强职前培训案例库建设，建成满足法律职业人员职前培训需要的教学、实践配套案例库。

13. 培训师资库。最高人民法院、最高人民检察院和有关部门，根据有关标准和程序确定本系统的职前培训师资库并抄送司法部。职前培训师资库在司法部网站等公布，供法律职业用人部门共享。各系统开展职前培训时，应当优先在职前培训师资库中选择师资。

14. 培训档案。加强职前培训信息化建设，研究开发职前培训工作管理和网络学习平台，推进职前培训教学、实习、考核全过程电子化管理。承担职前培训的培训机构、有关行业自律组织，应当将职前培训档案等信息资料，及时报送法律职业用人部门或者有关行业主管部门，并抄送各省（区、市）司法厅（局）法律职业资格管理部门。

五、加强对职前培训工作的组织领导

15. 加强领导。法律职业人员统一职前培训指导委员会要加强全国职前培训的统筹协调工作，加强对法律职业用人部门组织实施职前培训工作的督促指导，适时开展职前培训质量检查评估。中央和国家机关法律职业用人部门以及有关行业主管部门要加强对本系统法律职业人员统一职前培训工作的组织领导，统筹职前培训机构、有关行业自律组织做好职前培训的组织实施工作，确保职前培训工作取得实效。

16. 完善制度。中央和国家机关法律职业用人部门以及有关行业主管部门要根据相关法律规定及本指导意见，制定完善本系统的职前培训工作规范和工作方案，细化培训措施，完善管理工作流程，做好与法律职业资格管理制度的衔接,健全完善中国特色社会主义法律职业人员职前培训规范体系。

17.强化保障。法律职业用人部门以及有关行业主管部门要在党委、政府领导下,积极争取支持,做好职前培训教学及实习基地建设,以及培训大纲、教材、案例库制定和信息化建设等有关工作。参训人员所在单位要妥善安排好参训人员的培训时间,保障参训人员在培训期间按照国家规定享受正常工资待遇。法律职业用人部门以及行业主管部门要选优配强职前培训工作力量,夯实工作基础。

法律职业用人部门以及有关行业主管部门在实施本意见时遇到的问题,及时报上级主管部门和同级组织部门,并抄报司法部。

九、人事管理工作类

司法部关于加强和改进司法行政系统表彰奖励工作的意见

（2022 年 1 月 30 日　司发通〔2022〕5 号）

各省、自治区、直辖市司法厅（局），新疆生产建设兵团司法局、监狱管理局：

为进一步选树先进典型，弘扬英模精神，激励广大司法行政干警不忘初心、牢记使命，砥砺奋进、干事创业，根据《国家功勋荣誉表彰条例》《评比达标表彰活动管理办法》《公务员奖励规定》等有关规定，结合工作实际，现就加强和改进司法行政系统表彰奖励工作提出以下意见。

一、充分认识司法行政系统表彰奖励工作的重要意义

党中央高度重视政法队伍建设，亲切关心广大政法干警。习近平总书记强调，政法队伍是和平年代奉献最多、牺牲最大的队伍，对这支特殊的队伍，要给予特殊的关爱，做到政治上激励、工作上鼓劲、待遇上保障、人文上关怀。司法行政队伍作为政法队伍的重要力量，在推进全面依法治国和行政立法、行政执法、刑事执行、公共法律服务等方面充分发挥职能作用，为维护国家政治安全、确保社会大局稳定、促进社会公平正义、保障人民安居乐业、服务经济社会发展作出了重要贡献。加强和改进司法行政系统表彰奖励工作，是贯彻落实习近平总书记重要指示精神的具体举措，是贯彻执行党中央、国务院有关表彰奖励规定的工作要求，是适应新时代司法行政事业改革发展的现实需要，是大力弘扬英模精神，激励广大司法行政干警积极投身全面依法治国伟大实践的制度安排。各级司法行政机关要充分认识加强和改进表彰奖励工作的重要意义,充分发挥表彰奖励的重要激励作用,不断增强广大司法行政干警的职业认同感、归属感和荣誉感,努力为建设更高水平的平安中国、法治中国,开启全面建设社会主义现代化国家新征程作出更大贡献。

二、准确把握司法行政系统表彰奖励工作的总体要求

司法行政系统表彰奖励工作,要坚持以习近平新时代中国特色社会主义思想为指导,深入学习贯彻习近平法治思想,深入弘扬伟大建党精神,深刻领会"两个确立"的决定性意义,增强"四个意识"、坚定"四个自信"、做到"两个维护",认真贯彻落实党中央、国务院有关决策部署和表彰奖励各项规定,充分发挥表彰奖励的正面引领、典型示范作用,激励广大司法行政干警忠诚使命、担当作为,推动全面依法治国和司法行政工作高质量发展。司法行政系统表彰奖励工作坚持以下原则:

(一)坚持政治引领。表彰奖励工作要坚持党的领导,坚定不移贯彻党的路线方针政策和党中央、国务院有关决策部署,坚持政治标准第一,在思想上政治上行动上同以习近平同志为核心的党中央保持高度一致。

(二)坚持依法依规。表彰奖励工作要严格执行党中央、国务院表彰奖励的有关规定,遵守相关法律法规,严格标准条件,规范工作程序,加强监督管理,推动司法行政系统表彰奖励工作在法治轨道上运行。

(三)坚持功绩导向。表彰奖励工作要聚焦主责主业,表彰奖励在本职工作中表现突出、为推进全面依法治国和司法行政工作高质量发展作出重要贡献以及在处理突发事件和承担专项重要工作中作出显著成绩的集体和个人。

(四)坚持群众公认。表彰奖励工作要坚持以人民为中心,充分听取群众意见,表彰奖励模范践行社会主义核心价值观、群众基础深厚、在系统内具有重要影响、受到人民群众广泛赞誉的集体和个人。

三、健全完善司法行政系统表彰奖励体系

根据党中央、国务院有关表彰奖励规定,紧密结合司法行政工作实际,优化表彰项目,明确奖励权限,落实表彰奖励政策,健全完善司法行政系统表彰奖励体系。

(一)深入开展部级表彰。经党中央、国务院批准,司法部开展的表彰项目为:(1)全国司法行政系统一级英雄模范、二级英雄模范,先进集体、先进工作者和劳动模范。其中,一级英雄模范,先进集体、先进工作者和劳动模范主办单位为人力资源社会保障部、司法部;二级英雄模范主办单位为司法部。一级英雄模范、二级英雄模范为及时性表彰,一级英雄模范每年不超过 10 名,二级英雄模范每年不超过 20 名。先进集体、先进工作者和劳动模范表彰周期为 5 年。(2)全国监狱、戒毒所、社区矫正机构先进集体和先进个人,表彰周期为 3 年。(3)全国法律援助和公共法律服务工作先进集体、先进个人,表彰周期为 3 年。(4)全国普法工作先进单位、先进个人和依法治理创建活动先进单位,表彰周期为 5 年。(5)全国模范人民调解委员会、调解员,模范司法所及先进个人,表彰周期为 3 年。除上述表彰项目外,对在处置突发事件、完成重大专项任务或者其他重要工作中表现突出的集体和个人,确需开展表彰活动的,司法部按程序向党中央、国务院申请,经批准后开展。

(二)深入开展部级奖励。司法行政系统公务员、公务员集体的奖励坚持定期奖励与及时奖励相结合。对在本职工作中表现突出、有显著成绩的,应当定期给予奖励;对在处理突发事件和承担专项重要工作中作出显著成绩的,应当及时给予奖励;对符合奖励条件的已故人员,可以追授奖励。除按照干部管理权限实施的奖励外,司法部对全国司法行政系统在处理突发事件和承担系统专项重要工作中作出显著成绩的本系统公务员、公务员集体可给予记一等功及以下及时奖励,奖励实施方案应当事先报中央组织部审核。

(三)广泛开展各层级表彰奖励。各级司法行政机关要加大表彰奖励工作力度,积极主动与表彰奖励主管部门沟通协调,努力为司

法行政系统争取更多表彰奖励事项。地方司法行政机关要认真落实表彰奖励政策，按照地方党委政府的部署和要求，完善表彰项目，用好奖励权限，持续选树先进典型，营造崇尚先进、学习先进、争当先进的良好氛围。要统筹谋划表彰奖励工作，使表彰奖励覆盖全面依法治国和行政立法、行政执法、刑事执行和公共法律服务各领域，惠及司法行政系统人民警察、公务员和法律服务工作者等各支队伍，将综合表彰奖励与专项表彰奖励相结合，定期表彰奖励与及时表彰奖励相协调，形成健全完善的司法行政系统表彰奖励体系。各省（区、市）司法厅（局）、新疆生产建设兵团司法局、监狱管理局要按照司法部有关表彰奖励的部署和要求，及时申报和推荐符合条件的表彰奖励对象。除按照干部管理权限实施的奖励外，各省（区、市）司法厅（局）、新疆生产建设兵团司法局、监狱管理局对在处理突发事件和承担专项重要工作中作出显著成绩的本系统公务员、公务员集体可给予记二等功及以下及时奖励，奖励实施方案应当事先报同级公务员主管部门审核。

四、着力规范司法行政系统表彰奖励实施

司法行政系统表彰奖励对象应当体现先进性、代表性和时代性，坚持以德为先、注重实绩、群众公认，坚持公开、公平、公正，注重向基层和工作一线倾斜。

（一）完善表彰奖励标准。司法行政系统表彰奖励对象的基本标准为：坚持以习近平新时代中国特色社会主义思想为指导，深入学习贯彻习近平法治思想，坚决贯彻落实习近平总书记重要指示批示精神和党中央、国务院决策部署，坚定拥护“两个确立”，增强“四个意识”、坚定“四个自信”、做到“两个维护”，政治过硬、业务过硬、责任过硬、纪律过硬、作风过硬，受到人民群众广泛赞誉，近 5 年未发生违纪违法问题（先进集体还要求领导班子成员近 5 年未发生违纪违法问题）。同时，根据各表彰奖励项目和对象的特点，从思想政治、遵纪守法、实绩贡献、社会影响等方面对表彰奖励对象提出明确条件和要求，制定科学合理、客观明确、便于评价的具体评选标准。司法部主办的表彰项目一般不评选副司局级或者相当于副司局级以上单位和干部，县处级干部原则上不超过评选总数的20%。申报全国司法行政系统一级、二级英雄模范的，原则上应在所在地获得过较高表彰荣誉。

（二）规范表彰奖励程序。司法行政系统表彰奖励程序应当按照自下而上、逐级审核、民主择优方式开展。司法部主办的表彰项目要履行“两审三公示”要求，按照组织推荐和单位公示、初审和省级公示、复审和全国公示、印发表彰决定的程序办理。在推荐评选过程中，对推荐对象存在异议的，推荐地区有关单位应当及时进行调查，提出处理意见。各地司法行政机关开展表彰的程序，按照《评比达标表彰活动管理办法》，参照以上程序进行。司法行政系统公务员、公务员集体奖励的程序，根据《公务员奖励规定》，按照民主推荐、上报、审核、公示、批准、印发奖励决定的程序进行。市（地）级以上司法行政机关审批的奖励，应当事先将奖励实施方案报同级公务员主管部门审核。表彰奖励程序要严格执行公示要求，如涉及国家秘密不宜公示的，按照有关规定不予公示。

（三）依法依规落实表彰奖励待遇。司法行政系统表彰奖励坚持精神激励和物质奖励相结合，以精神激励为主。对获得表彰奖励的个人和集体，按照有关规定给予相应待遇。对受表彰奖励的集体和个人按规定颁发奖牌、奖章和证书；对受表彰奖励的集体不发放奖金，对受表彰奖励的个人按有关规定发放奖金。全国司法行政系统一级英雄模范、先进工作者和劳动模范享受省部级表彰奖励获得者待遇。各级司法行政机关应当给予表彰奖励获得者关心和帮助，开展走访慰问、培训交流、休假疗养等活动，并可以邀请其参加重要庆典和重大活动。按照《公务员奖励规定》，公务员奖励应当作为公务员考核和晋升职务职级的重要参考。

五、切实加强司法行政系统表彰奖励工作的组织领导

（一）切实加强领导。各级司法行政机关要从推动全面依法治国和司法行政工作高质量发展大局出发，切实加强对表彰奖励工作的组织领导，将表彰奖励工作提上重要议事日程，纳入有关工作规划并定期研究。要依法依规开展好各项表彰奖励活动，切实发挥表彰奖励在选树先进典型、弘扬英模精神、激励干事创业等方面的积极作用。各省(区、市)司法厅(局)、新疆生产建设兵团司法局、监狱管理局应于每年3月1日前向司法部报送上一年度开展表彰奖励和选树宣传先进典型的工作情况。

(二)加大宣传力度。各级司法行政机关要加大先进典型宣传推广力度，充分利用各种媒体特别是“两微一端”等新媒体重点报道获得表彰奖励的司法行政先进典型和英雄模范，着力宣传他们在维护国家安全、社会稳定、人民利益方面作出的杰出贡献和感人事迹，向全社会展现司法行政队伍的时代精神、时代正气和时代风采。

(三)严肃工作纪律。各级司法行政机关及其直属单位要严格执行《评比达标表彰活动管理办法》等相关规定，不得未经批准擅自开展、不按照批准事项开展表彰活动。开展表彰奖励工作所需经费，应当纳入司法行政机关部门预算管理，由财政资金予以保障，并严格遵守财经纪律和财务规定，不得以任何方式向参评单位和个人收取费用或变相收费。表彰奖励获得者应当珍视并保持荣誉，不得出售、出租证书、奖章、奖牌或者将其用于从事其他营利性活动，有严重违纪违法行为、影响恶劣的，或者隐瞒情况、弄虚作假骗取表彰奖励的，应当按规定程序撤销其所获表彰奖励。严禁利用表彰奖励职权谋取私利，负责司法行政系统表彰奖励工作的人员玩忽职守、滥用职权、徇私舞弊的，依规依纪严肃问责。

本意见自印发之日起施行。《司法部关于司法行政系统表彰奖励工作的实施意见》(司发通〔1997〕107号)和《司法部关于〈司法行政系统表彰奖励工作实施意见〉的补充意见》(司发通〔1998〕081号)同时废止。

司法部办公厅关于开展中国人民警察节庆祝活动的通知

（2022年12月30日　司办通〔2022〕116号）

各省、自治区、直辖市司法厅（局），新疆生产建设兵团司法局、监狱管理局：

为深入学习贯彻党的二十大精神，贯彻落实习近平总书记重要训词精神和党中央、国务院关于设立中国人民警察节重大决策部署，凝聚警心、激励队伍、展现形象，现就开展中国人民警察节庆祝活动的有关事项通知如下。

一、指导思想

坚持以习近平新时代中国特色社会主义思想为指导，全面贯彻落实党的二十大精神，深入贯彻落实习近平法治思想和习近平总书记重要训词精神，深刻领悟"两个确立"的决定性意义，增强"四个意识"、坚定"四个自信"、做到"两个维护"，牢牢把握对党忠诚、服务人民、执法公正、纪律严明总要求，引导广大监狱戒毒人民警察永葆绝对忠诚、绝对纯洁、绝对可靠的政治本色，牢固树立正确的世界观、人生观、价值观和权力观、地位观、政绩观，自信自强、守正创新、踔厉奋发、勇毅前行，奋力推进新时代监狱戒毒事业高质量发展。

二、时间安排

每年1月1日至1月31日。

三、活动内容

（一）组织学习习近平总书记重要训词。通过重温习近平总书记重要训词、召开座谈研讨会等形式，准确把握习近平总书记重要训词的思想内涵和精神实质，深刻领会新时代建警、立警、从警、治警的政治要求、价值追求和目标方向，切实把思想和行动统一到习近平总书记重要训词精神上来，不断增强推进新时代司法行政工作高质量发展的政治自觉、思想自觉、行动自觉。

（二）举行升挂警旗仪式和荣誉仪式。在1月10日中国人民警察节当天，有条件的人民警察建制单位举行升挂警旗仪式。根据本地区、本单位实际，适时举行从警特定年限纪念仪式、退休仪式、英烈缅怀仪式，以及烈士、因公牺牲人民警察警号封存仪式等，重温人民警察誓词，凝聚警心、激励斗志，切实增强人民警察职业荣誉感、自豪感、归属感。

（三）宣传表彰人民警察先进典型。坚持在基层一线、艰苦岗位挖掘培育选树先进典型，适时表彰奖励在本职工作中表现突出、为推进全面依法治国和司法行政工作作出重要贡献、在处理突发事件和承担专项重要工作中作出突出成绩的人民警察。大力宣传先进典型的杰出贡献和感人事迹，激励广大人民警察忠诚使命、担当作为、勇于奉献。

（四）走访慰问人民警察及其家庭。结合元旦、春节活动安排，深入走访慰问烈士、因公牺牲人民警察家属以及伤残、特困人民警察家庭等。组织实施实地家访或电话家访，开展全警谈心谈话，及时了解民警及其家庭情况，主动帮助解决存在的困难问题。开展“我为民警办实事”“我为基层解难题”活动，积极化解民警工作、生活中的堵点、痛点。

（五）集中开展健康防护专项工作。运用司法行政机关干警紧急医疗救治机制，加强人民警察急救知识培训、健全完善全警健康档案、开展全警心理健康普查普测，全面梳理人民警察生理、心理状况，排查分析健康高危人群，专题研究健康防护对策，采取实施强制休假就医、矛盾纠纷排查化解、调整值班执勤模式等措施，主动关心民警健康问题。

（六）统筹推进人民警察节主题宣传。坚持内聚人心、外树形象，加大内宣与外宣力度，围绕习近平总书记重要训词在监狱戒毒系统的生动实践、监狱戒毒工作改革举措和成效、警察队伍时代风采楷模，采取召开新闻发布会、专题宣传报道等形式广泛开展宣传，展现监狱戒毒工作业绩和队伍良好形象，努力汇聚推动事业发展的强大精神力量。

（七）举办人民警察文体系列活动。举办读书谈体会、书画展览、征文、歌咏、朗诵、演讲、知识竞赛、竞技比赛、业务技能比武活动，开展警察书屋、荣誉室、警体活动室建设及文化长廊、文化墙、文化橱窗展示活动，促进交流、增进感情、凝聚共识，形成积极向上、生动活泼、团结奋斗的良好氛围。

各地可根据本地实际和工作需要，丰富活动内容。

四、工作要求

（一）加强组织领导。各地司法行政机关要切实提高政治站位，充分认识庆祝中国人民警察节的重要意义，将其作为一项重要任务列入年度工作计划，明确任务分工，周密部署安排，强化责任落实，确保各项工作扎实有效开展。

（二）强化工作统筹。各地司法行政机关要围绕中心、服务大局，把开展中国人民警察节庆祝活动与党中央有关主题教育、推进监狱戒毒人民警察队伍“四化”建设、加强新时代思想政治工作，以及当前重点工作有机结合起来，坚持两手抓两促进，以活动开展推动各项工作落实。

（三）严格规范管理。各省（区、市）司法厅（局）政工部门要加强对中国人民警察节庆祝活动的指导和管理，认真执行中央八项规定及其实施细则精神和中央关于庆典活动有关要求，严格落实疫情防控各项工作要求，坚决杜绝形式主义、官僚主义，做到务实节俭、安全有序、隆重热烈。

各地贯彻实施的经验做法，请及时报司法部政治部。